초기 중국 고전시의 형성

The Making of Early Chinese Classical Poetry

초기 중국 고전시의 형성

The Making of Early Chinese Classical Poetry

스티븐 오웬 지음
허경진·김성은·김지인·부찬용·폴김 옮김

연세대학교 대학출판문화원

나는 2000년 가을 학기에 하버드대학 동아시아학과에서 데이비드 매켄(David McCann) 교수와 함께 한국 한시(Korean Literature 210, Readings in Pre-Modern Korean Literature. Hansi) 강의를 공동으로 진행하였는데, 오웬 교수가 2주차(9월 26일) 강의에 "Chinese Poetry. Read James Liu's *The Art of Chinese Poetry*"라는 제목으로 한시의 미학적 특성을 소개하였다. 서양인 교수의 한시 강의는 처음 들었기에, 방법이 참신하게 느껴졌다. 귀국한 뒤에 확인해보니, 오웬 교수의 저서 《*The Poetry of the Early T'ang*》가 《초당시(初唐詩)》라는 제목으로 방금 출판되어 있었다.

한국에 번역되지 않은 오웬 교수의 저서를 찾아보니, 《*The Making of Early Chinese Classical Poetry*》가 눈에 띄었다. 몇 년 뒤에 오웬 교수에게 번역을 허락해 달라고 메일을 보냈더니, 저자 차원에서 수락하였다. 법적인 계약절차는 연세대학교출판문화원과 하버드대학 아시아센터 사이에 진행되어 번역을 완료하면 출판하기로 했다.

이 책을 읽고 번역하는 모임을 처음 시작한 것은 2010년 봄 무렵이었다. 고전문학, 특히 한국 한문학을 전공하는 사람들의 특성상 평소 영미권의 연구에까지 관심을 가지기가 쉽지 않았기에, 나름대로 이러한 문제의식 속에서 선택하게 된 책이었다. 국문학 전공자에게 있어서 '초기 중국 고전시'는 다소 낯설고 접근하기 어려운 주제였으나, 그런 만큼 연구 방법론의 측면에서도 배울 점이 있어 보였다.

오웬 교수는 이 책에서 초기 중국 고전시의 형성에 대한 연대기적 서술에 이의를 제기하고, 그 안을 채우고 있던 기원전 1세기에서 기원후 3세기에 지어진 개별 작품들에 접근했다. 연대기적 서술을 가능하게 하는 저자 귀속 및 역사적 연결망을 벗어던지고 새로운 연구의 틀을 제시하거나, 이를 통해 결론을 도출해내기란 쉽지 않은 작업이다. 그러나 오웬 교수는 그간 이루어진 각 작품들의 저자 귀속이나 연대기적 배치를 신뢰하고 의지하는 대신에, 시를 쓰는 당시에 공유되었던 시 쓰기 관습에 집중하여 각 자료들을 섬세하게 검토하고 비교하였다. 나아가서는 5,6세기의 학자들이 이 시들을 어떻게 취사하고 또 나름대로의 문학사를 만들기 위해 재구성하였는지를 고찰하였다.

하버드대학 출판부에서 보내준 원서를 가지고 번역을 시작해보니, 생각보다 많은 난관에 부딪혔다. 우선 오웬 교수가 반영한 서구권 및 중국, 일본의 연구 성과들을 하나하나 따라가는 것이 쉽지 않았고, 영어로 바꾼 인명에서부터 시작하여 쓰고 있는 용어들까지 낯설 때가 한두 번이 아니었다. 오웬 교수는 중국시 번역에 있어서도 대가로 일컬어지지만, 그럼에도 불구하고 한번 영역(英譯)된 한시를 다시 우리말로 옮기는 일은 한시를 곧바로 우리말로 옮기는 것보다 훨씬 힘든 일이었다. 왜냐하면 오웬 교수의 독자적인 해석을 반영해야 하기 때문이었다. 따라서 처음에는 번역보다도 문맥 자체를 이해하려는 취지에서 공부하듯이 이 책을 읽었고, 이것을 다시 우리말로 옮겨 번역 원고로 완성하기까지는 몇 차례의 점검과정이 필요했다. 이것이 번역서를 내기까지 이토록 오랜 시간이 걸린 가장 큰 이유이기도 하다.

이 번역서는 여러 사람들의 손을 거쳐 나왔다. 번역 모임에 참여했던 학생들의 이름을 일일이 다 거론할 수 없을 만큼 많았을 뿐더러, 자문을 구했던 학생들까지 꼽는다면 고전문학 연구실 전체가 협동하여 번역서를 만들었다고 해도 과언이 아닐 것이다. 모든 참여자들을 다 소개할 수는 없겠지만, 초반에 번역 모임을 이끌어주었던 강혜종 선생과 마지막 원고 정리에 애쓴 김성은, 김지인 선생의 도움이 컸다. Paul Kim은 미국에서 대학을 다니다가 풀브라이트장학금을 받아 연세대학교 내 강의실에 교환학생으로 와서 강의를 들었는데, 학교를 마친 뒤에 다시 한국으로 와서 우리 번역에 참여하였다. 3학년 때부터 번역에 참여하였던 부찬용 군이 학부를 졸업하면서 나의 추천으로 역시 풀브라이트장학금을 받아 프린스톤대학 박사과정에 입학하였는데, 그곳에서 스티븐 오웬 교수의 제자 애나 쉴즈 (Anna Shields) 교수에게서 강의를 듣게 된 것도 우연만은 아닐 것이다.

실로 8년 만에 번역서가 나오게 되니, 감회가 남다르다. 이 책은 초기 중국시의 형성을 다양한 각도에서 접근하고 또 다른 장르와도 비교 분석하고 있는 만큼, 중국문학 전공자뿐만 아니라 구비문학이나 시문학 등을 전공하는 국문학 전공자, 포괄적으로는 문학 전공자들 모두에게 도움이 되리라고 생각한다. 번역에 있어 미흡한 부분이 있겠지만, 이에 대해서는 독자들의 질정을 기다린다.

2017년 6월

번역자를 대표하여 허경진

저자 서문

번역을 기념하며

연세대학교의 허경진 교수로부터 이 책을 한국어로 번역하는 작업이 시작되었다는 소식을 듣고 기뻤다. 한국의 중국 문학(한문학) 연구자들의 영향력은 괄목할 만한 수준에 이르러, 중국과 전 세계에서 진행되는 중국 문학(한문학) 연구 모두에 중요한 기여를 하고 있다. 이 책을 번역하기 위해 엄청난 노력을 해주었을 역자들에게 감사의 뜻을 전하고 싶다.

중국, 혹은 동아시아 내에서의 중국 문학(한문학) 연구와 "해외"에서의 중국 문학(한문학) 연구 사이에 어떤 차이점이 있느냐는 질문을 자주 받고는 한다. 이에 대한 답변을 하는 것은 불가능하다. 이러한 질문에 대해 내가 생각하는 유일하게 좋은 답변은 질문하는 사람들이 듣고자 하는 답변이 아니기 때문이다. 나는 단일한 "동아시아 학계"가 존재한다고 생각하지 않는다. 심지어 중국 내에서조차 연구들 사이에 상당한 차이점과 균열들이 포착된다. 미국의 경우도 마찬가지이다. 나의 연구는 미국의 많은 중국 문학(한문학) 연구자들의 연구보다 동아시아의 특정 학자들의 연구에 훨씬 가깝다고 생각한다.

이는 본질적으로 개개인의 성향과 그들 각자가 받은 받은 교육의 차원에서 접근해야 할 문제이다. 하지만 학자들에게 영향을 주는 몇몇 지역적인 요소도 존재하며, 이것은 미국의 학자들이 일본과 한국의 중국 문학(한문학) 연구자들과 보다 더 가깝게 해주었다. 이 요소들 중에서 가장 분명한 것은 바로 언어의 차이일 것이다. 우리 학생들은 텍스트를 접할 때에 단순히 이를 인용하거나, 기껏해야 현대 중국어로 표현하기보다는 영어로 번역하기를 요구받는다. 중국에서 온 몇몇 제자들은 처음에 이를 이상하게 여겼다.

하지만 일 년쯤 지난 뒤에는 왜 이러한 방식이 중요한지 이해하게 되었다. 이러한 방식의 독해는 텍스트가 쓰인 언어에 대해 생각하고 그것이 무엇을 의미하는지에 대해 고민해보게 만든다. 이것은 영어의 경우도 마찬가지다. 영어가 모국어인 사람은 셰익스피어의 긴 글을 암송하고 그것을 즐기는 일이 어렵지 않다. 하지만 특정 단어에 대해 설명해보라는 질문을 받는 순간, 문득 그 사람은 자신이 방금 읊은 텍스트를 전혀 이해하지 못하고 있었다는 사실을 깨닫게 된다. 4세기 전에는 청자나 독자에게 분명히 이해되었던 것이 이제는 단순히 "듣기 좋은" 것으로 다가올 뿐이다. 이러한 장애는 장점이 될 수도 있다. 향수에 젖어 그저 시를 읊고 이해하고 싶은 마음이 생길 수도 있겠지만, 우리는 사용된 어휘의 뉘앙스와 구조, 그리고 어떤 것이 독특한 것이고 어떤 것이 그렇지 않은지를 탐색해 보아야만 한다. 그러면 어느 정도 시간이 지난 후에는 더욱 더 그 시를 잘 읊고 즐길 수 있게 된다. 문학을 공부하는 학생이라면 현재를 사는 그 누구도 이 천년 전에 쓰였던 언어를 모국어로 삼을 수 없다는 사실을 깨달아야 한다.

중국 문학(한문학)을 해외에서 가르치는 데 있어서 일본 및 한국과 가질 수 있는 두 번째 공통점은 전공자가 아닌 학생들을 가르치는 방식에 있다. 중국 내에서조차 예전에 공유되던 지식들이 더 이상 당연한 것으로 받아들여지지 못하고 있다. 한국과 일본에서는 더욱 그러할 것이라고 생각되는데, 미국에서는 이보다도 더한 것이 사실이다. 가르치는 입장에서, 우리는 언제나 기초적인 것에서부터 시작해왔다. 그리고 여기서도 낯선 언어 앞에서 느끼는 불편함이 장점으로 작용한다. 학생들을 처음 가르치기 시작했을 때, 나는 내가 지금까지 교육받거나 읽어왔던 많은 "상식"들을 반복해서 말했다. 그러나 시간이 흐르고 보다 많은 것을 배워갈수록, 학생들에게 이러한 것들을 가르칠 때마다 "이것이 진실일까?"라는 의문이 들기 시작했다.

아마도 이것은 내가 자라면서 겪은 경험에서도 기인한 것일 듯하다. 물리학자였던 나의 아버지는 저녁이 되면 연구실에 앉아 길고 긴 수학적 증명들을 써내려가시고는 하였다. 아버지께 지금 적고 계신 증명들이 새로운 것이냐고 여쭤본 적이 있었는데, 아버지께서는 이미 다른 사람들이 해낸 증명이라고 대답하셨다. 그리고는 내게 지금까지도 기억에 남는 말씀을 해주셨다. 그것은 바로 "어떤 것이든 기초적인 것부터 자신이 직접 해나가지 않는다면 그것을 완전히 이해할 수 없다."라는 말씀이었다.

연구를 하면서, 이전의 학자들이 이미 발견해 놓은 것을 발견하고 유사한 결론에 이르게 되는 경우가 많다. 그러나 설사 그렇다고 하더라도, 여기에서 느껴지는 감정은 다르다. 이것은 내가 무비판적으로 읽고 인용한 것이 아니라, 나의 지식인 것이다. 때로는, 특정 시대나 저자, 제기된 의문에 대해 연구하면서 이전의 학자들과는 다른 결론을 내리기도 한다. 지식은 변해왔고, 우리가 묻는 질문들도 변해왔으며, 우리가 인식하는 것은 다를 수 있고, 우리가 설정한 가설들도 다를 수 있다. 중국 문학(한문학) 연구에는 여전히 해야 할 일들이 많다.

스티븐 오웬

2017년 6월

선진(先秦), 양한(兩漢), 위진남북조(魏晉南北朝) 시대의 문학을 연구한 저명한 학자 루친리(逯欽立, 1911-1973)는 그의 기념비적인 연구서《선진한위진남북조시(先秦漢魏晉南北朝詩)》에서 연대적인 순서로 작가가 지은 시들을 배열하면서 이미 정해진 관습을 그대로 따랐다. 그의 전서(全書)에서 정립된 오언시(五言詩)로서 처음 등장한 작품은 서한(西漢) 성제(成帝) 시대(재위 B.C. 32-7)에 반첩여(班婕妤)가 지은 것으로 되어 있는 〈단선사(團扇詞)〉인데, 이 형식은 전서의 나머지 대부분을 차지하고 있다. 그는 이 작품에 대한 자료 및 이본들에 관한 광범위한 주석들이 달린 텍스트를 제시한 후에, "이 시는 아마도 위(魏)나라(A.D. 220-65)의 전문적인 음악가가 지었을 것이다."라고 결론을 내렸다.

중국의 자료를 연구하는 데에 익숙해져있는 사람들에게는 이 진술이 새삼스러울 것이 없기 때문에, 학자들은 왜 이에 대해 언급하는지 의아해할 것이다. 이 시가 반첩여에 의해 지어졌다거나 그 시대에 지어졌다는 사실을 믿는 근대의 학자나 선집가들은 거의 없지만, 모든 문학선집들은 사실상 서한(西漢) 시대 말에 살았던 반첩여의 이름 아래에 이 시를 배치하고 있다. 그러나 이 시에 부기된 주석(반첩여가 이 시의 작가라는 것을 의심하면서 훨씬 후대의 것이라고 말하는)과 이 시의 연대적 배치의 불일치는 몇 가지 중요한 사안들이 걸려있는 의문 하나를 갖게 한다. 만일 루친리와 이 시기의 시를 연구하는 학자들이 이 시가 반첩여 사후로부터 2세기 반쯤 뒤에 지어진 것이라는 데에 동의한다면, 왜 이 시를 한참 뒤에 위나라의 저자미상의 시로 제시하지 않고 서한의 성제 시기에 배치한 것인가?

이 질문에 대한 답은 몇 가지 층위에서 제시될 수 있다. 가장 간단하고 실용적이지만 가볍게 무시해서는 안 되는 답은 그곳이 바로 루친리의 전집, 혹은 중국 초기 시의 선집들을 읽는 독자들이 그 시가 있으리라고 기대하는 위치라는 점이다. 지금의 우리는 이 시가 반첩여에 의해 쓰였다는 사실을 믿지 않을 수 있지만, 그럼에도 불구하고 이 시는 1500여 년 동안 반첩여의 이름과 결부되어 왔다. 따라서 반첩여가 이 시를 지었다는 것을 믿지 않는 독자일지라도 여전히 목차에서 일반적인 연대적 순서에 맞게 놓인 반첩여와 그 이름 아래 놓인 이 시를 찾기를 기대할 것이다. 그리고 그보다 더 흥미로운 이유는 우리가 이 시를 반첩여의 이름으로부터 분리시키려고 하더라도 그 시를 다른 곳에 확실하게 위치시키기가 불가능하다는 것이다. 이 시는 위나라 시기 저자미상의 시들 사이에 놓일 수 있기는 하지만, 아마 루친리조차도 이 시가 한나라 건안(建安)[1] 시기나 3세기 말 서진(西晉) 시기에 나왔을 수도 있다는 것을 인정할 것이다. 다시 말해서 이 유명한 시가 반첩여 이후에 쓰인 것이라는 판단에 근거하여 이 시를 재배치하려 하더라도, 연대순으로 짜인 편집상에서 이 시를 확실하게 배치할 수 있는 곳이 없다는 것이다.

이 두 가지 점은 다음과 같이 일반화될 수 있다. 우리가 이 책에서 '초기 고전시'라고 부르려는 것이 실로 문화적, 역사적으로 커다란 공명(共鳴)을 가져온 연대기적 설명 속에 수백 년간 깊숙이 자리 잡아 왔다는 것이다. 근대 학자들은 그 '설명'의 요소들이 되는, 예컨대 반첩여의 시와 같은 것들에 대하여 진지하게 문제를 제기하였다. 그러나 그 설명과 분리되어 버린 이 시를 어떻게 해야할 건인지는 누구도 알지 못한다. 그것은 더 이상 놓일 곳이 없게 되었으며, 의미를 부여해주는 역사적 네트워크에 들어맞지 못하므로 더 이상 어떤 의미를 가지지 못하게 된다. 그러므로 이 시가 진실로 거기

1 (역주) 196~220년. 동한(東漢) 헌제(獻帝)의 연호.

에 속하지 못한다는 사실을 알게 되었다 하더라도, 여전히 이 시는 영리하게도 반첩여의 이름 아래 놓여 있는 것이다. 그렇지 않으면 이 시가 적어도 천오백 년 동안 머물던 집을 잃고 부랑자가 되어버리고 말 터이기 때문이다.

루친리의 편집은 대체로 초기 고전시들을 저자들과 연결시키고 그 저자들을 연대기적으로 정리하는 데 있어서 전통적 관습을 따랐다. 그러면서도 동시에, 자료들·대안적 작품 귀속·텍스트의 이본들에 대한 그의 수준 높은 학문은 종종 기존의 체계에 암시된 바로 그 역사를 불안정하게 만든다. 이것은 특히 3세기 중기 이전의 시들에 있어 그러하다.

*

이에 본 연구는 완전하게 구분될 수 없는 두 계열의 질문에 해당되는 이중의 접근법을 채택할 것이다. 첫째, 저자와 결합되어 있거나 그렇지 않은 시들을 가지고 마치 그것들이 역사적으로 정리되지 않은 것처럼 여기면서, 이 초기의 자료들을 공시적으로 살필 것이다. 둘째, 고전시의 기원에 대한 현재의 설명이 5세기 후반에서 6세기 초반(나는 이 시기를 초기 시 문학에 대한 더욱 폭넓은 학문이 발생한 남조(南朝)의 두 왕조인 '제량(齊梁)시대'라고 부를 것이다.)의 자료들로부터 어떻게 형성되었는지를 고려할 것이다. 첫 번째 접근방법의 장점은 장르와 작가의 차이점에 대한 추정상의 역사를 제쳐놓음으로써, 이것이 곧 공유되었던 시적 레퍼토리와 작시 과정으로부터 창작된 '하나의 시'라는 것을 여러 가지 방식으로 살펴볼 수 있다는 점이다. 또 두 번째 질문 역시 필요하다. 왜냐하면 이 자료가 우리에게 전해지는 과정에서 거친 텍스트적인 매개가 고전시의 기원들에 대한 규범적인 설명을 만들어내기 위해서 선별되었던 것이며, 심지어 때로는 급진적으로 재형성되었던 것이기 때문이다.

고전시의 기원에 대한 규범적인 설명이 어떻게 형성되었는가를 고찰하려는 것이 '그것이 역사적으로 진실일지도 모른다.'라는 가능성을 부정하려는 것은 아니다. 그것이 역사적으로 진실이었음을 증명하는 데 사용된 가정과 증거들에 대한 비평을 제공하려는 것이다. 결론짓고 넘어가야 할 점은 많은 양의 시들이 언제 지어졌는지, 그리고 아마도 더 중요하게는 그 시들이 우리가 가지고 있는 기록에 남기 전 수세기 동안 어떠한 변화를 거쳐 왔는지를 우리는 알지 못한다는 사실이다. 물론 일반적으로 알려진 것처럼, 작가 미상의 한나라 악부(樂府)가 작가 미상의 '고시'들보다 선행하였거나 혹은 동시에 발생한 것, 다시 말해서 건안시대 이전에 발생한 것이었을 수 있다. 그러나 현재의 '고시'들이 건안 시대 이후에 지어졌고 현전하는 작가 미상의 악부가 '고시' 이후에 지어졌을 가능성도 그에 못지않게 충분하다. 대략적으로 혹은 정확하게 연대를 꼽을 수 있는 이 작품군 안에는 알려진 작가들에 의해 지어진 시들이 있기는 하다. 그러나 우리는 몇 가지 오류들에 대해 논할 것이다. 그 오류에 근거하여 연대를 추정할 수 있는 텍스트들이 연대가 확실하지 않은 훨씬 더 많은 텍스트들을 역사적으로 위치시키기 위해 동원되었던 것이다.

*

이 연구는 두 역사상 시기에 중심을 둔다. 첫째는 물론 논의 상에 있는 시에 해당되는 시기, 즉 불분명한 시작점(기원전 1세기 말엽보다 이르지는 않다.)으로부터 3세기말까지에 이르는 시기이다. 두 번째 역사적 중심점은 남조(南朝)의 수도 건강(建康)[2]의 문학계로서, 5세기말부터 6세기 중엽까지의 '제량(齊梁)시대'에 해당한다. 두 번째 시기의 학자들은 첫 번째 시대의 시를 편집하고 선집을 만들었으며, 비평 작업을 수행하였다. 그들은 훗날에 이 시들을 전해지게 한 주요 중개자였으며, 고전시의 시작은 그보다 2세기 반 혹은 3세기 먼저 활동했던 시인들의 창작물인 것 못지않게 그들의 창작물

2 (역주) 남조의 수도, 지금의 남경(南京)

이기도 하다고 말할 수 있다. 경우에 따라서는, 제량시대의 문사(文士)들이 의식하였든 그렇지 않았든 간에 초기 시의 작품군을 더 풍부하게 하기 위해 당대에 가까운 시기의 시들을 초기 시대의 결과물로 귀속시켰던 것이 분명하다.

앞서 언급한 두 역사적 중심점과 어떻게 이 시들이 제량시대에 이르렀는지를 이해하기 위해서, 시 작품들과 시인들에 대해 논하기보다는 '필사본'에 대해 논할 것이라는 점을 명심해야 한다. 이 점은 그때의 필사본들이 더 이상 존재하지 않기 때문에 간과되기가 쉽다. '텍스트'가 어떤 특정한 종이의 형태를 넘어서서 별개로 분리되어 있다고 여기는 현대적 관념은 출판문화와 대량 복제의 소산이다. 그러나 이 텍스트들은 물질적인 필사본으로 존재했으며, 몇몇 것들은 의심할 여지없이 그것들이 전파되던 몇 단계의 시기 동안에 유일본이었다. 우리가 알고 있는 당(唐)나라 관행에 비추어 보건대, 시들은 대체로 기억에 의해 기록되었고, 변형과 차이가 생기는 것은 흔한 일이었다. 필사본은 어떤 것은 세심하게 어떤 것은 그렇지 않게 필사되고 다시 필사되었으며, 역시 차이가 발생하였다. 이러한 '텍스트'는 화재에 매우 취약했다. 우리는 중앙의 도서관들이 약탈되고 불에 탔다는 사실을 알고 있다. 우리는 또 제량시대에 오언시의 위상이 전례 없는 경지에 이르렀음을 알고 있다. 그리고 이 시대의 학자들은 고전시의 시작점에 관심을 보였는데, 이러한 관심에 대한 이보다 이른 시기의 증거는 거의 찾아볼 수 없다. 우리는 제량시대의 궁중 문학계가 초기 시의 아름답고 세심한 필사본들을 만들었으리라고 어느 정도 자신 있게 가정할 수 있다. 그러나 우리는 그들이 필사한 필사본의 질에 대해서는 확신할 수 없으며, 그들이 자신들의 기호에 따라 텍스트를 '개찬(改撰)'했다는 사실에 대해서는 확실한 증거를 가지고 있다.

유일하게 살아남은 대규모의 중국 문헌 도서관은 수세기 후에 발견된 돈황(敦煌)에 있는 것이다. 이는 중국 문명의 변방에 있는 지방의 불교 도서관이라는 점에서 특이한 경우인데, 완벽한 필사본의 모델을 제공하진 않지만 우리가 가진 유일한 모델이다. 그곳에서 우리가 발견한 것은 예상했던 바와 크게 다르지 않다. 문헌의 질은 주의 깊게 잘 작성된 것에서부터 오류들로 엉망이 된, 거의 문학 원고라 하기 어려운 것에 이르기까지 매우 다양한 편차를 보인다. 큰 틀에서 보자면 정성을 들인 정도는 필사된 대상의 '중요성'에 비례한다. 하지만 문화사의 불행한 사실은 어떤 시기에는 중요하지 않았던 것이 다른 시기에는 매우 중요해질 수 있다는 점이다. 예컨대 사(詞)를 연구하는 사가(史家)들은 당시의 필사가들이 8세기 시인인 고적(高適)의 작품에 대해 훌륭한 필사본을 만들기 위해 노력을 기울였던 만큼 주의를 기울여 초기 노래를 필사해 줬더라면 하는 바람을 가지고 있다.

논의의 대상이 되는 좀 더 이른 시기에 있어서 이 점을 적용해보자. 우리는 제량시대의 학자들이 초기 시를 중요하다고 여겼다는 사실을 알고 있다. 그렇지만 그들이 작업한 원고들은 세대를 거쳐 필사되어야만 했고, 따라서 위에서 언급한 것처럼 보다 먼저 이루어진 원고들이 얼마나 학문적으로 주의 깊게 다루어졌는지에 대해서는 알 수가 없는 것이다. 이 점에서 양(梁)나라의 승려 승우(僧祐)는 그가 작업한 불교 필사본들의 열악한 텍스트 상황에 대한 뚜렷한 증거를 보여준다.

그렇지만 우리는 이 시대의 많은 자료들이 다양한 해석의 가능성을 가지고 있었다는 몇 가지 증거를 가지고 있다. 초기의 저자미상의 사(詞)들과 조씨(曹氏) 가문 왕자들의 가사들(lyrics)이 심약(沈約, 441-513)에 의해 편집된 《송서(宋書)》의 〈악지(樂志)〉에 보인다. 《송서》의 대부분이 488년에 완결된 반면, 〈악지〉는 양나라가 시작된 시기로 추정되는 6세기 초까지는 마무리되지 않았다.[3] 이러한 작업은 궁중 연회의 음악을 논평하는 전통에서 나왔

3 〈악지(樂志)〉의 교주본 서문에서, 쑤진런(蘇晉仁)은 마지막 형태가 양(梁)나라 이전에는 완성되지 않았다고 주장했다.

으며, 이것은 시에 관심이 있는 독자들을 만족시키려는 것보다는 작품의 보존에 그 목적이 있기 때문에 가치가 높다. 이 자료들(후대에 다각도로 교정된 것이 아닌 자료들)을 가지고 작업해보면 누구라도 알 수 있듯이, 여기에는 오류와 교착과 가차(假借)자와 빠진 단어가 가득하며, 구(句)에서도 그러하거니와 때로는 전체 시를 전혀 이해할 수 없는 경우도 있다. 이렇게 된 까닭을 설명할 수 있는 한 가지 방법은 이것들이 연행자에 의해 구술로 전달되었다고 보는 것이지만, 심약의 버전은 구술을 필사한 것이거나 구술을 기록한 필사본의 충실한 복제본에 해당된다. (사실 그 시대에 가장 학식 있는 사람이었던 그가 이러한 방법으로 텍스트를 기록한 것은 이것이 자료의 정확한 재생산을 위한 일종의 의무였기 때문이라는 것으로밖에는 설명될 수 없다.) 몇몇 다른 초기 시들 또한 기록되기 이전에 구전되었을 것이다. 우리는 구술로 전승되면서 발생한 변이와, 구전되던 것이 기록되면서 발생한 변이와, 기록된 것이 필사되면서 발생한 변이의 차이를 결코 완벽하게 구별할 수 없다. 심약이 원래대로 보존하기 위해서 매우 충실하게 기록한 텍스트들(현대 학자들이 심지어 구두(句讀)를 찍을 엄두조차 내지 못하는 하나의 시까지 포함하고 있다.)은 5세기 후반에 주어진 원고들의 상태가 어떠했는지 그 한 단면을 보여준다. 오랜 시간의 학문적 역량이 결집된 궁중 원고의 상태가 이와 같다는 사실은 그보다 덜 '중요한' 텍스트들의 원고의 질에 대해서 자신할 수 없게 만든다.

6세기 중엽 무렵에 편찬된 《옥대신영(玉臺新詠)》은 이미 초기 시에 대한 관심을 가지고 있는 독자들을 겨냥한 것이었다. 〈악지(樂志)〉에 실린 많은 시들이 대개 매우 다른 형태이기는 하지만 여기에 다시 등장한다. 어울리지 않는 구절은 누락되었고, 운이 맞지 않는 행들은 운을 맞추었으며, 이해하기 어려운 구절은 이해할 수 있도록 조정되었다. 《옥대신영》에 실린 초기 시들은 편집 당대에 보다 가까운 시기의 시들과는 문체상으로 확연히 구분된다. 그러나 그것은 6세기 초와 그 이후의 표준 양식에 의해 시적으로 이해될 수 있는 형식을 지니고 있다. 어떤 중국학자들은 《옥대신영》 버전이 본래의 시이며 〈악지〉 버전은 가창자에 의해 수정된 것이라고 주장해왔다. (왜 가창자들이 운을 빠뜨렸는지는 이해하기 어려울지라도 말이다.) 장 피에르 디에니(Jean-Pierre Diény)가 주장한 대안은 그보다 타당해 보인다. 즉 《옥대신영》의 편집자인 서릉(徐陵)의 경우, 〈악지〉에서 작품들을 뽑아서 그것들을 당대의 시적 기호에 맞게 편집했다는 것이다. 만약 서릉이 〈악지〉에서 뽑은 버전들을 가지고 그렇게 했다고 믿는다면, 《옥대신영》을 유일한 원본 자료로 삼는 여타의 많은 초기 텍스트들에 대해서는 어떻게 생각해야 하는 것일까? 앞으로 살펴보겠지만 6세기 편집 관행에 대한 몇몇 다른 증거들이 남아 있는데, 그 중에서 기억해야 할 것은 선집과 필사본 텍스트의 생산은 주어진 원고를 수동적으로 베끼는 것이라기보다는 능동적인 작업이었다는 점이다.

서릉의 이름은 잘 알려져 있고, 따라서 초기 고전시를 대표하게 된 많은 텍스트들을 형성하는 데에 있어서 그의 역할이 어떠했는지를 추측할 수 있다. 그러나 텍스트에 저마다의 작은 기여를 한 그 시대의 많은 편집자와 필사가들의 이름은 잊혀졌다. 우리는 학자들이 필사본들의 오류를 고쳐야겠다고 믿었다는 것을 알고 있지만, 6세기 학자들의 '오류'는 21세기 학자에게는 소중한 증거가 될 수 있다. 우리는 그것들이 필사되는 과정에서 바뀌고, 재구성되고, 그럴듯한 작가를 기입하며 어떻게 손보아졌는지 상상할 수 있다. 그리고 만약 그랬다면 그 텍스트들은 초기의 "원저자"로부터 나온 것이 아니라 텍스트 변이의 복잡한 역사에서 나온 것이 된다. 따라서 중국 고전 시의 기원에 대한 이야기는 단지 '한(漢)·위(魏)'에 대한 이야기가 아니라, 어떻게 5세기 후반과 6세기 초인 제량시대에 '한·위' 이야기의 증거를 만들어내었는가에 대한 이야기인 것이다.

위에서 언급했듯이, 이 연구는 '두 가지의 중심점'을 가지고 있지만 우리는 두 번째 중심점인 제량(齊梁)으로부터 3세기 말엽까지의 고전 시들인 첫 번째 중심점을 완전히 구분해낼 수 없다. 역사적인 두 가지 중심점 사이의

두 세기는 또한 이어받은 자료를 변형시키고 그것들을 '보충'하면서 분명히 매우 큰 역할을 하였다,

*

본 연구의 기반은 '장르', '저자', 혹은 '시'에 대한 일반적인 물음들보다는 자료와 그것의 본질로부터 출발한다. 텍스트 중에는 상대적으로 안정성을 유지하는 것들이 많이 있다. 즉 변형의 정도에 있어서, 저자 귀속의 측면에서, 그리고 장르와 하위 장르를 결과적으로 결정해주는 제목에 있어서 안정성을 유지하는 텍스트들이 그것이다. 그러나 안정적인 텍스트만큼, 혹은 그보다 더 많이, 이러한 주요한 자질들에 있어서 유동적인 텍스트들이 존재한다. 3세기에 어느 정도는 시의 장르에 대한 대략적인 개념이 확실히 있었다고 할지라도, 우리가 지금 알고 있는 장르 체계는 제량시대에 만들어진 것이며 심지어 당(唐)나라를 거치는 동안까지도 상대적으로 유동적인 상태로 남아있었다. 만일 우리가 제목과 같이 '저자의 귀속'을 텍스트의 특성으로 생각한다면, 저자의 귀속 또한 제목들이 종종 그래왔던 것처럼 추론에 의해서 추가된 것임을 알 수 있다. 우리는 또한 저자미상이 그 자체로 하나의 본질적인 가치를 갖게 된 지점을 발견할 수 있다. 시적 텍스트가 단순히 이름 없이 돌아다닌다고 해서 '저자미상'이 되는 것은 아니다. 이름이 부과되고, 결정되고, 연대기적 순서에 따라 배치되는 전까지는 말이다.

장르보다 자료에 우선 집중하면, 논의가 많이 이루어진 장르인 '악부(樂府)'를 무엇보다도 서지학적 범주로 인식하게 된다. 만일 악부라는 '장르'가 있다면, 그것은 시의 장르라기보다는 필사본의 장르 정도로 보아야 할 것이다. 특정 종류의 시적 텍스트들은 주로, 혹은 오로지 이러한 서지학적 범주에서 보전되었지만, 많은 텍스트들은 다른 종류의 필사본(이를테면 '시'선집(選集)과 같은 필사본)에서도 발견될 수 있다. 따라서 음악적 범주와 그것의 기원에 대한 지식(음악[樂]이 유실된 후 한참 뒤에야 전해졌던)은 특정한(심

지어 독특하다고 할 수 있을) 자신만의 규칙을 가진 학문적 전통이었다고 해야 할 것이다. 그 필사 전통의 일부가 전해져서 12세기로 바뀔 무렵에 완성된 곽무천(郭茂倩)의 위대한 전서(全書)인 《악부시집(樂府詩集)》에 영향을 주었다. 곽무천은 6세기 중엽의 《고금악록(古今樂錄)》[4]에 매우 의지하고 있었던 것이 분명한데, 이 책은 바로 제량시대의 초기 자료들을 학문적으로 통합한 시기 이후에 나온 것이었다. 이것은 우리를 불편한 질문에 이르게 만드는 많은 작업 중 하나에 불과하다. 송(宋)대에까지 우연히 살아남은 하나 혹은 몇몇의 작품들이 초기부터 논란의 여지가 많은 이야기로 가득했던 초기 악부에 대한 우리 지식에 있어 어느 정도로 영향을 끼치고 있는가? 우리가 이끌어낸 전승된 지식은 흥미롭고 때때로 유용하며, 많은 경우 모호하다. 그리고 악부가 7세기 전서(全書)에 다른 장르의 다른 이름으로 인용되는 상황은 어떻게 이해해야 할 것인가? 편집자의 부주의 탓으로 돌릴 수도 있을 것이다. 또 이것을 송대 이전에 사라졌던 음악적 전통 속에서 다른 텍스트를 필사한 것 중 하나의 증거로 볼 수도 있을 것이다. 혹은 비슷한 가능성으로, 같은 구절이 여러 다른 악부에서 나타난 것이라고 추론해 볼 수도 있다.

*

이 연구에 사용될 자료의 범위를 정하는 것은 특정한 문제점들을 야기하는데, 나는 이러한 문제점들을 '고전시(classical poetry)'라는 용어에 감춰두고자 한다. 내가 사용하는 고전시라는 용어는, 불분명한 기원을 가지고 있지만 역사상 2세기 말에 상류층의 자유분방한 시에서 나타난 공유된 시적 관습을 의미한다. 뒤에 언급하겠지만, 이 고전시는 기본적으로 3세기 말까지는 낮은 격조의 시로 남아있었다. 비록 특별한 사회적 행사에서는 상대적으로 높은 격조의 형태를 띠기는 했을지라도 말이다. 이 고전시는 결코 4언

4 (역주) 진(陳) 광대(光大) 2년(568)에 승려 지장(智匠)이 편찬한 책이다.

으로 된 고풍(古風)의 시나 훌륭한 시적 서술인 부(賦)가 갖는 암시성과 어휘적 범위를 지니지 못하였다. 고전시의 관습은 또한 동한에서 상대적으로 흔했던, 두개의 반구(半句)가 혜(兮)를 통해 나누어지는 '초사(楚辭)'의 가사와도 다르다.

이런 의미에서 고전시는 주로 5언의 운문에 집중되어 있다. 비록 운율이라는 것은 표현의 우연한 형태로서 이해되어야 하기는 하지만 말이다. 우리는 같은 고전시가 4언구, 6언구, 7언구, 그리고 불규칙한 길이의 구로 이루어진 운문으로도 쓰인 것을 확인할 수 있다. 이 시들이 공유하는 것은 이 연구에서 상세히 다룰 내용인 주제, 화제, 서술의 순서, 틀(templates), 그리고 다양한 언어적 습관이다. 따라서 고전시라는 것은 저자미상의 악부 중 상당한 부분을 포함한다. (악부 '요가(饒歌)'의 경우는 예외인데, 지금까지 언급한 관습들을 거의 하나도 공유하지 않기 때문이다.) 고전시는 저자미상의 '고시'들을 포함하는데, 이것은 이릉의 작품군에 있는 작품들과 3세기 초 유명한 시인들의 오언시 중 다수를 말한다.

이 시들은 어떤 의미에 있어서는 '대중적'이라고 할 수도 있는 낮은 격조의 기반을 가지고 있다. 이러한 시를 고전시라고 부르는 것이 지니는 모순을 모르는 것은 아니다. 그럼에도 불구하고 이러한 나의 시각은 이 책의 내용 중 일부분을 차지한다. 어떻게 낮은 격조의 시가 보존되고 '고전적'인 것으로 만들어졌는지에 대한 논의가 그것이다.

*

첫 번째 장에서는 저자미상의 악부와 고시들이 한대(漢代)로부터 시작되었다는 증거를 비롯하여 '한(漢)'시와 관련된 문제에 대해 다룰 것이며, 또한 이 자료의 필사본 전파에 관한 문제들도 다룰 것이다. 그리고 건안 시기 이전의 고전시들에 대한 문학사적 설명이 5세기와 6세기 초에 어떻게 구체화되었는지에 대해서 살펴볼 것이며, 여기에 이 문학사에서의 '고시'의 전개에 대한 문제도 포함된다. 끝으로는 초기 오언구의 사용에 대한 증거들에 대해 살펴볼 것이다.

두 번째 장에서는 일반적인 '화제(topoi)'로부터 주제에 이르기까지의 시작(詩作)의 관습을 살펴볼 것이다. 그 관습 안에서 작품들이 다른 시 속에서 어떻게 결합되고 차용되는가를 검토한다. '역사화하는 것'은 동시에 옹호될 수 없는 역사 세우기로부터 벗어나는 것을 의미할 수 있다. 이 작품군을 공시적인 것으로 가정하고 다양한 형태로 표현된 '하나의 시'로 봄으로써, 우리는 문제의 구절과 시가 같은 종류의 시 집합 속에서 의미가 명료해지는 것을 확인할 수 있다. 이 장의 마지막 부분에서는 '고전시'의 범위 밖에 있던 자료들이 어떻게 고전시에 통합되었는지를 살펴볼 것이다.

세 번째와 네 번째 장에서는 서로 관련된 두 주제인 '신선'과 '연회'에 대해 다룰 것이다. 영생을 얻는 과정은 고정된 일련의 순서를 가지고 있는데, 이러한 순서가 어떻게 주제 속 화제들의 일련의 순서와 연결되게 되었는지를 검토할 것이다. 또한 여기서 이러한 시의 경계들에 대해 탐색하기 시작할 것인데, 여기에는 조조(曹操)와 조식(曹植)의 일부 작품에서 어떻게 시가 기존의 관습을 넘어가고 있는지에 대한 논의가 포함된다. 연회와 영생에 대한 주제는 유한한 삶에 대한 고찰과 마찬가지로 대단히 밀접한 관계에 있다. 따라서 그 다음 장에서는 주제들이 교차하는 것에 대해 살펴볼 것이다. 마지막으로 왕찬(王粲)의 높은 격조의 작시에 대해 살펴보고, 어떻게 당시 공유되던 낮은 격조의 시적 언어가 높은 격조의 시의 창작을 위한 모델이 되었는지를 검토할 것이다.

작가 귀속 및 페르소나에 관한 문제를 다섯 번째 장에서 다룬다. 원저자가 알려져는 있지만 진위여부가 의심스러운 텍스트들을 살펴보는 것으로 이 장을 시작할 것이다. 이러한 작업은 작가 귀속의 문제를 증명할 수 있는 역사적 문제로 보기보다는, 사람들에게 읽혀지는 방식의 일부, 심지어는 작품의 텍스트적 진화의 일부가 되기도 하는 텍스트의 속성으로 생각하려는 것이다. 현재 조식의 가장 유명한 악부 중 하나인 한 작품의 짧은 수용사를 살피는 것으로 이 장을 마무리할 것이다. 이 작품이 대략 12세기 초의《악부시집》에 처음으로 등장한 것에서 시작하여 일련의 비평가들에 의해 '조식 이야기' 속에 안정적으로 자리 잡게 되는 데에 이르기까지의 과정을 추적할 것이다.

마지막으로, 〈고시십구수〉의 '의작'들을 살펴보겠는데, 이 중 대부분은 3세기말 육기가 지은 것이다. '의(擬)'가 갖는 구체적 의미를 논한 뒤에, 이 텍스트들을 통해 육기가 알았던 '고시', 즉 6세기 초에 비롯되어 우리가 가지고 있는 텍스트보다 2세기 전에 존재했던 '고시'에 대해 검토할 것이다.

*

이 시기에 대해 서술하는 일은 만만치 않은 분량의 중국어, 일본어, 그리고 유럽 언어들로 서술된 학문 저술들을 검토하는 것과 관련되어 있다. 수십 년 전의 전설적인 '하버드 중국어 사전' 프로젝트가 기억나는데, 최대한 포괄적이고자 했던 야망 때문에 프로젝트는 첫 번째 단어 '일(一)'에서 단 한 발자국도 더 나아가지 못했었다. 본고 역시 훨씬 더 길어질 수도 있었지만, 좀 더 절제된 야심에 양보했다. 나의 작업은 초기의 한시 연구에서 영향력 있는 인물이었던 스승 한스 프랑켈(Hans Frankel)을 포함한 수많은 학자들의 업적과 교차한다. 본 연구는 삼십년 동안의 수업을 거쳐 서서히 싹트게 된 그분의 가르침으로부터 자라났다. 바로 그분이 시를 개별 시인의 '창작물'의 모음이 아닌 공유된 관습으로 생각하도록 나를 가르쳐주었다. 내가 그분께 진 빚은 이 원고를 읽는 누구에게라도 명백하게 드러날 것이다. 그 수십 년 동안 일어났던 학계의 변화 역시 마찬가지로 명백하다. 대부분의 경우 이러한 변화들은 필사 전통에 관한 그 이전 수십 년간의 연구에 뒤이어 일어나, 문자로 기록된 것과 구술 사이의 경계, 그리고 '민간(folk)'과 지식인들 사이의 경계를 무너뜨렸다. 우리는 가장 기본적인 의미에서 '구술성'의 분명한 흔적(마지막 자음이 다음에 오는 첫 자음에 영향을 주는 것)을 가지고 있지만, 이것은 또한 가객의 연행을 전사하는 관습이나 당시 중국의 편집 관습, 즉 한 학자가 소리 내어 읽으면 마주앉은 학자가 받아 적는 관습의 흔적이기도 쉽다.

스즈키 슈우지(鈴木修次)의 《한·위시 연구(漢魏詩の硏究)》는 내가 큰 빚을 진 또 다른 연구이다. 그의 연구는 30년이 지난 지금도 다시 읽는 이로 하여금 깊이 있는 학술 연구는 진정으로 영구성을 지닌다는 것을 깨닫게 만든다. 그의 광대한 박식함과는 별개로, 그는 오래전에 나에게 자료의 관습성(즉, 어떻게 단락들이 앞뒤로 이동하는지, 또 어떻게 다른 출처에 따라 버전들이 바뀌는지)에 대해 눈뜨게 해주었다. 내 스스로 답을 얻어내려고 애쓰고 난 뒤 그의 책을 다시 들여다보니, 내가 그가 설정한 지시들을 얼마나 명확하게 따르고 있었는가를 알 수 있었다. 나는 장 피에르 디에니(Jean-Pierre Diény)의 연구에 세 번째로 큰 빚을 졌다. 내가 스스로 계발했다고 생각했던 것들 중 많은 부분은 그가 처음 계발한 것들이었다. 오래된 가정들을 한 쪽으로 치워두고 자료들을 새롭게 생각해보려는 그의 의지는, 그의 박식함과 꼼꼼한 학식과 함께 이 분야의 모든 학생들에게 기본적인 지침이 된다. 마지막으로, 이 시기의 시를 연구하는 모든 학자들은 루친리(逯欽立)의 여러 자료들을 집적한 광대한 노력과 그의 학식을 드러내는 비평적인 지성에 의지하는 빚을 지고 있다. 우리들 중 다수는 우선 딩후바오(丁福保)가 16세기 중반 풍유눌(馮惟訥)의 《고시집(古詩集)》에 기반하여 만든 전서를 이용하고, 출처와 이본(異本)들을 찾기 위해 색인들이나 사전, 이선(李善)의 주석들을 찾아보며 이 시기에 대해 처음으로 공부했다. 1983년에 출처와 이본들에 대한 주의 깊은 주해와 함께 루친리의 연구서가 등장했을 때, 그 작업은 진실로 이 분야에 혁신을 일으켰다.

이 책에서 논한 문제들은 구술-정형성 이론(oral-formulaic theory)을 어느 정도 반영하고 있다. 《종과 북: 구술 전통의 공식 시학으로서의 시경(The

Bell and the Drum: Shih Ching as Formulaic Poetry in the Oral Tradition)》에서 왕징셴(王靖獻)은 패리(M.Parry)와 로드(Lord)의 구술-정형성 이론을 《시경》에 적용했다. 저자미상의 악부에 대해 구술-정형성 토대를 처음으로 제안한 것은 한스 프랑켈이다. 게리 쉘튼 윌리엄스(Gary Shelton Williams)의 1973년 박사논문인 《한(漢)나라 악부의 구전성에 대한 연구(A Study of the Oral Nature of the Han Yueh-fu)》는 좀 더 충실하게 발전한 구술-정형성 이론에 기반을 둔 악부에 관한 논의를 제공한다. 그렇지만 크리스토퍼 코너리(Christopher Connery)의 《텍스트의 제국(Empire of the Text: Writing and Authority in Early Imperial China)》을 비롯하여 이론적으로 매우 세련된 논의들이 그러했듯이, 그는 현존하는 텍스트를 한대(漢代)의 안정된 전사본(轉寫本)으로 간주했다. 몹시 수준 높은 작업들이 구술-정형성 계통에서 이루어졌으나, 이 논의들은 현대의 관점에서 보자면 더 이상 지지될 수 없는 가정들에 근거하고 있는 경우가 많다.

악부가 한대(漢代)에 유래된 것이라 할지라도 다소간만 읽고 쓸 줄 아는 문자문화에서 나타났기에, 저자미상의 악부들은 '민간(folk)', 또는 한스 프랑켈의 훨씬 더 설득력 있는 제안을 따르자면 전문 가객에게 귀속되는 것이다. '민간'이나 전문 가객들을 논의에 끌어들인 것은 문자지식인과 문자사용 이전, 혹은 문맹의 가객들 사이에 절대적인 경계를 가정하는 패리와 로드의 구술-정형성 이론의 유산이다. 월터 J. 옹(Walter J. Ong)의 1982년 연구인 《구술문화와 문자문화(Orality and Literacy)》는 문자화된 사회에서 구술성의 과정들이 어떻게 작용하는지를 고찰함으로써 '이차 구술성'을 사용하여 이러한 구분에 다리를 놓는 기여를 했다. 그가 문자 문화 이전과 근대의 문자 문화 사이에 매우 긴 변천 기간이 있었음을 언급하고자 했음에도 불구하고, 근대 문자 문화는 여전히 그가 문자 문화를 인식하는 데에 있어서 표준이 되고 있다.[5] 최근 나온 중요한 두 논문 〈악부는 과연 민간의 노래였던 적이 있었는가. 구술 이론과 서정시의 비유법 사이의 관계에 대한 재고찰(Were Yüeh-fu Ever Folk Songs? Reconsidering the Relevance of Oral Theory and Balladry Analogies)〉과 〈당대 이전 악부의 발달에서 민요의 역할에 대한 재고찰(Reconsidering the Role of Folk Songs in Pre-Tang Yueh-fu Development)〉에서 찰스 이건(Charles Egan)은 학술을 조망하고 증거들을 재검증하였는데, 본고의 논의는 그의 논의의 결론들과 상당부분 겹친다. 내가 그러하듯이 그는 저자미상의 악부들을 한대(漢代)의 것으로 간주하는 것과 그것들을 '민간'에 연관시키는 것에 문제를 제기한다. 첫 번째 논문에서 그는 구술-정형성 이론과 이것의 악부에의 적용에 대한 선행연구를 개괄하였다. 두 번째 논문에서는 심약(沈約)의 자료들을 정통 음악을 부활시키기 위한 국가적 노력과 연행 전통과 각별히 연결시켰다.

문자성과 구술성 사이의 복잡한 상호작용을 이해하면 (그리고 가상의 기원의 순간과 우리가 가진 텍스트 사이의 여러 세대의 필사자들을 추가하면), 구술-정형성 이론은 이제 기본적으로 필사문화 내에서 생산, 순환되는 텍스트에 관한 다양한 연구의 선두주자로서 중요해진다. 본 연구에서는 구술-정형성 이론과 여기에서 파생된 문자성 문제에 초점을 둔 논의들을 제쳐두려 한다. 쓰기가 중요한 영향을 가져오기는 하지만 '의식을 재구성'하지는 않는다는 가정 하에서, 나는 우리가 가진 전부인 글로 적힌 텍스트에서의 변형과 재생산이 갖는 역사적 특성에 대해 설명할 것이다. 저마다 다른 시점과 문화

5 어떤 상황에서는 이러한 문제들에 대해 자세히 논해야 하는 것들이 많다. 예를 들면 "문자 문화 이전"과 "이차적 구술성"과 같은 용어에 암시된 진보나 타락의 내러티브와 원죄 신화의 글쓰기로서 유럽 전통에서 플라톤에 의해 시작되어 수천 년을 가로질러 다른 양상으로 반복해서 말해진 것과의 관련성과 같은 것들이다. 월터 옹 저서의 한 챕터 "쓰기는 의식을 재구조화한다"는 이 신화의 영향을 매우 잘 반영한다. 이 문제를 특정한 사례의 보다 큰 범위에서 재고하는 것이 가장 적절할 것이다. 호메로스나 문맹 세르비아의 이야기 가수의 사례에 있어서 타당한 논의들이 마찬가지로 문맹이지만 매우 전문적이어서 궁중에서 공연할 'awdl'(역자주: 웨일스 문학 중에서 엄격한 형식을 가진 장편시)을 강력한 형식적 제약 아래서 작곡했던 중세 웨일스(Welsh) 음유시인의 사례에서는 타당하지 않을 수 있다.

적 현장에서 우리는 자유로운 변이, 저마다 다른 필요에 따른 변환, 텍스트를 보존하려는 의지, 그리고 변화된 문학적 가치를 반영한 텍스트의 수정을 살펴볼 수 있다.

*

고전시를 논하는 것은 이전에 다루어졌던 영역을 다시 다루는 과정이 필연적으로 수반된다. 그러나 나는 그 차이점 또한 명확해야 한다고 생각한다. 필사본과 필사의 전통을 생각함으로써, 우리는 두 가지 요소로부터 벗어날 수 있다. 첫째로 후대에 고안된 인위적인 장르의 경계로부터 벗어날 수 있으며, 둘째로 무엇이 역사적으로 선행하는가에 대한 가정에서 벗어날 수 있다. 이는 변천 서사의 일부로서 텍스트 간의 차이점을 이해하던 방식을 변화시킨다. 필사 문화에서는 필사될 때마다 항상 텍스트의 자구와 길이가 바뀐다는 점을 유념한다면, 전집의 자료들을 '발췌'가 아닌 '버전'으로 생각할 수 있게 될 것이다. 스즈키의 《한위 시 연구(漢魏詩の硏究)》에서 가장 주목할 만한 부분은, 나중에 다시 논하겠지만, 이부인(李夫人)을 위해 지은 이연년(李延年)의 노래의 마지막 줄을 인용한 아홉 가지 버전인데, 이 중 어느 것도 동일하지 않다. '정본'을 결정하는 것은 주로 문학 연구와 출판문화, 그리고 다른 버전들을 나란히 놓는 《악부시집》과 같은 전서의 시대에 와서 가능해졌다.

이론적으로 뛰어난 최근의 한 연구를 짚고 넘어갈 필요가 있다. 조셉 알렌(Joseph Allen)의 《다른 이의 목소리를 통해서: 중국 악부시(In the Voice of Others: Chinese Music Bureau Poetry)》는 악부의 범주 안에 〈고시십구수〉를 포함하고 있지만, 그의 연구는 장르에 대한 연구이자 어떻게 한 장르와 그 하위범주들이 선행 작품에 자신을 맞추고자 했던 후대의 작품들에 의해 구축되었는가에 관한 연구이다. 나는 그의 전반적인 시각에 대해서는 이의가 없다. 그러나 초기의 시와 어떻게 그것이 제량시대 시의 역사로 구조화 되었는가에 대해서는 의문이다. 알렌은 악부 장르가 오랜 형성 과정을 거쳤음에는 동의하였지만, 그는 그것이 한 장르로 불리기 충분할 정도로 잘 형성되었던 후대 시기의 관점으로 악부를 바라보았다. 비록 그는 악부 전통에 있는 초기 저자미상의 작품들이 '한(漢)'대의 것이라는 가정에 대해 의문을 제기하였지만, 결국에는 이 시들이 선행한다는 것을 인정하는 후대의 관점을 수용했다. 무엇보다 알렌은 텍스트와 작가 귀속을 주요 자료들에 보존된 대로 수용하였고, 핵심적인 문제인 자료의 유동성에 대해서는 언급하지 않았다.

초기 시 논의에 뛰어들기

이 연구의 많은 논점들은 텍스트 집단의 되풀이되는 패턴들과 관계되어 있다. 필자는 때때로 이러한 패턴을 '작시(作詩) 기술'이라고 칭하였는데, 이는 어떻게 시들이 실제로 구성되는지에 대한 어떤 역사적 지식이 있어서가 아니라 상대적인 예측가능성에서 이러한 패턴들이 어떻게 구절을 표현할 것인지 틀(template)을 제공하고 '다음에 말할 것'을 예상하게 하면서 마치 구성을 이끌고 있는 것처럼 보이기 때문이다. 이는 초기 시를 이해하는데 있어 유용한 방법인데, 이것이 시를 쓴 작가들에만 국한되지 않고 이 시를 듣고 전하는 사람들에게도 있는 지식의 레퍼토리를 수반하기 때문이다. 아마 건안(建安)과 초기 위(魏)의 시들 중 일부는 분명 시인이 쓴 그대로였겠지만, 우리가 연구하는 시는 시작품들을 전하고, 글로 쓰고, 필사본을 베낀 사람들에 의해 여러 층위에서 재생산되어 우리에게 오게 된 것이다. 이런 과정에서 시들의 텍스트가 어떤 경우에는 심각한 정도로 변화해왔다는 상당량의 증거들이 있다. 그러나 이 과정의 초기 참가자들이 내가 '작시 기술'이라 부르는 능숙함을 공유했던 한, 이러한 텍스트의 변화는 여전히 진행 중인 관습의 일부였다. 6세기에 이르면 텍스트 재생산에 새롭게 나타난 다른 종류의 변화들, 즉 시란 어떤 것인가에 대한 굉장히 다른 감각을 드러내는 변화들을 볼 수 있을 것이다. 물론 여기서 재생산의 시학은 6세기에 시가 지어진 방식과 일치한다.

우리는 결과적으로 시인들과 시들을 고정된 텍스트로 보는 것으로 다시 돌아가기를 바랄지도 모르지만, 하나의 독립된 '창조물'이 아니라 공유된 레퍼토리의 실재화된 하나의 조각으로 '시적 소재'들을 생각하는 것으로부터 시작하는 것이 더 유용한 방법임에 틀림없다. 특정하게 실재화된 어느 것도 시대를 초월하여 견고하게 존재하지는 않다. 텍스트 자체는 제목과 그 범주, 때로는 그 운율이 변하기도 하며 작가를 잃거나 얻기도 하고, 작가가 바뀌기도 한다. 명성을 얻는 것에 행운이 따른다면 (우연히 얻는 경우가 더 많지만) 텍스트의 어떤 특정한 버전이 살아남기도 한다. 문학에 관심이 있었던 사람들은 5세기부터 필사문화의 막바지였던 북송 초까지 그러한 필사본들을 읽었다. 이는 우리가 가지고 있는 시들의 매개자들을 통해 이루어진다. 그들은 읽는 과정에서 무엇인가를 찾고 있었으며, 따라서 그들의 목적에 부합하지 않는 텍스트들은 간과하였다. 《문선(文選)》을 편집하는데 있어서 소통(蕭統)은 그의 시대의 문학역사에서 새로운 비평적 관심에 의해 옹호되는 '중요한', 즉 그의 기준에서 문학적 중요성에 부합하는 텍스트를 찾고 있었으며, 서릉(徐陵) 역시 《옥대신영(玉臺新詠)》을 편집할 때에 동시대의 독자들이 즐길 수 있는 텍스트를 찾고 있었다. 수나라와 당나라의 식자들은 나아갈 방향을 보여주는 자료를 가진 텍스트를 찾고 있었다. 곽무천(郭茂倩)은 그가 수집한 음악적 시, 즉 악부 중에서 남아있는 것들을 할 수 있는 한 모두 살려 내었지만, 후기 북송에 있어서는 이미 광범위한 텍스트 작품군이 되었던 것들로부터 잔존한 것밖에는 얻을 수가 없었다. 초기 고전시들 가운데 우리가 현재 중요하게 생각하는 목록이든 간과하는 작품들이든, 이는 모두 우연적으로 혹은 그 후 시대의 의도에 의해 대량 재생산의 인쇄문화 속에서 살아남은 나머지들인 것이다.

'상호텍스트성(intertextuality)'이라는 용어는 초기 고전시에 있어서는 부적합하다. 상호텍스트성은 '텍스트' 간의 관계를 추정한다. 우리는 보존된 것들에 비해 더 많은 시들이 초기에 만들어졌을 것이라고 쉽게 예측할 수 있다. 그러나 소수의 증답시와 조조(曹操)나 조비(曹丕)의 존재를 보여주는 시를 제외하면, 이 시기에 누가 다른 시를 읽고 들었는지에 관해서는 전혀 알지 못한다. 만약 현존하는 시가 어떤 당대의 시에 대해 화답한 것이었을지라도, 우리는 그 시를 접할 수 없을 듯하다. 따라서 후기 한시에서 매우 중요했던 일종의 '상호텍스트성'은 여기에서는 대개 접근이 불가능하고 심지어 부적절하기도 하다. 시인은 특정한 선행 사례를 생각해볼 필요가 없었는데, 왜냐하면 그는 많은 '같은 종류의' 시들을 읽었거나 들었고, 특정한 패턴을 따르는 많은 시구를 알고 있었기 때문이다. 언어습득에서와 같이, 특정 발화의 다양화는 가능성, 법칙, 그리고 관습의 가상 세트로서의 언어를 만든다. 여기서 설명하려는 것은 '구술-정형성 이론'도 아니고 안정적인 텍스트성의 시학도 아니다. 우리는 그 둘의 사이에 있는 무언가로서 이것을 설명할 것이며, 이것은 그 둘과는 다른 별개의 구성요소를 가지고 있다.

이 관습을 설명하기 위해서는 새로운 단어가 필요하다. 어떤 전문용어도 완벽히 일치하지 않기 때문이다. 전문용어는 습관적으로 쓰여 설득력을 얻은 일련의 개념상의 관계들을 강화시키는 하나의 방법이다. 어떤 사람들은 신조어들에 있는 급격한 차이를 선호하고, 어떤 사람들은 역사와 깊은 뜻이 있는 고전 단어를 쓰는 데에서 오는 웅대함을 좋아한다. 필자는 후자의 경향을 지니고 있지만, 어떻게 고전 단어를 비틀어서 사용할 것인가는 명백히 해둘 필요가 있다. 나는 되돌아가서 이 연구의 주요 부분에 놓인 용어들 중 몇몇을 재정비할 것이다. 왜냐하면 그것들이 특정한 경우에 사용되기 때문이다.

이 관습에 대해 생각하는 가장 쉽고도 최선으로 여겨지는 방법은 '주제에 의한 구성'이다. 우리는 3세기의 후기 몇 십 년 이전에 만들어진 대부분의 오언시의 한정된 일련의 주제들을 쉽게 목록화할 수 있다. 뿐만 아니라 불규칙한 시구로 이루어진 대부분의 시나 사언시로 된 더 작은 작품군들 속에서도 쉽게 주제를 목록화할 수 있다. 주제들을 생각하는 데 있어서 로드맵(roadmap)의 모형이 유용하다. 어떤 주제들은 다른 주제로 쉽게 이동하는 것을 볼 수 있는데, 때때로 특정한 지점에서 그것은 인접한 주제의 영역으로 다양한 방향을 향해 나아갈 수 있다. 반면, 어떤 주제들은 절대로 상호 교차하지 않는다. 이 연구에서 향후 살펴보겠지만, 인간의 죽음에 대한 고찰은 영생에 대한 고찰, 연회 또는 '열심히 일하는 것'에 대한 격려를 이끌 수 있다. 이것들은 흥미로운 방법들로 교차할 수 있다. 앞서 언급한 것을 토대로 보면 '가을밤의 불면'은 매우 보편적인 주제이나, 방금 언급한 주제의 목록 가운데서 어느 것도 이끌어 내지 못한다. 하지만 그것은 이별이라는 주제와 쉽게 연관이 되며, 이것은 또다시 연회시와도 연관된다. 마치 지도(maps)들이 여행안내서가 될 가능성을 갖는 것처럼, 주제들의 연속은 잠재적인 이야기가 된다.

나는 '주제(theme)'라는 용어를 그것이 주로 사용되는 것처럼 넓고 보편적인 감각에서 사용할 것이다. 고전시에서 흔히 쓰이는 주제들 중 몇몇에 이름을 붙이는 작업은, 동시에 주제들의 범위가 실제로 얼마나 제한적인지를 우리에게 상기시켜준다. 후기 고전시의 주제의 범위는 막대하게 넓은 반면, 초기 고전시는 제한된 영역을 가졌지만 그 제한성이 매력이기도 하다.

내가 사용할 두 번째 용어는 '화제(topic)'이다. 먼저 이 용어를 선택한 이유를 설명하려 한다. 영어의 'topic'은 'place'를 뜻하는 그리스어 'topos'에서 유래했다. 이 그리스 용어는 다시 비평적 용법으로 사용되었는데, 불행하게도 라틴어가 그 용어를 확장하여 'locus communis'라고 번역하였기 때문이었다. 이것은 다시 영어에서 글자 그대로 'commonplace'가 되었다. 수사학에서 그것은 단순히 자주 반복되는 것을 의미했지만 영어에서는 경멸적 어조를 띠게 되었다. 나는 영어 'topic'의 비틀어진 감각을 되살아난 그리스어 'topos'보다 기술적 용어의 측면에서 선호한다. 왜냐하면 우리가 뭔가 다른 현상에 대해 생각해보기를 원하기 때문이다. 'topos'는 '생각의 형태'로, 즉 담론 안에서 인정되는 하나의 특정한 발화 종류이다. 우리는 그것을 담론의 기초적인 구성물이라고 생각하기보다는 담론 안의 한 가능태로 생각한다. (덧붙이자면, "오, 그러나 인생은 짧다.(Ah, but life is short)"는 것이 topos이다.) 내가 사용하는 용어로서의 'topics'는 보편적인 것으로, 그것들은 초기시의 주제를 구성하는 요소이다. 다시 말해 '주제(theme)'는 본질적으로 '화제들(topics)'과 연관된 것이다. 주제의 전개에 있어서 화제는 다소의 변화 가능성을 지닌 연속선상을 따르지만, 그러나 이 과정은 대략 예측한 순서대로 어떤 것들이 언급될 것이라는 기대를 포함하고 있다. 다르게 말하면 '주제'는 본질적으로 습관적으로 연결된 화제들의 시리즈라는 것이다. 화제는 때때로 '틀(templates)'을 갖기도 하는데, 이는 고정된 자리에서 대략 비슷한 의미를 표현하는 단어들로 이루어진 시구 패턴들을 말한다.

이것은 변이라는 가장 어려운 한 문제를 발생시킨다. 이러한 시에 익숙한 이에게는 변이의 의미가 어렵지 않아서, 즉각 다른 종류의 변이들을 알아볼 수 있을 것이다. 어려운 점은 그 차이점들을 일정한 수준에서 설명해내는 것이다. 시구들은 항상 시인이나 시구를 반복하는 연행자나 필사자들에 의해 변형된다.

다섯 개의 음절 중에서 두 번째 음절 뒤에 중간 휴지(休止)가 있고, 또 한 문에서 문법적 기능이 제한되어 있기 때문에, 초기 오언시가 제한된 숫자의 문법적 패턴을 갖고 있었다는 사실은 놀랍지 않다. 어떤 시구는 내가 앞으로 '틀' 시구라고 부를 것인데, 이것은 종종 하나 또는 두 개의 단어가 같은 위치에 주어지고, 시구의 다른 위치는 유의어나 개념적 부류에 의해 다양해지는 문법적 패턴이다. (예를 들면, "나는 예복을 끌어올렸다." "나는 옷을 입었다." "나는 신발을 신었다." "나는 허리띠를 맸다.") 어떤 틀시구들은 특정 주제

이내의 화제들과 강한 연관이 되어 있는 한편, 어떤 것은 시의 배치에서 기능적인 위치들을 제공한다. 후자의 예로는 다음과 같은 패턴으로 시를 시작하는 것이 있는데, "장소X에, 있다[有](혹은 많다[多]), Y가."를 'XX有YY'의 형태로 나타내는 것이다.

비록 다양한 시들 중에서 같은 구나 표현을 찾는 것이 어렵지는 않지만, 이러한 패턴들은 위에서 설명한 종류의 변주에 대한 '틀'이었다. 시의 사회적 지위가 올라가면서(꼭 시인의 사회적 위치에 의해서만 그렇게 된 것이 아니라 의례적 상황에 의해), 어휘의 사용역이 변이의 중요한 부분이 되었다. 일군의 단어들은 '수준이 높아진' 것으로 뚜렷하게 드러났다. 따라서 본고에서는 어휘 선택과 또 점차 문법 패턴에 반영되었을 교육 방법과 사회적 지위, 시기의 공적 중요성과 관련하여 '낮은 격조'의 시와 '높은 격조'의 시에 대해 이야기할 것이다.

*

또 다른 종류인 되풀이되는 시퀀스는 중요한데, 이것은 화제의 특유한 시퀀스들과 연관되어 있지만 독립적으로 나타날 수도 있다. 이것들은 다른 시구들에서 거의 같은 시퀀스로 나타나는 일련의 단어들이다. 다시 말하면, 'A 그리고 B'라는 화제들의 일반적인 시퀀스에서, 우리는 종종 X라는 단어를 화제A에서 찾게 되고, Y라는 단어를 화제B에서 찾게 된다는 것이다. 비록 시는 화제를 다양화하고 그 주제를 바꾸기도 하지만, 우리는 여전히 단어Y에 뒤이은 단어X 같은 시퀀스를 찾아볼 수 있다.

또 다른 관련 현상은 대체되었던 단어의 복귀이다. 만약 시인이 변주나 운율을 위해 흔한 시구를 바꾸어 말하고 기대되는 단어를 생략했다면, 이 대체되었던 단어가 종종 다시 나타나는데, 어떤 때는 다음 구에서 다른 맥락으로 나타나기도 한다.

이렇게 시구의 의미와 독립적으로 쓰인 특정 단어들 차원에서의 반복되는 패턴 두 가지는, 이 초기 시가 주제적인 동시에 순전히 '구두적(口頭的)'이라는 점을 상기시킨다. 비록 앞에서 언급한 일련의 단어들은 종종 주제와 더불어 일어나는 것이지만, 그것의 반복되는 등장은 그 단어들이 사용된 시구의 의미로부터 독립적이다.

필자가 이 연구에서 도달한 하나의 결론은, 화제들 또는 단어들의 일련의 시퀀스가 시의 줄거리를 초월하고 크게는 그것을 움직이는 관성을 가지고 있다는 것이다. 나는 쌍을 이룬 새들이 날아가는 것으로 끝나는 조비(曹丕)의 악부를 읽고 해당 이미지가 그 앞의 긴 시와 어떤 연관이 있는 것인지 이해하지 못했었는데, 이를 통해 이 새들을 불러낸 관습적인 화제들의 시퀀스를 찾는 방법을 배우게 되었다. 이 경우에 이 시는 짝지은 새들이 날아가는 이미지가 흔히 수반되는 음악의 긴 악절을 담고 있는 것이다. 구전시가 사전에 계산된 생각 또는 '시상(詩想)'의 표현이라고 믿는 이들에게, 우리는 이 시가 상당 부분 무의식적으로 아름다운 시를 만들어내는 음성적 구조를 갖고 있다고 대답해야 할 것이다.

*

변이는 단어들 뿐만 아니라 텍스트의 길이에서도 일어날 수 있다. 물론 시인은 간결함과 방대함 사이에서 주제에 변화를 줄 수 있다. 그러나 베껴서 재생산하는 과정 중에도 시들의 길이는 늘어나거나 줄어들 수 있다. 우리는 몇 가지 현전하는 버전들에서나, 원작을 구(句)마다 모방한 의작들을 '원작'과 비교하는 과정에서 이 점을 흔하게 확인할 수 있다. '서구'와 동아시아에 확고하게 자리 잡은 학술적 관습은 처음 만들어질 당시의 그 텍스트를 찾으려하는 경향이 있다. 그런 점에서, 초기 시를 이해하는 것만큼 오해의 소지가 많은 것도 없다. 이것은 후대에 그 시를 알고 전달해온 사람들이나 그 시를 연행했던 음악가들, 필사자들, 문학 선집자들에 의해 재생산되어 전해져온 시이기 때문이다. 재생산의 상황에 있던 모든 사람들은 텍스트를 그들의 요구에 맞게 자유로이 변형시켰으며, 다시 살펴보겠지만 그러한 변화의 흔적은 대개 매우 가시적이다. 시들은 어느 정도까지는 유연하게 늘어나고 줄어들었다.

*

우리는 하나의 주제가 가진 경계들이 어떤 것인지는 알 수 있지만, 하나의 "시"가 갖고 있는 경계들이 무엇인지는 알지 못한다. 본고에서 '분할 구성(segmentary composition)'이라고 지칭할 많은 작품들을 살펴보게 될 것인데, 이는 형식적으로 구분되는 부분들을 하나의 긴 텍스트에 결합시킨 것을 뜻한다.[6] 이러한 특징은 '복합 악부'라고 지칭할 한 종류의 악부에서 가장 뚜렷한데, 그 부분들은 종종 음악시를 필사하는 전통에서 나온 음악적 용어로 표시된다. 이러한 작품들 중 다수는 오직 두 개의 다른 부분으로 이루어져있고, 그 중에 또 어떤 것은 청중들에게 복을 기원하는 연구(聯句)가 붙어있다. (그러나 많은 부분들이 혼합된 작품들도 있다.) 음악 용어에는 다음 세 가지의 눈에 띄는 부분을 지칭하는 용어들이 있는데, 그것은 염(豔), 해(解), 취(趨)이다. 때로는 이것들 중 하나만을 보기도 하고, 때로는 이것들이 결합되어 있는 경우를 보기도 한다.

어떤 경우에는 분할부분들이 밀접한 주제적인 일관성을 가지고 결합되나, 어떤 경우에는 두 부분이 서로 뚜렷한 연관을 갖지 않기도 한다. 어떤 경우에서는 명백히 다른 부분들이 결합되어 왔는데, 긴 해석상의 전통이 그들을 하나의 '시(poem)'로 조화시킬 수 있었다.

비록 분할 작품은 악부에서 가장 뚜렷하고, 그 중에서도 부분들이 표시되어 있는 악부에서 더욱 분명하나, 또한 우리는 이것을 '시(poetry)'로서 전해

---

6 위관잉(余冠英)의 〈악부가사의 합쳐짐과 나뉨(樂府歌辭的拼湊和分割)〉, 《한위육조시논총(漢魏六朝詩論叢)》, 베이징: 중화서국, 1962, 26-38 참조.

진 자료들 가운데에서 보기도 한다. 부분을 변환하는 표지는 첫 연구(聯句)에 호응하는 마지막 연구인데, 이는 대개 주제의 변화를 수반한다.

우리는 초기시를 창작의 순간에 결정된 텍스트이기보다는 계속해서 재생산되던 것으로 간주하고 있으므로, 이를 '시들'이기보다는 '시적 연행물'로 여기는 관점을 지니는 것이 최선이며, 그 안에 수용된 재료들은 종종 결합되고 재결합된다.[7] 같은 부분이 다른 '시적 연행물'에서 다시 사용되는 수많은 사례들을 들 수 있다. 부분들을 결합하는 것은 음악 연주에서 뿐만 아니라 낭송에 있어서도 일반적인 것이었을지도 모른다. 그리고 우리는 함께 조합된 두 부분이 '두 개의 시'인지 '하나의 시'인지를 결정할 수가 없다. 만약 조비(曹丕)의 이름 아래 전해진 악부가 첫 번째 부분은 신선이 되는 과정에 관한 것인데 다른 운을 사용하는 두 번째 부분은 그 영생에 대한 믿음을 공격하고 있다면, 이것이 '하나의 시'인가 '두 개의 시'인가 하는 질문이 매우 중요하다. 만약 한 저자가 의도를 가지고 이러한 시를 지었다고 가정한다면, 영생의 숭배에 대해 비평한 결론은 작가가 전하고자 한 '의도'가 될 것이다. 그러나 만약 복합된 부분들이 음악 연주에서와 같이 진정 일반적인 것이었다면, 시인이 '창작의 순간'에 두 부분을 결합한 것이 아닐까? 두 번째 경우에 우리는 메들리(medley)를 가지게 된다. 현전하는 것은 오직 시적인 재료가 필사본으로 만들어져 필사 전통 속에서 전승된 것뿐이다. 음악시 필사본의 서지학적 장르는 대개 결합된 부분들을 보존했다. 반면 시의 필사본들은 하나의 부분들을 선호했고, 그렇지 않으면 아예 '세트(sets)' 전체를 보존해두었다.

---

7 달리 명시된 경우를 제외하고, 필자가 본고에서 사용하는 '연행'이라는 단어는 노래의 음악적 연행을 지칭하는 것이 아니다. 필자는 이 용어를 텍스트의 생산과 재생산 사이의 공통점을 떠올리는 방법으로서 사용할 것이다. 단어의 뜻이 명확해지려면 반대어가 필요하다. 여기에서의 반대어는 '원작의 정확한 텍스트 재생산'이 될 것이다. 《송서(宋書)》를 편찬이나 후대 학술적 관행에서 보이는 복사의 수준으로 필사한 텍스트 보존 관습에서 볼 수 있듯이 말이다.

*

하나의 또 다른 종류의 변이, 즉 운율의 변이를 고찰할 필요가 있다. 같은 시의 재료가 다른 운율들에서 구현될 수 있다. 어떤 시인, 연주자, 필사 편집자라도 많은 종류의 텍스트들의 운율을 변화시킬 수 있었다. 우리는 같은 시의 다른 버전들에서 이것을 명확하게 볼 수 있다. 이는 우리로 하여금 운율을 시의 재료를 구현하게 하는 하나의 가능한 형식으로 간주할 수 있게 한다. 재료 자체는 형식적으로 변형이 가능하다. 그러나 여기에는 후대에 관습에서 운율을 규칙화하는 분명한 경향이 존재하는데, 《송서(宋書)》에 기록된 바, 노래 자료들이 지닌 운율의 다양함에 대한 불평들도 여기에 포함된다. 학자들은 대개 《시경(詩經)》의 시행들을 오언구로 다시 쓴 것을 '인유(引喩, allusions)'로 여긴다. 그것들은 어떤 경우에는 완벽한 '인유'일 수 있으나 또 다른 범위의 가능성이 존재하는데, 이는 《시경》은 그래도 구전의 레퍼토리로 존재했다는 사실이다. 사언구인 《시경》의 시행을 오언구로 바꾸는 관습적인 방법들이 있었고, 또한 3세기에 들어와서는 우리가 악부에서 볼 수 있듯 '일반적인' 사언구가 있었다.

오언구에서 우리는 큰 변화 없이 사언구로 다시 만들어질 수 있는 낮은 격조의 시와, 특별히 의미적 가치를 바꾸지 않고 쉽게 재형성될 수 없는 높은 격조의 시 사이의 대략적인 구분을 볼 수 있다. 아마도 우리가 운율을 장르를 정의하는 것으로서 간주하기 시작할 수 있는 것은 이 순간일 것이다.

*

여러모로 이 책은 어떻게 시의 깨진 조각들이 빛을 발하는 전체를 이루도록 선별되는가와 시의 내부 메커니즘을 연구하는, 문학 연구의 매력 없는 면을 보여준다. 저자미상의 '고시들'은 5세기 초기에 이미 아우라(aura)를 지니게 되었다. 6세기 초기쯤에도 그것들은 여전히 아우라를 지니고 있었지만, 그 아우라의 성질은 완전히 바뀌는데, 아우라가 부분적으로 고시들을 모호한 과거 한(漢)의 위치에 두는 새로운 문학의 역사적 서술 안에서 저자 미상이라는 특징만으로 생산된다는 것이다. 텍스트들과 고시들이 위치되었던 문화적 서술을 분명하게 설명함으로써, 그것들의 아우라가 감소하는 것이 아니라 다시 새로운 종류의 미(美)로 바뀌기를 바란다.

일러두기

1. 원주와 역주는 모두 각주로 처리하되, 역주의 경우에만 이를 밝혀두었다. 역주는 꼭 필요한 경우에만 간결하게 붙이는 것을 원칙으로 하였다.

2. 갑오경장(1894) 이전의 인명과 지명 및 책명과 작품명에 있어서는, 번역하지 않고 음가대로 이를 표기하였다.(원서에 영어 번역이 있더라도 반영하지 않았음을 밝혀둔다.)

3. 갑오경장 이후의 참고서적들은 번역과 원제목을 함께 병기하였는데, 번역본이 나온 저술의 경우에는 번역서의 제목을 원서 제목과 함께 적고 각주로 번역서 서지사항을 표시하였으며, 그렇지 않으면 최대한 직역하여 간결하게 번역을 제시하였다.

4. 시의 번역은 원저자인 오웬 교수의 번역을 최대한 반영하여 재번역하였다.

5. 본문에서는 한자를 음과 병기하였으나, 각주에서는 필요에 따라 한자를 그대로 노출하기도 하였다.

차례

1장

“한(漢)”시와 남조(南朝)

한대(漢代)의 시에 대한 현대의 논의에서는, 일반적으로 한대의 것이라 믿을 수 있는 텍스트들, 즉 의례를 위한 산문과 운문 및 짤막한 노래들을 대부분 6세기 초까지는 문자 기록에 등장하지 않았던 (많은 경우에는 더 늦기도 한) 시들과 뒤섞어서 논하고 있다. 고전시의 형성에 있어 가장 중요하게 다뤄지는 것은 바로 후자의 시들에 해당한다. 악부로 알려진 시적 범주를 연구하는 학자들은 불가피하게 서한의 “악부(樂府)” 관청에 대한 설명으로부터 논의를 시작하는데, 때로는 이 관청과 자연스럽게 연결되는 의례를 위한 운문이나 다른 것들까지 함께 고려하기도 한다. 그리고는 노래와 관련은 있지만 5세기 후반이나 6세기 초까지는 악부로 분류되지 않은 운문들에 대한 논의로 넘어간다.[1] 초기 텍스트를 구성하는 또 다른 부분은 바로 저자미상의 “고시(古詩)”인데, 그 부여된 이름에서 알 수 있듯이 이는 소급적으로 분류된 것이다.[2] 또한 이 텍스트에는 한대 작가들의 작품으로 보이지만 저자

1 부록 A를 보라.

2 ‘고시(古詩)’라는 용어를 사용한 역사와 그것이 무엇을 언급하는 것인지 설명하는 일은 복잡하다. 초기의 용례는 모두 《시경》의 시를 언급한 것이었다. 따라서 동생인 육기(陸機)에게 보내는 편지에서, 육운(陸雲, 262-303)은 이와는 다른 것을 지칭하기 위해 다음과 같이 말해야 했다. “어느 날 보니 너와 정숙(正叔, 반니(潘尼)의 자)이 오언고시를 읊고 읽는 것을 보았다.[一日見正叔與兄讀古五言詩.]” 육운(陸

귀속에 대한 신뢰성이 작품에 따라 천차만별인 시와 악부들도 있다. 동한 말기에는 건안(建安) 시대(196-219)가 있었고 그 뒤를 위(魏) 왕조(220-65)가 따랐는데, 이 시기에는 유명한 작가들에게 확실하게 귀속될 수 있는 시들이 많다. 비록 이러한 시의 전파에 있어 이 이후의 세대도 그 이전 세대 못지않게 중요한 역할을 하지만 말이다.

우리는 사실 언제 저자미상의 "한나라 악부"(의례를 위한 노래가 아니라 세속적인 소재들을 가진)나 저자미상의 "고시"들이 지금의 형식을 갖게 되었는지 알지 못한다.[3] 그러한 텍스트들은 한대의 것으로 공고하게 믿어지지만, 그렇게 믿을만한 증거는 적다. 이러한 믿음은 여기서 제시하는 유보적인 입장에는 흔들릴지언정, 반론(즉, 이 텍스트들이 한대의 것이 아니라는 주장)에 어지간해서는 흔들리지 않는다. 이러한 작품군을 구성하는 요소의 연대를 추정하기 위한 대략적인 척도가 있다. 우리는 《한서(漢書)》에 남아있는 여러 구절들을 통해서, 오언시가 그것만의 독특한 운율을 갖춘 채로 1세기 혹은 기원전 1세기 말부터 존재했음을 알 수 있다. 또한 비석에 새겨진 시를 통해 그와 같은 시와 관련된 관습 중 일부가 2세기 중반 이후부터 이미 존재했다는 것을 알 수 있다.[4] 한편, 저자미상의 특정 "고시"에 대한 3세기 후반

雲), 《육운집(陸雲集)》, 황규이(黃葵) 편, 베이징: 중화서적, 1988, 135. 아마도 이것이 육기가 의작했던 저자미상의 "고시"를 언급한 것이었을 수 있다. 그러나 이는 당대의 작시법과 대조했던 것이므로, 무엇에 대해 언급하고 있는지는 확신할 수 없다.

3 조셉 알렌(Joseph Allen)의 《다른 이의 목소리를 통해서: 중국 악부시》를 보라. 그는 이 시들이 한대의 것이라는 신념은 그저 가정에 불과하다는 것을 지적하였다. 그러나 그는 어떤 방법으로 후대의 시들이 "원본"을 필요로 했는지에 대하여 관심이 있었기 때문에 더 이상 그 가정에 대해 문제를 제기하지 않았다. 또한 찰스 이건(Charles Egan)의 〈당대 이전 악부의 발달에서 민요의 역할에 대한 재고찰〉을 참조하라. 그는 악부시들이 한대의 것이라는 증거들에 대해 면밀하게 논박하였다. 부록 B를 보라.

4 루친리(逯欽立), 《선진한위진남북조시(先秦漢魏晉南北朝詩)》, 베이징: 중화서국, 1983, 175-76에 보면, 음보의 단위로서 오언구는 서한시대 말까지로 연대를 추정할 수 있지만, 증거로 제시된 시들 중 어떤 것도 "고시"와 악부의 전통을 따르지 않

의 의작(擬作)들이 전해지는데, 이 의작들은 고시의 현전하는 버전을 매구마다 모방하고 있다. 이를 통해 우리는 특정 고시들의 현전하는 버전이 3세기 후반에 유행하고 있었음을 어느 정도 자신있게 말할 수 있게 된다.

*

서한(西漢) 혹은 동한(東漢)의 고전시의 기원에 대한 추정과 3세기 고전시의 초기 발전양상에 대한 주장들로부터 논의를 시작하기보다, 고전시를 보존하고 이에 대한 평을 남긴 후대시기를 먼저 살펴보는 것이 이 문제적 자료를 정리하는 데 있어서 최선의 방법일 것이다. 초기 고전시에 대한 우리의 지식은 주로 이 후대시기의 문학가들을 통해 전해진 것이다. 지금도 우리는 그들이 기억될 가치가 있다고 선별한 텍스트들, 즉 그들의 가치관에 맞게 편집되고 구성된 텍스트들에 기반을 두고서 그들의 문학적 판단을 여전히 크게 따르고 있다. 우리는 "한위(漢魏)" 시기의 시를 읽는 척하지만, 실상 "한위"에 직접적으로 접근할 수 있는 방법은 없다. 우리와 그 시기 사이에는 긴 역사적 기간이 놓여있고, 그 기간의 지배적인 매개자는 6세기 남조의 수도인 건강(建康)의 문학 사회였다.

많은 부분이 여전히 불분명한 채로 남아있기는 하지만, 이러한 후대시기에 대해서는 상대적으로 많은 것들이 알려져 있다. 6세기 초기의 문학적 지향은 고정된 텍스트들을 보존하는 것, 작품을 저자에 귀속시키는 것(저자들에 대한 평가와 판단을 가능하게 하는 것), 그리고 시대적 관계 및 문학사의 변화들을 기술하는 것과 관련이 있었다. 이러한 학문적이고 비평적인 활동은 남조시대의 문학가들이 그들 스스로의 시기를 규정하도록 하는 문화적 서술들의 기반이 되었다. 다시 말하자면, 3세기 후반의 초기 고전시들에 대한 우리의 이해가 근본적으로 두 세기 이후의 매우 다른 문화적 가치관에 의하

고 있다.

여 중개되었다는 것이다.

필사본

커다란 문화적, 문학적 변화에 대한 거시적 논의든 특정 작품에 대한 시인의 어조나 의견에 대한 보다 세부적인 논의든 모두 허술한 필사본들의 연속성에 그 기반을 두고 있다. 중세 초기의 문학사에 대해 고찰해보는 작업은 텍스트의 전파에 대해 알고 있는 것들에 대해 돌아보게 한다. 학자들은 종종 이 과정을 명료한 것처럼 다룬다. 그리고 한대(漢代)의 것으로 추정되는 텍스트가 12세기 전환기 무렵 곽무천(郭茂倩)의 《악부시집(樂府詩集)》에 처음으로 등장한 것을 보며, 대부분의 학자들은 천년 동안 텍스트 사이에 어떠한 일이 일어났는지에 대해 궁금해 하지 않는다. 11세기에 발달한 문학 연구는 자료들과 정확한 텍스트에 집중적으로 매달렸다. 이러한 각별한 정밀함이 지금까지도 중요한 학술 기준으로 자리 잡고 있기 때문에, 현대의 학자들은 일반적으로 더 이른 시기의 편집자들과 필사자들 또한 이와 같은 주의를 기울였으리라고 기대한다. 그러나 이러한 기대와는 달리 인쇄 문화를 통해 보존되어 현재 전해지고 있는 필사 문화의 시대에 살아남았던 텍스트들을 보면, 텍스트를 정확하게 복제하는 데에 주의를 기울였다는 증거는 매우 적다.(다만 정전(正典)이 된 《문선(文選)》은 예외에 해당된다.) 일반적으로 말해서 자료가 많을수록 변이도 많아진다. 한나라 무제(武帝)의 궁정 가수였던 이연년(李延年)이 지은 것으로 알려진 노래는 현전하는 다양한 자료들에 인용되어 있다. 그런데 고정된 것으로서 쉽게 접근 가능한 "원작" 텍스트가 《한서(漢書)》에 보존되어 있다는 사실에도 불구하고, 그 마지막 행은 아홉 가지의 서로 다른 변이를 보이며 인용되었다.[5] 이러한 특정 변이들은 모두 대략적으로는 같은 "의미"를 가지고 있지만, 모든 경우에 그러한 것은 아니다. 텍스트의 변이에 대한 증거는 오언구와 비정형구로 쓰인 "대중적인" 시들인 현재 논의되는 자료들이 이미 문학적 장르로 인정받았던 6세기 초로부터 시작된다. 따라서 우리는 6세기 초에 문학세계에 도달한 자료들의 텍스트 상태에 대해서 의문을 표할 충분한 이유를 가지고 있다. 특히 317년 북조(北朝)의 멸망으로 인해 발생한 필사본의 엄청난 손실과, 과연 어느 정도의 정성을 기울였는지 알 수 없는 전사(傳寫) 작업을 고려한다면 말이다.

《송서(宋書)》의 〈악지(樂志)〉는 여러 세대의 악시(樂詩) 학자들에 의해 이루어진 주의 깊은 보존 작업을 대표한다. 그러한 결과로 나온 텍스트는 6세기 초 이래로 비교적 안정적으로 존재해왔다. 그러나 《송서》에서의 초기 텍스트를 연구하는 사람이라면 누구든지 필사본 전사의 모든 대표적인 문제들, 즉 가자(假字), 전위(轉位), 행의 탈락, 오자(誤字)들에 대해 인식하고 있다. 그것은 양(梁) 시대의 승려 승우(僧祐)가 불교 문헌에 대해 불평했던 텍스트상의 문제를 정확히 대변한다.[6] 《송서》의 자료들은 "문제적 텍스트"라기보다는, 초기시의 전승에서 최상의 필사 전통을 가장 정확하게 보여주고 있다고 해야 할 것이다. 이렇게 불완전성을 보존했다는 것은, 이것이 가지고 있던 특별한 의의를 보여준다. 이는 결국 현전해오는 텍스트적으로 보다 완벽한 다른 시적 자료들이 형성된 과정에 대해 생각하게 만드는 것이다. 《송서》의 텍스트들은 《옥대신영(玉臺新詠)》을 비롯한 다른 자료들에서 6세기 초의 맥락에 맞는 형태의 "시"로 분명하게 변화되었으며, 이 사실은 이제는 전해지지 않는 다른 자료들의 텍스트 상태에 대해 고찰하게 만든다. 이것은 또한 국가의 음악 전통을 보존하려는 의도 하에 만들어진 특별한 규정을 따르지 않고 작업했던 대부분의 6세기 편집자나 필사자들이 그들의 기준대로 텍스트를 변형하였음을 상기시킨다. 북송(北宋)에서부터 이루어져온 문

5 스즈키 슈우지, 《한위시 연구》, 도쿄: 대수관서점, 81-82.

6 《전량문(全梁文)》 71. 12b.

학 연구는 음악적 전통에 대해 연구한 학자들의 규칙을 더욱 철저히 준수했다. 하지만 서릉(徐陵)이 읽는 즐거움을 목적으로 《옥대신영》을 편집하면서 이와 똑같은 규칙을 따랐다고 가정한다면 이는 시대착오적인 생각이다.

6세기 초의 비평 및 편집 작업은 당시 융성한 필사 문화에 바탕을 두고 있다. 당시 필사 문화의 범위를 짐작케 하는 근거는 대부분 《수서(隋書)》에 실린 서지 목록인 〈경적지(經籍志)〉에서 찾을 수 있다. 이 책은 7세기 초에 편찬되었는데, 양(梁, 502-54)의 것이 분명한 서지 목록을 포함하고 있다.[7]

3세기 후반 지우(摯虞)의 《문장유별(文章流別)》은 문학작품만을 정리한 첫 번째 종합적인 선집으로 알려져 있다.[8] 그 전반적인 논의와 장르 제목 가운데 일부가 현전하는데, 아마도 부(賦)와 시(詩)로부터 시작되었던 것으로 보인다. 이는 그것의 후손에 해당되는, 현재 전해지는 6세기의 《문선》과 마찬가지이다. 지우는 그의 선집에 시적 운율의 다양성을 위해서 오언시를 싣기는 하였으나,[9] 현전하는 그의 주석은 고전적인 사언시에 강한 애착을 드러내고 있다. 그는 사언시를 "바른 것[正]"이라고 보았을 뿐 아니라, 유일하

---

7 이 시기의 도서관과 서지학적 작업에 관한 설명은 《수서》의 〈경적지〉의 "경(經)"에 대한 서문에 나와 있다. 많은 서적 목록이 그 책에 실려 있기는 하지만, 《수서》의 〈경적지〉는 일부 버전들을 "양(梁)"의 것으로 보고 있고 어떤 경우에는 "전해지지 않음"이라고 표시하기도 한다. 이것은 〈경적지〉가 단순히 작곡 당시 존재했던 텍스트들의 목록이 아니라, 보다 이른 시기에 나온 서지 목록과의 비교를 보여주는 텍스트라는 점을 알려준다.

8 대략적으로 동시대의 선집인 《선문(善文)》에 대한 논의를 살펴보려면, 덩궈광(鄧國光)의 《지우연구(摯虞研究)》, 홍콩: 학형출판사, 1990, 175-76을 보라. 데이비드 넥게스(David Knechtges)의 〈문선, 혹은 문학 선집〉 1권, 《도시와 수도에 대한 부(賦)》, 프린스턴: 프린스턴대학 출판사(Princeton University Press), 1982, 3-4도 도움이 될 것이다. 지금은 전하지 않는 초기의 다른 선집들에 관한 논의를 살펴보기 위해서는, 푸강(傅剛)의 《소명문선연구(昭明文選研究)》, 베이징: 중국사회과학출판사, 2000, 17-100을 참고하라.

9 덩궈광(鄧國光)의 《지우연구(摯虞研究)》, 174쪽에 인용된 안연지(顏延之)의 평을 볼 것. 또한 위위엔(郁沅)과 장밍가오(張明高), 《위진남북조문론선(魏晉南北朝文論選)》, 베이징: 인민문학출판사, 1996, 273을 보라.

게 현전하는 그의 비평 중에는 그가 극찬 받을 가치가 있다고 보았던 왕찬(王粲)의 다섯 작품을 다룬 비평이 있는데, 이 작품들은 모두 사언시로 쓰였다.[10] 이 선집이 낮은 격조의 시를 제외하였을 가능성도 있어 보이는데, 그렇다면 저자미상의 모든 시가 제외되었다는 말이 된다. 우리는 지우의 비평을 통해 그의 선집 중 극히 일부만을 추론해낼 수 있다. 그리고 《문장유별》과 《문선》 사이에 존재했던 전반적인 선집들에 어떤 내용이 실려 있었는지에 대해서는 전혀 알 수가 없다. 다만 5세기에 오언구의 형식이 힘을 얻자, 이러한 선집들이 오언구의 시를 점차 더 많이 싣게 되었다고 추측할 수 있을 뿐이다.[11]

〈경적지〉에는 시선집들이 함께 묶여 실려있는데, 이 시선집들은 모든 갈래의 문학작품을 모은 넓은 의미의 선집들과는 다르다. 목록의 처음에 나오는 두 개의 제목은, 이것이 아마도 실상은 "송(頌)"이었을 사언구로 쓰인 시들의 모음집임을 강하게 암시한다. 세 번째 시선집은 시인 사령운(謝靈運, 385-433)에 의해 만들어졌는데, 이 선집은 후에 등장하는 선집들의 기반이 되는 텍스트로서 역할을 한 것이 분명하다. 책의 분량과 당대의 상당했을 인기를 고려할 때, 사령운의 선집은 대부분이 오언시로 구성되어 있었을 것이다. 오언시에만 관심을 두었던 종영(鍾嶸)은, 《시품(詩品)》이라는 책의 서문에서 사령운의 선집에 선별성이 결여되어 있다고 비난하였다.[12] 사령운

---

10 덩궈광(鄧國光)의 《지우연구(摯虞硏究)》, 185쪽과 191쪽을 보라. 안연지(顔延之)의 〈정고(庭誥)〉의 일부분(《태평어람》 586. 3a)은 이릉(李陵)의 시들을 칭찬한 것으로 볼 수 있는데, 이는 이릉의 시들이 《문장유별》에 포함되었음을 암시한다.

11 이러한 선집들의 대부분은, "모음집"을 뜻하는 "집(集)"이라는 용어로 시작한다. 이 집(集)이라는 용어는 유명한 작가들의 작품집에서만 철저하게 작품을 뽑아서 모았다는 의미를 가지고 있다고 할 수 있다. 《집림(集林)》, 《집원(集苑)》, 《집초(集鈔)》 그리고 《집략(集略)》 등을 그 예로 들 수 있다. 하지만 《집림(集林)》에는 일화(逸話) 또한 다루어졌을 것이라고 한 푸강의 추측에도 주목할 필요가 있다. 푸강(傅剛)의 《소명문선연구(昭明文選硏究)》, 40쪽을 보라.

12 사령운은 왕실도서관에서 두 번 근무했는데, 종영은 사령운이 우연히 발견한 시들

의 선집 다음으로 목록에 올라있는 것은 《고금오언시미문(古今五言詩美文)》으로, 두루마리 다섯 권 짜리며 순작(荀綽)이 편찬한 것으로 알려져 있다.[13] 적어도 이 제목의 형태는, 이것이 훨씬 후대에 덧붙여진 제목이라는 것을 암시한다.(〈경적지〉에 대한 비평에서는 〈경적지〉에 실려 있는 선집들의 분량과 제목이 바뀌었다고 말하고 있으며, 승우(僧祐)는 불교 필사본에 대해 "때로는 하나의 책이 여러 이름을 가지고 있으며, 때로는 여러 책이 하나의 이름을 공유한다.[或一本數名, 或一名數本.]"라고 말하기도 했다.)[14] 서진(西晉)에는 순작이라는 뛰어난 학자가 있었지만, 그를 이 책의 편찬자로 보는 다른 사례는 존재하지 않는다. 만일 이 선집이 정말로 서진 말기에 나온 것이라면, 이 선집은 시선집 중에서 가장 오래된 것이라고 할 수 있다.

순작(荀綽)의 시선집과 사령운(謝靈運)의 시선집, 그리고 사령운 시선집들의 파생본들에 바로 뒤에, 단서를 주는 제목을 가진 책을 한 권 볼 수 있는데, 저자미상의 《고시집(古詩集)》이 그것이다.[15] 이 대단한 모음집은 아마도 저자미상의 "고시"를 포함했었겠지만, 3세기와 아마도 더 후대에 알려진

을 모조리 선집에 포함시켰다고 비판했다. 〈경적지〉가 사령운의 시선집에서 발췌한 것으로 보이는 확장본과 선집들을 수없이 나열하고 있기에,(그 길이가 더 짧다는 점과 제목에 '정화(精華)'를 뜻하는 "영(英)"을 쓴 것에서 이를 알 수 있다.) 우리는 그것의 인기를 짐작할 수 있다. "고시"의 첫 번째 의작이 150년 뒤에 문학 악부의 큰 증가와 함께 발견되는 것을 고려할 때, 5세기 중반에 중흥한 초기시에 대한 관심과 이러한 선집들을 연결하는 것은 그럴듯해 보인다.

13 부록 C를 보라.

14 《전량문(全梁文)》 71. 12b.

15 대개의 시선집들은 《수서(隋書)》의 〈경적지(經籍志)〉 내에서의 대략적인 연대기 순서를 확인하는 것 외에는 그 만들어진 시기를 알 수가 없다. 스즈키는 《고시집(古詩集)》이 저자미상의 "고시(古詩)"들의 출처라고 믿지만(스즈키 슈우지, 《한위시 연구》, 301쪽) 이것은 전혀 확실하지 않으며, 아마 이것은 사령운의 시선집보다 나중에 만들어졌을 것이다. 《고시집(古詩集)》은 두루마리 아홉 축 분량이었다고 하므로, 종영이 언급한 59편의 "고시"보다는 훨씬 더 많은 것을 수록하고 있었음에 틀림없다. 적어도 이것은 "고시"라는 용어가 저자미상의 시들에만 사용되지는 않았음을 보여준다.

"옛" 작가들이 쓴 시들도 포함했을 것이다. 요약하자면, 우리는 거의 아는 것이 없다. 그러나 317년 진(晉)나라가 남쪽으로 밀려났을 때에 엄청난 텍스트의 손실이 있었다는 것만은 알고 있다.[16] 왕실도서관의 환경 속에서 재필사된 작품들에 대해서는 약간의 확신을 가질 수 있을 것이나, 왕실도서관이 소실되어서 작품들이 다른 자료들로부터 복구되어야만 했을 때 이런 확신은 사라지게 된다. 그러므로 서진의 몰락과 북송의 출판문화 시대 사이에 왕실도서관이 파괴된 사건이 몇 번이나 있었음은 염두에 두어야 한다.

---

16 위(魏)와 서진(西晉)의 도서관은 거의 30,000축에 달하는 두루마리들을 가지고 있었다. 그러다가 초기 동진(東晉)에 와서는 단지 3,014축의 두루마리만 살아남았다. 그 중 일부는 후기에 복원되었지만 말이다. 유유(劉裕)가 420년에 왕권을 장악하고 송(宋)나라를 세우기 전, 그는 북방 원정을 가서 4,000축의 두루마리를 되찾아오는 임무를 맡았었다. 사령운이 왕실도서관에서 근무할 때 그는 64,000축이 넘는 수의 목록을 만든 바 있다. 사령운은 아마도 사본(寫本)들 역시 계산에 넣었던 것으로 보이는데, 즉 그는 '문헌목록'이라기보다는 '장서목록'을 만들고 있었던 것이다. 왜냐하면, 473년 왕검(王儉) 문헌목록은 단지 15,704축만을 제시하고 있기 때문이다. 제(齊)의 문헌목록은 18,010축에 달했고, 양(梁)의 문헌목록은 23,106축이었다.(《수서(隋書)》, 906-7 참조.) 사령운의 과장된 목록을 제쳐두면, 이것은 동진 성립 이후의 텍스트 복원과 양(梁)에서 텍스트 생산 증가를 감안할 때 설득력 있는 성장곡선으로 보인다. 그러나 심지어 양(梁)의 도서관도 위(魏)시기의 도서관 장서목록의 규모에 도달하지는 못했다. 우리는 이 수치들을 14,466종 89,666축이라는 《수서(隋書)》의 문헌목록 그 자체와 나란히 맞대볼 수 있다. 이 문헌 중 대다수는 문학 외의 분야에 속한다.(개인 문집이 총 4,381축이었고 모든 종류의 선집이 2,213축이었다.) 즉, 목록에 제시된 문헌의 7%를 약간 넘는 정도만이 문학에 속했다는 것이다. 만일 이런 비율이 더 이른 시기에도 대략 비슷했다면, 동진으로의 이동을 견디고서 전해지게 된 문학은 많지 않을 것이다.(수(隋)의 문학 텍스트와 비문학 텍스트 간의 비율을 적용해보면, 단지 220축의 문학 문헌만이 동진으로 전해졌음을 알 수 있다.) 그리고 유유(劉裕)가 가지고 온 필사본들이 5세기 사회에 시에 대한 관심을 불러일으키는 주요한 활력소 역할을 했다는 추측도 꽤나 그럴 법하다. 남조(南朝)의 왕실도서관이 개인 도서관을 통해서, 혹은 북조와의 무역을 통해서 초기 작품들을 점차적으로 다시 구축했음이 분명하지만, 그 비율이 유지되었다면 개인문집의 경우에는 전체 중 4.8%인 《수서(隋書)》의 문헌목록은 위와 서진시대 왕실도서관이 수장하고 있던 317년 이전 장서의 겨우 반 정도를 기록하고 있는 셈이다. 물론 이러한 수치에 도달하기 위해 설정한 가정들은 실상 이 수치를 매우 의심스럽게 만든다. 단지 논의의 보충으로서만 이 수치들을 기록한다.

저자미상의 초기시의 서지학적 출처들에 대해 생각해보면, 다른 자료들과 비교했을 때 《수서》의 〈경적지〉가 중요한 차이점을 갖는다는 점에 주목하게 된다. "시"선집과 현재 악부라고 규정하는 자료들을 포함하는 음악적인 전통에서의 운문 선집들은 별도로 분류되었다.[17] 같은 자료가 "시"나 저자미상의 악부로서 서로 다르게 구현된 것을 종종 발견하게 되는데, 이때 우리는 완전히 문학적인 관점에서의 "전형적인" 변별이 아니라, 서로 다르게 분류되어 보존된 텍스트적 관습 간의 차이를 보는 것일 수 있다. 만약 〈고시십구수〉의 제15수가 거의 한 글자 한 글자 그대로 옮기다시피 하여 악부 〈서문행(西門行)〉에 다시 나타난다 하더라도, 가수들이 "고시"를 노래에 대한 수요 때문에 확장한 것인가 아니면 "시인"이 이전의 악부를 개작한 것인가에 대해 질문하는 것은 시대착오적인 데다가 도움도 되지 않을 것이다. 비록 학자들이 가끔 그렇게 하기는 하지만 말이다. 그보다는, 시적 "자료"들이 텍스트성에 대한 서로 다른 관습에서 서로 다르게 구현되었다고 생각해야 할 것이다.

음악적 전통에 맞는 악보 모음집은 오래된 의례와 궁정 음악을 보존하려는 오랜 관심 속에서 만들어졌다. 지금 너무나도 소중히 평가받고 있는 저자미상의 "대중적인" 가사들은 아마도 한 때 비공식적인 궁중 행사를 위해 연주된 작품들이었을 것이고, 사실상 이를 보존하려는 동기에 의해 보존된 레퍼토리의 일부분이었을 것이다. 이 저자미상의 악부들 중 일부 작품들의 가능성 있는, 혹은 상상된 "민요적" 기원이 무엇이든 간에, 중요한 것은 이 작품들이 궁정 전통이라는 이름하에 살아남았다는 사실이다.[18]

이와 같은 모음집들이 지닌 분명한 특징 하나는, 이러한 모음집들이 앞서

17 부록 C를 보라.

18 스즈키 슈우지는 이 지점을 우리에게 계속 상기시키는 소수의 이전 학자들 가운데 한명이다. 앞의 책, 《한위시 연구》, 186을 보라. 찰스 이건도 이 지점을 강조하였다.

언급한 노래들에 대한 구전된 지식을 포함시키고 있다는 점이다.[19] 이는 《송서(宋書)》의 〈악지(樂志)〉와 장영(張永, 410-75)이 편찬한 《원가정성기록(元嘉正聲技錄)》, 왕승건(王僧虔, 426-85)의 《기록(技錄)》(혹은 기록(伎錄)), 그리고 568년 편찬된 지장(知匠)의 《고금악록(古今樂錄)》을 인용한 《악부시집(樂府詩集)》의 내용을 통해 판단해 보건대 그러하다. 이러한 사실은 시선집과 음악 전통에 있었던 가사들의 모음집 사이에 존재하는 근본적인 차이점을 인식하게 해준다. 시선집은 읽는 재미를 위해 만들어진 것인 반면, 음악적 전통을 따르는 가사 모음집은 구전된 지식을 활용해 궁정 음악 전통을 교정하고 보존하는 것을 목표로 한 것으로 보인다. 이 음악적 전통과 관련된, 현전하는 완전한 자료인 《송서》의 〈악지(樂志)〉 역시 당연히 전통의 보존에 초점을 두고 있다. 이렇게 음악적 전통을 따르는 모음집에는 시선집에 등장하는 제목이 보이지 않는다. 독자들의 즐거움을 위해 뽑은 "최고"의 작품을 의미하는 영(英) 혹은 영화(英華)와 같은 것이 그 예이다. 〈악지〉와 같은 시기에 등장한, 현전하는 양(梁)의 두 문학선집은 저자미상의 악부를 시와 함께 싣고 있다. 비록 《문선》에는 거의 없지만 말이다. 그러나 문학선집에 실린 버전과 〈악지(樂志)〉에 실린 버전을 비교해보면, 음악적 전통을 따르는 버전들이 문학선집에 실리면서 대부분의 경우 문학적 취향에 맞게 수정되었다는 것을 알 수 있다.[20]

음악적 전통은 저자미상의 작품들을 "악부"와 "고시"로 나누었다. 이러한 구분은 "전형적인 구별"로 지금까지 이해되어 왔다. 하지만 우리가 앞서 살

19 지장(知匠)과 《고금악록(古今樂錄)》에 대한 정보는 나카츠하마 와타루(中津濱涉)의 《악부시집 연구(樂府詩集の硏究)》, 도쿄: 급고서원, 1970, 614-15쪽을 보라. 여기에서 《고금악록》은 악시(樂詩)의 선집들로 분류되기보다는, 〈악지(樂志)〉에서 경전으로서의 "악(樂)"이라는 범주 아래 속해 있다. 여기서 짚고 넘어가야 하는 점은, 지장(知匠)이 황실의 음악적 전통에 따른 규칙 하에서 작업하지 않았으며, 568년에 와서는 그가 정리한 많은 자료들이 대대적으로 편집되었다는 사실이다.

20 부록 D를 보라.

펴보았듯, 이것은 주로 무엇으로 분류되어 왔는가에 따른 결과물이라고 할 수 있다. 다른 초기의 자료들에서 이런 작품들이 인용되는 양상을 살펴보면, 악부의 구절들이 매우 빈번하게 "고시"로 인용되고, 또 "고시"의 구절들이 그만큼 빈번하게 악부로 인용된다는 점을 발견하게 된다.[21] 이러한 상황에서 유일하게 분명히 구별되고 있는 것이 있다. 그것은 오언시는 "악부"나 "고시"로 인용되는 반면, 불규칙한 구로 이루어진 시들은 항상 악부 혹은 악시를 가리키는 그 밖의 용어로 인용된다는 것이다.(불규칙한 구로 된 시는 매우 드물게 인용되고 있다.) 여기서 특별히 언급하려는 것은 "인용된 구절들"이다. 같은 작품이 다른 운율로 등장하는 경우가 매우 빈번하기 때문이다. 악부와 "고시"는 제목을 짓는 관습에 있어서도 차이를 보인다. 비록 어떤 악부들은 "고시"처럼 악부의 첫 행이 마치 제목처럼 알려져 있기는 하지만 말이다. 그러나 이는 제목을 짓는 관습일 뿐이다. 초기 시의 구절들이 다른 제목하에 인용되는 경우가 빈번하기 때문이다.[22]

특정 종류의 텍스트, 즉 시인과는 구별되는 관습적인 시적화자를 사용하는 내러티브들은 주로 악부에 수록되어 있다. 하지만 이와 유사한 텍스트가 "시"라는 이름으로도 보존되어 있는 것을 볼 수 있다. 관객을 축복하는 내용의 마무리 구절은 전문적인 가수, 그리고 나아가 악부의 특징이라 할 수 있다. 그러나 텍스트가 매우 유동적인 상황에서 이런 마무리 구절이 등장한다

21 예를 들어 〈고시십구수〉의 상당수가 수나라와 당나라 자료에서는 때로 악부라고 인용되었다. 더 광범위한 필사 전통에 접근할 수 있었음에도 불구하고 말이다. 설사 이것을 인용한 사람의 주의가 부족했던 탓으로 돌린다고 해도, 여전히 이런 구별이라는 것이 당나라 내내 두루뭉술했으며, 텍스트에 관한 중요한 정보로 생각되지 않았다는 것은 분명하다.

22 "고시"와 악부를 구분하는 가장 적절한 선례는 육기의 "의작(擬作)"과 의작이 포함되지 않은, 육기가 기록한 악부 버전 사이의 구별일 것이다. 여기서 문제는 육기의 〈가언출북궐행(駕言出北闕行)〉이 《예문유취(藝文類聚)》와 《악부시집(樂府詩集)》에서는 악부라는 이름으로 보존되어 있다는 것이다. 사실 육기의 〈가언출북궐행(駕言出北闕行)〉은 매 구절이 〈고시십구수〉 제13수(루친리, 662)의 "의작"인데 말이다. 여기서 우리는 단지 제목을 짓는 관습상에서의 차이만을 보게 될 뿐이다.

면, 이는 가수들의 관행을 정확하게 보존하려는 의지나 그러한 관습에 대한 향수로 인해 텍스트적으로 보존된 연행의 형식을 나타내는 것이다. 주지하듯이 "악부"라는 용어는 너무 방대하며, 6세기 초에 처음 등장한 저자미상의 초기 악부 일부는 저자미상의 시와 겹치는 부분이 없다. 그리하여 실로 "전형적인" 구분이 결과적으로는 나타나게 된다. 하지만 이것이 나타나기까지의 과정은 매우 느리게 진행되었다. 이러한 구분은 아무리 빨리 잡아도 악부가 후대의 장르적 의미를 획득하기 훨씬 이전 시기인 3세기 말에 시작되어 당나라에 와서야 마침내 실현되었다.

요약하자면, 우리는 "시작품들(poems)"을 가지기 이전에 "자료들(sources)"을 가지고 있는 것이고, 각각의 자료는 저마다의 관심사와 관습을 가지고 있다. 이러한 자료들은 모두 문헌 목록의 형태로 존재하는데, 자료 자체의 서술을 통해서나 혹은 유사한 종류의 다른 작업들의 계열에 귀속된다는 점을 근거로 그 의미가 정의된다. 현전하는 초기의 텍스트들은 이러한 자료들의 관심사에 맞게 중개되어 전해진 것이다. 12세기 초《악부시집(樂府詩集)》과 1544년에서 1557년 사이에 편찬된 풍유눌(馮惟訥)의《고시기(古詩紀)》에 이르러서야, 전해진 그대로 텍스트를 보존하려고 애를 쓴 전서들이 생겨나기 시작했다. 그러나 초기 시가 처음으로 지어지고 돌아다니기 시작한 시기와 이러한 후기의 학술적 시기 사이에는 엄청난 역사가 존재한다.

"고시(古詩)"의 정전화

3세기 말 무렵에 육기(陸機, 261-303)는 저자미상의 "고시"를 흠모하여 의작(擬作)을 짓기까지 하였다. 그리고 만약 이것들이 육운(陸雲)이 그의 형에게 보내는 편지에서 언급한 "고오언시(古五言詩)"라면, 그 존중하는 마음은 다른 이들과 공유된 것이었다고 할 수 있다.[23] 그러나 육운의 표현은 어떤 작품군의 명칭을 지칭한 것이기보다는 설명하는 말이었다. "고시"라는 표현이 의미하는 바가 공유되었다는 가장 초기의 증거는 430년경에 편찬된 유의경(劉義慶)의 《세설신어(世說新語)》에서 찾을 수 있는데, 여기에서 우리는 4세기 후반에 일어났을 것으로 추정되는 한 일화를 볼 수 있다.

> 王孝伯在京行散, 至其弟王睹戶前, 問: "古詩中何句爲最?" 睹思未答. 孝伯詠"'所遇無故物, 焉得不速老!' 此句爲佳."

> 왕효백(王孝伯) (공(恭))이 수도에 있을 때 약기운이 돌도록 거닐다가 아우 왕도(王睹) (상(爽))의 집 문 앞에 이르렀다. 그가 "고시 중 어떤 구(句)가 가장 최고더냐?"라고 묻자 도(睹)가 곰곰이 생각하며 대답하지 못하였다. 그러자 효백(孝伯)이 말하기를 "'무엇을 만나게 되든지 친숙한 것은 없다, 어찌 빨리 늙지 않으리오?' 이것이 가장 좋은 구이다." 하였다.[24]

《세설신어》에 실린 일화들이 보통 그렇듯이, 이 사건이 바로 그 때에 여기에 묘사된 그대로 일어났었는지에 대해서는 확신할 수 없다. 그럼에도 불구하고 이 일화는 "고시"에 대한 지식이 공유되었다고 가정한 것에 있어서 중요하다. 그리고 이 일화는 사안(謝安)이 사현(謝玄)에게 《시경》에서 가장 뛰어난 부분이 무엇인지를 물은 것과 같은 구조를 지니고 있다.[25] 어떤 "고시"들은 판단의 기준으로 활용될 수 있는 작품군이었다.[26] 한 때 《시경》, 즉

23 주 2를 참조.

24 위지아시(余嘉錫), 《세설신어전소(世說新語箋疏)》, 샹하이: 상해고적출판사, 1993, 276. 유의경 지음, 리처드 매더 옮김, 《세상 이야기에 대한 새로운 설명-세설신어》, 미네아폴리스, 미네소타대학교 출판부, 1976. 여기 번역은 필자의 것이다.

25 위지아시(余嘉錫), 앞의 책 235. 유의경(매더), 앞의 책 118.

26 그런데 한 가지 문제가 발생한다. 우리는 고시(古詩)라는 용어가 저자미상의 "고

시경의 "고시"들을 의미했던 용어 고시(古詩)는 "고전시"의 작품군을 지칭하는 것이 되었다. 동시에 《세설신어》의 학문 혹은 문학을 뜻하는 "문학(文學)"장에 있는 104개의 항목 중 오직 4개만이 오언구로 된 시들을 언급하고 있다는 점은 결코 소홀히 여길 수 없다.[27]

"고시"가 잘 알려졌고 존중되었음에도, 시의 문화사에서는 아직 정해진 위치가 없었다. 그것들은 그저 "오래된" 시들이었다. 5세기 전반에 처음으로 그 시들이 의작(擬作)되었을 때, 그것들은 격조가 높아짐으로써 "개선"되었다. 5세기가 전개됨에 따라, 우리는 고전 시의 역사에 대한 최초의 설명과 시체(詩體)에 대한 역사적 이해가 시작되는 것을 볼 수 있게 된다.[28] 후대에 영향을 끼친 5세기 초 사령운(謝靈運)의 시선집에 무엇이 포함되어 있었는지는 알 수 없다. 하지만 건안시기의 시인을 모방한 그의 작품들을 통해서 그가 과거의 시들과 어떻게 관계를 맺는지 알 수 있는데, 이 의작들은 《업중집鄴中集》에 실려 있다.[29] 이는 사뭇 기이한 작품집으로서, 사령운은

시"를 뜻하는 것에 너무나도 익숙해져서, 왕상이 저자미상의 "고시" 중 하나에서 따온 구로 응답할 때 왕효백이 그러한 작품군을 지칭하고 있었다고 추정한다. 그러나 왕효백이 그저 범범하게 정의된 "이전 시기의 시들"을 지칭했을 가능성도 있으며, 또한 왕상이 정전화된 "십구고시" 중 저자미상의 연구를 고른 것 또한 우연한 것일 수도 있다.

27 왕효백의 일화에 덧붙여 IV.66, 85, 88을 보라. 이 중 둘은 대부분의 작품이 사라지고 결코 정전의 반열에 오르지 못했던 인물들에 대한 것이다. 66번은 그 유명한 조식(曹植)에게 귀속된, 출처불명의 〈칠보시(七步詩)〉이다. 조 커터(Joe Cutter)의 〈칠보시의 진위여부에 대하여(On the Authenticity of the 'Poem in Seven Paces')〉, 폴 크롤, 데이비드 넥게스, 《중세 초기 중국 문학과 문화사: 리차드 메이더와 도날드 홀츠만을 기리며》, 유타: 당(唐) 연구회(T'ang Studies Society), 2003, 1-26쪽. 다른 주석들은 서진(西晉)의 작가들의 문체에 대해 전반적으로 다루었지만, 그들은 주로 운문과 부(賦)를 참고했을 것이다.

28 분명 이 시기의 문학사(혹은 시의 역사)는 이 분야의 현대적인 정의와는 부합하지 않는다. 남조(南朝)의 비평 작업에서 중요했던 요소는 연대기적 배열 순서를 정립하는 것이었는데, 이는 계보학을 가능하게 하였다. 그럼에도, 가장 초기의 형태에서도 이러한 연대기적 배열순서들은 커다란 문화적 변화들이나 문학 형식의 발달에 대한 논의들 위에 자리하고 있었다.

이 서문에서 조비(曹丕)를 시적 화자로 내세우고 표면적으로는 이 작품이 없었다면 존재한다고 알려지지도 않았을 일군의 시들을 의작하였다.[30] 이 의작들에서 사령운은 무척이나 5세기 초의 시인답게 시를 쓰고 있다. 그는 초기 시의 구절과 내용들을 보다 더 높은 시적 격조로 "번역"하는데, 이는 육기(陸機)가 그보다 한 세기 앞서 저자미상의 "고시"와 악부를 다시 쓴 것과 매우 흡사하다. 아래는 〈칠애시(七哀詩)〉라는 제목 하에 보존된 작품들 중 첫 번째에 놓인 왕찬의 원래의 시의 도입부다. 시기는 아마도 190년대 말경으로 생각된다.[31]

西京亂無象 서경은 비할 데 없는 난리 속에 있었고
豺虎方遘患 승냥이와 호랑이들은 큰 혼란을 가하였네.
復棄中國去 그리하여 나는 중국을 버리고 떠나,
遠身適荊蠻 멀리 떨어지려 형만(荊蠻)으로 갔네.
親戚對我悲 친척들은 슬픔에 잠겨 나를 보고
朋友相追攀 친구들은 나에게 매달리며 따라오네.
出門無所見 문 나서면 보이는 것 하나 없고
白骨蔽平原 백골만이 평원을 덮고 있구나.

다음은 사령운(謝靈運)의 의작의 도입부이다.[32]

---

29 더 광범위한 논의는 메이지아링(梅家玲), 《한·위·육조 문학신론: 의작·대작 및 증답 작품들》. 타이베이: 리인서국, 1997, 1-92을 보라.

30 사령운은 어쩌면 조비(曹丕)의 〈여오질서(與吳質書)〉를 염두에 두고 있었는지도 모른다. 이 편지에서 조비는 전년의 전염병으로 죽은 사람이 대부분인 건안 시대 대가들의 작품들을 엮어 편찬하는 일에 대해 이야기하고 있다. 만약 그렇다면 이것은 5세기에 오언시에 부여된 특별한 지위가 시작되는 좋은 예가 될 것이다. 조비는 아마도 다른 형태의 글쓰기를 생각하고 있었을 것이기 때문이다.

31 루친리, 365.

32 루친리, 1182쪽.

幽厲昔崩亂　유(幽)와 려(厲)는 옛날에 난리에 무너지고
桓靈今板蕩　환(桓)과 령(靈)은 오늘날 반란과 격변을 맞도다.[33]
伊洛旣燎煙　이(伊)와 락(洛)은 연기 속에 파괴되었고[34]
函崤沒無象　무너진 함(函)과 효(崤)는 비할 바가 없네.[35]
整裝辭秦川　나는 행장을 갖추고 진(秦)의 강들을 건너
秣馬赴楚壤　말에게 풀을 먹이러 초(楚)땅으로 갔네.
沮漳自可美　저(沮)와 장(漳)의 강들 아름다우나
客心非外獎　나그네의 마음 바깥 것에 끌리지 않네.
常歎詩人言　내 시인의 말에 탄식하지 않았던가,
式微何由往　"쇠하였도다!" 그러나 어떻게 갈 수 있겠는가?[36]
上宰奉皇靈　고관들은 황령(皇靈)[37]을 받들고
侯伯咸宗長　후백(侯伯)들은 모두 그를 숭배하네.

여기서의 차이점은 단지 수사적 "고상함"에 기여한 추가적인 언급에서뿐만이 아니라, 훨씬 높은 격조의 어휘 사용에 있다. 사령운의 의작이 이어져감에 따라, 수사는 더욱 더 장황해진다.

그러나 5세기 말경에 쓰인 것으로 보이는 강엄(江淹, 444-505)의 30수의 〈잡체(雜體)〉를 보면,[38] 시인이 개인과 시대상의 역사적 차이점을 포착해내

33 주(周)나라 왕인 유(幽)와 려(厲)를 일컬은 것으로, 그들의 실정은 서주(西周)의 멸망을 재촉하였던 것으로 추정된다. 환(桓, 재위 147-167)과 령(靈, 재위 168-189) 황제도 마찬가지 방식으로 동한(東漢)의 몰락을 보게 되었다.

34 동탁(董卓)이 낙양(洛陽)을 파괴하였던 것을 일컫는다.

35 (역주) 함(函)와 효(崤)는 각각 함곡관과 효산을 일컫는데, 이는 모두 진(秦)의 요새지였다.

36 《시경》 36. 아마도 위(魏)나라로 피신한 여후(黎侯)가 돌아오기를 촉구하는 뜻으로 쓴 것 같다.

37 조조(曹操)를 의미한다.

38 언제 〈잡체(雜體)〉시들이 쓰인 것인지는 알 수 없지만, 강엄(江淹)은 시적 재능이 말년에 감소한 것으로 잘 알려져 있으므로 5세기 후반에 창작된 것이라 추측할 수

려 했다는 것을 발견할 수 있다. 다음은 왕찬(王粲)의 같은 시에 대한 강엄의 의작의 서두이다.

伊昔值世亂　예전에 나는 혼란의 시기를 만나
秣馬辭帝京　말에게 풀을 먹이러 수도를 떠났네.
旣傷蔓草別　"넝쿨풀 사이에서"[39] 이별의 아픔을 느끼며
方知杕杜情　"외로운 배나무(杕杜)"[40]의 심정을 이해하였네.
崤函復丘墟　효(崤)와 함(函) 다시 황무지로 돌아왔는데[41]
冀闕緬縱橫　먼 곳에서 희망을 가지고 궁궐을 바라보았네.
倚棹汎涇渭　노에 기대어 경(涇)과 위(渭)를 항해하니
日暮山河淸　해질 무렵 산과 강이 맑구나.
蟋蟀依桑野　들판의 뽕나무 사이에는 귀뚜라미가 있고[42]
嚴風吹枯莖　모진 바람은 마르고 잎 없는 줄기들에 불어온다.

비록 강엄(江淹)이 《시경》의 두 부분을 인용하였지만, 이는 유난히 직설적인 데다가, 위에 인용한 왕찬(王粲)의 시 후반부에서 사용된 것과 정확히 같은 형식을 가지고 있다. 사령운이 일관되게 높은 격조를 유지한 반면, 강엄은 평이하고 서술적인 시구를 사용하였다. 그러나 강엄은 사령운을 의작할 경우에는 사령운의 높은 격조를 따랐다.

이는 과거의 시를 이해하는 데에 큰 변화가 있었음을 대변한다. 강엄(江淹)의 시 30수 가운데서 한 수를 제외하고는 모두 연대순으로 배열된 것으

있다.

39 《시경》 94. 모시전(毛詩傳)에 따르면, "들에 넝쿨풀이 있네.(野有蔓草)"(역주:《시경(詩經)》〈정풍(鄭風)〉의 시)는 사람들이 전쟁으로 고통 받는 때를 일컫는다.

40 《시경》 119. "외로운 배나무(杕杜)"(역주:《시경(詩經)》〈당풍(唐風)〉의 시)는 혼란, 친족과의 이별을 보여준다.

41 《문선》을 따라, '탕(蕩)' 대신에 '부(復)'로 읽었다.

42 《문선》을 따라, '소(素)' 대신에 '상(桑)'으로 읽었다.

로, 특정 작가를 의작한 것이다. 즉, 간단히 〈고리별(古離別)〉이라고 명명된 첫 번째 시를 제외하면 말이다. 이는 쉽게 악부로 이해될 수 있겠지만, 저자미상의 "고시"에 대한 의작으로 보인다.[43] 여기에서 처음으로 우리는 형식상의 문제에 대한 해결책이 어떻게 시의 역사에 대한 설명에 침투해 들어갔는지를 보게 된다. 저자미상의 시들은 다른 시들이 작가들의 연대기적 순서로 배열된 것과는 다르게 맨 앞에 놓인다. 그것은 "오래된" 것이기 때문에 가장 선행하는 것으로 보이며, 시의 변이와 변화의 역사적 과정이 시작되는 출발점으로 여겨진다.

강엄의 〈잡체(雜體)〉 이후 몇 십 년 뒤에 종영(鐘嶸)이 《시품(詩品)》을 지었다. 우리는 그가 마음껏 볼 수 있었던 자료들이 어떤 것들이었는지 알 수 없다. 그러나 그는 아마도 왕실도서관을 출입할 수 있었을 것이고, 최소한 《수서》의 〈경적지〉와 같은 일정 범위의 책들을 보았을 것이다. 그는 심지어 저자미상의 악부는 언급하지도 않았는데, 이는 그것들이 아직 완전하게 "시(poetry)"로 간주되지 않았다는 사실을 말해주는 것이라 생각된다. 그러나 종영은 저자미상의 "고시"를 채택하였고, 이를 가장 높은 범주의 시작으로 삼았다.[44]

43 "고(古)"라는 용어의 변화가 문학적 전통에서 어떻게 적용되었는지에 대해 연구해 봄직하다. 5세기 중반 왕승건(王僧虔)에 의해 만들어진 악부 전통에서 우리는 알려진 저자들이 지은 가사와는 상반되게 쓰이는 "고사(古辭)"라는 용어를 접하게 된다.(모든 "알려진 저자들"은 위(魏) 황실의 구성원들이기는 하지만, 우리는 고사가 원래는 저자미상을 암시하는 것이 아니었을지도 모르며 평민들에 의해 지어진 다른 "고사"들을 포함한 것이었을 수 있다는 가능성을 인식해야만 한다.) 심약 또한 고사라는 용어를 사용했기 때문에, 그것이 이미 음악 전통에서의 가사를 연구한 학자들에게 있어서 전문 용어가 되었다는 것을 가정해볼 수 있다. 그런 뒤에 우리는 강엄에 의해 사용된 이 〈고리별〉을 접하게 되는데, 이는 우리가 지금 부르는 "고시"와 악부 사이에 모호하게 위치하고 있다.

44 왕수민(王叔岷), 《종영시품전증고(鐘嶸詩品箋證稿)》, 타이베이: 중앙연구원중국문철연구소, 1992, 129쪽. 차오쉬, 《시품집주》, 상하이: 상해고적출판사, 1994, 75쪽.

其體源出於國風. 陸機所擬十四首, 文溫以麗, 意悲而遠, 驚心動魄, 可謂幾乎一字千金. 其外, "去者日以疏"四十五首, 雖多哀怨, 頗爲總雜, 舊疑是建安中曹王所製. "客從遠方來," "橘柚垂華實," 亦爲驚絶矣. 人代冥滅, 而淸音獨遠, 悲夫!

이 문체의 근원은 국풍(國風)에서 온 것이다. 육기(陸機)가 의작한 14수는 문장은 풍부하고 아름다우며 뜻은 슬프고 심원하다. 마음과 혼백을 놀라게 하니, 가히 한 글자가 천금(千金)의 가치가 있다고 할 수 있다. "떠난 사람은 날로 멀어진다.[去者日以疏]"가 포함된 그 외의 45수는 비록 슬픈 원망으로 가득 차 있지만 자못 총잡(總雜)을 이룬다. 옛날에는 이것이 건안(建安)의 조(曹)씨 가문과 왕(王)씨 가문에 의해 쓰인 것으로 의심되었다.[45] "나그네 멀리에서 왔도다.[客從遠方來]"와 "귤은 꽃과 열매 드리웠네.[橘柚垂華實]"는 또한 놀라운 구이다. 이 사람들의 시대가 어둠에 잠겼으나 그들의 맑은 음조만은 오래도록 전할 것이니 슬프구나!

첫 번째로 주목할 점은, 이 글이 〈고시십구수(古詩十九首)〉의 핵심을 보여주고 있다는 사실이다. 〈고시십구수〉는 한시의 역사에 있어 기본 텍스트로 자리 잡은, 저자미상의 "고시"를 모아놓은 《문선(文選)》에 선별된 것이다.

종영의 비평은 많은 것을 말해준다. 첫째, 59편의 저자미상의 "고시"가 적힌 필사본이 6세기 초에 존재했다는 것이다.[46] 종영의 비평에 따르면, 필

45 조(曹)가 조식(曹植)처럼 한 명의 인물인지, 조비(曹丕)와 조식(曹植)을 포함하는 조(曹) 집안을 일컫는 것인지는 논란이 있다.

46 이 필사본은 시선집과는 별개로 존재한 것이 아니라, 종영이 알고 있던 사령운의 것으로 추정되는 선집의 일부분이었다고 보는 것이 맞을 것이다. 하나의, 혹은 여러 자료들에 적혀있던 저자미상의 "고시"들은 작가에 의해 연대기적 구조로 새롭게 결합되었을 것이다.

사본에 등장하는 첫 14수의 시들이 육기에 의해 의작되었다고 한다.[47] 육기가 똑같은 문헌의 초기 버전에서 첫 14수를 의작하였으리라는 거의 가능성이 희박한 추측을 하지 않는 이상, 선집 편집자나 필사자가 육기에 의해 의작된 저자미상의 "고시들"을 문헌의 첫 부분에 배치했다고 결론을 내려야 할 것이다. 다시 말해, 육기의 의작은 "원작"에 대한 관심을 환기하고 중요한 가치를 부여해 주었다. 현재 많은 사람들이 "원작"을 읽고 소수만이 의작에 관심을 가지고 있다면, 왜 우리는 이러한 텍스트들을 가지고 있는 것인가에 대해 되새겨볼 필요가 있다. 우리는 시의 역사를 연대기적 순서로 생각하고 여기에서 연속성을 발견한다. 그러나 전통이 형성되는 이 순간에, 연속성에 대한 의식은 초기의 특정 텍스트들이 주목을 받고 나아가 그 덕분에 보존이 되게 하는 과정의 기반이 되었다.

소통(蕭統)은 〈고시십구수(古詩十九首)〉를 편찬하면서 앞서 종영(鍾嶸)이 언급했던 다른 세 고시 중 두 수[48]와 함께 육기(陸機)가 모방한 14수의 고시 중 12수와, 《세설신어(世說新語)》 일화에 등장한 시를 선택했다.[49] 이것은 우리가 가진 정전화 된 "19수" 중 15수가 그것들의 가치를 증명하는 선행하는 일정 형태의 증거를 가지고 있다는 말이 된다. 4수의 시 또한 이러한

---

47 종영의 구절(其外, "去者日以疏"四十五首)은 남은 45수의 시가 연달아서 "거자일이소(去者日以疏)"로부터 시작된다는 인상을 준다.

48 (역주) 앞서 언급한 〈거자일이소(去者日以疏)〉는 제14수로, 〈객종원방래(客從遠方來)〉는 제18수로 〈고시십구수〉에 포함되어 있다.

49 소통(蕭統)은 종영(鍾嶸)이 언급한, 육기가 모방한 14편의 시 중에서 12편만을 선택했다. 선택되지 않은 다른 것들 중 한 편은 현전하는데, 〈고시십구수(古詩十九首)〉 제13수의 의작이다. 〈고시십구수〉에 수록되지 않은 "고시"를 육기가 의작한 것으로서 《문선(文選)》에 실린 것은, 〈난약생춘양(蘭若生春陽)〉이 유일한데, 이 시는 《옥대신영(玉臺新詠)》에는 매승(枚乘)의 작품으로 수록되어 있다. 필자는 육기의 유실된 의고시 한 편은 〈고시십구수〉 제17수일 것이라고 추측하는데, 뒤에 유삭(劉鑠)이 의작한 작품이 있기 때문이다.(루친리, 1215) 아마 그는 육기의 의작을 다시 의작했을 것이다. 소통(蕭統)은 〈회거가언매(廻車駕言邁)〉도 〈고시십구수〉의 제9수로 포함시켰는데, 이 시의 대구가 위에 언급된 《세설신화(世說新語)》일화에 인용되었다.

증거가 현전하지 않을 뿐, 이를 가지고 있었을 것이다. 59수의 다른 "고시"들의 작품군은, 6세기 초에 생각되던 "고시"의 기준을 만족시키지 못했음이 분명하다. 그것들은 종영도 말했듯이 뒤죽박죽, 즉 "총잡(總雜)"인 것처럼 보였다. 주의는 해야겠지만 용어에서 너무 많은 것을 읽어내려 하지 않도록 주의해야 하지만, "총잡(總雜)"이라는 용어는 불순함, "고시"가 응당 그래야 하는 바에 적합하지 않은 요소들의 혼합물을 암시한다.[50] 다시 말하면, 6세기 초의 비평가는 "고시"가 어떠해야 한다는 생각을 가지고 있었고, 그의 이상에 얼마나 잘 합치되는가에 따라 훨씬 더 큰 작품군에서 작품들을 선별하고 중시했다는 것이다.[51] 이것은 현전하는 "고시"가 당시 접근 가능했던 자료들을 얼마나 의도적이고, 심지어는 이데올로기적인 기준에 맞게 추려낸 결과물인지를 보여주는 결정적인 증거이다.

두 번째 문제는 시기 추정에 관한 것이다. 종영(鍾嶸)은 "고시"들의 저자를 건안(建安) 시대로 보는 추측을 인용하였지만 정확한 시기는 제시하지 않았다. 《시품(詩品)》의 서문들 중 하나에서, 종영은 작품의 저자 귀속 문제에 있어서 자신이 확신하지 못한다는 것을 다시 언급하고 "고시"들, 즉 짐작컨대 "변형되지 않은 순수한" 시들은 한(漢) 시기의 것이라는 추측을 제시한다. 그리고 그가 언급하지 않았다면 알려지지도 않았을 법한 '전국시대(戰國時代)의 시일지도 모른다.'는 추정을 기각하였다. 적어도 한 가지는 분명하다. 종영은 이 시들이 언제 지어졌는지 몰랐으며, 저자와 시기에 시를 귀

50 총잡(總雜)은 안연지(顔延之)가 이릉(李陵) 작품군을 묘사하기 위해 사용했던 용어기도 하다. "뒤죽박죽이라 한 작품의 것이 아니다. 가탁한 작품들이 있으므로, 모두 이릉이 지은 것은 아니다.[總雜不類, 是假託, 非盡陵製.]"(《태평어람》 586. 3a)

51 종영(鍾嶸)이 다른 "고시"들을 부적합하다고 판단하게 만든 요소들이 무엇인지는 알지 못한다. 그러한 시들이 높은 격조의 "문예적인" 작시(作詩)의 흔적을 가지고 있었다고 추측해볼 수 있다. 다시 한 번 우리는 어휘의 격조와 문학 역사적 변화 사이의 잠재적 혼동에 이르게 된다. 종영의 시대에는, 그리고 종종 우리 시대에도, 덜 고상한 격조가 더 이른 시기의, 곧 '순수한' 시기를 암시했다.

속시키는 것은 어찌되었든 추측의 수준에 머물렀다는 것이다. 종영은 한대(漢代)의 것이라는 주장을 고집했을지 모르지만, 이러한 판단의 근거는 전통이나 필사본의 권위가 아닌 문체상의 추측에 있었다. 여기서 문체상의 추측이란, 유명한 시인들의 시와 비교하는 작업을 기반으로 한다. 이런 추론은, 문체는 간단한 것으로부터 좀 더 문예적인 문체로 나아간다는 역사적 흐름을 가정한 후, 문체상의 차이란 동시대의 격조 차이보다는 문학적 역사상의 시간차로 설명될 수 있다고 생각하는 것이다.

종영(鍾嶸)의 《시품(詩品)》은 세 가지 품급(品級)의 범주 안에서 연대순으로 정리되어있다. 《문선(文選)》은 자체의 하위항목 아래에 연대순으로 배열되어 있고, 《문심조룡(文心雕龍)》은 주로 각 장(章) 아래에서 저자와 작품의 시간 순서에 따라 배열되어 있다. 또한 《옥대신영(玉臺新詠)》이 작품을 절별로 배열하는 방식도 시간 순서가 지배적이다. 계통학과 문화사의 성립에 따라, 이 시기는 사물을 정리하는 데 있어서 연대표가 가장 중요한 개념적 틀로 기능한 시대다. 정리에 있어서 더 광범위하고 겉보기에 더 중요한 원칙이 작품 수준에 바탕을 둔 계층화(《시품》의 경우)든, 혹은 장르(《문선》과 《문심조룡》의 경우)든 말이다. 연대표를 작성하기 위해서는 이름들이 필요하다. 앞서 강엄(江淹)의 〈잡체(雜體)〉에서 살펴보았듯이, 알 수 없는 시기에 나온 저자미상의 텍스트들은 연대기적 구조에서 형식상의 특별한 문젯거리가 된다. 그런 시들은 맨 앞이나, 혹은 맨 뒤에 놓일 수 있다. 그러나 이 시들을 연대적 순서에서 맨 앞에 두는 것은 그 시들이 이름이 알려진 시인들의 작품보다 필연적으로 선행한다는 인상을 준다. 이것이 남겨진 "고시"들에 대해 사람들이 가졌던 인상이다. 그러나 이것은, 그저 고시를 배치하는 문제에 대해 당시 사람들이 내놓은 해결책에서 기인하는 인상일 뿐이다.[52]

52 이선(李善)은 순서를 맞추는 과정에서 가정된 선행관계가 지니는 문제점에 대해 인

《시품(詩品)》의 짧은 단락은, 여러 가지 의미에서 남조(南朝)의 문인들이 그들의 필사본 유산을 연구하는 방식을 가장 잘 보여주는 흔적 중 하나이다. 그들은 "이것이 어떠해야만 하는가."에 대한 그들 자신의 분명한 감각에 따라 작품을 선택하고, 종종 다시 썼던 것이다. 그렇다고 해서 현전하는 자료들이 정통성의 측면에서 초기 시를 대표하지 않는다는 말은 아니다. 다만, 현전하는 자료가 필사 전통 중 선택되고 변형된 일부분이라고는 말할 수 있을 것이다. 자료의 핵심 부분 중 일부는 정통성을 가지고 있다. 물론 자료의 정확한 텍스트 형식과 시기는 여전히 의문에 싸여 있지만 말이다.

기원에 대한 이야기들

〈고시십구수(古詩十九首)〉의 선별과 정전화 작업은 전반적인 문학사의 틀을 잡는 과정에서 중요한 요소로 기능했다. 또한 이것은 5세기 유행했던 양식인 오언시의 건안(建安) 이전 시기의 기원에 대한 설명을 제공하는 데 있어서도 중요한 역할을 하였다. 제량(齊梁)시기 이전의 작품들을 다룸에 있어서, 저자들의 시대적 선후 관계를 고려하는 비교 판단 방법이 흔히 적용된다. 현학(玄學)에서 비롯된 현언시(玄言詩)의 쇠락과 함께 시 양식의 변화가 등장하는데, 이 변화가 일어난 시기 즈음에 시를 역사적으로 설명한 첫 시도가 발견된다. 이러한 시도는 5세기 초중반에 나온 작품인 단도란(檀

식하였다. 그는 〈고시십구수〉가 동한(東漢)의 장소에 대해 언급하였음을 밝혔으며, 오직 시가 저자미상이라는 점 때문에 소통(蕭統)이 이릉(李陵) 이전에 그 시들을 배치한 것임을 주장했다.(昭明以失其姓氏, 故編在李陵之上.) 이 시들이 파괴되기 이전의 낙양(洛陽)을 언급하였다 할지라도, 이것이 시들이 그 시기에 쓰였음을 의미하는 것은 아니다. 시적 낙양은 다른 연대를 추정할 수 있는 시들에서도 언급되지만 이 시들은 도시가 파괴되고 한참 뒤에 쓰인 지어진 것들이기 때문이다. 물론 낙양은 위(魏)와 서진(西晉)의 수도가 되었을 때 다시 번성하였다.

道鸞)의 〈속진양추(續晉陽秋)〉에서 발견되는데, 시기를 고려할 때 이 작품은 아래에서 다룰 강엄(江淹)과 심약(沈約, 441-513)의 작품보다 이른 시기에 나온 것이다. 여기서 제시할 역사적 설명의 내용은 4세기 현언시(玄言詩)를 지었던 시인 순욱(荀勖)에 초점을 두고 있다. 아래에 리처드 매더(Richard Mather)의 번역을 제시한다.

> 순욱(荀勖)은 뛰어난 시적 재능과 문체를 가졌으며, 창작에 능숙했다. 사마상여(司馬相如), 왕보(王褒), 그리고 양웅(揚雄)과 같은 뛰어난 작가들이 등장한 이후, 세상은 부(賦)와 송(頌)을 높이 평가해왔고, 사람들은 수많은 작가들의 작품에서 곳곳에서 시어를 모아 "시(詩)"와 "소(騷)"를 모방했다.
>
> 건안 시기 동안에 시(詩)와 장(章)은 대단한 전성기를 누렸다. 심지어 서진(西晉, 265-316)에 이르러서도, 반악(潘岳, 247-300)과 육기(陸機, 261-303)와 같은 사람들은 가끔씩 뛰어난 작품을 썼지만, 이러한 작품들은 기존의 형식과 출처에서 벗어나지 않았다.
>
> 정시(正始, 240-249) 시기에 왕필(王弼, 226-249)과 하안(何晏, 190-240)은 장자(莊子)와 노자(老子)에 관련된 신비하고 현생적인 담화에 흥미를 가졌다. 그 후 이러한 담화들은 세상의 중시를 받게 되었다. 하지만 양자강을 넘어가는 무렵에 불교의 교리가 유난히 인기를 끌었다.[53] 그래서 곽박(郭璞)은 도교 대가들의 말을 모아서 운율을 부여하여 오언시로 구현해내었다. 이후 순욱(荀勖)과 손작(孫綽, 330년부터 365년까지 활발히 활동)이 번갈아가며 이상적인 대상으로 추앙받았으며, 나아가 이들은 "삼세(三世) 즉 전생, 현생, 내생"과 같은 불교 용어를 사용하였다. 그리고 이로 인해 "송(頌)"과 "소(騷)"를 의작하는 관습은 끝을 맞이하게 되었다. 순욱(荀勖)과 손작은 한 시대 내내 문학적인 모델의 역할을 했고, 그들의 시대 이후로 후대의 모든 작가들은 그들을 모방했다. 이러한 흐름은 계속되다가

53 필사본 《문선집주(文選集注)》에서는 이 구절을 "이충(李充)이 특히 인기를 끌었다.[李充尤盛]"라고 인용하고 있다. 위지아시(余嘉錫), 《세설신어전소(世說新語箋疏)》, 264(저자 주석)

사혼(謝混)이 변화를 일으킨 의희(義熙, 405-418) 시기가 되어서야 끝났다.[54]

이것은 3,4세기 시에 관한 일종의 강력한 합의를 드러낸다. 그리고 이러한 합의는 5세기 후반과 6세기 초의 비평가들에 의해 자주 반복되었다. 이러한 맥락에서 볼 때, 순욱(荀勖)이라는 개별 시인을 맥락에 맞게 설명할 수 있게 된다. 뒤에서 보게 될 것이지만, 심약(沈約)의 설명 또한 이와 유사한데, 그는 음운(音韻)이라 불리는 시학의 화두를 맥락에 맞추어 설명하였다. 한편 이보다 뒤에 나온, 시의 역사에 관한 심약의 보다 상세한 설명에 따르면, 오언시인 듯하지만 확언할 수는 없는 이 "시(詩)"는 건안 때에 시작된다. "고시"는 자세한 정도는 알 수 없지만 분명 인기가 많고 널리 알려져 있었을 것으로 보이지만, 아직 시의 "역사"의 일부분이 되지는 못했다.

문학사는 문체와 주제의 차이에 관한 일관된 인식을 내포하고 있다. 이 차이를 이해하기 위해서, 문학사는 가치의 차이를 공감하고 인정하는 태도를 내포한다. 우리는 앞에서 건안 시인들의 작품을 모방한 사령운(謝靈運)의 의작(擬作)과 강엄(江淹)의 〈잡체(雜體)〉를 비교해보았다. 의작에서 사령운은 건안 시인들의 문체를 재현하려는 시도를 전혀 하지 않았다. 오히려 그는 그가 이해한 일부 특정 시인들의 상황과 관심사를 취합하고, 5세기 초 유행한 투박한 문체로 이를 표현해내고 있다. 사령운에게 있어 시는 과거는 있지만, 역사는 없는 것이었다.

5세기 말, 강엄은 저자와 시대에 의해 규정된 다양한 문체들 중에서 하나의 문체를 모방하려했다. 강엄과 사령운 사이에 무언가 중요한 사건이 시의 과거에 관한 이해와 관련하여 일어났다. 강엄의 의작시 연작물은 그 자체로는 시의 역사가 아니지만, 어떤 조건 하에서는 이것이 시의 역사가 될 수 있음을 보여주었다. 연작시에 대한 강엄의 서문을 보면, 그가 문학사와 관련

---

54 유의경(매더 옮김), 136-37쪽. 위지아시, 262쪽.

된 어떤 새로운 구상을 하고 있었음을 분명히 알 수 있다. "초요(楚謠)와 한풍(漢風)은 하나의 틀로 묶일 수 없고, 위(魏)의 작품과 진(晉)의 작품들은 완전히 별개인 두 양식을 갖고 있다.[夫楚謠漢風, 旣非一骨; 魏製晉造, 固亦二體.]"[55] 그의 서문은 문학사의 이해에 있어 중요한 또 하나의 지점을 다룬다. 그 지점은, 독자는 자신이 사는 시대만을 기준으로 삼아 문학사를 이해하면 안 되며, 차이점에 대해 열린 태도를 가지고 있어야 한다는 것이다. 다시 말해서 강엄은 어떤 점에서는 독선적인 판단에 근거한 이전의 비평 관습에 반응하면서 비교적인 판단이 아니라 시기적 차이에 대한 이해가 필요하다고 주장한 것이다.

판단이라는 것은 물론 문학사와 정전의 형성과정에 관한 설명과 밀접한 관계가 있다. 따라서 이러한 판단에는 특정 시기에 어떤 것이 가치 있는 작품으로 인정받았는지에 대한 판단과 시대 자체에 대한 상대적 판단이 모두 포함된다. 어느 정도의 역사적 상대주의 관점과 독선적으로 판단하려는 욕구 사이의 부자연스러운 관계는 제(齊)와 양(梁)대의 문학 연구까지 계속되었다. 강엄의 서문에 암시된 내용은 아래 단락에서 찾아볼 수 있다.

> 故蛾眉詎同貌, 而俱動於魄; 芳草寧共氣, 而皆悅於魂, 不其然歟? 至於世之諸賢, 各滯所迷, 莫不論甘而忌辛, 好丹而非素. 豈所謂通方廣恕, 好遠兼愛者哉?

> 어찌 사랑스러운 여인들이 모두 같은 얼굴을 하고 있겠는가마는, 그들은 모두 정신을 휘저어놓을 수 있다. 어찌 향기로운 식물들이 모두 같은 향기를 지니겠는가마는, 그들은 모두 영혼을 기쁘게 한다. 그렇지 아니한가? 세상의 현인들을 보면 저마다 미혹된 것에 빠져 있지만, 이들은 모두 단 것을 좋아하고 쓴 것을 피하며, 선홍빛을 좋아하고 순백색을 거부한다. 어떻게 이것이 소위 "포용적이

55 호지기(胡之驥), 《강문통집휘주(江文通集彙注)》 베이징: 중화서국, 1984, 136.

고 관용적인 것"이나 "멀리 있는 것을 좋아하고 공평하게 사랑함"이 될 수 있겠는가?[56]

첫 번째 예를 보면, 강엄은 "사랑스러운"과 "향기로운"이라는 범주를 구분 짓는 간단한 모델을 설정하고 있다. 그는 사람들이 추함과 악취까지 사랑한다고 말하지 않는다. 하지만 두 번째 구절에 이르러서 강엄은 사람들이 쓴 맛과 단조로움까지 즐겨야 한다고 말하고 있다. 풍부한 시적 기교를 좋아했던 유송(劉宋) 왕조 시대 에서 벗어나, 강엄은 여기서 시적인 "소박함"의 가치를 주장하고 있는 듯이 보인다. 이것은 그가 초기 시에서 나타난, 상대적 소박함에 가치를 두고 있었음을 의미한다.

*

문학사에서 있어서, 일반적인 문학사나 시의 역사로부터 고전시가 갖는 독특한 점을 분리해내는 것이 어려운 경우가 있다. 단도란(檀道鸞)이 그러했듯, 심약(沈約)은 488년 《송서(宋書)》의 〈사령운전(謝靈運傳)〉에 대한 발문에서 시적 장르의 차이점을 고려하지 않은 채, 한나라의 부(賦)에서 건안(建安)의 시(詩)로 급작스럽게 넘어가는 전개를 펼쳤다.[57] 단도란과 마찬가지로, 심약은 시에 대한 보다 광범위한 문학사적 설명에 유달리 관심을 가졌다. 심약이 관심을 가진 것은 이러한 문학사적 설명 중 시의 음운(音韻)에 관한 내용이었다. 시의 음운법은 오언시와 관련하여 특히 중요한 문제였는데, 그것은 심약이 인식한 것처럼 5세기 말에 새로이 대두된 문제였다. 그리고 이것은 심약으로 하여금 문학적 과거를 일련의 변화라는 측면에서 이

56 호지기, 136.

57 《송서(宋書)》, 1778-79. 리처드 매더 역, 〈시인 심약(441-513): 과묵한 후작〉, 프린스턴: 프린스턴대학 출판부(Princeton University Press), 1988, 40-44. 이 텍스트는 《문선(文選)》의 권50에도 실려 있다.

해하게 해주었다. 여기서 일련의 변화란, 시의 음운에 대한 직감이 번성했던 건안 시기, 쇠퇴한 시기, 그리고 음운 규칙이 어렴풋이 회복된 심약 당대의 시기를 말한다.

논의의 첫 부분에서, 심약은 《시경》으로 시작하여 초사(楚辭)를 언급하고, 한대(漢代)의 부(賦)를 논한 뒤에, 마지막으로 건안(建安)의 작품에 대해 서술하였다. 심약은 여기서 분명 "시적 글쓰기"라는 개념을 매우 포괄적인 의미로 이해하고 있었다. 물론 건안 시기에 이르러서도 그가 여전히 오언시에 초점을 두고 있었음에는 의심의 여지가 거의 없지만 말이다.[58] 건안에 대한 논의는 심약의 설명 중 두 번째 부분의 기반이 되었다. 이 부분에서는 시의 역사가 다루어졌는데, 주로 건안 시기부터 5세기까지의 오언시의 역사가 서술되었다.

셋째 부분에서 심약은 주제를 바꾸어서 음 높낮이의 변주를 통한 음운의 원리를 다루었다. 체계적인 음운의 원리가 발달되던 시기의 사람으로서, 그는 "음운에 대한 선행 인식 없이(無先覺)" 훌륭한 음운을 이루어낸 건안 시기의 시인들을 칭찬하였으며, 특정 오언시를 언급하였다. 시기부터 5세기 초에 이르는 시의 역사는 직관에 기반을 두었던 시작(詩作) 원리의 쇠락과 이러한 원리로부터의 이탈로 점철되어 있다. 그리고 시가 입은 이와 같은 손실은 심약의 세대에 복구되어야 할 것이었다. 비록 "음운과 관련된 선행 지식을 가지고" 의식적으로 이루어져야 했지만 말이다.

여기서 중요한 것은, 구조화된 음운의 핵심을 이해하는 일이 오언시와 각별히 연관되어 있었음에도 불구하고, 심약이 장르를 확실하게 구분하지 않

---

58 건안 시기의 부(賦)는 이른 시기의 비평들에서 무척 중요하게 다루어졌지만, 심약은 전혀 이에 관심에 두지 않았다. 리처드 매더는 단도란의 시장(詩章)을 "lyric poems and essays"로 번역하였다. 그런데 이는 단순하게 "시들"로 이해될 수 있다. 이렇게 이해한다면, 단도란 역시 건안 시기 대표적 형식으로서의 시(詩)로 옮겨가고 있는 것이다.

았다는 점이다. 그의 설명에서 오언시는 기원이 없는 것처럼 보인다. 그것은 건안 시기에 갑자기 등장해서, 보다 이른 시기에 주목을 받았던 소(騷)와 부(賦)의 자리를 대체해버렸다.

장르라는 것은 진실로 대부분의 제량(齊梁) 시대의 비평가들이 관심을 기울였던 문제이다. 심약의 발문과 관련지어 강엄(江淹)의 〈잡체〉가 나온 시기를 추정할 수는 없지만, 〈잡체〉의 서문에서 강엄은 "오언시가 흥했던 것, 이는 옛날의 일이 아니다.[五言之興, 諒非夐古.]"라고 인정하였다. 그러나 여기 있는 특정 저자들과 의작들에서 문학적 계보의 기초적인 윤곽을 그려볼 수 있다. 첫째로 저자미상의 〈고리별(古離別)〉이 먼저 언급되었고, 다음으로 이릉(李陵, 기원전 74년 사망), 반첩여(班婕妤), 조비(曹丕, 187-226), 조식(曹植, 192-232), 유정(劉楨, 217년 사망), 왕찬(王粲, 177-217), 그리고 다음으로 혜강(嵇康, 223-262), 완적(阮籍, 210-263)이 서진(西晉) 전까지 이어진다.

강엄(江淹)의 명단에는 흥미로운 점이 많다. 앞에서 논의했듯이, 순차적으로 작품을 배열하는 과정에서 저자미상의 시들이 갖는 형식적인 문제는, 이러한 시들이 처음으로 이름이 등장했던 시인 이릉(李陵)보다 앞선 시기의 것이라고 생각되게 만들었다.[59] 이릉(李陵)의 문집은 5세기 전반에 유포되어 있었는데, 이 때 몇몇 시들의 진위 여부가 안연지(顏延之, 384-456)에 의해 의심을 받았다. 이릉은 흉노족에 포획당한 한(漢)의 패장이었다. 그의 이름 아래 귀속된 시들은 주로 이별시였는데, 이 시들이 그의 것이라고 기록된 이유는 그가 한(漢) 조정이 흉노에 보낸 사신 소무(蘇武)와 이별하는 장면이 매우 유명하기 때문일 것이다. 이러한 시들에는 자연스럽게 〈증소

59 종영(鍾嶸)이 이릉(李陵)이 쓴 것으로 알려진 시들을 실제 그의 것이라고 받아들였기에, 저자미상의 고시들은 그보다 더 이전의 것으로 정리되어야 했다. 이것이 아마도 그의 서문에서, 작품들을 전국시대의 것으로 보는 시각을 거부하면서, 작품들의 오래된 정도를 정의함에 있어 제한을 두어야 했던 이유일 것이다.

무(贈蘇武)〉라는 제목이 붙었다. 이러한 시들 중 일부는 〈증이릉(贈李陵)〉이라는 제목을 얻어 소무의 작품으로 귀속되었는데, 이는 한 사람이 하나의 상황을 가지고 그토록 많은 이별시를 지었다고 보는 것이 이상하게 여겨졌기 때문이었다.[60] 이 시들은 저자미상의 악부와 고시에 흔히 등장하는 소재를 사용하고 있다. 하지만 이 중 다수는 작품의 저자가 기본적인 문학 교육을 받았다는 것을 분명하게 보여주며 어떤 작품들은 3세기 이전에 나온 점이 믿기지 않을 정도이다. 그러나 여기에는 잘 알려지고 연대를 추정할 수 있는 인물로서, 오언시의 첫 번째 시인의 역할을 했던 인물이 존재한다.

강엄(江淹)의 명단에 이어서 등장하는 반첩여(班婕妤)는 기원전 1세기 말의 궁녀였다. 단 하나의 시가 그녀의 것이라고 기록되어 있는데, 그것은 둥근 부채에 관한 시로 강엄이 의작했던 것이다. 그리고 강엄은 곧바로 반첩여(班婕妤)로부터 건안(建安)의 네 시인들로 넘어간다. 심약이 건안 시기를 오언시의 첫 부흥기라고 보았다면, 강엄(江淹)은 건안 시기의 이러한 부흥 이전에 나타난 역사를 제시했던 것이다. 비록 현대적 관점에서 보면 적어도 건안 이전의 것으로 제시된 것 세 가지 중 두 가지, 즉 이릉과 반첩여의 경우는 건안 이후의 것으로 보인다. 그러나 세 번째 시인 저자미상의 고시는 작가를 알 수 없으므로 단지 "오래된" 시일뿐인 것이다.

시의 역사에 대한 설명에서 심약은 건안을 서술하고 나서, 곧바로 두 번째 세대인 서진의 시인들인 반악(潘岳, 247-300)과 육기(陸機)에게로 바로 넘어갔다. 완적(阮籍, 210-263)과 혜강(嵇康, 223-262)에 대해서는 언급하지 않은 채로 말이다. 강엄은 따로 완적(阮籍)을 의작한 작품을 지었었는데, 거기에는 완적과 혜강을 포함시켰다. 이를 통해 단순하게 심약이 완적을 중요

60 당나라의 주석가들은 아내와 형제와의 이별을 다룬 소무(蘇武)의 시들을 참조할 수 있었다.

하게 생각하지 않았다고 결론지을 수도 있겠지만, 우리가 가지고 있는 증거들은 정반대되는 사실을 보여준다. 심약은 완적의 시 중에서 보존되어 온 부분들에 대한 해설을 썼던 것이다. 그렇기 때문에 왜 심약이 시의 역사에 대한 설명에서 완적을 빠뜨렸는가는 우리가 답할 수 없는 질문이다. (참고로 488년의 맥락에서 그가 도잠(陶潛)을 제외한 것은 이해할 수 있는 일이다.) 다음 세대에 종영(鍾嶸)은 《시품(詩品)》에서 완적을 최고의 범주에 두었다. 그렇다면 가장 그럴듯한 설명은 아마도 심약에게 있어서는 완적은 텍스트에 담긴 중요한 개성들을 대표하기 때문에 해설할 가치는 있었지만, 음운적인 측면이나 수사학적 측면에 있어서는 언급할 가치가 없다고 여겼다는 정도가 될 것이다. 후속 세대들은 종영이 완적을 첫 번째로 배치한 것과 소통(蕭統, 501-531)이 도잠(陶潛)을 가장 앞부분에 배치한 것을 보며, 위와 같은 구별이 붕괴되는 것을 느꼈을 것이다. 서지학적으로는 가장 가깝지만, 서로 다른 범주에 속해있는 저자미상의 악부는 먼저 《문선(文選)》에서, 보다 큰 범위에서는 《옥대신영(玉臺新詠)》에서 문학적 "시"의 범주로 가는 교차점을 만들었다. 이는 제량(齊梁) 시대에 더욱 광범위하게 시를 재개념화하는 보편적인 과정이었던 것 같다. 그리고 그 과정은 강엄(江淹)이 진술한 원칙들에 근거하고 있다. 만약 누군가가 "붉은색"에서 읽어낸 가치를 "순백색"에서도 발견할 수 있다면, 그 사람은 "직설적인" 고시들과 악부들의 가치뿐만 아니라, 완적이나 도잠처럼 상대적으로 덜 수사적인 시들이 갖는 가치도 읽어낼 수 있었던 것이다.

제량(齊梁) 시대에 "고대"와 "현대"의 시에 대한 광대한 사회적 담론이 있었던 것은 명백하다. 사회적 담론의 흔적들은 넓은 범위의 텍스트들에서 명백하게 드러난다. 상당한 의견의 불일치와 논쟁들이 있었지만, 우리는 어느 정도의 일치된 의견을 볼 수 있다. 물론 '중요함'의 의미를 해석하는 방식에 대해 동의하지 않거나 상대적인 의미에서 동의하지 않는 사람이 있을 수는 있겠으나, 어떤 작가들과 텍스트들이 중요한가에 대해 합의를 보게 된 것이 바로 그것이다. 우리는 이제 우리의 정전이 되는 텍스트들을 보존하고 있는 유명한 작품집들의 편찬에 앞서는 유협(劉勰, 465-521)과 종영(鐘嶸)의 비평들을 살펴볼 것이다. 두 비평집들은 모두 오언시의 시작에 대한 완전한 역사를 제공하고 있다.

여기서 기억해야 할 것은, 오언시의 기원에 대한 역사가 아직 정리되지 않았었다는 점이다. 돌아다니던 텍스트가 이름을 얻고, 저자미상의 시들이 어느 정도 손쉽게 저자를 부여받았다. 당시에는 한 시의 화자로 어떤 역사 속 특정한 인물이 적합하다는 인식이 저자미상의 작품에 저자를 부여하는 과정과 서로 너무나도 가까워서, 때로는 이 두 가지가 구별이 되지 않았다. 5세기에 방대한 분량의 오언시 선집이 등장하기 시작하면서, 저자 귀속이 믿을만하든 그렇지 않든 간에 작품들은 연대기적 순서로 정리되었다. 역사를 구성하기 위한 자료들은 이미 저마다의 자리에 위치해 있었던 것으로 보인다.

유협(劉勰)의 《문심조룡(文心雕龍)》에 실린 〈명시(明詩)〉장을 보자. 여기에서 우리는 오언시의 기원에 대한 논의를 포함하여 오언시의 완전한 역사에 대한 설명을 발견할 수 있다. 다음 단락은 한대(漢代)의 서로 다른 시 형식들에 대한 논의 뒤에 나타난다.

> 至成帝品錄, 三百餘篇, 朝章國采, 亦云周備, 而辭人遺翰, 莫見五言, 所以李陵, 班婕妤見疑於後代也. 按召南行露, 始肇半章, 孺子滄浪, 亦有全曲; 暇豫優歌, 遠見春秋; 邪徑童謠, 近在成世; 閱時取證, 則五言久矣. 又古詩佳麗, 或稱枚叔, 其孤竹一篇, 則傅毅之詞, 比采而推, 固兩漢之作也. 觀其結體散文, 直而不野, 婉轉附物, 怊悵切情, 實五言之冠冕也. 至於張衡怨篇, 淸典可味; 仙詩緩歌, 雅有新聲.

성제(成帝) 시기의 서지학적 범주에 관한 기록에는 삼백 편 이상의 작품이 실려 있어서 궁정의 작품과 각 지방에서 선별된 작품들이 두루 포함되어 있으니, 포괄적이라고 할 만하다.[61] 그러나 현전하는 작품들에는 오언시가 하나도 보이지 않으니, 이 때문에 이릉과 반첩여에게 귀속된 작품들이 후대에 와서 의심을 받게 된 것이다.[62]

살펴보건대 〈소남(召南) 행로(行露)〉에는 해(解)의 절반이 오언구로 되어 있고,[63] 창랑(滄浪)에서 어린 아이가 부른 시[64]는 전체가 오언시이다. 그리고 가객의 노래 "가예(暇豫)"는 멀리 《춘추(春秋)》에 보이고,[65] "사경(邪經)"이라는 동요는 가까이 한나라 성제(成帝) 시대의 것이다.[66] 시대별로 살펴 그 증거를 취해보면 오언시의 유래는 오래되었음을 알 수 있다.

어떤 이들은 "고시"의 아름다움이 매승(枚乘)에 의해 이루어진 것이라고 주장한다.[67] "외로운 대나무"에 관한 시는 부의(傅毅)의 것이다.[68] 문체를 비교하여 추

---

61 성제(成帝) 시기의 왕실도서관에 있던 유흠(劉歆)의 장서목록 〈칠략(七略)〉을 기초로 한 《한서》의 〈예문지(藝文志)〉를 말한다. 총 314편의 시와 노래로 되어있다.

62 앞서 이릉(李陵)의 모든 작품의 저자에 대한 안연지(顔延之)의 의심을 말한 바 있다. 반첩여가 부채시의 저자라는 것에 대한 의심이 적힌 당대의 기록은 현존하지 않는다.

63 《시경》의 〈소남(召南) 행로(行露)〉에서 두 번째 해(解)의 네 줄이 오언구이다. 지우에 의해 인용된 이 구들은 오언구가 오래된 것임을 증명한다. 덩귀광, 《지우 연구》, 185쪽.

64 《맹자》 IVA.8.2. 같은 구가 《초사(楚辭)》의 〈어부사(漁父辭)〉에도 나온다. (역주) 《맹자》 〈이루 상(離婁上)〉에 "유자(孺子)가 노래하기를 '창랑(滄浪)의 물이 맑거든 나의 갓끈을 빨 것이요, 창랑(滄浪)의 물이 흐리거든 나의 발을 씻겠다.' 하였다.[有孺子歌曰: 滄浪之水淸兮, 可以濯我纓. 滄浪之水濁兮, 可以濯我足.]" 하였다.

65 《국어(國語)》의 〈진어(晉語)〉2에서 인용된 우시(優施)에 의해 불린 노래를 말한다. 4개의 구 중 세 개가 오언구이다. 《국어(國語)》, 샹하이: 상해고적출판사, 1978, 286쪽.

66 《한서(漢書)》의 〈오행지(五行志)〉에서 인용되었다.

67 또는 "'고시(古詩)'의 가장 아름다운 작품들은 매승에 의해 이루어졌다."라는 뜻이다. 매승(枚乘)은 약 B.C. 140년경에 죽었다. 종영과 소통은 모든 고시를 저자미상이라고 보았으나, 《옥대신영》에 포함된 몇 작품은 매승의 것이라고 하였다.

68 부의(傅毅)는 1세기에 살았다. 이 사실 외에는 〈고시십구수〉 중 제8수가 부의에게 귀속된다는 것을 증명할 수 없다.

론해 보면 이 작품들은 양한(兩漢)의 작품이다.[69] 그 문체를 맺고 수식하는 것을 보면 질박하면서도 조야하지 않고, 완곡하게 사물에 접근해 있으며 매우 실정에 잘 맞아 떨어지니,[70] (깊이 슬퍼하고 감정을 예리하게 자극하는) 진실로 오언시의 으뜸이다.

장형(張衡)의 〈원시(怨詩)〉는 청명한 전아함을 맛볼 수 있으며,[71] 〈선시(仙詩)〉와 〈완가(緩歌)〉는 품위가 있으면서도 대중적인 문체이다.[72]

건안(建安) 초에 이르러서 오언시는 수준이 높이 올라갔다. 문제(文帝)[조비(曹丕)]와 진사(陳思)[조식(曹植)]는 고삐를 풀고 자유롭게 달렸고, 왕찬(王粲), 서간(徐幹), 응창(應瑒), 유정(劉楨)은 경주로를 바라보면서 서로 출중함을 다투었다.[73] 모두 풍월을 사랑하고 연못과 정원을 가까이하였으며, 은혜와 영광을 서술하고 연회에 대해서 읊었다. 강개(慷慨)함으로써 기운을 자유롭게 하고 장엄함으로써 재능을 부렸으며, 회포를 써내고 사물을 가리킴에 세밀한 기교를 구하지 않고, 글을 쓰고 사물을 모사함에 오직 밝게 빛나는 명석함만을 취하였다. 이런 점들에서 그들은 같았다.

정시(正始) 연간에는 도교가 유행하여 시에도 도교적 색채가 섞이게 되었는데, 하안(何晏) 등의 무리는 대부분 부박하고 천박했다. 오직 혜강(嵇康)은 지조가 청아하고 빼어났으며 완적(阮籍)은 지취가 심원하였으므로 표준이 될 만하다. 응

---

69 제시된 텍스트는 현재 당(唐)의 필사본의 독해법으로 널리 받아들여지는 것으로, 문장이 '야(也)'로 끝난다. 하지만 널리 알려진 텍스트가 의문형의 '호(乎)'로 끝나는 것은, 유협(劉勰)이 작품의 연대에 대해 의심했을 것이라는 해석을 가능하게 한다.

70 부물(附物)은 글자 그대로 사물과의 "조화" 또는 "합치"를 뜻한다. 이 용어는 〈비흥(比興)〉장에 있는 "비(比)"에 대한 유협(劉勰)의 정의, 즉 "비(比)는 합치되는 것이다.[故比者, 附也.]"를 강하게 암시한다. 유협(劉勰)은 "누군가의 감정을 사물에 의탁함[寄托]"에 대해 분명하게 언급하고 있는데, 이는 어떤 사람의 감정을 전달하기 위해 외부의 사물을 묘사하는 것이다.

71 이 시의 버전은 후대의 자료들을 통해 보존되어 왔다. 그러나 이 버전은 사언시이며, 유협은 계속 오언시에 대해 논해왔었다.

72 만일 여기서 유협이 말하는 것이 장형(張衡)이 쓴 것으로 추정되는 시들을 가리키고 있는 것이라고 한다면, 이 시들에 대해 알려진 것은 없다.

73 이는 조비(曹丕)의 〈논문(論文)〉에서 경주로써 경쟁을 비유했던 것을 상기시킨다.

거(應璩)의 〈백일(百一)〉과 같은 시는 홀로 서서도 두려움이 없는 듯하여 글은 새롭고 그 뜻은 정아했으니,[74] 또한 위(魏)나라의 질박함이 남아있는 것이었다.

진(晉)나라에 들어서는 여러 재능 있는 자들이 경박하고 관상적인 취향에 빠졌다. 장씨 가문(역주: 장재(張載), 장협(張協), 장항(張亢)), 반씨 가문(역주: 반악(潘岳), 반니(潘尼)), 육씨 가문(역주: 육기(陸機), 육운(陸雲)), 좌사(左思)는 시단에서 서로 어깨를 나란히 하였는데, 수식은 정시(正始) 연간보다도 더욱 화려해지고, 기운은 건안보다 유약해져서, 혹은 글을 교묘히 다루는 것을 오묘하다하고, 혹은 유미함을 과시하기도 하였으니, 이것이 당시의 대략이다.[75]

만일 텍스트와 이름의 연대기적인 배열이 역사의 근거라면, 여기에서 오언시의 근원에 대한 첫 번째 설명은 건안 시대 이전부터의 많은 저자들에 대한 작품 귀속에 의문이 제기되었을 무렵에 나타났다. 그런데 유협(劉勰)에게서도 가끔 그러하듯이, 우리는 종종 이 문제들에 대해 그가 어떤 입장에 서 있었는지에 대해서 확신할 수가 없다.

그는 가장 초기의 저자 귀속 문제들에 대한 비평으로 글을 시작했다. 그것은 유협의 개인적인 비평일 수도 있겠지만, 그보다는 아마도 당대의 문학적 논의에서 통용되던 비평이었을 것이다. 유향(劉向)의 왕실도서관의 목록(역주: 《별록(別錄)》) 은 28명의 저자의 이름 아래 열거된 300여 편이 넘는 시와 노래들을 포함하고 있는데, 이 저자에 이릉(李陵)이나 반첩여(班婕妤)는 포함되지 않았다.[76] 5세기 초 안연지(顏延之)는 문체적 근거를 바탕으로 이릉의 작품군에서 몇몇 시들의 저자 귀속 문제에 대하여 의문점들을 제기했

74 응거(應璩)의 연작시는 풍자적이었다.

75 잔잉(詹鍈), 《문심조룡의증(文心調龍義證)》, 샹하이: 상해고적출판사, 1989, 185-204쪽.

76 현대의 학자들은 오언시의 지위가 낮았던 관계로 이들이 결코 왕실도서관에 포함되었을 것 같지 않다고 하여 이러한 비평을 쉽게 간과한다. 그러나 유협에게 이것은 의미 있는 비평이었을 것이다.

다. 그러나 여기에서의 비평은 이릉 작품군 전체에 대한 것이다. 뒤에 오는 단락에 나타난 명백한 반대 의견을 고려하면, 유협이 안연지의 이러한 의문을 유효한 비평으로 받아들였는지는 알 수가 없다. 하지만 이것이 그가 이릉과 반첩여를 언급한 유일한 사례이다.

유협은 그 다음으로 고대의 오언시 존재의 증거를 제시하였는데, 이는 아마도 그 형식이 "아주 오래된 고대의 것은 아니다."라고 했던 강엄(江淹)의 진술에 대한 답일 것이며, 또 《시경》의 사례에 이르기까지 모든 가능한 시구(詩句)의 길이를 추적했던 지우(摯虞)의 사례를 따른 것이기도 하다. 유협이 잘 알고 있었듯이, 고대의 불규칙적인 운문의 형식은 다양한 길이의 구들을 사용하였고, 때로 오언구로 된 단락들을 발견하게 되는 것은 놀라운 일이 아니었다. 게다가 선진시대의 세 가지 사례는 유협이 논의하고 있는 오언시와는 운율과 문체에 있어서 명백히 다르다. 네 번째와 마지막 예는 특수하게 포함된 것인데, 그것은 바로 반첩여가 모셨고 왕실도서관의 장서목록을 만들 것을 명령했던 한(漢)나라 성제(成帝)의 시대의 것으로 알려진 아이들의 노래이다. 이것은 이후의 시들이 그러했듯 정말 오언구로 된 노래인데, 유협이 그러한 예를 포함함으로써 의미했던 것이 무엇인지는 알 수 없다.

그 다음에 언급한 것은 저자미상의 "고시(古詩)"이다. 여기서 우리는 처음으로 "고시"들이 이릉(李陵) 이전인, 매승(B.C.140 사망)에게 귀속된 것을 볼 수 있다. 이러한 귀속은 서릉(徐陵, 507-83)의 《옥대신영(玉臺新詠)》에서 수용되었다. 강엄(江淹)이 그의 의작에서 매승을 포함하지 않았다는 사실은 그가 이 귀속을 진지하게 받아들이지 않았거나 매승에 대한 귀속이 아직 이루어지지 않았던 것임을 암시한다.[77] 유협은 매승에 대한 귀속은 언급하였

77 "고시(古詩)"의 저자로서 매승이 선택된 것은 귀속에 있어 다소 늦은 시기에 이루어졌음을 의미한다. 그것은 "고시"가 맨 앞에 배치된 배열을 따른 것으로 보이는데, 이 배열의 다음에는 이름이 알려진 저자로서는 이릉이 처음으로 등장한다. 저자미

지만, 그가 매승이 전체 작품군을 쓴 것으로 여겼던 것인지 아니면 일부만 쓴 것으로 여겼던 것인지는 불분명하다.(이는 《옥대신영》에서도 마찬가지이다.) 그러고 나서 부의(傅毅)를 〈고시십구수〉 제8수의 저자로 언급하였지만, 이것이 유협 자신만의 믿음이었는지 "몇몇 사람들"의 또 다른 주장이었는지에 대해서는 변별할 길이 없다. 요약하자면, 모든 이른 시기 작가의 이름들이 여기에 나와 있지만, 이 모두는 반쯤은 의심스럽고 불분명하다.

결국 유협은 추정[推]에 의하여 자신의 견해를 표현하였다. 안타깝게도, 유협의 능력 밖의 이유들로 인하여 여기에서의 분명한 설명에 대한 기대는 사라지고 말았다. 우리는 텍스트적인 문제, 즉 문장이 평서문이 되거나 의문문이 되게 하는 마지막 글자의 변이에 대한 문제를 가지고 있다. 후대의 비평가들은 유협이 고시들이 한대(漢代)의 것임을 단언해줄 것을 무척이나 바랐다. 예컨대 긍정문 텍스트의 한 버전은 "확실하게"라는 뜻의 "고(固)"라는 글자를 포함하고 있다. 그러나 실상은 의문문으로 된 버전이 일반적으로 인정되고 있다. 만일 의문 부사를 받아들인다면, 이것을 부드러운 표현의 수사적 긍정문으로 읽을 수 있을 것이지만, 이는 또한 한대(漢代)라는 시기 귀속에 의문을 제기하는 실제 의문문일 수도 있는 것이다. 이러한 문법적으로 자연스러운 해석은, 일부 사람들은 "고시"가 건안시대에 조씨(曹氏) 일가들과 왕찬(王粲)에 의하여 지어진 것이라 믿는다고 했던 종영(鍾嶸)의 언급을 반복한 것이라고 볼 수 있는 여지를 제공한다.[78] 만일 유협이 진실로 초

상의 시들은 저자들을 끌어들이는데, 여기에서 당대의 비평가들은 자동적으로 이릉보다 이른 시기의 작가를 찾고 있었을 것이다. (고시가 건안 시기의 것이라고 믿는 사람들을 제외하고는 말이다.) 사마상여(司馬相如) 또한 한나라 무제 때에 관직을 맡았었기 때문에, 그는 아마도 이릉에게 너무 가까워 보였을 것이다. 무제의 오랜 통치시기로 인하여 이 시기에 몇 세대가 포함될 수 있다는 사실에도 불구하고 말이다. 결국 가의(賈誼)와 매승만이 서한의 유명한 "시적(poetic)" 작가로 남겨지게 되는데, 의문에 싸인 존재인 매승을 선택하는 것이 보다 좋은 선택으로 여겨졌을 것이다.

78 엄밀히 따지면 건안 시대가 한대(漢代)이기는 하지만, 일반적으로 다른 시기로 지

기 "고시"의 이른 시기 귀속에 대한 의문을 요령 있게 표현하였던 것이라면, 그의 의문들은 너무 쉽게 간과되었던 것이다.

한 가지는 확실하게 알 수 있다. 저자미상의 "고시"는 심약(沈約)에게서는 언급되지 않았다가 강엄(江淹)에 의하여 "고시"라는 범주화된 용어가 없는 상태에서 모방된 첫 번째 "형식"일 뿐이라는 것이다. 그리고 몇 십 년 후 이 고시들은 유협에게서 건안시대의 시들과 같은 정도의 전범적인 위상을 얻게 된다. 이들은 "오언시로 된 작품들 중 으뜸"이 된 것이다. 유협은 그의 설명에서 오직 "고시"와 건안의 시인들만을 주저 없이 칭찬하였다. 그리고 비록 그보다는 덜 하지만 위(魏)나라 중기의 시인들인 혜강(嵇康)과 완적(阮籍)에 대해서도 말이다.

오언시의 기원에 대한 그 다음 설명을 《문심조룡(文心雕龍)》 서문 바로 뒤에 나오는 종영의 《시품(詩品)》의 서문에서 찾을 수 있다. 그 설명은 종영의 서문에서 일괄적 형식으로 나타나며, 또한 각각의 시들에 달린 그의 주석에서도 단편적으로 나타난다. 안타깝게도 본문에 있는 개별적인 설명들과 서문은 때때로 전혀 조화를 이루지 못한다. 특히 3세기로 접어드는 초기 시기에 있어 그러하다. 다음은 서문에 실린 설명이다.

> 逮漢李陵, 始著五言之目矣. 古詩渺邈, 人世難詳, 推其文體, 固是炎漢之製, 非衰周之倡也. 自王楊枚馬之徒, 詞賦競爽, 而吟詠靡聞. 從李都尉迄班婕妤, 將百年間, 有婦人焉, 一人而已. 詩人之風, 頓已缺喪. 東京二百載中, 惟有班固詠史, 質木無文. 降及建安, 曹公父子, 篤好斯文. 平原兄弟, 鬱為文棟. 劉楨王粲, 為其羽翼. 次有攀龍托鳳, 自致於屬車者, 蓋將百計. 彬彬之盛, 大備於時矣. 爾後陵遲衰微, 迄於有晉. 太康中, 三張二陸兩潘一左, 勃爾復興, 踵武前王, 風流未沫, 亦文章之中興也.

칭되었고 "서한 또는 동한"을 뜻하는 양한(兩漢)이라는 광범위한 범주 안에 속하지는 않았을 것이다.

> 한나라의 이릉(李陵)에 이르러서 오언(五言)의 범주가 처음으로 나타났다. 고시(古詩)는 너무나 먼 과거여서 불분명한 점이 많으며, 그 작품을 쓴 저자들이 어느 시대에 속하는지 또한 완벽하게 알 수 없다. 그러나 그 문체를 살펴보면 그것들은 명백히 한나라의 작품이지, 쇠퇴한 주나라의 노래는 아니다.
>
> 왕보(王褒), 양웅(楊雄), 매승(枚乘), 사마상여(司馬相如)와 같은 이들의 사부(辭賦)는 활기차게 서로 맞섰지만, 우리는 그들의 음송과 노래들을 알지 못한다. 이도위(李都尉, 이릉(李陵))로부터 반첩여(班婕妤)에 이르기까지의 약 100년 동안 여성은 단 한 명뿐이다. 《시경》 시인들의 영향은 돌연 사라져버렸다.
>
> 동경(東京, 낙양)에서의 2세기 동안에 있어서는 오직 반고(班固)의 《영사(詠史)》만이 전해지는데, 아무 꾸밈도 없는 질박한 나무와 같은 것이었다.
>
> 그러나 건안(建安) 시대로 내려왔을 때에도 조공(曹公) 부자는 변함없이 문학을 애호하였고, 평원(平原)[조식(曹植)] 형제는 문학의 동량(棟梁)으로 급성장하였으며, 유정(劉楨)과 왕찬(王粲)은 양 날개가 되었다. 뿐만 아니라 "용에 매달리고 봉황을 타는(攀龍託鳳, 그들의 주군에 의해 권력을 얻게 된)" 이들이 있었으며, 스스로를 보조자로 인식한 이들은 100여명 가량이 있었던 듯하다. 문식[文]과 바탕[質]이 조화를 이룬 성대함은 이 시대에 만개하였다.
>
> 이후 진(晉)나라에 이를 때까지 쇠퇴가 진행되었다. 태강(太康, 280-289) 시기에 3명의 장(張)씨와 2명의 육(陸)씨와 두 반(潘)씨와 1명의 좌(左)씨가 있었는데, 이들은 시의 부활을 선도하고, 과거 조씨 왕자들의 족적을 따르던 이들이었다. 게다가 이 시기에도 풍류는 아직 약해지지 않았는데, 이 역시 문학의 중흥을 의미했다.[79]

유협이 저자 귀속과 관련해 논란이 되는 일련의 건안 이전 시들을 조심스럽게 다루며 논의를 진행했다고 한다면, 종영은 이러한 작품들이 이릉과 반첩여의 것이라고 확고하게 믿었다. 그러나 종영의 이러한 믿음은 새로운 문제를 야기했다. 종영은 역사를 쓰고자 하였으나, 알려져 있던 시인들의 수

79 왕슈민, 〈종영시품전증고〉, 50-62. 차오쉬, 《시품집주》, 8-23.

가 너무나 적었다. 그는 이릉 뒤의 서한(西漢)과 동한(東漢) 전체에 대해 공백 공포(horror vacui)를 표현하였다. 그는 반첩여와 반고를 "단지 이들 뿐이다."라고 언급하였는데, 여기서 이들 각자가 단 한 편의 시만을 창작했다고 추측된다는 점을 짚고 넘어가야 한다. 종영은 저자미상의 고시들이 한나라 것이라고, 그의 서문은 이릉과 건안 사이의 300년 동안 단지 2명의 알려진 시인과 2개의 시만을 보여주고 있다.

서문과 몇 가지 모순되는 점이 있긴 하지만, 《시품(詩品)》의 본문은 이러한 공백을 조금이나마 채워주고 있다.[80] 반고(班固)가 《시품》의 논의 대상에 포함된 것은 사실이나 그는 가장 하품(下品)에 동한(東漢) 말의 역염(酈炎), 조일(趙壹)과 함께 분류되었다. 이 두 시인은 모두 서문에는 언급되지 않았으며 그들의 시는 단지 동한(東漢)의 오언시 숫자를 늘리기 위해서 존재할 뿐이라고만 생각될 정도로 경직되어 있다. 진가(秦嘉)의 아내인 서숙(徐淑) 또한 중간 범주에 포함되어 있는 인물인데, 서문에는 서숙에 대한 언급이 없다.[81] 동한은 여전히 상대적으로 텅 빈 듯해 보이지만, 적어도 이제는 동한의 것으로 추정되는 시가 한 편에서 여섯 편으로 늘게 되었다.

종영은 유협에 의해 제기된 문제 중 다수를 다루고 있다. 이를 볼 때 종영은 오언시의 초기 역사에 관한 유협의 설명을 읽었을 가능성이 있다. 하지

---

80 서문과 개별 주석 사이에 존재하는 모순 중 하나는, 위나라에 관해 서술하는 부분에서 발생한다. 서문은 이 시기를 진의 "중흥기" 이전의 쇠락한 시기라고 말하고 있다. 이 시기 사람인 완적(阮籍)은 종영이 정리한 범주에서 최상위에 위치하는 반면, 혜강(嵇康)은 중간에 위치하고 있다. 게다가 서문의 말미에서 종영은 그가 선정한 "상품(上品)"의 명단을 제시하고 있는데, 이 명단에 완적의 〈영회(詠懷)〉는 포함되어 있지만 "고시"의 시들은 하나도 포함되어 있지 않다. 주석에서는 이 "고시"들을 "단어 하나하나가 수천 냥의 가치가 있다.[一字千金]"라고 평하였음에도 말이다.

81 진가(秦嘉)의 사례는 매우 흥미롭다. 우리는 종영이 진가(秦嘉)의 아내인 서숙에게 귀속된 시만을 알고 있었으며, 그의 설명 또한 그녀의 시 한편에 대한 것뿐이라고 추측할만한 몇 가지 근거를 가지고 있다. 《옥대신영》에 실린 "진가(秦嘉)"의 시는 문학사적으로 빈 공간을 메우기 위해 《시품》 이후에 지어진 것이라는 추측이 가능하다. 5장을 참조하라.

만 종영의 설명을 유협의 의견에 대한 직접적인 대답이라고 이해하기보다는, 시와 그것의 역사에 관해 광범위하게 진행된 당시의 담론에 종영과 유협이 모두 참여한 것이라고 보아야 할 것이다. 유협은 오언시 작가들이 왕실도서관 소장 목록에 포함되지 않았음을 언급하였다. 종영은 부(賦)를 지은 유명한 작가들의 이름을 대며 "우리는 그들의 음송과 노래들을 알지 못한다."라고 말하였다. 매승(枚乘)의 이름은 부(賦) 저자들의 명단에만 분명하게 포함되어 있다. 종영이 "고시"들이 매승에게 귀속된다는 것을 몰랐다고 보기는 어렵다. 그러므로 분명 그는 이것을 굳이 언급할 필요가 없다고 생각했을 것이다. 종영은 이릉(李陵)의 것으로 추정되는 시들이 실제로 그의 것이라고 믿었다. 물론 그가 이릉에 대한 칭찬을 함에 있어서 이릉의 문학적 성공은 그의 불행 덕이라고 단서를 달고 있긴 하지만 말이다. "만일 릉(陵)이 지독한 어려움을 겪지 않았다면, 어떻게 그의 글이 이런 경지에 이를 수 있었겠는가?[使陵不遭辛苦, 其文亦何能至此?]"라고 한 것을 보면 그렇다.[82]

비록 종영이 그가 고시의 명확한 기원에 대해 기록하고자 하였던 서문에서 이릉 다음에 "고시"를 언급하고 있긴 하지만, 종영은 "고시"에 관한 그의 주석을 본문의 제일 앞에 배치하였다. 서문에서는 "고시"들이 한대(漢代)의 것이 확실하다고 보았고, 아마도 이는 서한(西漢)일 것이다. 본문 속 주석에서는 "고시"가 조가(曹家)와 왕찬(王粲)에게서 나왔다는 의견을 인용하고, 그 뒤에 그것의 진위여부는 해결하지 않은 채로 남겨두었다. 다음으로 반첩여(班婕妤)의 시가 나오는데, 종영은 이와 관련된 기록이 너무나 부족하여 애를 먹었다. 하지만 그럼에도 불구하고 이 시가 반첩여의 것임에는 의심을 두지 않았다.

유협이 그러했듯, 종영도 동한(東漢) 시기 대표적인 오언시 한 편을 제시

82 왕슈민, 〈종영시품전증고〉, 140. 차오쉬, 《시품집주》, 88.

했다. 종영의 글을 보면, 아마도 반고(班固)의 〈영사(詠史)〉로써 유협이 동한의 시로 제시했던 장형(張衡)의 〈원시(怨詩)〉을 대체하고 있는 듯한데, 이는 장형의 시가 사언시였기 때문이다. 그 다음으로 종영은 한 세기를 건너 뛰어 건안 시기로 넘어가는데, 그는 유협이 그러했듯 이 시기를 극찬하였다.

"정전"이라는 것은, 구체적으로는 그 평가가 다르겠지만, 전반적으로는 모두가 그 가치를 인정하는 텍스트와 저자로 구성되어 있다. 이러한 기준에 따라 "고시"와 건안의 대표 시인들은 정전의 일부가 되었다.[83] 우리는 건안 이후에 유협과 종영 사이에 분명한 의견 차이가 있었음을 알 수 있다. 유협이 보기에, 전반적으로 쇠락하고 있던 위나라는 혜강과 완적의 뛰어남 덕분에 명맥을 보존할 수 있었다. 진나라의 상황은 이보다도 더 심각했다. 종영은 위나라가 쇠락하고 있었던 것은 맞지만, 서진은 건안의 영광을 회복하고 있었다고 보았다. 그에 따라 그는 서진의 네 시인들을 최상의 범주에 두고 있다. 소통(蕭統)은 이러한 종영의 시각에 완전히 설득 당했다.

정전을 구성하는 과정을 살펴볼 때, 완적(阮籍)의 사례는 흥미롭다. 그는 "대가"라고 불리는 사람들 중 한 명이 되었다. 유협에게 있어 "대가"는 문학사적 설명의 핵심 부분으로 다루어져야 했다. 위나라에는 보잘 것 없는 시인들이 있었지만, 혜강(嵇康)과 응거(應璩)를 이어서 완적의 위대함이 그 시기를 살려내었다. 당시 시대는 건안에 비해 전반적으로 수준이 낮았는데, 그 이유를 정확하게 따져보면 건안의 "기"가 모든 사람들에게 영향을 주고 나아가 그들의 글쓰기에 영향을 주었기 때문이다. 그에 비해 위나라 시대는 소수의 독립된 천재들과 다수의 범인으로 이루어진 시기였다. 종영의 서문에서는 이와는 대조적으로, 개개인보다는 시대 자체의 "기풍"에 대한 이야

83 《세설신어》의 일화 외에도, 상당한 수의 5세기 의작들이 현전한다는 것은 그것들이 이전에 중요하게 여겨졌다는 것을 보여준다. 그러나 이러한 5세기의 의작들은 "고시"가 공식적으로 확립되었을 때, 《문선》과 《옥대신영》에 실려 전해지게 되었다.

기를 다루고 있다. 종영은 서진에 관한 유협의 의견에 완전히 반대하고 있지만, 위나라에 관해서는 기본적인 의견의 합치를 보이고 있다. 종영이 완적을 인정하는 부분은, 대가들과 대작들에 관한 장황한 그의 이야기에 등장한다. 비록 완적이 당시의 최고 시인이기는 했지만, 그는 그가 살았던 시대의 시사(詩史)에서 핵심적인 부분으로 다루어지지는 않았다.

*

이러한 차이점들에도 불구하고, 두 비평가에게는 많은 공통점이 있었다. 그리고 당대 사람들이 그 이전의 시에 대해 남긴 언급을 살펴보건대, 그들의 공통점은 6세기 초 건강(建康)의 문화적 엘리트들 사이에 공유되었던 것으로 보인다. 당대에는 이미 오언시로 된 초기의 시들을 묘사할 때 반드시 언급해야 할 정전화된 이름들이 있었는데, 그 이름들 중에는 건안 이전의 시인들도 포함되어 있었다.

"고시" 이후 동진(東晋) 시기를 묘사하는 데 있어 유협은 새로운 수준의 확신에 도달한 듯하다. 그는 〈원시(怨詩)〉를 장형(張衡)이 지은 것으로 귀속시키는 데에 그 어떤 망설임도 보이지 않았다. 그러나 최소한 우리가 지금 가지고 있는 버전인 〈원시〉는 사언으로 된 시다. 그리고 동진 시기의 시에 사언으로 지어진 시는 그 예가 매우 많다. 장형의 시를 포함시키는 것은 종영(鍾嶸)이 반고(班固)의 시를 포함했던 것과 마찬가지로, 강엄(江淹)이 반첩여(班婕妤)로부터 곧바로 건안으로 두 세기를 건너뛰는 것에 대한 '공백공포'를 달래고자 했던 일종의 처방이다.

여기서 '공백공포(Horror Vacui)'는 유용한 개념이다. 오언시의 초기 역사는 끔찍이도 얄팍하다. (이 얄팍함은 생략 특정 형식의 작품들의 실제 역사가 아닌, 후기시들 중 우연히 초기 시로 여겨지게 된 몇몇 작품들을 다루고 있을 뿐임을 생각하면 별로 충격적이지는 않다.) 이러한 빈 공간을 메우기 위해 새로운 귀속들이 행해지기 시작했다. 아마도 오래되었지만 널리 알려지진 않았던 저자 귀속들이 새로이 주목받게 되었을 것이다. 육궐(陸厥)이 심약(沈約)에게 제기한 반론에서 반고(班固)의 〈영사(詠史)〉가 호의적으로 언급되었기 때문에, 심약의 시대에는 이 작품이 이미 알려져 있었음을 알 수 있다. 반고에 더해서 종영은 서숙(徐淑), 역염(酈炎), 조일(趙壹)을 추가했다. 이 중에서 역염과 조일의 시들은 확실히 동한 시대의 오언시로 신뢰할만하지만, 앞에서도 말했듯이 그 수준은 종영이 찾을 수 있는 모든 것을 그러모았음을 암시한다. 그 작품들이 3세기 중반 이후에 쓰였다면, 그런 저자나 작품은 종영의 분류에서 최하품에도 들지 못했을 것이다.

무슨 과정이 있었는지는 명백하다. 비평가들과 선집 편찬자들은 건안 이전 시대의 저자들과 시들의 작품군을 공급하기 위해 당대에 전하던 기록들을 샅샅이 뒤지고 있었다. 저자미상의 "고시"는 더 이상 "건안의 것으로 추측되는" 작품일 수 없었다. 왜냐하면 더 이른 시기의 빈 공간이 그것들을 절박하게 필요로 했기 때문이었다. 소통(蕭統)은 비록 이릉 작품군의 저자가 이릉이라고 받아들이기는 했지만, 문제가 되는 저자 귀속들에 대해서는 전반적으로 대단히 세심했다. 그는 또한 공정한 평가를 내려서, 동한 시대의 오언시임을 신뢰할 만하더라도 지리멸렬한 시들의 일부는 포함시키지 않았다.[84]

그러나 《옥대신영(玉臺新詠)》을 편찬하면서 서릉(徐陵)은 그러한 세심함을 전혀 보이지 않았다. 결국 그는 읽는 즐거움을 위해 시선집을 만들고 있었을 뿐이다. 이 선집에서 건안 시대는 풍부한 혈통을 가지게 되었다. 거의 한 권 전체가 건안 시대 이전의 작품에 할당되었던 것이다. 여기에는 저자

84 시선집 편찬자로서의 소통(蕭統)과 서릉(徐陵)의 역할에 대한 더 깊은 논의는 데이비드 넥게스 지음, 〈잡초를 솎아내어 훌륭한 꽃들을 고르다: 중국 중세 초기의 선집〉, 스콧 피어스 엮음, 《200-600년 중국 영토의 재통일에서 나타나는 문화와 권력》, 케임브리지: 하버드대학교 아시아센터 (Harvard University Asia Center), 2001, 200-241을 참고하라.

미상의 "고시"들과 "매승(枚乘)의" 시들, 저자미상의 악부, 반첩여(班婕妤)의 부채시, 그리고 이릉(李陵) 작품군의 시 가운데 이제는 소무(蘇武)에게 귀속된 시들을 포함되었다. 《한서漢書》에 실린 이부인(李夫人)에 대한 이연년(李延年)의 노래도 여기에 포함되었다. 장형(張衡)은 부적절하게도 오언으로 된 에로틱한 시 〈동성가(同聲歌)〉의 저자로 간주되었고, 진가(秦嘉)와 부인 서숙(徐淑) 사이에 오간 시들 전부도 역시 수록되었는데, 진가의 시들은 이 선집을 위해 창작되었을 수도 있다. 《문선(文選)》에서 그러하듯이 〈음마장성굴행(飮馬長城窟行)〉은 더 이상 저자미상의 작품이 아니라, 채옹(蔡邕)의 작품이 되었다. 여기에 더하여 두 편의 매력적인 발라드들도 포함되었는데, 이 작품들은 다른 곳에서는 알려진 적이 없는 "한대(漢代)"대의 인물인 신연년(辛延年)과 송자후(宋子侯)에게 귀속되었다.[85] 마지막으로, 아주 긴 서사시인 〈고시위초중경처작(古詩爲焦仲卿妻作)〉도 실렸다. 이 작품의 창작 연대는 논란이 많지만 현재 남아있는 버전은 아마도 남조시대의 것으로 보인다. 탄식할 만큼 적은 시들만이 있던 곳에, 이제는 많은 시들이 있게 되었다. 이중 적지 않은 수의 작품은 후대의 창작물로, 시가 풍부한 시대에서 시가 가물은 시대로 기증되었던 것이다. 상당수의 이러한 시들은 초기의 고전 시를 모은 모든 근대적 선집에 항상 거의 같은 순서로 남았다. 텅 비어있던 공간에 우리는 "정전"을 갖게 된 것이다.

우리는 실로 "역사"를 가지고 있지만, 이 역사는 건안 이전의 오언시의 역사가 아니다. 우리가 발굴하고 있는 역사는 488년 《송서(宋書)》의 완성과 약 반 세기 후인 《옥대신영》의 편찬 사이에서 이루어졌다. 488년에 오언시의 역사는 중요한 관심거리가 아니었다. "시적 글쓰기"에 대한 더 큰 역사가

85 출간되지 않은 한 논문에서 티엔샤오페이는 지어진 시기가 의심스러운 몇몇 남조 악부를 제외한 시에서 봄 낙화의 이미지는 6세기가 되기 전에는 나타나지 않는다는 사실을 보였다. 송자후(宋子侯)의 〈동교요(董嬌饒)〉의 화제가 바로 봄 낙화기에, 우리는 논리적으로 이것이 제(齊)나 량(梁)의 시라고 추측할 수 있다.

있었고, 오언시는 더 큰 시의 역사의 마지막 시기에 해당했다. 이 시기가 바로 오언시가 대부분을 차지하게 되는 시의 두 번째 역사가 시작하는 시기였다. 그러나 심약(沈約)에게는, 건안 시대는 오언시의 역사라 할 만한 것을 가지고 있지 않았던 시기였다.

강엄(江淹)이 오언으로 된 유명한 시들을 의작한 작품들은 시대순으로 정렬되었기에, 저자미상의 "고시"들과 마찬가지로 당대 유통되던 몇몇 유명한 시들을 그 이전 사람들이 어떤 저자에게 귀속시켰는지도 고려해야만 했다. 이것은 건안 이전의 오언시의 역사는 아니었고, 단순히 연대순으로 이름들을 배열한 우연한 결과물일 뿐이었다. 유협(劉勰)은 오언시의 간략한 역사를 쓰고자 했지만, 건안 이전의 시에 관해서는 확신할 수 없는 것들이 너무 많았다. 그가 확신한 한 가지는, "고시"들이 건안 시인들만큼이나 중요하다는 것이었다. 종영(鍾嶸)은 몇몇 이름을 추가하여, 유협이 의심스러워했던 귀속들의 신빙성을 확고히 했다. 서릉(徐陵)은 저자미상의 많은 시들과 이름이 알려진 시인들이 지은 상당량의 시 구절들로 이 과업을 완수했다. 이것이 바로 후대까지 살아남은 정전이다.

*

남조(南朝)에서 편찬된 선집들과 비평 작업들은 필사본에 보존되어 있던 옛 시적 자료들의 선별적 일부분을 보존하고 정리하였으며, 그리고 아마도 과격하게 편집했을 것이다. 후대 사람들은 그 선별된 자료들을 받아 "한(漢)과 위(魏)"의 시에 대한 그들의 해석을 정교하게 더하였다. 명(明) 중기에 저자미상의 악부들과 조조(曹操)는 정전의 지위로 끌어올려졌는데, 종영(鍾嶸)은 이들을 최하 등급에 분류하고 "오래된 고지식함[古直]"의 한 예로서 제시했었다.[86] 전통 문학사는 날짜는 바뀌어도 배열순서는 변하지 않는 '줄서

86 왕슈민, 〈종영시품전증고〉, 324. 차오쉬, 《시품집주》, 362.

기'를 닮았다. 저자미상의 "고시"는 이 줄에서 시기 추정이 가능한 이릉(李陵)과 반첩여(班婕妤)보다 앞자리를 차지했다. 이릉과 반첩여의 시들의 저자 귀속이 의심받을 때에도 저자미상의 고시들은 배열순서에서의 위치를 고수하게 되는데, 그 시기는 동한(東漢)으로까지 올라가 건안(建安) 이전 시의 기념비로서의 노릇을 하게 된다. 동시에 저자미상의 악부들은 그 줄에서 더 이른 위치를 차지하게 되었다.[87] 그리고 이 핵심적 배열순서는 거의 모든 선집과 교과서, 문학사에서 마치 의문의 여지가 없는 역사적 사실인 것처럼 유지되고 있다. 이러한 배열순서로부터 문학과 문화의 역사에 대한 다음과 같은 관습적 설명이 만들어졌다. 멀고 먼 옛날에 단순하고 직설적인 "민간"의 시가 있었다. 이러한 시들은 저자미상의 악부로, 서한(西漢)이나 혹은 동한(東漢)의 비교적 초기에 속한다. 이는 동한 말 무렵, 알려지지 않은 문학인들에 의해 더욱 정형화된 시인 "고시"로 이어졌다. 이러한 기반 위에서 건안(建安)의 시인들은 더욱 문학적이면서도 여전히 활기찬 시들을 썼다. 현대의 이러한 보편적인 설명은 여러 측면에서 제량(齊梁)의 비평가들이 했던 주장의 개요를 반복하고 있다. 그 주장이란 시가 단순한 데에서 시작하여 더욱 복잡하고 문학적으로 윤색되는 방향으로 진행되었다는 것이다.

저자미상의 시들이 지어진 것으로 추정되는 시기가 몇 세기 사이를 오락가락함에도 불구하고, 추정되는 배열순서는 여전히 매우 안정적이다. 주목할 만한 점은 6세기의 추측 외에는 저자미상의 "고시"가 건안(建安) 시대보다 이전의 것이라는 어떠한 암시도 없다는 것이다. 특정 노래들에 대한 몇몇 가상의 기원설들을 제외하고는, 저자미상의 악부가 한대(漢代)의 것이라는 데에 있어 이른 시기의 증거는 단 하나, 아래에 보이는 심약(沈約)의 간결한 언급뿐이다.

---

87 《옥대신영玉臺新詠》에서는 저자미상의 고시들이 저자미상의 악부들에 선행한다는 사실에 주목해야 한다.

凡樂章古詞, 今之存者, 並漢世街陌謠謳, 江南可采蓮, 烏生十五子, 白頭吟之屬是也.

일반적으로, 오늘날 남아있는 악장(樂章)의 옛 가사들(古詞)은 모두 한대(漢代)의 여항의 노래이다. 〈강남가채련(江南可采蓮)〉, 〈오생(烏生)〉, 〈십오자(十五子)〉[88], 〈백두음(白頭吟)〉[89]과 같은 것들이 이것이다.

이것은 심약의 "주장"이다. 비록 주장과 그 근거에 대해 상당부분 확신할 수 없지만 말이다.[90] 의례악의 역사에 대한 그의 세심하고 광범위하면서도 모든 제목과 시기의 목록을 포함했던 고증에 비할 때, 이러한 그의 주장은 놀랍게도 불명확하다. "…과 같은 것들[之屬]"에서 보이듯이 말이다. 청상삼조(淸商三調)에 대한 순욱(荀勖)의 "편찬"에서와 같이, 구체적 사실을 알고 있을 때 심약은 그것을 언급하였다. 여기서의 그의 주장은 그것이 대답한 것보다 더욱 많은 의문을 불러일으키며, "고사(古詞)"로 특징지어진 모든 텍스트들을 한대(漢代)의 4세기 언젠가에 지어진 것으로 돌리기에는 극도로 부적절한 근거이다.[91] 비록 심약이 옛 노래 중 자신이 포함시켰던 것들은

88 제시된 한문이 원문이다. 편집자들은 '자(子)'를 빼서《기록(技錄)》에 언급되었으나 심약(沈約)에게는 포함되지 않았던(《송서》, 561, 각주14) 〈십오(十五)〉라는 시를 만들거나 "십오"를 "팔구(八九)"로 바꾸어서 악부의 첫 구절인 "烏生八九子"로 만들고자 하였다. 쑤진런, 샤오롄즈, 《송서악지교주》, 지난: 제로서사, 1982, 59, 62.

89 《송서(宋書)》, 529쪽. 찰스 이건(Charles Egan)은 〈악지(樂志)〉의 텍스트가 연행에서 필사되었다는 주장의 근거를 위의 인용문과 조금 다른 번역을 통해서 찾아내고 있다. 그는 "악장고사(樂章古詞)"를 "음악 작품들의 옛 가사"보다는 "음악 작품들과 옛 가사들"이라 이해하였다. 찰스 이건, 〈악부는 과연 민간의 노래였던 적이 있었는가. 구술 이론과 서정시의 비유법 사이의 관계에 대한 재고찰〉, 69을 보라.

90 더욱 깊은 논의는 마스다 키요히데, 《악부의 역사적연구》, 도쿄: 창문사, 1975, 79-83 참조. 마스다는 이 구절이 잘못 해석되었다고 주장하였다. 그러나 그는 상화가사(相和歌辭)라는 범주에 관심이 있었으며, 대중음악은 위 명제(魏明帝) 시기에 궁중 연주에 맞게 선별되고 수정되었다고 주장하였다.

91 우리가 가질 수 있는 첫 번째 의문은, '그가 어떻게 이것을 알았을까'이다. 아마도 그것은 전통에 의한 것이었겠지만, 만약 "전통"이 연속되는 설명이나 초기 텍스트에 대한 불명확한 설명 방식을 의미하는 것이라면 우리는 이 경우에 대하여 알 수

모두 한대의 것이라고 주장한 것이라 이해한다 하더라도, 그것은 다른 출처에서 "옛 가사(古詞)"라고 불리는 텍스트들 또한 한대(漢代)의 것으로 추정되어야 한다는 것을 의미하지는 않는다.[92]

*

적어도 몇 세기를 아우르는 고전시에 대한 일반적인 논의는 연대가 불분명한 텍스트들에 기반하고 있다. 우선 그 역사적 배열순서가 정말로 흔히 기술된 것과 같았을 수 있지만, 그보다 더 복잡했을 수도 있을 것이며, 또한 모든 텍스트들이 대략적으로 3세기 전반인 같은 시기에 만들어졌을 가능성도 있다. 그러나 분명한 것은, 계층과 글을 읽고 쓸 줄 아는 능력, 그리고 연행의 장소를 암시하는 문체적 격조 상의 변이가 역사적 순서로 배치되었다는 점이다. 그리고 여기에서 낮은 격조의 텍스트들은 보다 높은 격조의 텍스트들보다 선행하는 것이라 추정되었다. 여기에 사실 그대로의 역사에 대한 증거는 존재하지 않으며, 그보다는 역사적 과정에 대한 신념, 즉 단순한 것에서 복잡한 것으로 옮겨가고, 덜 문학적인 것이 더 문학적인 것으로 옮겨간다는 신념만이 존재한다고 할 수 있다. 그러한 신념은 시의 역사에서

없다. 이것은 우리를 저자미상에 대한 일반적 문제로 돌려놓는다. 심약(沈約)은 문집에서 시대가 표시되어 있는 다른 텍스트들과 저자미상의 저작을 구분하기 위하여 "옛 노래"라는 용어만을 사용하였다. 우리는 심약이 한대(漢代)라고 판단한 것을, 높은 수준의 의례악 텍스트들을 보존하는데 기여한 〈악지(樂志)〉의 문맥에 놓고 고려해보아야 한다. 그가 가지고 있었던 대로 궁중 필사본의 전통을 보존하는 편집자의 책무를 받은 상태에서, 이러한 저자미상의 시들은 어떤 역할을 하고 있으며 우리는 이것을 어떻게 평가해야 할 것인가. 명백히 세속적인 텍스트들은 높은 수준의 의례적 텍스트들 사이에서 어떤 역할을 하고 있는 것일까. "옛 것" 이라는 말은 정당화를 의미하게 되었다. 《시경》이 대중적인 노래들을 모아놓은 것과 연관하여, "가항(街巷)의 노래"들은 의례적 노래들과의 차이를 설명해준다. 그것들이 대중적 노래였다는 것은 사실처럼 보이나, 우리는 그것이 언제 궁중의 연주 목록에 들어갔는지는 확신할 수 없다.

92 악시 자료들에서의 불분명함은 말할 것도 없이, 전서들에서 이 용어의 사용된 예를 조사해보면 그것이 매우 모호하게 쓰였음을 알 수 있다.

연대를 알 수 없는 시적 자료들에 대해 설명하는 것을 가능하게 하였다.

3세기 동안 시적 언어에 있어서 수사적 표현이 증가되는 대략적 과정을 특히 지식인의 시적 관습의 차원에서 살펴볼 수 있기는 하다. 그러나 이것은 낮은 격조의 시가 사라지고 어떻게든 높은 격조의 시로 "대체되었음"을 의미하는 것이 아니다. 실제로 낮은 격조의 시적 작법이 3세기 동안 계속되었음을 보여주는 좋은 증거가 남아있다.

*

저자미상의 시에 대한 연대를 추정하는 일에 있어서의 근본적인 문제는 다른 유효한 질문들을 일으키도록 만들고, 이는 고전시의 기원에 대해 설명하는 것을 심지어 더욱 어렵게 한다. 이들 중 대부분은 만족스러운 대답을 할 수 없는 질문들이지만, 이들을 질문으로 열어두는 텍스트 기록상의 증거들은 충분히 존재한다. 초기의 시 텍스트들은 얼마만큼이나 변화가 없는 안정적인 것이었을까? 물론 많은 다른 버전에 전해진 텍스트뿐만 아니라, 무수히 많은 변이들이 존재한다. 연구(聯句)를 더하거나 빼고 다른 구(句)들을 사용하는 것은 흔히 있었던 일로 보인다. 후대의 필사 상황에서 뿐 아니라 6세기 이전의 필사 전통에서도 말이다. 곽무천(郭茂倩)의 《악부시집》에서 사용된 《옥대신영(玉臺新詠)》과 악부 자료들에는, 6세기의 시 기준에 맞도록 텍스트들이 수정되었다는 설득력 있는 증거가 남아있다. 《송서(宋書)》의 텍스트들과 텍스트를 대조할 수 있는 일련의 노래 텍스트들에서 이 사실이 흔히 발견된다면, 비교할 다른 버전이 존재하지 않는 《옥대신영》과 《악부시집》의 다른 초기 텍스트들에 대해서는 어떤 추정을 내려야만 하는 것일까? 우리는 이 장에서 어떻게 "고시"가 고전이 되었는지, 그리고 어떻게 몇몇 저자미상의 악부가 후대에 고전이 되었는지를 살펴보았다. 그러나 이 텍스트들은 다른 버전으로도 만들어졌으며 그 시점에서의 표준에 맞게 수정되어졌다. 이는 심지어 6세기 초반에도 그러했다.

초기 시에서 "저자 귀속(authorship)"의 본질은 무엇인가? 분명 저자에 대한 귀속을 신뢰하게 만드는, 정황적으로 특별한 때에 지어졌던 시들이 있기는 하다. 그러나 페르소나 시들 또한 존재하였는데 이 시들은 누군가가 특정 정황에서 화자의 역할을 맡았기에, 그 못지않게 '정황'에 관련된 것이었다. 유명한 시인이 저자미상의 시에 적절한 저자였을 수 있다는 직관과 실제 저자 귀속 사이에는 미세한 경계가 있었다. 시들은 조식(曹植)에게 모여들어 그의 전집의 양을 늘려주었다. 또 한편으로는, 같은 시가 여러 저자에게 귀속되는 것도 흔한 일이었다. 저자귀속에 대한 확실한 지식은 더 이상 접근이 불가능하며, 텍스트들이 항상 변하는 세계에서 그것은 무관한 것일지 모른다.[93]

우리는 또한 글쓰기에 대해 좀 더 구체적으로 질문해보아야 할 것이다. 무엇이, 언제, 왜 적혔는가? 텍스트들은 적힌 것인가, 아니면 구전으로 암송되던 것을 전사한 것인가? 이러한 종류의 텍스트들을 필사할 때 과연 얼마만큼의 주의가 기울여졌던 것일까? 왕실도서관의 사례에서, 진(晉)이 남쪽에 다시 건립될 때 낙양의 필사 전통 중 오직 매우 적은 일부분만이 건강(建康)으로 옮겨졌음을 보았다. 필사 전통의 어떤 부분이 육조(六朝)의 선집가들에 의해 선별되었으며, 그들은 어느 정도까지 그들이 선택한 텍스트들을 차이와 변화의 가정된 기준에 일치시키기 위해 변화시켰던 것일까?

우리는 3세기와 그 이전의 중국 고전시의 시작에 대한 설명을 전면적으로 다시 고려해볼 필요가 있다. 이러한 질문은 제기될 만한 가치가 있는 것인데, 이는 종종 간과되어 왔지만 중요한 질문이기 때문이다. 동시에 증거가 불충분하기에, 확정적인 결론을 내리려고 하는 태도는 피해야 할 것이다. 우리는 저자 귀속과 연대 추정이 몹시 불분명한 텍스트들에 근거하여

93 작가 귀속의 진위에 대한 질문에 대해서는, 한스 프랑켈의 〈조식 작품들에서 진위성의 문제〉, 찬핑릉(陳炳良) 외 엮음, 《풍핑샨(馮平山) 도서관 설립 50주년을 기념하는 에세이》, 홍콩: 홍콩대학출판사, 1982, 183-201을 보라.

문학사에 대한 설명을 하고자 하려는 태도를 버려야 할 것이며, 또한 명확하게 존재하지 않았던 장르경계를 정의내리고자 해서도 안 될 것이다. 그보다는 현전하는 자료들을 더 방대한 시와 노래의 세계로부터 전해진 흔적이라고 여겨야 할 것이며, 이 흔적은 후속 세대의 작품 보존에 대한 관심에 의해 매개된 것으로 보아야 할 것이다. 그러고 나서 이러한 텍스트들이 전해줄 수 있는 의미를 눈여겨보아야 한다.

*

모든 당대(唐代) 이전의 텍스트는 그것의 출처와의 관계 속에서 검토되어야 한다. 각각의 출처는 저마다 특유한 특성과 동기가 있으며, 이 동기들은 작품 선별과 텍스트의 형식을 결정한다. 이들 텍스트의 일부가 한(漢)과 위(魏)에서 비롯된 필사본들의 정확한 계보를 대표하지 않는다고 말하려는 것은 아니지만, 문제는 우리가 이를 알 수 없다는 점이다.

《송서(宋書)》의 〈악지(樂志)〉는 독자들을 위해 시를 "선별"하지 않고, 시를 보존하는 데에 주력하였다. 따라서 〈악지〉는 의례(儀禮)를 위한 텍스트와 세속적 텍스트들을 모두 포함하고 있는 황실의 음악 레퍼토리 자료를 보존하였다. 〈악지〉는 텍스트를 연행 전통으로부터 보존하였기에 귀중한 자료이며, 텍스트들을 6세기에 나타난 것과 같은 "시"의 형태로 맞추지 않고 모든 관계없는 구(句)들과 텍스트 문제들까지 포함하고 있다.[94] 이는 텍스트

94 〈악지(樂志)〉를 읽을 때에는 궁중 노래를 보존하려는 관심을 인식된 변화와 손실의 맥락에서 고려해 보아야 한다. 우리는 다만 어디에서부터, 어떤 일에 의해 심약(沈約)이 그가 기록한 텍스트를 가지게 되었는가를 추측해볼 수 있을 뿐이다. 궁중 의례를 위한 노래에 주된 관심이 있었던 〈악지〉에, 왜 조조(曹操)와 조비(曹丕)가 지은 분명하게 현실과 관련된 운문들은 있으면서, 엄청난 공감을 일으켰던 의식을 위해 지어진 왕찬(王粲)의 안세시(安世詩)는 없는 것일까? 심약이 말한 대로, "지금은 없어진 것[今亡]"들이 있었던 것이다.(수진런, 《송서》, 21) 의식을 위한 텍스트들을 몹시 보호하고자 노력했던 상황에서도 심약이 언급한 많은 의례용으로 중요했던 작품들이 일실되었고, 그러므로 우리는 왜 살아남아 전해진 텍스트들을 가지게 된

보존에 대한 의지와 세밀함의 오랜 역사 속에서 이루어진 궁중 의식 전통인 것이다. 앞서 언급한 것처럼 만일 이것이 궁중의 시의 필사 전통이라면, 시의 다른 필사본들에 대해 궁금해 하지 않을 수 없을 것이다.

《문선(文選)》은 "최상의 작품들"을 대표하면서 전통을 예시와 함께 설명할 수 있는 텍스트를 선택하였다. 소통(蕭統)은 저자미상의 "고시"와 관련하여 종영(鐘嶸)과 같은 사람들의 비평을 받아들였을 수도 있지만, 그는 분명 양질의 텍스트를 선호했던 인물이었다. 만일 서문의 내용이 옳다고 믿는다면, 《옥대신영(玉臺新詠)》은 즐거움을 주는 텍스트를 선택하였다. 568년에 나온 지장(智匠)의 《고금악록(古今樂錄)》에 무슨 내용이 실려 있었는지 알 수 없다. 다만 이것이 곽무천(郭茂倩)에게서 자주 인용되었다는 점을 고려할 때, 지장의 《고금악록》의 내용이 《악부시집》에 베껴져 포함되었다고 추정할 수 있으며, 나아가 이것은 《송서》에서 나오지 않은 저자미상의 여러 초기 악부들의 유력한 원본으로 보인다. 전체적으로 보면, 《송서》 텍스트가 아닌 초기 악부들은 《송서》의 텍스트보다 덜 난해하다. 이것은 6세기의 편집 방식과, 심약으로 하여금 자신이 보관하던 필사본들을 그대로 전사하도록 만들었던 온갖 규약들로부터의 일정 정도의 자유를 반영하고 있는 듯하다.[95] 여기서 당대(唐代) 선집인 《고문원(古文苑)》을 짚고 넘어가야 하는데, 이것은 당대(唐代)까지 살아남은 필사 전통 가운데에서 일부를 자체적으로 선택하고 있다. 여기에는 "고시"의 일부와 6세기 시선집에서는 누락된 이릉(李陵)의 시들이 포함된다.

수(隋)와 당(唐)의 전서, 예컨대 우세남(虞世南, 558-638)의 《북당서초(北堂書鈔)》, 구양순(歐陽詢, 557-641)의 《예문유취(藝文類聚)》, 서견(徐堅, 659-

---

것인지를 의아하게 여겨야 한다.

95 만일 《고금악록(古今樂錄)》이 부록 C에 다루어진 저자미상의 〈만가행(滿歌行)〉에 대한 또 다른 버전의 출처였다면, 우리는 비교사례를 찾게 되는 것이다.

729)《초학기(初學記)》들은 이선(李善)의 《문선(文選)》에 대한 주석과 함께, 문제적인 만큼이나 매우 귀중한 자료이다. 편찬자들은 북조(北朝)에서 보존된 알 수 없는 범위의 자료들을 포함한 더 이전의 필사 전통에 여전히 접근할 수 있었고, 그들이 전서 표제어의 예시, 해설이나 주석서의 원전으로서 자료를 선택했던 동기들은 선집 편찬자들의 동기와는 매우 달랐으며, 다른 곳에서는 보존된 적 없는 많은 텍스트들을 보존하였다. 그들은 가끔은 부주의하게 필사하였고, 자주 몇몇 문단과 발췌문만을 그들의 기준에 부합하는 예시로서 제시했다. 동시에, 이 작업들은 문학 연구자들에 의해 행해진 편집에서 일반적이었던 정도의 "수정"에 종속되어 있지 않았다. 최근에는 이러한 "수정"이 매우 신중하게 기록되지만, 우리는 초기 출판문화, 그리고 필사 문화의 편집자들이 그저 그들이 오류라고 생각한 것들을 고치거나 모범적 텍스트에 문단들을 끼워 맞추기 위해 텍스트들을 변개했다는 명확한 증거들을 가지고 있다. 현존하는 전서와 주석서 인용문들은 선집에 들지 못한 자료들의 범위를 우리에게 상기시켜 준다. 동일한 필사 전통은 당 시대를 거쳐 보존되었고, 백거이(白居易, 772-846)의 《백씨육첩사류집(白氏六帖事類集)》이나 983년에 완성된 1000권짜리 거질의 《태평어람(太平御覽)》등의 후기의 전서류에서 다시 나타났다. 이 책들의 내용은 대개 지금은 없어진 이전의 전서에서 수집한 것들이었다.

전체적으로 고려해 보았을 때, 이러한 자료들은 왕실도서관의 연속된 화재에서 저열한 출처들로부터 필사본들을 다시 모으는 과정을 거쳐서 남조 시기와 그 이후까지 살아남은 필사본 전통들에 대한 저마다 다른 "이해"이다. 3세기와 그 이전의 시, 즉 오언시와 불규칙한 구로 된 악부를 5세기까지 진정한 문학적 지위를 얻지 못했던 문학적 형식이 우연히 후대에 전달된 것들을 통해 보게 되는 것이다. 우리는 여전히 많은 자료를 가지고 있지만, 그럼에도 불구하고 누군가를 통해 우리가 가지고 있는 것들을 얻게 되었다는 점을 잊어서는 안 된다.

구체적인 저자귀속에 의문을 제기할 수도 있겠지만, 우선 이 일련의 작품들, 즉 저자미상의 악부와 고시, 2세기 말에서 3세기 초까지의 작가들의 작품으로 알려진 시들을 "하나의 시", 즉 공시적인 것으로서 다루어 볼 것이다. 연대가 확실한 텍스트들 중에서 역사적인 차이점이 분명한 부분에 대해서는 따로 언급을 할 것이다. 그러나 언제나 다른 종류의 작법이 계속되었고, 그것이 꼭 더 오래된 것은 아니라는 점을 잊지 않을 것이다. 이 시의 기원에 대한 한도를 설정해볼 것이지만, 언제 이러한 시들이 쓰이기를 멈췄는지에 대해서는 명확하게 규정하려 하지 않을 것이다. 이러한 작업은, 공유된 작법이라는 측면에서 이러한 시들이 지닌 공통점을 인식하게 해준다. 역사적 변화나 작가의 문체보다는 격조의 측면에서 이러한 시들의 차이점을 다루어 볼 것이다.

초기의 흔적들

한대(漢代)의 것으로 확실하게 여겨지는 자료들에 전해지는 대부분의 운문은 사언구나 〈초사(楚辭)〉의 형태라고 불리는 그보다 더 길고 불규칙적인 구로 이루어져 있다. 여기에서 우리의 목적은 비록 이것이 흥미로운 작업이라 할지라도 이 자료를 조사하는 것이 아니라, 한대의 것으로 추정되는 오언구의 텍스트를 살펴보는 것이다. 이러한 오언구의 텍스트를, "고시"와 대부분의 저자미상인 악부들의 특징을 결정하는 관습과 패턴이 사용된 불규칙적인 형태의 텍스트와 함께 살펴볼 것이다. 이러한 작업은 정체가 불분명한 보다 많은 텍스트들이 얼마나 이른 시기에 만들어진 것인지를 규명할 수 있게 할 것이다.

중요한 노래들의 분류 가운데 하나는 《송서(宋書)》에 보전된 〈요가(鐃歌)〉 18곡 안에 있다. "고사(古詞)"와 달리 심약은 이러한 집합의 제목에 "한(漢)"

이라는 글자를 붙여 명확하게 특징지었다. 이것들 중 몇몇은 텍스트의 상태가 너무나도 좋지 않아서 아예 읽을 수가 없거나 부분적으로만 읽을 수 있는 정도이다. 텍스트가 가장 잘 보존된 〈요가〉의 몇몇이 "대중적인" 모티브들을 다룬다 하더라도, 이러한 작품들 중 다수는 궁중에서 사용된 것이었다.[96] 여기서 주목할 만한 점은, 저자미상의 악부나 "고시"들이 공유하는 시적 관습이나 패턴의 흔적이 이 텍스트들에서는 전혀 발견되지 않는다는 사실이다. 이러한 점은 우리가 가지고 있는 후대 자료에 보존된 텍스트 중에서 이것이 가장 초기의 것임을 불완전하게나마 시사한다.[97] 오언구가 때때로 사용되긴 하지만, 전반적으로 이러한 시들은 불규칙적이다. 따라서 이러한 작품들이 흥미롭기는 하지만, 본 연구에서는 그것들을 연구대상 밖에 둘 것이다.

초기 텍스트들에서 오언구들이 불규칙적으로 나타나는 것을 제외하고, 오언시의 독특한 2음절/3음절 리듬과 문법적인 패턴이 등장하는 오언구로 온전히 이루어진 첫 번째 텍스트는 반고(班固, 32-92)의 《한서(漢書)》에 등장한다. 이 말은 이 텍스트가 1세기 말경에 나왔다는 것을 의미한다. 이 텍스트들 중에는 한(漢)나라 성제(成帝) 때의 정치적 사건들을 비유적으로 언급하고 있는 두 여항의 노래뿐만 아니라, B.C. 195에 한나라를 세운 고조(高祖)가 죽은 이후 미망인인 여태후에 의해 갇히게 되었던 척부인(戚夫人)과 전한 무제(武帝, 유철(劉徹), B.C.140-B.C.87) 시기에 가수였던 이연년(李延年)의 작품으로 귀속된 노래들도 있다.[98] 여항의 노래들 중 한 작품은

96 이 사실은 제목 및 가독할 수 있는 구절들을 통해 알 수 있다. 이는 추측컨대 궁중 공연 레퍼토리에 해당되는 것으로서, 연회에서 사용되었을 덜 형식적인 작품과 궁중 행사를 결합시킨 것이다.

97 루친리를 포함한 많은 학자들은 이것들이 현전하는 서한(西漢) 시대의 것이 맞다고 여긴다. 비록 그러하다는 확실한 증거는 없지만, 어느 정도는 그럴 가능성이 있다.

98 루친리, 91, 102, 126. 도널드 홀츠만(Donald Holzman)의 〈초기 중국 오언시〉, 《뽈 드미비유에게 바치는 중국학 논문집》, 파리: 프랑스대학출판사(Presses

오언으로 구성된 구가 얼마 되지 않는다. 여기서 덧붙여 말할 수 있는 것은, 척부인의 작품 및 운율이 다른 노래들은 제외하고 나머지 모든 것들이 《옥대신영(玉臺新詠)》에 포함되어 있다는 것이다. 덧붙이자면, 여항의 노래들 중 한 곡은 훈계조의 두 행의 연구(聯句)가 삭제되었다.

이 자료들은 널리 알려져 있다. 이제 질문은 이 자료들이 어떻게 사용되었느냐는 것이다. 《한서(漢書)》가 매우 "진지한" 역사서였기 때문에 초기 학자들은 작품에 부여된 연대들을 그대로 받아들이는 경향이 있었다. 우리는 다양한 종류의 운문을 포함하는 서한(西漢)의 텍스트들을 가지고 있다. 오언구가 황제의 첩, 전문적인 가수에 의하여 그리고 여항 아이들의 참요(讖謠)에서 사용된 것으로 기술된다는 사실을 고려하면, 반고의 문체 판도(map of styles) 내에서 오언구라는 것이 "여인과 아이들"이나 하위계층 반항아들의 전유물이 아니었는지 의심해보아야 한다. 즉 《한서》에서 오언구는, 고풍의 어휘에 대한 숙달이 또 다른 계급을 나타내는 것처럼, 사람의 사회적 지위를 드러내는 "사회 규제"의 상징인 것이다.

척부인의 노래는 고조의 죽음 이후 자신의 라이벌인 척부인에게 복수하는 여태후에 관한 자극적인 내러티브의 일부이다. 척부인은 굴욕적인 형벌의 첫 단계로 결박당하고, 머리가 깎여졌으며, 죄인의 붉은 옷을 입고 곡식을 찧도록 강요당했다. 그녀의 노래는 다음과 같다.[99]

子爲王　그 아들은 왕이고
母爲虜　어미는 종이네.
終日舂薄暮　어미는 온종일 해질녘까지 곡식을 찧고
常與死爲伍　사형을 선고받은 이들과 늘 동료로 지낸다네.
相離三千里　서로 삼천리나 떨어져 있으니

universitaires de France), 1974, 81-84.

99 《한서》 3937.

當誰使告女 누구로 하여금 어머니 사정을 고하게 하나.

이 노래를 듣자마자, 여태후는 척부인의 사지를 잘랐다. 그녀는 눈이 멀고, 귀머거리에 벙어리가 되어 "인간 돼지"가 되었다. 《한서》에 인용된 오언구의 다른 운문처럼 리듬은 맞추었지만, 여기에는 후대의 오언시 관습 중 일부만이 발견된다. 이 경우에 거리에 관한 흔한 표현이 등장하는데, 구체적으로 이 구의 전반부에서는 "멀리 떨어진"에 대한 다양한 표현 중 하나인 "상리(相離)"가 사용되었으며, 후반부에서는 그 떨어진 거리를 헤아리고 있다.

어떻게 우리가 현전하는 텍스트를 갖게 되었는가에 대하여 의문을 가지는 것은 언제나 의미 있는 일이다. 우선 이 노래를 들은 어떤 이가 여태후에게 그것을 전해주었을 가능성을 무시할 수 없다. 그 운문은 어떻게든 구두로 계속 전달되다가, 어떠한 시점에 이르러 두 세기 후에 전파되는 텍스트에 등장하게 될 문자 기록에 포함된 것이다. 하지만 분명히 그 노래는 척부인이 "불렀어야만 하는" 노래로, 이 저항의 소리는 척부인의 혀가 잘린 원인을 제공하게 된다. 비록 척부인이 실제로 이러한 운문을 읊었을 가능성을 완전히 부정할 수는 없지만, 이러한 운문은 주인공이 감정이 강렬하게 고조된 순간에 노래를 울부짖기 시작하는 역사이야기의 표식들을 가지고 있다. 오히려 이것은 그 이후 한대(漢代)의 무왕을 소재로 발전한 역사상의 이야기로부터 온 것일 것이다.[100] 여항의 노래는 성제(成帝)의 시기에 나온 것일 수도 있다. 그러나 어떤 이는 역사 이야기에서 무왕만큼이나 인기 있는 소재인 악명 높은 조비연(趙飛燕)과 그의 여동생을 언급하기도 하고, 어떤 이는 왕망(王莽)의 한(漢) 왕조 찬탈이라는 소재를

100 데이비드 넥게스는 〈한 무제(漢武帝)의 부(賦)〉에 실린 무제를 소재로 생겨난 전설들과 이부인전 사이에 연관이 있다고 《제3회 국제사부학 학술연구회 논문집》, 1996년 12월, 1-14에서 주장하였다.

기대할지도 모른다. 즉, 우리는 이러한 시들 중 어떠한 것도 그 연도를 알지 못한다. 이러한 시들은 심지어 반고에 의해 만들어지거나 재구성된 것일 수도 있다. 이러한 예들을 통해 확실하게 말할 수 있는 것은, 오언시가 1세기 후반부에 사용되었으며, 그 때에는 낮은 사회계층과 연관되었다는 사실이다.

《한서(漢書)》에 이연년이 지은 것으로 되어있는 노래는 유명한 음악가가 그의 여동생을 무제에게 칭송하고 있는 내러티브로 이루어져있다.[101]

> 효무(孝武)의 여인인 이부인은 원래 가희(歌姬)의 신분으로 입궐하였다. 이부인의 오빠 이연년은 선천적으로 음악에 정통하였고, 가무에 소질을 보였으며, 효무제(孝武帝)의 총애를 받았다. 이연년이 유행하는 노래를 변주하여 연주할 때마다 관객들은 감동하지 않은 적이 없었다. 한번은 이연년이 무제를 모시고 있는 자리에서 일어나 춤을 추며 노래하였다.
>
> 北方有佳人　북방에 아름다운 사람이 있으니
> 絶世而獨立　홀로 절세의 미인이네.
> 一顧傾人城　한 번 보면 성이 기울고
> 再顧傾人國　두 번 보면 나라가 기우네.
> 寧不知　어찌 모르겠나,
> 傾城與傾國　성이 기울고 나라가 기우는 것을.
> 佳人難再得　다만 미인은 다시 얻기 어렵네.
>
> 그 왕은 크게 한숨을 내쉬었다. "대단하구나! 하지만 오늘날 그러한 여인이 실제로 존재할 수 있는가?"[102]

---

101 루친리, 102.《한서》, 3951.《옥대신영》1.《예문유취》18.《초학기》10, 19.
102 《한서》3951.

그 노래는 《시경》 〈첨앙(瞻卬)〉을 은연중에 암시하는데, 《시경》에서는 여성의 파멸적인 힘이 미혹하는 아름다움의 기준으로서 기능하지는 않는다.

哲夫成城　총명한 남편은 성을 세우고
哲婦傾城　총명한 부인은 성을 기울게 하네.

이 일화가 노래에 은유적으로 담긴 경고의 의미를 알아채지 못한 무제의 무지함을 놀리고 있다는 점에서, 이 일화는 반고가 가객의 문체라고 여겼던 것을 의작하여 직접 만들어낸 작품이라고 추측해볼 수 있다.

첫 번째 구에서만 "고시"와 악부 작품군에서 익숙하게 쓰이던 틀(template)이 사용되었음을 바로 알아볼 수 있다. 시의 나머지 부분에서는 그 틀을 사용하지 않았으며, 순수한 오언구들에 조사가 추가됨으로써 오언구로 확장된 사언구가 섞여 있다.[103] 이 노래와 여항의 노래들에 있어서 이러한 오언시의 익숙한 구절들이나 패턴들의 부재는 의미심장한 것이다. 이들은 오언구로 된 후대 시들의 대다수를 차지하고 있기에, 우리는 다음의 두 결론 중 하나를 상정할 수 있다. 이러한 시들이 이 관습들이 존재하지 않았던 시점에 만들어진 것이라는 결론과, 이러한 시들이 그러한 관습들에 친숙하지 않았던 사회적 계급을 지닌 누군가, 예컨대 반고에 의해 지어졌다는 결론 말이다.

대략 반세기 정도 지나게 되면, 이 잃어버린 관습들을 비봉(費鳳)을 기린

---

103 이러한 구들을 "확장된" 것으로 간주하는 것보다는, 조사를 넣거나 뺌으로써 사언구와 오언구 모두로 구현이 가능한 구라고 보는 것이 가장 적합하다. 이는 물론 《시경》의 구들을 오언시로 통합하는 데에 유용한 방법이었다. 초기에 유행했던 사언의 운문 형식도 있었으므로, 이러한 유연성 있는 구들은 두 운율 중 어느 것으로도 쓰일 수 있었다. 이 노래는 전체가 쉽게 의미의 손실 없이 매끈한 사언구들로 다시 쓰일 수 있다. 다음과 같이 말이다. "北方佳人, 絶世獨立. 一顧傾城, 再顧傾國. 傾城傾國, 佳人難得."

비석에 새겨진 글에서 많이 발견할 수 있게 된다. 이 비석에 새겨진 글은 143년경에 만들어졌다고 언급되어 있지만, 아마도 2세기의 후반부에나 지어졌을 것이다.[104] 이 비봉을 기린 운문은 오언구로 되어 있다. 어떤 특정한 환경이 돌에 오언의 운문을 새겨 넣은 이 유일한 사례를 야기한 것인지 의아해할 수밖에 없다. 어떤 부분들은 건조하고 서술적이어서, 조조에게 귀속된 몇 악부의 선행작으로 삼을 만하다. 이 운문은 악부와 "고시"를 특징짓는 틀 시구들과 종종 《시경》과는 다른 운율적으로 다양한 구들을 모두 포함한다. 앞서 동남쪽 도적들이 난을 조장하였을 때, "단양에 월의 도적들이 있네.[丹陽有越寇]"라는 시구가 있었다.[105] 비봉의 죽음을 기린 중간 부분에 그와 매우 비슷한 구들이 보인다.

不悟奄忽終　깨닫기도 전에 홀연 떠나가니,
藏形而匿影　모습 감추고 그림자 숨었네.
耕夫釋耒耜　농부는 쟁기를 내려놓고,
桑女投鉤筥　뽕따는 여인들은 바구니를 멈추었네.
道阻而且長　길은 막혀있고도 머니,
起坐淚如雨　일어났다 앉으며 눈물 비 오듯 흐르네.[106]

이 시는 다음과 같이 끝난다.

壹別會無期　헤어진 뒤 만날 기약 없으니,

---

104 루친리, 175-76쪽. 운문의 일부분들은 구양수(歐陽脩)의 《집고록(集古錄)》에서 처음 인용되었다. 《구양수전집(歐陽脩全集)》, 타이베이: 세계서국, 1963, 1120-21.

105 한편, 조조(曹操)는 〈호리행(蒿里行)〉에서 동주(東周)에 대항한 연합을 두고 다음과 같이 기술했다. "관동에 의로운 선비들이 있네.[關東有義士]"(루친리, 347)

106 이 구에서는 루친리가 출처로 삼았던 예석(隸釋)을 따라 앞의 첫 두 글자를 "망원(望遠)"이라 하지 않고, 《집고록(集古錄)》의 글자를 따라 "기좌(起坐)"라고 하였다.

相去三千里 서로 삼천리나 떨어져있네.
絶翰永忼慨 붓 멈추고 영원히 감개에 차 있으니,
泣下不可止 눈물 흘러 멈출 수 없네.

악부와 "고시"에 익숙한 독자들에게 이것은 주목할 만하다. 유명한 저자 미상의 악부 〈맥상상(陌上桑)〉에는 "농부는 쟁기를 잊었네.[耕者忘其犁]"라는 구절이 있는데, 이는 나부(羅敷)의 아름다움에 감탄한 뒤에 나온 행동이다. 비봉의 비석에서 실상 같은 행동이 비봉의 죽음으로 인한 슬픔에서 비롯되었다. 사실상 우리는 무척 다른 문맥에서 바꿔 말해지고 응용될 수 있는 화제(topos)를 지니고 있는 것이다. 예컨대 중요 인물의 죽음이나 아름다운 여인에 대한 감탄과 같이 말이다.

또다른 행들은 악부와 "고시"의 많은 사례들을 생각나게 한다. 〈고시십구수〉의 제1수에 있는 행들만 보아도 알 수 있다.

相去萬餘里 서로 만 여리를 떨어져
各在天一涯 각자 하늘 한편에 있다네.
道路阻且長 길은 험하고도 머니
會面安可知 어떻게 다시 만날 수 있으리오.

아마도 비봉의 비석에 적힌 운문이 노래 전통을 거쳐 구현되었음을 가장 잘 보여주는 것은 "삼천리나 떨어져있네."라는 구절일 것이다. 여기에서 이 구절은 "생이별"을 표현하는 데 적합한 것인데 죽음과의 정확한 거리를 측정함으로써 "죽음으로 인한 이별"에 적합한 것이 되었다.

비봉의 비석은 화자조차도 계속되는 감정에 압도당하면서 끝나는데, 이는 아마도 "고시"의 작품군에서 가장 일반적인 시적 종결 형태일 것이다. 그러나 한 가지 세부 사항은 기억해 둘 필요가 있다. 그것은 바로 화자가 "붓을 멈춘다.[絶翰]"라는 것으로, 이는 명확히 글쓰기에서의 작법을 나타내는 행동이다. 이는 전승된 초기시의 작품군에서 발견되지 않는 것이다. 게다가 이는 단순히 텍스트를 받아 적는 것이 아니라 쓰기로 실천되는 글짓기의 과정이며, 이는 추측컨대 종이의 확산 및 덜 수고로운 필기체의 등장을 암시한다.[107] 구술성은 분명 이 텍스트 저변에 있다. 하지만 후대의 연대 추정이 가능한 시에 이르기까지 지속되었던 많은 시적 관습을 사용한 시로서, 처음으로 대략 연대를 추정할 수 있는 시가 단순히 문자로 보존된 텍스트가 아니라 글쓰기로 지어진 텍스트임을 스스로 드러내고 있다는 점은 염두에 둘 필요가 있다.

이러한 관련성을 지적한 것은 현재 버전에 실린 그 "고시"나 저자미상의 악부가 반드시 1세기나 2세기로 추정되어야 한다는 것을 말하기 위함이 아니다. 그보다는 2세기 중반쯤 이미 일련의 가사 전통이 존재하였음을 볼 수 있으며, 그것이 다수의 "고시"가 만들어진 기반이 되었음을 알려준다는 점을 드러내고자 하는 것이다. 이러한 관습들은 3세기 동안에도 여전히 사용되었다.

107 2세기 후반에 "초서(草書)"에 대한 언급이 발견된다는 점을 기억해둘 필요가 있다. 이러한 종류의 필체는 좀 더 거침없이 써나가는 글쓰기를 가능하게 했으며, 이러한 쓰기의 속도는 구술 시작(詩作)의 속도에 더욱 가깝게 접근할 수 있었다.

2장

초기시의 "문법"

"원 텍스트", 저자 귀속, 상대적 연대 등의 문제들을 잠시 보류한다면, 각각의 현전하는 텍스트는 창작되었을 가능성이 있는 수많은 시들 중 하나의 구현이라고 생각할 수 있다. 분명 현전하는 것들은 창작되었던 모든 시들의 작은 일부일 뿐이자, 또한 살아남은 텍스트들의 여러 구현들 중 작은 일부에 불과하다. 텍스트상의 이형(異形)들은 "같은" 시의 "다양한 버전"으로서 전해지기도 하고, 상당 분량의 구절을 공유하는 서로 "다른" 시로 간주되기도 한다. 이를 변이의 스펙트럼으로 생각한다면, 우리는 "같은" 시의 또다른 버전과 "다른" 시를 구별짓는 절대적인 경계가 없음을 깨닫게 된다. 더 이상 전승되지 못한 이형들과 단락들이 다른 방식으로 조합된 경우들을 생각할 때, 이것을 "하나의 시"로, 곧 정전화되었거나 간과된 여러 텍스트들의 작품군이 아닌 하나의 단일한 연속체로 생각할 수 있게 된다. 이 연속체에는 반복되는 주제들, 비교적 안정적인 단락들과 시구의 패턴, 그리고 순서들이 있다.

이 "하나의 시"에서 생성된 모든 개별 시들은 아우라를 지니며, 그 중 몇몇은 뛰어나게 아름답다. 이 장에서는 이 시들이 형성된 공통의 토대- 그 시들의 "언어", 곧 이 시들이 의거하여 생성된 공유되었던 규칙들을 논할 것이다. 현전하는 작품들로부터 우리는 당대 작시의 구성 요소와 과정에 대해 많은 것을 알아낼 수 있다. 밋밋한 스타일에서부터 숙달된 혹은 문학적인 스타일에 이르는 어휘들의 격조는 이 "언어"의 한 중요한 요소이다. 그러한 차이가 밋밋하고 대중적인 것에서 숙달되고 귀족적인 것으로 이동하는 역사적 변화를 보여준다고 믿는 사람들에게는, 지어진 시기를 알 수 있는 "고시" 가운데 가장 오래된 〈비봉별비시(費鳳別碑詩)〉가 세련된 것이면서도 알기 쉽게 쓰였다는 것을 언급해야만 할 것이다.

관용구와 변이

우선 〈비봉별비시〉의 한 행과 〈고시십구수(古詩十九首)〉 첫 수의 한 행을 살펴보자. 전자는 "도조이차장(道阻而且長)", 후자는 "도로조차장(道路阻且長)"이라 적혀있으며, 둘 다 "길은 험하고 머네"로 번역될 수 있다. 이 행은 문맹인 청자가 들어도 분명 이해하기 쉬웠을 테지만, 기초적인 교육이나마 받은 사람이라면 누구나 같은 의미인 《시경(詩經)》〈겸가(蒹葭)〉의 "도조차장(道阻且長)"이 배후에 있음을 알아보았을 것이다. 두 오언시 버전 모두 사언으로 된 행을 확장하는 일반적인 기법을 대표적으로 보여주는데, 허사 하나를 (특히 5음절 중에서 세 번째 자리에) 추가하거나 단음절 명사를 복합 명사로 바꾸는 것이 그것이다. 〈비봉별비시〉는 전자의 기법을 따라서 "차(且)"에 "이(而)"를 더하여 "이차(而且)"라는 복합 음절을 만들었다. 반면에 〈고시십구수〉에서는 단음절어인 "도(道)"를 일반적인 복합어인 "도로(道路)"로 확장시켰다.[1]

이들이 《시경》을 "인유(allusion)"한 것인지, 아니면 이러한 구절이 당대

1 만약 〈비봉별비시〉 쪽이 좀 더 어색하고 "원시적"으로 보인다면, 이는 〈고시십구수〉 제1수를 오언시의 양식이 좀 더 정형화된 후대의 것으로 간주하게 한다.

의 시 레퍼토리에 완전히 고착된 나머지 하나의 관용어로서 독자적으로 존재한 것인지를 판단할 만큼 많은 것을 알지는 못한다.[2] 그러나 말할 수 있는 것은 이 두 개의 오언시 버전들이 본질적으로 "같은" 행이면서 서로 다르게 구현되었다는 것이다. 이런 종류의 차이는 단일 텍스트 안에서의 텍스트적 변이의 가장 일반적인 유형들 중 하나이다.

채염(蔡琰)이 지은 것이라 여겨졌지만 아마도 3세기 중엽에서 4세기 초 사이에 지어진 것으로 보이는 〈비분시(悲憤詩)〉의 경우로부터, 무엇이 한 행의 "변이"라고 불릴 자격이 있는 지 알 수 있다. "먼 길이 위험하고도 험하구나(迥路險且阻)"[3]를 보면, "장(長)"은 보다 고급스러운 동의어인 "형(迥)"으로 바뀌었고, "길"을 수식하도록 위치가 바뀌었다. 더욱이 "위험한"이란 뜻의 "험(險)"이 새로운 형용사로 추가되었다. 그럼에도 행의 기본 형식은 〈고시십구수〉 제1수에서 구현된 것과 정확히 동일하게 유지되었다.

조식의 〈송응씨이수(送應氏二首)〉 중 제2수에서 보이는 조식의 버전도 또한 변이라고 불려야 할 것이다. 여기서는 한 연 전체를 살펴보자.[4]

山川阻且遠　산천은 험하고 먼데,
別促會日長　이별은 우리를 재촉하고 만날 날은 멀구나.

2　〈비봉별비시〉의 구절들은 《시경》에 대한 인용으로 가득하기에, 별볼일없는 "인유"로 여겨질 법하다. 그러나 해당 구절들이 〈비봉별비시〉에서 사용된 맥락과 《시경》에서 사용된 것은 너무나도 다르므로, 이것을 고시들에서 불쑥 불쑥 나타나곤 하는 《시경》의 다른 많은 작품들과 마찬가지로 "상용구"로 간주하는 것이 최선일 것이다. 이러한 상용구는 본래의 문맥으로부터 분리되어 자유로이 부유하는 행으로, 적합해 보이는 어떤 경우에도 적용될 수 있는 것이다. 여러 측면에서 이것은 《시경》 인용의 오래된 전통, "문맥으로부터 단락을 취함(斷章取義)"을 따르는 것이다. 우리는 또한 《시경》이 동한시대에 어느 정도까지 여전히 실제로 소리 내어지고 연행되는 텍스트였는지를 염두에 두어야만 한다. 시들의 일부분들은 "학습"없이도 들리고, 순환되고, 구술 레퍼토리에 진입할 수 있었다.

3　루친리, 199. 저자의 문제에 대해서는 318-333쪽 참조.

4　루친리, 454-55.

여기서 〈고시십구수〉 제1수와 동일한 화제의 시퀀스를 볼 수 있다.[5]

道路阻且長 길이 험하고도 머니
會面安可知 어찌 다시 대면할 수 있으리오.

조식의 버전에서, "장(長)"(원뜻은 "길다"이며 위에서는 문맥상 "멀다"로 해석된다)은 헤어지는 두 사람 사이를 가로막는 간격에 대한 상투구에서는 제거되었지만, 다음 행에서 다시 나타난다. "회일장(會日長)"의 용법은 이 구절이 "만날 날은 멀구나"가 아니라 "만나는 날이 오래도록 지속되네"로도 해석될 수 있기에 약간 어색하게 느껴진다. 그러나 여기서 의미는 이 상황에 무엇이 말해져야 하는가에 대한 기대와, 앞 구의 "험하고 멀도다" 화제의 일반적인 표현법에서의 "장(長)"의 용법에 의해 지배 받는다.[6]

3세기 후반에 들어서면 변이의 새로운 원칙을 볼 수 있는데, 이를 전통 유럽 시학에서 사용되던 용어인 "풍부함(copia)"으로 이름붙임직하다. 기존에 한 행이었던 것이 둘 이상의 행으로 늘려진다. 조식은 "도로"를 "산천"으로 바꾸었는데, 〈정시(情詩)〉에서 장화는 조식의 변이를 유지하면서도 다른 행에서 도로를 다시 사용하였다.[7]

懸邈修塗遠 너무나 아득히 이어진 길은 멀고
山川阻且深 산천은 험하고도 깊구나.

이런 확장을 거치면서도 기본 행의 형식은 보존되고 있다. 또, 장화보다

5 위의 책, 329.

6 물론 조식은 그가 설정한 운 때문에 '장(長)'을 연의 첫 구의 마지막 글자로 쓸 수 없었다.

7 루친리, 619.

조금 늦게 태어났으나 동시대를 살았던 육기의 〈의섭강채부용(擬涉江采芙蓉)〉[8]에서도 그러하다.

故鄕一何曠 고향으로부터 얼마나 멀리 떨어졌나!
山川阻且難 산천은 험하고도 어렵구나.

지금까지 하나의 단일한 "화제"[9]의 서로 다른 구현과 변이들에 대해서 논했다. 시구는 또한 연관된 다른 의미를 표현하기 위한 정형화된 틀을 제공해줄 수도 있다. 〈고시십구수〉의 제12수의 첫 행인 "동쪽 성벽은 높고도 멀구나(東城高且長)"[10]와 같은 경우가 그 예다. 틀 시구는 또한 같은 틀 시구에 속하는 인접 요소들을 환기하기도 한다. 이릉 작품군 중 한 편에서 발췌한 다음 단락에서 이를 볼 수 있다.[11]

良友遠別離 좋은 친구로부터 멀리 떨어져
各在天一方 각자 하늘의 다른 끝에 있도다.
山海隔中州 산과 바다가 중주를 가로막으니
相去悠且長 서로 떨어짐이 계속되고도 길구나.
嘉會難再遇 좋은 만남은 다시 마주치기 어려우니
歡樂殊未央 기쁨과 즐거움은 아직 끝나지 않았으리.

비교를 위해 〈고시십구수〉의 첫 수의 시작 부분을 인용하면 다음과 같다.

行行重行行 계속해서, 그리고 또 계속해서

---

8 앞의 책, 687.
9 서문 참조.
10 루친리, 332.
11 위의 책, 339.

與君生別離 그대와 살아서 헤어져있네.
相去萬餘里 만 리도 넘게 떨어져 있으니,
各在天一涯 각자 하늘의 다른 끝에 있도다.
道路阻且長 길이 험하고도 머니
會面安可知 어찌 다시 마주할 수 있으리오.

여기에서 초기시의 요소 중 하나인 "섞어서 조합하기"의 감각을 이해하게 된다. 위에 인용한 〈고시십구수〉의 첫 수와 조식 시의 단락은 모두 한 연 안에서 "길이 험하고 멀다"는 화제 뒤에 "우리가 언제 다시 만나겠는가"라는 화제가 따라나오고 있다. 이릉 작품군의 시에서는 유사한 행이 두 번째 구에서 익숙한 패턴으로 연을 마무리하며, 명백하게 다음 연 첫 행의 재회에 대한 화제를 불러오고 있다.

이러한 일련의 예로부터 현전하는 버전대로의 〈고시십구수〉 첫 수를 모두가 모방하고 있었다는 결론을 이끌어낸다면 이는 잘못된 것이다.[12] 불가능한 일은 아니지만, 중요한 것은 그것이 아니다. 이 시기의 시들은 다양하게 구현될 수 있는, 느슨하게 연합된 화제들과 시구 틀들의 유동적인 레퍼토리의 일부였다. 화제와 연결체의 가상의 네트워크가 있으며, 이것은 모든 특정 구현을 초월한다. 한 텍스트가 선행하는 텍스트에 명확히 응답하는 경우들을 나중에 뒤에서 살펴볼 것이지만, 그런 응답은 여기서 우리가 살핀 관습적이고 반복되는 패턴들과는 매우 다르게 작동한다.

12 진실로, 〈고시십구수〉의 첫 수 "行行重行行"의 현재 버전은 3세기에 가장 보편적으로 유통된 버전은 아니었을 것이다. 386-399쪽을 보라.

화제와 주제: 밤에 잠들지 못함

"고시"를 비롯해 저자미상의 악부와 유명한 시인들의 작품에서, 시적 발화의 형식은 대체로 관습을 따른다. 주제의 범위를 개략적으로 설정해볼 수 있는데, 각각의 주제들은 유동적인 시퀀스로 발화되는 일련의 화제들과 연결되어 있다. 어떤 화제든 일단 등장하면 관련된 또 다른 화제들을 끌어들여올 수 있다. 각각의 화제마다 어휘 범주(lexicon)를 가지는데, 여기서 어휘 범주라는 것은 "소박한 어휘"에서 "화려한 어휘"까지 다양하게 제시되는 표현의 격조를 이야기한다. 어휘의 격조가 높을수록, 변이가 일어날 가능성이 높아진다. 이러한 작시 원칙에 한 가지 추가해야 할 것이 있다. 우리는 반드시 이러한 주제상 단위들을 독립적으로 존재하거나 혹은 악부나 몇몇 시들에 합쳐질 수 있는 부분들로서 이해해야만 한다.

주제는 종종 다른 주제와 교차한다. 앞으로 살펴보겠지만, 신선이란 주제가 연회로 발전할 수도 있고 그 반대방향도 역시 가능하다. 또 다른 방향으로는, 연회의 주제는 이별과 단절의 주제로 발전할 수도 있다.(이 경우는 석별연의 분명한 사회적 역할과 관련된다.) 하나의 주제는 대단히 많은 분량으로 다루어질 수도 있고, 그저 하나의 연구(聯句)로 나타날 수도 있는데, 단일한 텍스트에서 특정 주제가 다루어진 분량은 서로 다른 버전과 인용마다 차이가 있곤 하다.

이제 이러한 요소들을 하나씩 살펴볼 것인데, 가장 작은 단위인 "화제"에서부터 시작하자. 우리는 이미 화제 중 몇몇을 "길은 험하고 멀다"에서 본 적이 있다. 그러나 가장 훌륭한 사례들 중 하나를, 스즈키 슈우지의 《한·위시의 연구》 중 삶의 덧없음에 관한 해당 시기의 시구들을 정리한 목록에서 찾아볼 수 있다.[13] 이 화제는 현재를 즐기라는 일반적인 내용에서부터, 공융

13 스즈키 슈우지, 《한·위시의 연구》, 364-72. 부록 E를 참조.

(孔融)의 작으로 알려진 아이의 죽음을 애도하는 만가에서처럼 좀 더 특수한 상황에 이르기까지 매우 다양한 주제 속에서 활용될 수 있다. 이러한 화제는 대개 "인생(人生)"이라는 표현으로 시작되어, 삶의 덧없음이나 유한함을 이야기하는 서술부로 넘어가는데, 때로는 이때에 직유법이 사용되기도 한다. '인생'은 대략 비슷한 의미의 다른 합성어로 다양하게 표현될 수 있다. 생년(生年), 연명(年命), 인수(人壽), 민생(民生), 인명(人命)이 그것이다. 이 화제는 한 구나 한 연구(聯句)로 구현될 수 있었고, 후대에는 두 개의 연구로 늘어나기도 했다.

*

때로는 하나의 주제를 더 상위에서 구성하는 원리로 생각하는 것이 유용하기도 하다. 하지만 한편으로는, 일반적으로 함께 등장하는 화제들의 집합으로서 주제를 이해할 수도 있을 것이다. 이와 같은 화제들의 집합은, 포괄적일 수도 있고 때로는 특정한 맥락에서 구체적일 수도 있는 상황의 윤곽을 그려낼 수 있다. 하나의 주제와 연결된 화제들은 특별한 순서 없이도 합쳐질 수 있지만, 종종 우리는 느슨하게 정의된 시퀀스들이 재반복되는 것을 관찰할 수 있다. 어떤 화제들은 서로 다른 여러 주제에 여기저기 속하기에, 주어진 주제 내에서 특정 화제를 도입하는 것은 새로운 주제의 도입을 가능케 하는 연결고리를 형성할 수 있다.

다음 페이지에서, 나는 초기 시의 흔한 주제 중 하나인 "불면"과 관련된 몇 가지 사례들을 제시할 것이다. 이 주제에 결합되는 화제들 중에는, 옷 입기, 배회하기, 달빛, 미풍, 새들의 소리, 그리고 때때로 음악 연주하기(혹은 노래하기)가 있다. 비록 이러한 것들이 3세기 당시에 잠을 이루지 못하던 사람이 겪을 법한 일이었다고는 해도, 잠들지 못하는 상황에서 일어날 법한 그 밖의 그럴듯한 반응들은 포함되어 있지 않다. 시적 관습이라는 것은 자연스러운 경험에 기반하고 있긴 하지만 실제 경험하는 상태와는 별개의 문학적인 요소를 가지고 있다. 달이 작품에서 등장하는 경우 달은 언제나 밝은 보름달이지 초승달이나 반달로는 등장하지 않는다. 이 시대에는 시인은 절대로 비오는 밤에는 불면을 겪지 않는다. 때는 대개 가을이며, 침대에는 화자 말고는 아무도 없다. 잠들지 못함을 노래한 시 속 화자들은 늘 혼자 남겨져있다. 따라서 이 주제는 자주 누군가의 부재와 연결이 되는데, 때로는 사랑하는 사람을 그리워하여 잠들지 못하는 여인이 등장하기도 한다.

주제와 연관된 화제들 전체가 주제가 등장할 때마다 항상 나타나는 것은 아니다. 어떤 화제들은 직·간접적인 주장을 수반하며, 그 예로는 "인간의 삶은 짧다" 같은 주장이 있다. 다른 화제들은 상황에 따라 다양하게 동원될 수 있는 이미지나 단어들이다. 달이 빛난다고 할 때, 어떤 경우는 침대 위에 달이 비추어 사람을 잠 못 들게 하기도 하고, 어떤 경우에는 밖에 나가야만 그 반짝이는 모습이 보이는 것으로 묘사되기도 한다. 만일 밝은 보름달이 아니라면 달은 시에서 언급되지 않는다. 그러나 만약 시를 읊는 시기가 보름 즈음이 아니라면, 화자는 달을 언급하기보다는 반짝이는 별들에 대해 이야기한다.

아래에서 제시할 두 예시는 가장 유명한 작품들로, 〈고시십구수〉의 가장 마지막 수와 〈영회(詠懷)〉라는 제목 아래 보존된 완적(阮籍, 210-263)의 연작 중 제1수이다. 일반적으로 〈고시십구수〉의 마지막 작품이 완적의 시보다 시기상 앞선다고 추정하지만, 정확한 증거는 없다.

〈고시십구수〉 제19수[14]

明月何皎皎 밝은 달은 어찌 이리 밝은가
照我羅床緯 내 비단 침상의 휘장을 비추네.

---

14 루친리, 334, 《문선》 29. 《옥대신영》 1(매승이 지은 것으로 되어있음). 쉐이슈선(隨樹森), 〈고시십구수집석(古詩十九首集釋)〉, 27-28. 디에니, 《고시십구수》 45-45, 154-57.

憂愁不能寐 근심에 잠 못 이루고
攬衣起徘徊 옷 걸치고 일어나 서성이네.
客行雖云樂 나그네길 즐겁다 말들하나
不如早旋歸 서둘러 돌아옴만 못하다오.
出戶獨彷徨 문을 나서 홀로 방황하니
愁思當告誰 근심스런 마음 누구에게 말하리.
引領還入房 목 빼어 바라보다 방으로 돌아오니
淚下沾裳衣 눈물 흘러 옷을 적시누나.

〈고시십구수〉에서 자주 그렇듯, 우리는 화자의 처지를 특정할 수 없다. 화자는 나그네일 수도 있고 집에 남겨진 사람일 수도 있다. 주석가들은 대개 이 시의 화자를 여성으로 보는 편을 선호하지만, 이 시에는 화자의 성별을 판별할만한 내용이 전혀 없다. 좀 더 구체적인 다른 시들을 보아도 화자는 나그네일 수도 있고 집에서 기다리는 사람일 수도 있는데다 남성일 수도 있고 여성일 수도 있다.

완적(阮籍), 〈영회(詠懷)〉 제1수[15]

夜中不能寐 밤중에 잠들지 못하여
起坐彈鳴琴 일어나 앉아 거문고 타누나.
薄帷鑒明月 얇은 휘장 밝은 달 모습을 비추고[16]
淸風吹我衿 맑은 바람 나의 옷깃에 불어든다.
孤鴻號外野 외로운 기러기 들에서 울고
翔鳥鳴北林 나는 새는 북쪽 숲에서 우는구나.

15 루친리, 496, 《문선》 23, 《예문유취》 26. 황지에(黃節), 〈완보병영회시주(阮步兵詠懷詩注)〉, 1-2. 도널드 홀츠만, 〈시학과 정치학-완적의 삶과 작품〉, 29-32.

16 '鑒'은 문자 그대로는 "거울(처럼 비추다)"이며 "모습을 비추다"로 번역하였는데, "빛을 붙잡았네"로 해석할 수도 있다.

徘徊將何見 배회하며 무엇을 보려는가.
憂思獨傷心 근심스런 생각에 유독 마음 상하네.

완적은 이 주제에 속하는 화제들을 더 풍부하게 포함시켰다. 거문고 연주, 바람, 새소리가 그것이다. 그러나 이 버전은 화자든 부재하는 이든 누구이건 간에 여행의 주제를 아예 꺼내지 않는다. 완적이 위나라 황실의 쇠퇴와 사마씨 가문의 대두에 반응하여 이 시를 썼다는 가정으로 인해, 이 시는 의미심장한 비유를 담고 있다고 해석되어 왔다. 물론 이러한 시가 당대의 사건을 비유적으로 언급하기 위해 사용되었을 가능성도 있다. 그러나 이것은 텍스트 자체로서도 텍스트의 배경이 되는 역사적 상황에 의해서도 증명될 수도, 반증될 수도 없는 가정일 뿐이다. 아마도 그의 "근심스런 생각(憂思)"은 정말로 왕조의 운명 때문일 수도 있겠지만, 아무도 〈고시십구수〉에서 화자를 잠 못 들게 하는 "시름(憂愁)"과 "시름겨운 생각(愁思)"의 원인이나, 아래 조비의 시에 제시된 "슬픈 생각(悲思)"의 원인은 추정하지 않는다.[17]

다음으로 좀 더 길고 수식적인 표현을 조비에게 귀속된 〈잡시(雜詩)〉에서 볼 수 있다.[18] 여기에서 이제는 차가운 가을바람이 된 "바람"은 달빛보다 앞

---

17 도널드 홀츠만은 〈시학과 정치학-완적의 삶과 작품〉에서 모든 이미지가 "전례"가 있다고 인정하면서도 완적이 "전통에 새로운 생명을 불어넣었다"라고 강하게 주장하였다(230). 엄격한 주석 전통을 따르려는 성향이 두드러진 결과 "'북쪽 숲'이 왕을 의미한다."라는 설득력 없는 주장에 이르렀다(231). 시에서 왕과 아무 관계없이 "북쪽"이 사용된 〈가인(佳人)〉을 포함한 많은 예를 굳이 모두 열거하지는 않겠다. 이릉의 작품군 중에는 '쏙독새가 북쪽 숲에서 운다.(晨風鳴北林)'는 구절이 있다. 이를 통해, 숲이 동쪽도, 남쪽도, 혹은 서쪽도 아닌 "북쪽"에 위치하는 것이 시적인 관습임을 알게 된다. 이는 시에서 새들이 계절과 관계없이 대개 남쪽으로 날아가는 것과 유사하다. 물론 이 경우에는 새가 남쪽으로 날아가는 것이 계절에 맞는 일이지만, 항상 계절에 적합한 것은 아니다.

18 "잡시"라는 분류는 아마도 〈고시십구수〉와 같이 처음에는 제목없이 전해진 시들 중 알려진 저자들에게 귀속된 것들에 부여되었을 것이다. 이러한 분류가 충분히 확

에 등장하며 시인이 잠들지 못하는 상황에 공헌하는 것처럼 보인다. 여행의 화제가 재등장하는데, 이 시에서 화자는 분명히 나그네다.

조비(曹丕), 〈잡시(雜詩)〉[19]

漫漫秋夜長 가을밤은 점점 길어지고,
烈烈北風涼 매섭고도 날카롭게 북풍은 추위를 가져오네.
展轉不能寐 뒤척이며 잠들 수 없어,
披衣起彷徨 옷을 입고 일어나 배회하네.
彷徨忽已久 문득 오래도록 배회했음을 깨달으니,
白露沾我裳 은빛 이슬이 나의 옷을 적시네.
俯視清水波 맑은 물결을 굽어보고,
仰看明月光 밝은 달빛을 올려다보네.
天漢迴西流 은하수는 굽이쳐 서쪽으로 흐르고,
三五正縱橫 하늘 가로질러 삼삼오오 흩어져있네.
草蟲鳴何悲 풀숲의 벌레들 어찌나 슬프게 우는지!
孤雁獨南翔 외로운 기러기 홀로 남쪽으로 날아가네.
鬱鬱多悲思 많은 슬픈 생각 내 안에 있으니
綿綿思故鄉 끊임없이 고향을 그리워하네.
願飛安得翼 날아오르고 싶으나 어찌 날개를 얻으랴
欲濟河無梁 건너고 싶으나 강에는 다리가 없네.
向風長歎息 바람을 마주하고 긴 한숨 내쉬니,
斷絶我中腸 내 속 창자를 끊는구나.

예시를 많이 살펴볼수록, 우리는 공유된 화제들 뿐 아니라 틀 시구들 역

립되자, 시인들은 의도적으로 "잡시"를 창작했는데, 이 때에는 대개 3세기 전반의 시세계로 돌아간 것 같은 태도를 취했다.

19 루친리, 401. 《문선》 29.

시 다소간 서로 결합하였음을 발견하게 된다. "잠들다"는 매(寐), 침(寢), 면(眠)이 될 수 있지만, "못하다", 즉 불능(不能)은 반드시 오언구의 3,4번째 음절을 차지한다. 잠들지 못하는 화자는 옷을 입고 일어나서 배회한다. 구체적으로 보이면 다음과 같다. 다. "람의기배회(攬衣起徘徊)(〈고시십구수〉 제19수)", "피의기방황(披衣起彷徨)(조비(曹丕))", "람의기척촉(攬衣起躑躅)(완우(阮瑀), 뒤의 시)", "섭리기출호(攝履起出戶)(서간(徐幹), 뒤의 시)", "람의기서유(攬衣起西遊)(조식(曹植), 〈증왕찬(贈王粲)〉)", 그리고 이는 아래 인용된 조예(曹叡)의 〈악부시(樂府詩)〉에서 확장된다.

攬衣曳長帶　나는 옷을 입고, 긴 끈을 끌며
屣履下高堂　신발을 신고 높은 당에서 내려가네.
東西安所之　어느 방향으로 가야 할 것인가?
徘徊以彷徨　나는 배회하고 방황하네.

틀 시구들은 정말이지 너무도 보편적이어서, 뒤에 인용할 이릉 작품군에서 "옷을 들어 올리고 길에서 망설이네(褰裳路踟躕)"란 시구를 읽을 때, 세 번째 글자인 "길(路)"이 "일어나다(起)"의 착오였으리라고 추측할 수 있다. "기(起)"자가 이런 시구의 세 번째 위치에 놓이는 규범적인 단어기 때문이다.[20]

〈영회(詠懷)〉 첫 수에서, "외로운 기러기(孤鴻)"는 특히 다른 새들이 숲에서 우는 것과 대조되면서 상당한 해석상의 무게가 실렸다. 외로운 새는 조비의 시에서 들거위로 다시 등장하는데, 이는 곤충들이 우는 것과 대조를 이루었다.(두 경우 모두 "울다(鳴)"가 시구의 세 번째 음절을 차지한다는 것에 주목하라.)[21] 앞으로 살펴보겠지만, 이것은 이 주제의 대표적인 화제들 중 하나

20 그러나 이런 용법을 지지할 또 다른 예가 이릉 작품군에 있기는 하다. 첫 수의 구절인 "손을 잡고 들에서 망설이네.(執手野踟躕)"가 바로 그것이다.

21 뒤에 제시된 조예의 시에서 같은 소릿값을 가지는 '命'이 시구 '悲聲命儔匹'의 세

다. 이 주제는 보통 가을과 결부되며, 조비 시의 새는 완적(阮籍)의 새와 마찬가지로 남쪽으로 날아간다. 간혹 조예에게 귀속되기도 했던 한 버전에서 새는 예상되는 시적 방향으로 날아가지만, 이는 확실하게 "봄새"이기에 일종의 계절착오적 문제를 명백하게 보여준다.

조예(曹叡), 〈악부시(樂府詩)〉[22]

昭昭素明月 빛나는 흰 달은 밝아서
暉光燭我床 은은한 빛이 침상을 밝히네.
憂人不能寐 걱정에 찬 사람은 잠들 수가 없으니
耿耿夜何長 쉼 없이 밤은 얼마나 길게 계속되는지!
微風衝閨闥 가벼운 산들바람 침실에 부딪히니
羅帷自飄揚 섬세한 침실 휘장 날리고 펄럭이네.
攬衣曳長帶 나는 옷을 입고 긴 끈을 끌며
屣履下高堂 신발을 신고 높은 당을 내려가네.
東西安所之 어느 방향으로 가야 할 것인가?
徘徊以彷徨 나는 배회하고 방황하네.
春鳥向南飛 봄새 한 마리 남쪽을 향하여 날아가는데
翩翩獨翱翔 날개를 펄럭이며 홀로 날아가네.
悲聲命儔匹 슬픈 소리로 동료를 부르니,

번째 음절을 차지했다는 것을 주목하라.

22 루친리, 418. 《문선》 27. 《옥대신영》 2. 《악부시집》 62. 황지에, 《위무제·문제·명제시주(魏武帝文帝明帝詩注)》, 71-72. 《문선》과 《악부시집》에서는 이 시를 저자미상이라 하였다. 루친리는 《옥대신영》이 "고시"를 매승에게 귀속시킨 것을 거부하고 그 시들을 저자미상으로 간주하였지만, 이 시만큼은 《옥대신영》에서 이 시를 조예에게 귀속시킨 것을 받아들였다. 이는 격조의 이데올로기를 암시한다. 이 시의 격조는 분명히 〈고시십구수〉보다 더 높다. 그렇기에 전통이 그에게 시의 저자일 법한 사람을 제공하자, 루친리는 이를 받아들인 것이다. 오기(吳淇)는 이 시가 〈고시십구수〉 의 제19수보다 좀 더 문채있게 만들어진 것으로 간주하였다. (황지에, 《위무제·문제·명제시주(魏武帝文帝明帝詩注)》 72에서 재인용)

哀鳴傷我腸 그 비탄에 찬 노래가 내 마음을 상하게 하네.
感物懷所思 사물에 촉발되어 내 사랑하는 이들을 생각하니
泣涕忽沾裳 갑자기 눈물이 치마를 적시네.
佇立吐高吟 오래도록 서 있으며 높이 읊는 소리 밖으로 내니
舒憤訴穹蒼 울분을 토로하며 푸른 하늘에 하소연하네.

이 시의 봄에 남쪽으로 날아가는 새는 의도된 것으로 해석할 수도, 의도치 않은 것으로 볼 수도 있다. 이러한 것들이 바로 전통적 주석가들에게 형식적인 독해에 대한 경각심을 일으켰던 모순 가운데 하나이다. 남쪽으로 날아가는 봄새라는 상황은 전혀 말이 되질 않는다. 뒷 시기의 시학에서 매우 중요했던 지시상의 일관성은 여기서 별로 상관이 없어 보인다. 3세기 시에서 새들은 보통 오언구의 마지막 음절에서 "남쪽으로 날아가(南飛)"거나 "동남쪽으로 날아가(東南飛)"는 성향이 있다. 남쪽으로 날아가는 것에도 다양한 언어적 방법이 있겠으나, 반드시 세 번째 음절에서 꼭 "향하여(向)"만 쓰인다. 만약 밤이 점점 길어지는 것 같다면 이는 새들이 남쪽으로 날아가야 하는 가을이라는 배경과 맞아 떨어지며, 시에서는 가을에 달이 가장 밝으므로 달이 밝다고 한 것도 마찬가지이다. 이는 여기 왜 "봄새"가 등장하는지 의문을 갖게 한다. 이것에 대한 명확한 답은 없지만, 계절이 맞지 않는 수식어는 우리가 경험적 세계가 아닌, 시의 맥락에서 조리에 맞는 장면을 읽고 있다는 사실을 상기시킨다.[23]

만약 어떤 사람이 이 주제에 대한 많은 변이 작품들을 읽었다면, 그는 위의 버전의 무엇이 문제인지를 즉시 알아차릴 것이다. 이 시는 끝에서 두 번

23 오신주 (역주: 五臣註, 문선 주석본의 하나로 당 현종 대에 다섯 신하를 모아 주해하였기에 오신주라 칭함) 에서는 이 문제에 대해 언급하지 않았다. 이는 이 시가 《문선》에서 저자미상으로 제시되었기 때문이라고 보여진다. 계절적 모순은 감춰진 저자적 의도의 결과로 볼 수 있는 경우에만 중요하기 때문이다.

째 연에서 화자가 그의 옷을 눈물로 적시는 것으로 끝나야 한다. 높은 격조의 마지막 두 행은 덧붙여진 것으로 보이는데, 이것은 《문선》에서 나온 것이다. 실제로 송(宋)나라 때 출간된 《옥대신영》에 실린 이 시에는 마지막 두 행이 빠져있다. 소통(蕭統)과 서릉(徐陵)은 아마도 이 시에 대해 서로 다른 버전을 가지고 있었던 듯하다. 소통 또는 그 뒤의 편집자는 시의 결말이 너무 갑작스럽다고 생각하여 마지막 두 행을 추가했을 것이나, 서릉은 그것이 원래의 것이 아니라는 것을 감지하고 본능적으로 지웠을 것이다. 무슨 일이 일어났는지 알 수는 없으나, 표준적인 패턴에 들어맞지 않는 곳에서 텍스트의 변이가 흔히 나타난다는 것은 볼 수 있다.

*

조예(曹叡)의 〈장가행(長歌行)〉에서, 외로운 새는 구체적으로 짝을 잃은 새(뒤에서는 짝을 잃는 중인 새)이며, 상대적으로 높은 격조의 이 버전에서 화제는 확장되어 시의 중심이 된다. 외로운 새는 언제나 잠재적으로 인간이 처한 상황의 시적 유사물이며(그러므로 그 주제의 다른 버전들에서는 여행을 떠난 사람에 대한 기능적 역할을 점하고 있다), 조예의 두 버전들에서도 명백하게 그러하다.

조예(曹叡), 〈장가행(長歌行)〉[24]

靜夜不能寐　고요한 밤에 잠 못 이루니
耳聽眾禽鳴　귀에 들리는 것은 뭇 새들 우는 소리.
大城育狐兔　큰 성벽에 여우와 토끼들을 기르니
高墉多鳥聲　높은 성곽에 새소리 많도다.

24　루친리, 415. 《옥대신영》 30. 황지에, 《위무제·문제·명제시주(魏武帝文帝明帝詩注)》, 63-64.

壞宇何寥廓　무너진 지붕들은 어찌나 광활하고 음울한지
宿屋邪草生　해로운 풀들은 유숙하는 집 근처에 자라네.
中心感時物　내 마음 이 계절의 사물들에 촉발되어
撫劍下前庭　칼을 어루만지며 앞뜰로 내려왔네.
翔佯於階際　층계 가에서 배회하니
景星一何明　경성(景星)은 얼마나 밝은지.[25]
仰首觀靈宿　고개 들어 영험한 별자리를 보니
北辰奮休榮　북극성이 빛나는 광채를 떨치네.
哀彼失群燕　무리를 잃어버린 저 제비를 내 슬퍼하니
喪偶獨煢煢　그의 짝은 가버려 외롭고 쓸쓸하구나.
單心誰與侶　뉘라서 외로운 마음 더불어 짝할까?
造房孰與成　뉘라서 방 짓기를 함께 이룰까?
徒然喟有和　부질없이 크게 한숨 쉬니
悲慘傷人情　저 슬픔이 사람의 감정을 상하게 하는구나.
余情偏易感　나의 감정은 너무나 쉽게 일어나니
懷往增憤盈　가버린 이들 생각하며 부푼 격정이 더하네.
吐吟音不徹　노래를 토해내어 음이 아직 그치기도 전에
泣涕沾羅纓　눈물은 나의 고운 갓끈을 적시네.

남쪽으로 날아가는 봄새에 짝할 법한 모순을 첫번째 두 연구에서 찾아볼 수 있으니, 바로 고요함이 아주 시끌시끌하다는 것이다. 이것은 우리에게 이러한 시들이 지시적이지 않음을 상기시키는데, 심지어 이렇게 일반적인 주제에 속하지 않는 특징들을 풍부하게 지니는 작품에서조차 그러함을 볼 수 있다. 선행된 시들을 동일한 주제의 "버전"들이라 한다면, 이 시는 "변이"라고 부를 수 있을 것이다. 같은 요소의 대부분이 나타나지만 이들은 바

25　"경성(景星)"은 그 출현이 도(道)가 가득 찬 세계의 징조로 여겨지는 상서로운 별자리이다.

뀐 버전으로, 익숙한 시구의 틀 없이 표현되었다. 달은 보이지 않고, 대신에 경성(景星)과 북극성이 빛난다. 바람은 없어지고, 대신에 뭇 새들과 눈물이 있다. 또 화자는 옷을 걸치는 대신에 칼을 어루만지며, "일어나는" 대신에 "내려선다." 그러나 다음 구로 옮겨가보면, 그는 여전히 "배회하고" 있다.

사랑하는 이와의 이별로 인한 외로움은 불면 주제에 속하는 화제 중 하나지만, 어엿한 주제로 확장될 수도 있다. 애초의 주제가 이별일 때, 이는 불면 주제를 포함하거나, 이와 서로 쉬이 합쳐질 수 있다. 틀 시구는 여러 율격에서 반복될 수도 있지만 대개는 단일한 율격에 비교적 제한되어 사용된다. 이와 달리 화제는 다양한 율격으로 실현될 수 있다.

조비(曹丕), 〈연가행(燕歌行)〉 제2수[26]

別日何易會日難 이별하는 날은 너무 쉽게 오더니만 만날 날은 어려운데
山川悠遠路漫漫 산천(山川)은 멀리 뻗었고 길은 계속 이어지네.
鬱陶思君未敢言 답답한 마음에 그대를 그리워하며 감히 말도 못하니
寄書浮雲往不還 뜬 구름에 편지를 부치지만 가서는 돌아오지 않네.
涕零雨面毁形顏 눈물이 얼굴에 흘러 모습과 안색 해치니,
誰能懷憂獨不歎 누군들 이러한 슬픔을 품고 탄식하지 않으리?
耿耿伏枕不能眠 쉬지 못한 채로 베개에 누워 잠들지 못하여
披衣出戶步東西 옷을 입고서 문을 나가 동서(東西)로 다니네.
展詩清歌聊自寬 스스로 마음을 편히 하려 시를 읊조리나
樂往哀來摧肺肝 기쁨은 가고 슬픔은 와서 심장을 피폐하게 만드네.
悲風清厲秋氣寒 비통한 바람 맑고 매섭고 가을공기 차가운데

26 루친리, 395. 이는 《송서》에 실린 버전이다. 또 다른 버전은 《옥대신영》 32, 황지에 《위무제·문제·명제시주(魏武帝文帝明帝詩注)》 49-51에 전한다. 이 제목은 대개 "연(燕)의 노래"로 해석되는데, 이는 연(燕)자를 4성이 아닌 1성으로 읽은 것이다. (역주: 4성일 경우에는 "제비"라는 뜻이 된다) 《옥대신영》의 버전에서는 11-12행 두 구(句)를 빠뜨렸음을 기억해 두라.

羅帷徐動經秦軒　휘장은 부드럽게 움직이며 진(秦)의 난간 지나가네.
仰戴星月觀雲間　고개 들어 달과 별 바라보다 구름 사이 응시하는데
飛鶬晨鳴　날아가는 새 아침에 우짖어
聲氣可憐　그 소리 기운이 내 마음 움직이니
留連懷顧不自存　머뭇대며 근심스레 돌아보며 스스로를 부지하지 못하네.

여기에는 주제를 알려주는 세 음절의 표지, 즉 "잠들지 못하다.(不能寐/寢/眠)"가 칠언구의 후반부에 남아있다. 해당 테마의 오언시들의 시작 부분의 틀 시구의 흔적을 보여주는 옷을 입는 행위 역시 이 구의 초두에 남아있다. 금(琴)은 여기서 노래로 대체되었다. 그러나 주목할 만한 것은 "불면"의 주제가 이 시에서 선포되자마자, 그 주제에서 기대되는 화제들이 거의 연달아 제시된다는 점이다.(옷을 입는 것, 배회하는 것, 음악, 바람, 침실 휘장, 달빛, 새 등.)

서간(徐幹, 170-217)의 다음 버전은 가을의 우수에 관한 일반적인 시로 시작하여 부재하는 사랑하는 이를 그리워하다가, 불면 주제의 축약버전으로 슬며시 넘어간다.

서간(徐幹), 〈실사(室思)〉 제4수[27]

慘慘時節盡　우울하게도 계절은 다해가고
蘭葉凋復零　난초의 잎은 시들더니 또 떨어지네.
喟然長歎息　신음하며 긴 탄식 내쉬니
君期慰我情　그대 만날 기약이 내 마음을 위로하네.[28]

---

27 루친리, 377.《옥대신영》1. 한거핑(韓格平),《건안칠자시문집교주역석(建安七子詩文集校注譯析)》, 352. 우윈(吳雲),《건안칠자집교주(建安七子集校註)》, 296-97.

28 청 기용서(紀容舒)의《옥대신영고이(玉台新詠考異)》를 인용한 루친리의 지적대로, "군기(君期)"가 문제가 된다. 기용서는 이 글자들을 "기군(期君)"으로 순서를 바꾸고자 하였고, 한거핑은 "그대가 돌아올 날"로 이해하였으며, 우윈은 기(期)를 기

展轉不能寐 뒤척이며 잠들지 못하니,
長夜何綿綿 긴 밤은 어찌 이리 계속되는가.
躡履起出户 신을 신고 일어나 문을 나서서,
仰觀三星連 고개 들어 삼성(三星)이 모인 것을 보네.
自恨志不遂 나의 뜻을 이루지 못함을 스스로 안타까워하니,
泣涕如涌泉 눈물이 솟구치는 샘처럼 흐르네.

이처럼 매우 축약된 버전에서 어떤 화제들이 보존되었고 어떤 것이 생략되었는지 주목해보는 일은 흥미롭다. 여기에서는 불면과 옷 입기, 나가기, 밝은 천체, 그리고 눈물을 볼 수 있다. 어느 정도까지는 텍스트를 남아있는 그대로 받아들여야할 것이고, 또 《옥대신영》에 전해지는 "시"가 전서(全書)에서보다 더 온전하게 남아있다고 믿어지기는 한다. 그러나 만약 우리가 이 시를 전서에서 보았더라면 새·바람·음악 연주를 언급하는 구절들이 생략되었으리라고 쉽게 상상했을 것이다.

"잠들지 못하다(不能寐/寢/眠)" 틀 시구가 이 주제를 표현하는 가장 일반적인 방법이기는 하지만, 불면이 암시되고 통상적인 화제들이 제시되는 한 작시의 원리는 동일하다. 이릉(李陵) 작품군에서 온 다음의 버전은 "잠들지 못하다."라는 틀 시구 없이 기본적인 화제들을 포함하고 있다.

이릉 작품군 중에서[29]

晨風鳴北林 쏙독새는 북쪽 숲에서 울어대고,
熠燿東南飛 밝게 번뜩이며 동남쪽으로 날아가네.

(其)자로 이해하여 기원을 나타내는 뜻으로서 "그대 나의 마음을 위로해주오."라고 보았다. 글자들의 자리바꿈은 필사 전승에 있어서 흔한 문제임을 기억해야 한다.

29 루친리, 340. 《고문원(古文苑)》 4. 《예문유취》 29. 나는 특정 시를 이릉 또는 소무(蘇武)에게 귀속시키지 않고, 이 일련의 고시들을 간단히 "이릉 작품군"이라 부를 것이다.

願言所相思 내 그리워하는 사람을 원하니,
日暮不垂帷 해질녘에도 침실 장막을 내리지 않았네.
明月照高樓 밝은 달은 높은 누 비추고,
想見餘光輝 남아있는 빛을 본 양 상상하네.[30]
玄鳥夜過庭 밤에 제비가 정원을 지나가는데,
髣髴能復飛 아마도 능히 더 날아갈테지.
褰裳路踟躕 옷자락 추어들고 길 위에서 주저하니,
彷徨不能歸 방황하며 돌아갈 수 없구나.
浮雲日千里 뜬 구름은 매일 천리를 떠가니,
安知我心悲 어찌 내 마음의 슬픔을 알 수 있을까?
思得瓊樹枝 생각건대 옥나무 가지를 얻어
以解長渴饑 오랜 기갈을 풀어냈으면.[31]

연관 화제를 거느리는 흔히 반복되는 주제들이 온전한 형태에서 아주 잘 드러나는 것은 사실이지만, 이들은 축약되거나 잘려나간 형태에서도 나타날 수 있다. 혹은, 어쩌면 축약된 형태로 필사본에 옮겨졌을 수도 있다. 다음의 시는 7세기까지 지속된 필사 전통의 부산물에서 완우(阮瑀)에게 귀속된 것으로, 아마도 일부 발췌된 것으로 추정된다. 이 시에서 가을 시는 불면 주제에 속하는 인접 화제들로 슬쩍 넘어 간다.(옷을 입는 것, 일어서는 것, 배회, 달빛 등이 그것이다.) 그것들은 화자가 잠들지 못한다는 것을 어떻게든 암시하려는 압력을 만들어내는 듯한데, 이는 "닭은 언제 울 것인가?(雞鳴當何時)"라는 질문에서 현실화된다. 두 번째 연구(聯句)와 세 번째 연구 사이의 갭을 볼 때, 빠진 것은 정확히 "밤에 나는 잠들지 못하네."라는 진술인 것으

30 위관잉(余冠英)은 이것을 화자가 달빛 비치는 다른 장소를 상상한 것이라고 해석하였다.

31 위관잉은 이것을 슬픔을 치유할 힘을 가진 불멸의 나무로 이해하였다.

로 보인다.

완우(阮瑀), 〈시(詩)〉[32]

臨川多悲風 강가에 비통한 바람 많은데,
秋日苦淸凉 가을날은 지독히도 맑고 서늘하네.
客子易爲戚 나그네는 쉽게 슬픔에 잠기고,
感此用哀傷 이에 감응하여 고통을 느끼네.
攬衣起躑躅 옷을 잡고 일어나 배회하며,
上觀心與房 심성(心星)과 방성(房星)을 올려다보네.
三星守故次 삼성(三星)은 앞자리를 지키고,
明月未收光 밝은 달은 빛을 거두지 않았네.
雞鳴當何時 닭은 언제 울 것인가?
朝晨尙未央 새벽은 아직도 끝나지 않았네.
還坐長歎息 돌아와 앉아 긴 한숨을 쉬니,
憂憂安可忘 어찌 이 계속되는 근심을 잊을 수 있으리오.

내가 쓴 위의 해설에서 보이듯이 어쩌면 완우는 시의 시작부분에서는 하루 동안 밖에 나가있다가 돌아와서는 잠들지 못하는 자신을 발견한 것일지도 모른다. 여기에 불면에 대한 예를 하나 더 들려고 하는데, 2세기 초 왕찬이 지은 유명하고도 아름다운 시에서 보이는 구절이다. 시인은 동주 체제의 붕괴를 피해 장안에서 "형만(荊蠻)" 곧 형주(荊州)로 갔다. 잠들지 못한다고 말하기에는 너무 심하게 이른 해질녘에 그는 배에서 내려 물가를 거닌다. 실제 경험이라고 기꺼이 믿고 싶은 서술들 속에 특정한 요소들이 나타난다.

---

32 루친리, 380. 《옥대신영》 27, 34 (두 번째 인용은 〈칠애시(七哀詩)〉라는 제목이 달려 있다.). 한거핑, 《건안칠자시문집교주역석(建安七子詩文集校注譯析)》, 369-70. 우원, 《건안칠자집교주(建安七子集校註)》, 327.

곧, 화자는 점점 내리는 어스름 속을 배회하고, 새들은 날아가며, 산들바람이 불어오고, 이슬이 그의 옷을 적신다. 그리고 그는 숙소로 돌아간다. 그가 경험한 '시적 화제들'은 그 주제로 "홀로 밤에 잠들지 못하네(獨夜不能寐)"를 필요로 한다. 그리고 주제 행이 발화되자마자, 왕찬은 옷을 입고 일어나고('起'가 기대되는 자리인 세 번째 음절에 놓여있다), 금(琴)을 타는 것으로 적절한 화제들을 완성한다. 이 시는 우리가 읽어온 다른 대부분의 시들과는 다르게, 표준적인 시적 주제의 단순한 연행이 아니다. 오히려, 다른 맥락에서 온 일반적인 화제들의 출현이 "불면"이라는 주제를 선언하도록 요청하는 것으로 보인다.[33]

왕찬(王粲), 〈칠애시(七哀詩)〉 제2수[34]

荊蠻非我鄉　형만은 내 고향 아닌데
何爲久滯淫　무엇하러 오랫동안 머무르는가.
方舟泝大江　배가 큰 강 거슬러 올라가니
日暮愁我心　황혼이 내 마음 근심스럽게 하누나.
山岡有餘映　산등성이에 햇빛이 남아있고
巖阿增重陰　바위언덕에는 층층이 그늘이 더해가네.
狐狸馳赴穴　여우와 이리들 굴로 몰려가고
飛鳥翔故林　나는 새들은 옛 숲으로 날아가네.

33　이토 마사후미(伊藤正文)의 〈왕찬시론고(王粲詩論考)〉, 38-42을 보라. 시에 보이는 관습적인 전통에의 연관에 대해 나와 이토는 해석이 조금 다르다. 나는 이것을 독창성에의 움직임으로 보기보다는 "독창적으로" 시작된 시 안에서 시적 관습이 작용하는 것으로 본다. 비슷한 움직임을 〈종군시(從軍詩)〉 제3수, "종군하며 외진 길을 행진하네 (從軍征遐路)"에서 볼 수 있다. 여기서도 마찬가지로 시인은 물가로 나가서는 가을밤의 불면에 어울리는 화제들을 마주친다. 그러나 이 경우에는 시인은 군 복무에 대한 의무감으로 스스로의 근심을 무시한다.

34　루친리, 366. 《문선》 23. 우원(吳雲), 탕샤오종(唐紹忠), 《왕찬집주(王粲集注)》 16-17

流波激清響　물결은 맑은 소리 읽으키고
猴猿臨岸吟　원숭이들은 언덕에서 내려다보며 우네.
迅風拂裳袂　세찬 바람 옷과 소매를 쓸어내리고
白露沾衣襟　맑은 이슬은 옷깃을 적신다.
獨夜不能寐　홀로이 밤에 잠 못 이루니
攝衣起撫琴　옷 걸치고 일어나 금을 타네.
絲桐感人情　명주실과 오동나무 사람의 정을 감동시키며
爲我發悲音　나를 위하여 슬픈 소리를 내네.
羇旅無終極　나그네 여정 끝이 없으니
憂思壯難忍　근심스런 생각 거세어 견디기 어렵도다.[35]

위의 시들 중 많은 것들은 대략적으로도 연대를 알기 어렵고 몇몇 저자귀속들은 의심스럽다. 그러나 우리는 이 시를 2세기의 끝에, 그리고 완적의 앞의 시를 3세기의 중반 어디쯤에 둘 수 있다. 주제는 그것을 구성하는 화제들과 함께, 왕찬 시 직후 즈음에 이미 성립되었으며 완적 시에 즈음에도 여전히 매우 유효했음을 볼 수 있다.

*

'밤에 잠들지 못함'에 관한 시의 몇몇 예시들의 마지막 구절을 다시 한 번 인용해보자.

淚下沾裳衣　　눈물 떨어져 내 옷을 적시네. (《고시십구수(古詩十九首)》 제11수)
憂思獨傷心　　근심스런 생각에 유독 마음 상하네. (완적(阮籍), 〈영회(詠懷)〉)

35 '壯'은 여기서 단순히 '강하다'를 의미할 수 있다. 그러나 어떤 주석가들은 북서지역의 용례를 선호하는데, 이는 양웅(揚雄)의 〈방언(方言)〉에 보이며, 가시가 찌르는 것을 묘사하는데 사용되었다.

제1수)

斷絶我中腸　내 속 창자를 끊는구나. (조비(曹丕), 〈잡시(雜詩)〉)

舒憤訴穹蒼　울분을 토로하며 푸른 하늘에 하소연하네. (조예(曹叡), 〈악부시(樂府詩)〉)

泣涕沾羅纓　눈물은 나의 고운 갓끈을 적시네. (조예(曹叡), 〈장가행(長歌行)〉)

留連懷顧不自存　머뭇대며 근심스레 돌아보며 스스로를 부지하지 못하네. (조비(曹丕), 〈연가행(燕歌行)〉 제2수)

泣涕如涌泉　눈물이 솟구치는 샘처럼 흐르네.(서간(徐干), 〈실사(室思)〉 제4수)

思得瓊樹枝　생각건대 옥나무 가지를 얻어
以解長渴饑　오랜 기갈을 풀어냈으면. (이릉 작품군)

憂憂安可忘　어찌 이 계속되는 근심을 잊을 수 있으리오. (완우(阮瑀), 시(詩))

憂思壯難任　근심스런 생각 거세어 견디기 어렵구나. (왕찬(王粲), 〈칠애시(七哀詩)〉 제2수)

먼저, 우리는 이릉작품군으로부터의 예시가 얼마나 특이하게 동떨어져 있는지를 볼 수 있다. 나머지 시들로 말하자면, 어쩌면 그저 한 무리의 몹시 불행한 시인들을 보고 있는지도 모르지만, 초기 시 작품군을 살펴본다면 특정 부류의 시의 대부분이 불행이나 눈물에 대한 유사한 진술로 끝난다는 것이 밝혀질 것이다. 우리는 이런 시구들이 맥락상의 의미를 유지하면서(이런 구절들은 항상 슬픈 시에 있다) 시의 "문법"에서 본질적으로 위치적 기능을 수행한다는 것을 알 수 있다. 곧, 이는 하나의 시가 끝났다는 것을 선언하는 방법인 것이다. 불행에 대한 진술의 이러한 위치적 기능은 악부에 간혹 보존되어 있는 매우 다른 종류의 끝맺음과의 비교를 불러일으킨다. 동시에 우리는 외로운 새의 화제를 재점검해볼 수 있을 것이다.

단락들: 〈염가하상행(豔歌何嘗行)〉

다음에 나오는 것은 《송서: 악지》에 실려 있는 저자미상의 악부 〈염가하상행(豔歌何嘗行)〉 텍스트이다.

〈염가하상행(豔歌何嘗行)〉[36]

飛来雙白鵠　쌍쌍의 흰 백조가 와서 날아가니,
乃從西北來　이들은 북서쪽에서 온 것이네,
十十五五　열 마리씩 다섯 마리씩
羅列成行　모두가 열을 이루어서.[37]
妻卒被病　한 새의 짝이 아파서

36 루친리, 272. 《송서: 악지》. 《악부시집》 39. 첫 열두 행은 《예문유취》에 "고시"로 인용되어 있다. 이것과 다소 다른 버전은 《옥대신영》 1권에서 나타난다. 황지에, 《한위악부풍전》, 43-44. 디에니, 《중국 고전시의 기원에 대하여: 한(漢)나라 시대의 악시에 대한 연구》, 142-46. 비렐, 《한(漢)나라의 유행 노래와 서정시》, 53-57.

37 이 부분은 운이 맞지 않는다는 점에서 분명 무언가가 잘못되어 있다. 〈악부가사의 합쳐짐과 나뉨〉(30)에서 위관잉은 來와 行이 구식 운율이라고 주장한다. 이와 관련해 그가 제시하는 첫 번째 예는 (루친리, 286-287을 보라) 곽무천이 《태평어람》에서 취한 것으로 보이는데, 이 예에서 "方"과 "來"는 운을 이루지 않는다. 이 《태평어람》의 버전에서는 첫 행들이 모두 "來"로 끝난다. 이는 아마도 "구식 운율"이 아닐 것이며, 곽무천이 수정한 것이다. 위관잉이 보여주는 두 번째 예는 《공작동남비》에 나오는 것인데, 이는 구식 운율을 증명하는데 적합한 텍스트는 아닌듯하며, 또한 이상한 운율 패턴을 특정 지점에서 보이고 있다.

行不能相隨 무리를 따라갈 수 없었네.
五里一反顧 그 새는 오 리마다 돌아보고
六里一裵回 육 리마다 멈추었네.
吾欲銜汝去 "당신을 내 부리에 싣고 날아가고 싶지만,
口噤不能開 내 입은 닫혀서 열 수가 없네.
吾欲負汝去 당신을 내 등에 짊어지고 가고 싶지만,
毛羽何摧穨 내 깃털은 지금 얼마나 엉망인가!
樂哉新相知 즐거웠도다 처음 서로 사랑할 때
憂來生別離 슬픔은 이별할 때 오네.
躇躊顧群侶 잠시 멈추고 무리를 둘러보니,
淚下不自知 나도 모르는 사이 눈물이 흐르는구나."

念與君離別 당신과 이별하는 생각을 하니,
氣結不能言 숨이 막혀 나는 말할 수가 없네요.
各各重自愛 각자 자신의 몸을 돌보는데 신경을 써요,
道遠歸還難 여정은 길고 돌아오는 것은 어려울 터이니.
妾當守空房 저는 제 빈 방을 지켜야 할 터이니,
閑門下重關 한가한 문을 거듭 잠급니다.[38]
若生當相見 만일 당신이 산다면 우리 다시 만날 것이고
亡者會黃泉 만일 당신이 죽는다면 우리 황천에서 만나리.

今日樂相樂 오늘날은 기쁨에 기쁨이 더하니,
延年萬歲期 그대는 만세를 누릴 것이네.

먼저 분명히 하고 가야하는 것은, 〈염가하상행〉은 저자미상의 악부로, 저

38 여기서는 현전하는 텍스트를 그대로 옮겼지만, 閑은 閉의 오기로 나타나는 경우가 흔했다. "문을 닫다(閉門)"은 고립된 삶을 가리킬 때 자주 사용되는 용어였다.

자미상의 고시들과는 같은 맥락에서 고려되지 않는다는 것이다. 더구나 건안 시대와 위나라 시대의 시들과는 더욱 그러하다.[39] 전통적인 "시"와 악부의 구별은 이 시의 경우 무척 흥미롭다. 이 시의 첫 열두 행의 한 버전은 "고시"로서 7세기의 전집인《예문유취》에 실려 있는 한편, 다른 운을 사용하는 17-24행은 표준적인 고시 주제의 축약된 구현이라는 점에서 그러하다.[40] 이런 것은 악부의 흔한 타입 중 하나인데, 나는 이것을 "복합 악부"라고 부른다. 복합악부는 독립적으로 쓰일 수 있는 서로 구분되는 단락들로 이루어진 악부를 가리킨다. 이는 적어도 두 개의 독립된 단락들이 합쳐져 연주되던 관행을 보여주는 듯하다. 첫 번째 단락은 새나 신선처럼 속세와는 다른 어떤 것을 보여주는 경우가 많다. 두 번째 단락은 인간 세계의 상황을 다루며 대개 앞의 단락과 대칭을 이루나, 종종 도입부와 문제적인 관계에 놓이기도 한다.

위에서 인용한 〈염가하상행〉의 가장 이른 시기에 기록된 버전을 보면, 이 시는 운과 의미를 기준으로 세 개의 개별적인 단락으로 구분된다.(각각 1행-16행, 17행-24행, 25행-26행이며, 위의 인용문에 보면 행간의 간격을 늘려 표시도 해 놓았다.)[41] 개별적인 운을 가지고 있는 마지막 연구는 전문적인 가객이 종결을 위해 사용하던 공식화된(formulaic) 표지이다. 이는 불면에 대한 이

39 많은 학자들은 형식들 사이에 존재하는 유사성에 주목하면서도 여전히 이러한 작품들이 서로 다른 장르라고 인정한다. 디에니는 때때로 악부가 더 선행함을 주장하지만, 하지만 악부를 논할 때에는 그 역시 "고시"가 악부에서 사용되는 화제들을 제공한 것처럼 인용한다.

40 디에니,《중국 고전시의 기원에 대하여: 한(漢)나라 시대의 악시에 대한 연구》, 145를 보라.

41 디에니는 Ⅱ.13-16행의 전통적인 속성에 주목하며 이를 별개의 부분으로 보았다. 그러나 나는 그렇게 보기보다는 Ⅱ.13-16행이 하나의 온전한 단락을 마무리하는 필수적인 종결부라고 생각한다. 나는 이 작품의 배경에 "고정된 텍스트들"이 있었다고 보지 않는다. 오히려 각 주제를 핵심적으로 구현하는 부분이 재생산의 현장에서 이에 맞게 확장된 것이라고 보아야 한다. 단락은 종결부가 필요하고 이 종결부는 다음 단락으로 넘어가는 전환점을 제공한다.

전의 작품들에서 비참함과 눈물을 표현하는 부분이 맡고 있는 위치적인 기능과 정확히 같은 기능을 수행한다. 그렇지만 한 가지 중요한 차이점이 있다. 이 부분은 아내와 이별하는 감정을 제시한 후 곧장 기쁨의 극치를 선언한다는 점에서 주제상 연결되지 않는다. 진정한 구술 공식(oral formula)을 판별하는 기준이 의미적 불연속성에 있다면(호메로스의 "구름을 모으는" 제우스가 구름을 흩어내는 것), 이 연구(聯句)는 테스트를 통과하게 된다. 비록 여기서 수행하는 기능은 위치적인 것이지, 운율적인 기능은 아니지만 말이다. 사실상 마지막 연구는 노래가 이제 끝났다는 것을 전달하는 기능을 수행할 뿐이다.

보통의 문학사적 설명에서는 이 시들을 완적(阮籍)과 건안의 시인들의 시보다, 심지어는 〈고시십구수〉의 마지막 시보다도 이르다고 할 것이다.[42] 텍스트의 이러한 역사상의 배치는 〈염가하상행〉이 보다 원시적이거나 보다 "민속"에 가깝다는 직관으로부터 왔다. 이 직관은 부분적으로는 공식에 따르는 끝맺음과 덧붙여진 행에서 비롯되었다. 만약 이러한 특성을 "민속"보다는 전문적인 연희 전통의 흔적들로 간주한다면, 이는 곧바로 갈래들의 널리 받아들여진 발생 순서를 뒷받침하는 문화적 가정에 혼란을 야기한다. 일반적으로는 가장 먼저 "민속"의 노래가 있었고, 이에 대한 문인들의 전유가 뒤따랐다고 본다. 그러나 설사 이러한 시가 "민속"의 흔적들을 지니고 있다고 인정한다고 하더라도, 이를 근거로 이 시가 더 이른 시기의 것이라고 결론지을만한 자연적이거나 역사적인 법칙은 없는 것이다. 격조 상의 차이는 곧바로 인정할 수 있지만, 〈염가하상행〉이 위에서 언급한 어떤 시들보다 먼저 나왔다는 실재적인 증거는 심약이 "고사(古詞)"를 한대(漢代)의 것으로 일반화했던 것을 제외하고는 없는 것이다.

---

42 대부분의 논의들은 《옥대신영》에 실린 후대의 버전을 좀 더 선호한다. 왜냐하면 《옥대신영》에서는 운(韻)이 일치하지 않는다는 이유로 제2수의 17-24행(아내의 이별)을 제외하였기 때문이다.

〈염가하상행〉을 왕찬의 〈칠애시〉 제2수와 비교해보면, 작시 관습이라는 측면에서 이 두 작품은 정도상의 차이는 있어도 같은 부류의 것임을 알 수 있다. 두 작품 모두 애초의 주제가 발전하는 과정에서 다른 주제에도 속하는 화제를 사용한다. 그러한 화제들의 집적은 시인들을 두 번째 주제로 이끌었다. 우리는 이미 이것을 왕찬의 시에서 보았는데, “불면” 주제에 속하는 화제들이 시인이 “밤에 잠들지 못하네.”라고 선언하기 이전에 이미 나타나 있었다. 〈염가하상행〉에서 수컷 백조가 그의 짝에게 말하는 상황은 명백히 인간의 상황을 상징하는데, 이 수컷 백조의 파토스는 시가 진행할수록 점점 인간에게만 적합한 화제를 사용한다. 16행(“나도 모르게 눈물이 흐르네.(淚下不自知)”)은 백조의 행동으로 보기에는 매우 부적합하며 분명히 인간의 현상인데, 이는 또한 우리가 앞서 보았듯이 고시에서 주로 사용된 시적 종결 표지이다. 이 끝맺음의 지점에서 “연행자”는 평행선상에 놓인 명백히 인간적 상황으로 넘어가며, 새로운 운을 사용한다.

만일 우리가 〈염가하상행〉을 연행 관습의 기초적인 단계라고 이해한다면, 왕찬의 시들 사이의 연속성과 차이점을 모두 인식할 수 있게 된다. 작품의 3분의 2쯤 되는 지점에서 왕찬은 다음과 같이 적고 있다.

獨夜不能寐　홀로이 밤에 잠 못 이루니
攝衣起撫琴　옷 걸치고 일어나 금을 타네.

그는 익숙한 화제를 친숙한 틀 시구의 형태로 “선언”하며, 독자들에게 전환과 그에 대한 인식에서 오는 기쁨을 선사하고 있다. 여기서 차이점이라면 왕찬이 당연하게 모든 요소를 표현상의 통일성을 갖추도록 제어하고 있다는 것이다. 그가 잠들지 못하는 것은 시적 단락이 아니라 외부에서 그가 이전에 겪은 경험의 연속이며, 운율 또한 유지되고 있다.

따라서 우리는 작법 관습에서 세 가지 단계를 볼 수 있다. 화제, 주제, 그리고 주제들의 조합이 그것이다. 이것들은 때로는 〈염가하상행〉에서 그러했듯 독립적인 부분으로 제시되기도 하며, 때로는 왕찬의 시에서처럼 표현상의 통일성을 갖춘 전체에 함께 짜넣어지기도 한다. 이러한 단순한 원리들은 초기 시에서 독특한 경우라고 볼 수 있는 많은 작품들을 설명하는데 도움을 줄 것이다.

"시"와 현전하는 텍스트: 백조(혹은 학)에 대해 좀 더 논의하기

〈염가하상행〉은 본래 주어진 이름이 없지만 여러 출전에서 다양한 이름으로 불리고 있다. 이 시는 〈악지〉 뿐만 아니라 초기의 여러 자료들에서 발견되는데, 각각의 자료들에 실린 시가 무척 다르다는 점은 한 가지 의문을 갖게 한다. 과연 어느 쪽이 진짜 시인가? 아마 이렇게나 대담하게 질문을 던져보면 이러한 질문이 잘못된 것일 수 있다는 것을 알게 된다.

나는 텍스트의 개념을 소재의 특정한 구현이라고 보는 시각에 초점을 두어볼 것인데, 이런 구현의 어떤 부분은 비교적 확정적일 수 있지만 여전히 어느 정도까지는 유동성이 있다. 앞서 언급했듯, 보다 거시적으로 이러한 유동성은 연행 전통과 필사 작업 모두에서 흔히 나타났던 것이다. 그러나 여기에서, 우리는 작품이 연행으로 혹은 처음 텍스트로 옮겨지며 구현된 것과(두 가지 경우에 모두 현전하는 증거는 모두 간접적인 흔적뿐이다), 현전하는 몇몇 인쇄된 텍스트로 전해진 후대의 필사본에서의 구현을 분명하게 구별해야 한다. 후대 구현들의 경우에도 여전히 상당한 재량에 따라 지어졌지만, 그럼에도 이러한 텍스트적 구현은 텍스트가 만들어진 현장과 시란 어때야 하는가에 대한 감각에 의해 매개된 것이다. 결국, 이 초기 텍스트들의 여러 특질들은 문자로 된 출처들이 지니는 성질의 소산이다.[43]

이 시에는 새들이 백조거나 학일 경우를 포함하는 놀랄 만큼 많은 변이들이 있다. 이러한 변이들을 살펴보기 전에, 우리는 이러한 다른 버전들이 《악부시집》이 나오기 이전까지는 서로 나란히 비교되었다는 증거가 없음을 지적해야만 한다. 《악부시집》은 북송 시기에 나왔는데, 이 시기는 문인들이 관심을 가지고 제목들과 텍스트들을 "교정"하기 시작한 때이다. 이러한 모든 변이들이 함께 다루어진 것은 최근의 일이다. 이러한 사실은 어떤 텍스트들이 다양하게 구현되기는 했지만, 송대에 특정 부류의 학문이 등장하기 전까지는 독자나 학자의 관심을 끄는 문제가 아니었음을 의미한다. 필사본에서 자유롭게 변이가 나타나는 것은 이러한 텍스트들에서 정상적인 것이었으리라 생각되며, 각각의 특정 구현이 "바로" 텍스트였다.

〈염가하상행〉의 기본이 되는 세 가지의 자료들이 현전하는데, 5세기 자료에 기반을 둔 〈악지〉와 6세기 초에 나온 《옥대신영》, 그리고 7세기 초에 나온 전서 《예문유취》가 그것이다. 여기서 우리는 때로는 출처들 사이의 변이들의 복잡한 특징들을 자료들의 인쇄본들에서 발견되는 복잡한 텍스트적 변이로부터 구분해 내는 것이 사실상 불가능한 경우도 있다고 인정해야 한다. 특히 《옥대신영》의 경우에는 더욱 그러하다.[44] 아래의 현전하는 서로 다른 세 버전을 보면, 그 내용은 대략적으로 다음과 같다.

43 다시 강조하지만, 일반적으로 말해서 작법과 연행과 필사 작업의 핵심적인 원칙은 서로 차이가 없다. 예를 들어, 의례를 위한 연행을 하는 것이 아닌 경우(곧, 교과서적인 궁중 연행을 정확하게 재연하는 것이 아닌 경우), 가수나 연희자는 스스로의 판단에 의해 현장에서 요구되는대로 텍스트를 확장하거나 변화시켰을 것이라고 추정할 수 있다. 차이점이 있다면 필사본에서는 각 필사본이 어떻게 텍스트의 형식을 형성하였는가를 명확하게 볼 수 있다는 것이다.

44 하나의 사례를 제시하자면, 《옥대신영》의 《사고전서》 버전은 문제가 되는 새를 "백조"라고 하였다. 하지만 《사고전서》에 실려 있는 기용서(紀容舒)의 《옥대신영》에 관한 텍스트적 연구인 《옥대신영고의》에서는 이것을 "학"이라고 읽는다. 더 이상하게도, 《예문유취》는 이 논란이 되는 새를 "하얀 학"이라고 부르면서도 이 책의 "백학(白鶴)" 항목이 아닌 검은고니, 곧 "현곡(玄鵠)" 항목에 이 시를 포함시키고 있다.

豔歌何嘗行(혹은 雙白鵠??) 大曲白鵠豔歌何嘗行 古詩

옥대신영	송서	예문유취
飛來雙白鵠	飛來雙白鵠	飛來白鶴
乃從西北來	乃從西北來	從西北來
十十將五五	十十五五	十五十五
羅列行不齊	羅列成行(운이 맞지 않음)	邏列成行
忽然卒疲病	妻卒被病	妻卒被病
不能飛相隨	行不能相隨	不能相隨
五里一反顧	五里一反顧	五里一反顧
六里一徘徊	六里一裴回	六里一徘徊
吾欲銜汝去	吾欲銜汝去	吾欲銜汝去
口噤不能開	口噤不能開	口噤不能開
吾欲負汝去	吾欲負汝去	吾欲負汝去
羽毛日摧頹	毛羽何摧穨	毛羽日摧頹
樂哉新相知	樂哉新相知	
憂來生別離	憂來生別離	
踟躕顧群侶	躇躊顧群侶	
淚落縱橫催	淚下不自知	
	念與君離別	
	氣結不能言	
	各各重自愛	
	道遠歸還難	
	妾當守空房	
	閉門下重關	
	若生當相見	
	亡者會黃泉	
今日樂相樂	今日樂相樂	
延年萬歲期	延年萬歲期	

앞서도 언급하였지만, 〈악지〉는 보존 기능적 측면에서 현전하는 텍스트 중에서도 매우 특별한 사례이다. 〈악지〉는 초기의 필사본들에 실린 혹은 연행된 텍스트를 그대로 보존하고 있다. 〈염가하상행〉이 "대곡(大曲)"의 범주에 속하는 이상 분명 한 단락 이상의 분량을 필요로 했을 것이다. 비록 이와 같은 특정한 보존 상황과는 별개로, 과연 백조 한 쌍에 관한 단락이 부인의 이별의 말 버전과 반드시 짝을 이루어야만 했었던 것인가에 대한 합당한 의문을 가져봄직함에도 말이다.[45]

《옥대신영》에 가객의 종결사가 포함되어 있는 것은, 이 문집이 〈악지〉의 음악적 레파토리로부터 기본 텍스트를 취하였음을 말해준다. 《옥대신영》은 이별에 대한 단락을 제거하여 만족스러운 단일 운율 체계를 만들어냈고, 운율을 표준화했으며, 4행의 탈운을 복구하였고, 16행은 운자인 "지(知)"자의 반복을 피해 "눈물이 흘러 걷잡을 수 없이 떨어지네.(淚落縱橫垂)"로 바꾸었다. 달리 말해 이 버전은 "시"란 어떠해야 한다는 초기 6세기 시작법 문맥상의 기준에 맞추어 만들어진 한편, "고대"의 풍취를 여전히 담고 있기도 하다. 그러나 이러한 변형을 "전통적이지 않은 것"으로 보는 것은 잘못일 수 있다. 오히려 텍스트들이 정확하게 재현될 수 있기까지, 텍스트의 구현은 언제나 시간과 장소에 맞게 달라졌을 것이다.

《예문유취》는 주로 일부 절들만을 인용하였다. 비록 이렇게 말하기 위해서는 《옥대신영》도 〈염가하상행〉의 한 절만을 인용했다고 말해야 공정할 것이지만 말이다. 이 부분이 "고시"로서 인용되었다는 사실은, 이 부분이 독립적으로 돌아다녔다는 것을 암시하는데, 여기에 더하여 《예문유취》의 버전은 특히 흥미로운 구현물이라고 할 수 있다. 먼저 《옥대신영》에서 처음의 6행을 모두 5언구로 만들었던 것처럼, 《예문유취》에서는 이것을 4언구로

45 푸잉지(朴英姬)의, 복합 단락의 원인이 되는 관점의 복잡성에 대한 이론을 보라. 푸잉지, 〈염가하상행을 통해 본 한(漢)、위(魏)、진(晉) 악부시의 몇 가지 문제〉, 103-23.

만들었다. 이는 초기 시에서 4언행과 5언행이 얼마나 쉽게 서로 바뀌었는지를 보여준다. 운율과 텍스트는 서로 단단히 결속되어있지 않다. 그보다도 운율은 그 속에서 소재가 구현되는 하나의 가능한 형태이다. (이를테면 위에서 살펴보았듯이, '불면' 주제의 화제들이 조비의 〈연가행〉에서 7언구로 구현된 것처럼 말이다.) 우리가 발견할 수 있는 두 번째 사실은, 《예문유취》의 버전이 새들에게 어울리는 진술에서 오직 인간에게 어울리는 진술로 이행되는 지점에서 정확하게 분절된다는 것이다. 이것은 부분적으로는 이 시가 문학적 자료를 새라는 항목 아래에 배열하는 유서(類書)에 실린 결과이다. (비록 이 경우에는 다른 새의 항목에 잘못 소속시켰지만.) 《예문유취》 버전은, 초기 시에서의 대표적 시적 종결사 중 하나인 《옥대신영》의 Ⅰ.16-18행 이전인 Ⅰ.12행에서 멈추는데, 생략된 분량인 《송서》 버전 Ⅱ.13-16행은 정확히 새들을 의인화한 단락으로, 〈염가하상행〉의 〈악지〉 버전에 나오는 인간 부분에 압력을 가한다.

요약하면, 각각의 버전은 저마다의 자리에 "적합한" 자료들의 구현이다. 각각의 버전은 저마다 다른 방식으로 "완벽하다." 만일 우리가 역사적인 우선순위를 정하고자 한다면, 당연히 〈악지〉의 버전이 가장 이른 텍스트적 구현물로 대표될 것이다. 그러나 그 버전은 4세기 혹은 5세기의 궁중 연행 전통보다 이전의 것은 아닐 것이다. 다시 말해, 이른 시기의 몇몇 "원작"에 접근할 수 있는 방법은 없는 것이다.

새에 관한 또 다른 버전이 존재하는데, 조비의 작으로 부적절하게 보존된 〈임고대(臨高臺)〉의 한 버전에 덧붙여진 짧은 부분이 그것이다.[46] 〈임고대〉

46 루친리, 395. 《예문유취》 42. 《악부시집》 18. 황지에, 《위무제·문제·명제시주》, 51-52. 나는 루친리의 구두를 따르지만, 황지에는 조금 다르게 구두를 뗀다. 《문선》의 주에서는 이것을 "원래 가사"로서 인용하면서 백조 부분에서 따온 연구를 인용하고 있다. 이 작품은, 조비가 이 시를 마지막 한나라 황제를 위해 지었다고 상상하지 않는 이상, 절대로 조비의 것이 아니다. 요가(饒歌) 버전에서 발견되는 변이 중 하나는, 主라는 한 글자가 "황제 폐하(皇帝陛下)"로 바뀌었다는 것이다. 크리스

의 첫 번째 단락은 〈요가〉에 실린 저자미상 작품[47]의 다른 버전이다. 저자미상 버전에는 날아다니는 "황곡"과 그것을 쏘는 사람이 등장한다. 조비의 이름으로 실린 버전에는 쏘는 장면이 없는데 그것은 악부의 문맥을 고려했을 때 활을 쏘는 행위가 대단히 부적절하기 때문일 것이다.

臨臺行高	〔높은 누대에서 내려다보며〕
高以軒	높고 우뚝해
下有水	아래는 물이 흐르니
清且寒	맑고도 차네.
中有黃鵠往且翻	그 가운데 황곡 오가는구나.
行爲臣	신하로서 행동함에
當盡忠	마땅히 충을 다해야 하네.
願令皇帝陛下三千歲	황제 폐하께서 삼천세를 사시길 기원하네!
宜居此宮	마땅히 궁에 거하시리.
鵠欲南遊	고니는 남으로 갔는데
雌不能隨	그 짝은 따르지 못하네.
我欲躬銜汝	"그대를 내 부리로 잡고 싶으나
口噤不能開	입이 닫혀 열리지 않네.
我欲負之	등에 그대를 태우고 싶지만,
毛衣摧頹	내 깃은 다 망가졌네.
五里一顧	오 리마다 한번 돌아보고
六里徘徊	육 리마다 배회하네.

토퍼 코너리는 이 시를 《텍스트의 제국: 초기 제국 중국에서의 글쓰기와 권위》에서 다루었다. 그가 이와 같은 시에서 역사적 바탕에 근거한 객관성에 대해 의문을 제기하는 것은 매우 지당하다. 그러나, 우리가 이 시를 "상호텍스트성"의 측면에서 이해해야 할 경우, 그의 의견은 보다 섬세한 구분을 절실하게 필요로 한다.

47 루친리, 161.

앞뒤가 거의 전혀 맞지 않는 단락들의 결합이 텍스트로 보존될 수 있었다는 사실은 적어도 일부 악부 선집들이 매우 보존적인 성질을 가졌었다는 것을 증명해준다. 이 결합이 위 버전과 구절이 뒤죽박죽으로 되어 있는 《송서》 버전에서 공통적으로 운율의 효과를 내고 있는 백조의 "뒤집다(翻)"(혹은 단순히 "날다")라는 뜻의 글자에서 나온 것이 아닌 이상, 어떤 연관성이 이러한 결합을 만들어냈는지에 대해 추정하기란 어렵다. "황조가 몸을 뒤집는 것"은 위에서 다룬 노래의 소재를 곧바로 연상시키는데, 그것의 도입부 중 핵심부분이 연구 하나가 전치된 상태로 여기에 보존되어 있다. 여기에서 우리는, 한 연의 결합이 다른 맥락의 연으로 이동하는 "메들리"가 무너지는 국면에 접어들게 된다. 그럼에도 "메들리"라는 것은 부분들의 결합에 대해 생각하는데 효과적인 개념으로 기능할 수 있다.

새

《옥대신영》의 편집자인 서릉은 아마도 〈염가하상행〉의 〈악지〉 버전을 가지고 작업한 것으로 보이는데, 그는 여기서 매끄럽지 못하고 운율을 해친다는 이유로 남편과 아내가 이별하는 부분을 제거하였다.[48] 현대 학자 루친리조차도 〈염가하상행〉을 두 부분으로 나누고자 한다.[49] 그러면 이 작품이 얼마나 변칙적인지 묻는 것이 타당해진다. 우리는 단락들이 늘어나거나 줄어들 수 있다는 것을 안다. 만일 "새" 단락이 같은 운율을 가지고 있고 분량은

48 확신할 수는 없지만, 이는 있을 법한 사례로 보인다. 그 이유로 서릉이 여기에서 관객들을 축복하는 가수들의 종결사를 보존하고 있음을 들 수 있는데, 이는 《옥대신영》에 실린 악부에서는 일상적이지 않은 관습이다. 이러한 경우 축복하는 대사의 마지막 연구는 첫 부분과 운율을 이루고 자연스럽게 합쳐질 수 있다.

49 루친리, 272.

축소되었다고 한다면,(가령 연구 하나의 분량으로) 이러한 조합에 동일한 거부감을 느끼게 될 것인가?

이릉 작품군 중에서[50]

雙鳧俱北飛　한 쌍의 물오리들 함께 북쪽으로 날아가고,
一鳥獨南翔　한 마리 새는 홀로 남쪽으로 날아가네.
子當留斯館　그대는 마땅히 이곳에 머물러야하고,
我當歸故鄉　나는 마땅히 고향에 돌아가야 하네.
一別如秦胡　진(秦)과 호(胡)처럼 한 번 이별하니,
會見何詎央　[언제 다시 만날 수 있을는지?] [51]
愴恨切中懷　슬픔이 내 마음 속을 베어내어,
不覺淚沾裳　눈물이 옷깃을 적시는 지도 모르겠네.
願子長努力　원컨대 그대는 늘 노력하고,
言笑莫相忘　우리 함께 웃었던 일을 잊지 마시오.

나는 이 시를 〈염가하상행〉의 또 다른 구현이라고 말하는 것(물론 몹시 다른 구현이긴 하지만)이 지나친 생각으로 보이지 않기를 바란다. 여기서 새에 관한 단락은 연구 하나에 불과하다. 이것은 쉽게 더 긴 구절로 수사되었을 수도 있는데 말이다. 여기서 이별하는 사람들은, 남편과 아내라기보다는 두 남자인 것으로 보인다. 이 버전에서 시는 머무는 사람보다는 떠나는 사람의 관점에서 말해진 것이다. 그러나 송대의 전서 《태평어람》에서 이 행들이 인용된 양상을 보면, 두 번째 연구에서의 "너"와 "나"는 뒤바뀌어있다. 그리고

50　앞의 책, 341. 《고문원》 4. 《예문유취》 29.

51　이 구절은 이렇게 번역이 되긴 하지만, 여기에는 무언가 크게 잘못된 것이 있다. 루친리는 "詎"를 "遽"("우리의 만남이 어찌나 빨리 끝났는지")로 바꾸어야 한다고 주장하지만, 이것 또한 만족스러운 해답은 아니다.

물론 시가 떠나는 사람보다 머문 사람에 의해 발화된 것이라면 그 대명사들은 그렇게 뒤바뀌어야 할 것이다. 즉, 그 텍스트는 고정된 것이 아니라(구술 연행 뿐 아니라 텍스트적 연행도 포함하는) 주변상황에 따라 연행되면서 생겨나는 변이들에 열려있다. "눈물이 나도 모르게 흐른다"는 것은 〈염가하상행〉과 공유된다. 끝부분은 다르지만 노력하고 잊지 말라는 간곡한 권고는 다른 "고시"들에서도 종결 장치로 쓰인다.

〈염가하상행〉의 새들의 이별에 관한 긴 단락이 하나의 연구로 간략하게 바뀔 수 있다는 것을 인정한다면, 우리는 어휘적 격조상의 간단한 변이를 넘어서는, "문학적인" 의미를 드러내는 다른 예들을 추가할 수 있다.

이릉 작품군 중에서[52]

黃鵠一遠別　황곡은 먼 곳으로 떠날 때
千里顧徘徊　천리 밖에서 뒤를 돌아보고 망설이네.
胡馬失其羣　오랑캐 말이 무리를 잃으면,
思心常依依　말의 애타는 마음은 언제나 갈망으로 가득 차네.
何況雙飛龍　하물며 날아가는 한 쌍의 용들이,
羽翼臨當乖　두 날개가 떨어지기 직전인 경우에랴.
幸有絃歌曲　운 좋게도 노래와 현악이 있어서,
可以喻中懷　우리의 심중을 드러낼 수 있네.
請爲遊子吟　당신에게 유자음을 부르게 하고 싶네.
泠泠一何悲　그 울리는 음이 얼마나 슬픈지!
絲竹厲清聲　현악기와 관악기의 또렷한 음이 점점 더 강해지니,
慷慨有餘哀　악기들이 주는 강렬한 느낌은 진한 슬픔이구나!
長歌正激烈　이제 긴 노래는 간절하게 마음을 울리는데,
中心愴以摧　그 안에 담긴 심정은 절망과 아픔이네.

52　루친리, 338.《문선》29.《예문유취》29.

欲展清商曲 나는 또렷한 상곡(商曲)으로 연주를 하려 하네.
念子不能歸 당신이 어떻게 돌아올 수 없는지를 생각하며.
俛仰內傷心 잠시 뒤 내 마음은 고통스러워지고
淚下不可揮 눈물이 흐르지만, 닦아내지 못하네.
願爲雙黃鵠 원컨대 우리 한 쌍의 황곡 되어
送子俱遠飛 그대를 보내며 함께 날아갔으면.

여기서 새는 백조가 아니라 황곡이지만, 여전히 이 새는 "돌아보고" 있다. 비록 〈염가하상행〉처럼 5,6 리가 아니라 천리나 온 상태에서 돌아보고 있긴 하지만 말이다. 이 부분에서 우리는, 비록 연구 하나로 줄어들기는 했지만 여전히 "새에 관한 단락"을 포착하게 된다. 그러나 이 경우, "새와 관련된 연구"는 이와 대등한 또 다른 예인 오랑캐 말(胡馬)을 뒤에 수반하고 있다. 〈고시십구수〉의 첫째 수를 보면, 잘 알려진 대칭 형태가 등장한다.

胡馬依北風 오랑캐 말이 북풍에 기대고,
越鳥巢南枝 월나라 새는 남쪽 가지들에 둥지를 트네.

이릉의 시는 왜 오랑캐 말이 북쪽으로 기대고 있는지에 대해 분명하게 이야기하고 있다. 하지만 가장 흥미로운 변형은 "의(依)"에서 발견되는데, 이 글자는 한 글자로 쓰였을 때는 "-에 기대다"라는 뜻이지만, "의의(依依)"라고 두 번 연달아 쓰일 경우 "갈망하는 것"을 의미하는 소리가 된다. 두 개의 버전에서 공통적인 것은 의미보다는 음절이다(아마 글자도 공통적일 것이다). 비록 여기에서는, 단음절로는 "-에 기대다"라는 뜻의 "의(依)"가 사실은 "갈망하다(依依)"라는 뜻을 내포하고 있긴 하지만 말이다. 때로 소리로 구현되는 단어들의 연속성을 의미보다는 소리에서 볼 수 있다. 이때, 순전히 소리의 연속성을 확보하기 위해 비슷한 뜻을 지닌 다른 단어들이 사용된다.

동물계에서 인간의 이별을 상징하는 것으로 황곡과 오랑캐 말이라는 나란한 예시가 있었음에도, 이제 이것들은 부적합한 비유로 판명된다. 인간의 상황은 다시 제3의 생물(비록 상상의 동물이지만)인 용에 비유되는데, 용에 비하면 악부와 고시의 관습 상의 동물들의 이별은 덜 강렬하고 덜 고상한 예에 불과하다. 수사적 연마의 흔적들은 여기에서 자명하게 드러나며, 비유를 그저 위계를 위해 재동원하는 데에서는 가장 명백해 보인다.

何況雙飛龍 하물며 날아가는 한 쌍의 용들이
羽翼臨當乖 두 날개가 떨어지기 직전인 경우에랴.

물론 대부분의 악부와 "고시"들이 두 개의 비유를 나란히 놓거나 용을 끌어들이지는 않았지만, 수사학적 교육의 가장 명백한 표지는 "하물며"라는 뜻의 "하황(何況)"이다. 이것은 시의 병렬구조를 명백한 비교로 변화시킨다. "하황(何況)"이라는 글자는 낮은 격조의 시적 언어 관습 속에서는 설 자리가 없다. "격조 낮은" 시적 전통에서 우리는 두 평범한 생물들이 이별을 슬퍼함을 볼 수 있었다. 그렇다면 생물 중에서 가장 고등한 생물인 용은 이러한 이별의 감정을 더욱 강렬하게 느낄 것이다. 그리고 인간들은 다름아닌 용들의 이별만이 자신들에게 어울린다고 생각하게 된다. 이 용들은 "날개"로 대유되며, 높은 격조의 단어인 "어그러지다(乖)"로 이별을 나타내게 된다.

그런데 우리는 비슷한 대구를 조식의 〈해로행(薤露行)〉에서도 찾을 수 있다.[53]

鱗介尊神龍 비늘과 껍질 지닌 생물 중 용을 존경하고
走獸宗麒麟 달리는 짐승 중 기린을 존경하네.

---

53 루친리, 422.

蟲獸猶知德　만일 온갖 짐승에게서도 덕을 볼 수 있다면

何況於士人　더군다나 선비에게 있어서랴.

이 대응구는 정확한 연도보다는 격조에 대해 더 많은 것을 알려준다. 두 텍스트는 모두 고급 격조를 사용했을 뿐 아니라 "고상함"의 과시 자체를 하나의 주제로 삼는다.[54]

다른 작품들에서는 "고시"의 "문법"에 따라 구현된 시의 소재가 여기서는 어떻게 고상한 문학적 주장으로 보이는 무언가를 위해 전유되었는가를 살펴볼 수 있다. 이릉 작품군의 시는 후에 다시 살펴볼 것인데, 이 시가 낮은 격조의 시적 레퍼토리를 구성하는 요소들을 끌어오는 방식이 매우 흥미롭기 때문이다. 그러나 우선 여기서 우리는 〈염가하상행〉의 소재들이 높은 격조로 변형되는 것을 분명하게 확인할 수 있다. 앞서 〈염가하상행〉에서 새들의 이별이라는 주제를 보았는데, 이 주제는 〈염가하상행〉에서 온전한 단락으로 발전되어 이 단락 자체가 《예문유취》 버전에서 독립적인 시로 실리기도 했다. 또한, 이 단락이 《시경》에서는 "정서적 이미지(興)"를 지닌 이별 주제를 강조하는 도입부에 나오는 단일 연구로 처리된 것을 확인하였다. 마지막 변이에서 이별하는 새들에 관한 연구는 본래 시의 초반부에 자리 잡고 있었으나 시의 중간부로 옮겨지게 된다. 마치 〈고시십구수〉의 첫째 수에서 "오랑캐 말"과 "월나라 새"에 관한 수식적인 연구가 그러하듯 말이다.

이릉 작품군 중에서[55]

陟彼南山隅　남산의 귀퉁이에 올라

54　비록 우리가 여기서 집중적으로 다루고 있는 주제는 아니지만, 음악적 분류가 서로 대칭되는 사례들의 계급적 분류를 어떻게 따르는지를 주목해야 한다.

55　루친리, 340. 《고문원》 4. 《예문유취》 29.

送子淇水陽　기수의 북쪽 언덕에서 그대를 송별했네.
爾行西南遊　그대는 서남쪽으로 가고
我獨東北翔　나는 홀로 동북쪽으로 날아갔네.
轅馬顧悲鳴　마차 끄는 말은 슬프게 울며 돌아보고
五步一彷徨　머뭇거리며 다섯 걸음마다 멈추네.
雙鳧相背飛　한 쌍의 오리들은 흩어져 날아가서
相遠日已長　날마다 서로 멀어만 지네.
遠望雲中路　구름 속 길을 멀리 바라보며
想見來圭璋　규장이 오는 것을 보고 싶어하네.[56]
萬里遙相思　만 리나 떨어져 그대를 그리워하지만
何益心獨傷　어찌하여 내 마음 홀로 더욱 상해가는지?
隨時愛景曜　가는 계절에 빛을 소중히 여기며
願言莫相忘　원컨대 나를 잊지 말아주오.

이것은 지적인 시는 아니지만, 도처에서 수준 높은 문학 교육을 받은 흔적이 드러나고 있다. 글의 서두는 《시경》을 연상시키고,[57] 높은 격조의 용어들이 곳곳에서 나타난다. 그러나 표면적인 세련됨의 이면에, 이 버전의 저자가 낮은 격조의 시적 레퍼토리에 매우 익숙한데다 거기에서 특징적인 화제들의 시퀀스를 따르고 있다는 것이 명백히 나타난다. 이별할 때 우는 말은 비교적 고상한 이미지이지만, 저자가 덧붙인 행 "머뭇거리며 다섯 걸음마다 멈추네." 는 우리에게 이별하는 새에 관한 다음 구절을 상기시킨다.

五里一反顧　오 리마다 그는 한 번 뒤를 돌아보고
六里一徘徊　육 리마다 그는 멈추었네.

56　편지를 지칭한다.

57　(역주) "陟彼南山, 言采其薇, 未見君子, 我心傷悲, 亦旣見止, 亦旣覯止, 我心則夷." (《시경(詩經)》 〈소남(召南) 초충(草蟲)〉의 첫 구를 염두에 둔 발언이다.

사이사이 주저함에 대한 행은 화제들의 익숙한 시퀀스에서 나온 것이기에 자연스럽게 한 쌍의 새들의 이미지로 이어진다. 이 시에서는 오리들이다.

雙鳧相背飛 한 쌍의 오리들은 흩어져 날아가
相遠日已長 날마다 서로 멀어만 지네.

필수적인 "주저함"이 말과 관련해 이미 등장했기 때문에, 위의 시 속 오리들은 멈추지 않고 날아가기만 한다. 이것은 "날마다 서로 멀어지네"라는 화제의 한 버전에 실린 연구의 두 번째 행과 연결된다. "날마다 서로 멀어지네(相去日已遠)"의 화제는 〈고시십구수〉의 첫째 수에서도 발견된다. 이 시점에서 〈고시십구수〉의 첫째 수와, 이별에 대한 다른 시들을 살펴보면 시의 나머지 부분도 어느 정도 예측이 가능하다. 그 시들에는 부재한 누군가를 바라봄이 있고, 구름이 있으며, 받거나 받기를 고대하는 편지들이 등장할 수도 있고, 전갈이 있을 수도 있다. 시의 종결부는 사랑과 관심에 대한 구절인데, 이것은 멀리 있는 사람이나 떠나는 사람에게 보내는 전갈이나, 화자에게 온 편지에 적혀 등장한다.

이것은 실로 "시적 소재"로, 여러 변이 가능성을 품고 있는 화제이거나 주제이다. 이것은 확장될 수도, 축소될 수도 있고, 다양한 격조로 구현될 수 있다. 또한, 그 자체로 존재할 수도 있고, 다른 평행하는 주제와 연결될 수도 있다. 주제가 일단 구현되기만 하면, 화제와 틀 시구도 구성할 수 있다. 주제는 오언구에서 가장 자연스럽게 나타나지만, 칠언구로 확장될 수도 있고 사언구로 줄어들 수도 있다. 만일 새들이 반드시 떠나야 하는 상황이라면, 화자는 떠나는 사람이나 머무르는 사람의 위치에 놓일 수 있다. 그리고 가장 중요한 것은, 이러한 시적 소재가 특정한 맥락에 맞게 적용될 수 있다는 것이다. 이것은 상황에 따라 수정되며 항상 다르게 구현되는 "가상의" 시적 소재라 할 수 있는 것이다. 여기서 상황이란 구연일 수도 있고, 해당 필사본이 만들어질 때의 필사 현장에서의 규칙들일 수도 있다.

일단 이것이 가상의 시적 소재(문법이 가상이므로)로서 갖는 중요성을 포착만 한다면, 우리가 초기 시의 전통을 읽는 방법이 근본적으로 바뀌게 된다. 학자들은 이러한 초기의 시 텍스트들을 유일무이하고 안정적인 것이라고 보았고 결과적으로 이 텍스트들을 연대기적으로 비교할 수 있다고 보는 경향이 있었다. 학자들은 Y라는 시가 X라는 시로부터 구절을 빌려오거나 재구성했다고 말할 것이다. 그러나, 만일 어떤 3세기의 시인이 특정 주제와 관련된 또 다른 버전을 만들었다고 가정한다면, 이 시인은 특정한 선대의 텍스트에 대한 응답으로 이런 버전을 만든 것이 아니라, 당시 널리 공유되던 폭 넓은 범주의 변이의 과정과 화제를 활용해 이러한 버전을 만들었을 것이다. 따라서 우리는 "선행하는 작품"을 살펴봄으로써 작품을 이해하는 것이 아니라 현전하는 작품들이 갖는 공통점을 살펴봄으로써 작품을 이해하는 것이다.

여기서 서한의 것이 확실하다고 생각되는, 헤어지는 새들을 다룬 한 버전을 대조해볼 수 있을 것이다. 여기서 《초씨역림(焦氏易林)》의 현학적인 구절들 속 구성요소들의 복잡한 관계 같은 것을 기대하기는 힘들다. 그저 무리를 따라잡지 못한 암새뿐이다.[58]

九雁列陳	아홉 기러기가 열을 이루어 가는데,
雌獨不群	오직 암새만이 무리에 합류할 수 없었네.
爲罾所牽	암새는 그물에 잡혀
死於庖人	요리사의 손에서 죽었네.

58 천량윈(陳良運), 《초씨역림시학천석(焦氏易林詩學闡釋)》, 251.

이 단계에서 우리는 무리에 합류하지 못한 암새를 단순히 "모티프"라고 부를 수 있으며, 《초씨역림》의 여러 이미지가 그러하듯, 이 모티프는 당시에 대중적인 유행과 관련되어 있을 것이다. 《초씨역림》에서 초기의 고전 시들에 등장하는 이미지와 모티프들은 많이 보이지만, 이러한 이미지와 모티프들이 초기 고전시들의 시학을 특징 지어주는 화제나 시퀀스나 틀 시구의 패턴과 함께 등장하는 것은 전혀 보이지 않는다. 만일 시적 모티프가 그 자체로 오래된 것이라고 한다면, 이 모티프들은 악부나 "고시"의 시학에서는 다듬어지지 않은 소재에 불과하다.

이별 단락

여기에서 우리는 후대 많은 학자들이 제거하고자 하였던 〈염가하상행〉의 이별에 관한 단락을 되짚어볼 것이다.

念與君離別 당신과 이별하는 생각을 하니,
氣結不能言 숨이 막혀 나는 말할 수가 없네요.
各各重自愛 각자 자신의 몸을 돌보는데 신경을 써요,
道遠歸還難 여정은 길고 돌아오는 것은 어려울 테니.
妾當守空房 저는 제 빈 방을 지켜야 하니,
閑門下重關 한산한 문을 거듭 잠급니다.
若生當相見 만일 당신이 산다면 우리 다시 만날 테고
亡者會黃泉 만일 당신이 죽는다면 우리 황천에서 만나리.

남편과 아내의 이별에 관해 비교할 만한 예는 고시들 중 가장 유명한 작품에서도 쉽게 발견된다.

이릉 작품군 중에서[59]

結髮爲夫婦 머리 묶고 남편과 아내가 되어
恩愛兩不疑 둘 모두 우리가 나누는 사랑을 의심치 않았네.
懽娛在今夕 기쁨과 즐거움 이 밤에 있으니,
嬿婉及良時 친밀함은 기회가 왔을 때 누려야 하네.
征夫懷遠路 길손은 앞으로의 여정을 생각하고,
起視夜何其 일어나서 밤 어느 때인지를 보네.
參辰皆已沒 삼성(參星)과 신성(辰星)은 이미 저물었는데,
去去從此辭 이 순간부터 떠나가네.
征役在戰場 떠나서 전쟁터에 복역하니,
相見未有期 다시 만날 기약이 없네.
握手一長歎 악수하고 길게 탄식하니,
淚爲生別滋 살아서 이별함에 눈물 쏟아지네.
努力愛春華 봄날의 영화를 누리도록 노력하되,
莫忘歡樂時 즐거웠던 우리의 시절을 잊지 마십시오.
生當復來歸 그대가 산다면 그대는 다시 돌아올 것이고,
死當長相思 그대가 죽는다면 내 언제나 그대를 그리워하리.

이 느슨하게 정의된 "오래된 시들"이 공통의 언어와 작법 관습을 공유한다는 사실을 제시하는 것은 이 모든 시들이 미학적으로 동일하다는 것을 말하기 위해서가 아니다. 이것은 훌륭한 시들이 이 공통의 언어에서 생겨날 수 있음을 보여주는 좋은 예가 된다. 그리고 여전히 이 공통의 언어는 무엇이 성취될 수 있는가를 살펴보기 위한 좋은 출발점이다.

이제 남편과 아내의 또 다른 이별을 살펴볼 것이다. 마지막 부분에만 〈염가하상행〉에서의 이별 단락과 밀접한 언어적 메아리가 존재한다고 한다면,

59 루친리, 338. 《문선》 29. 《옥대신영》 1.

쉽게 일실된 작품들의 대응물을 제공할 수 있다.

저자미상의 고시[60]

悲與親友別 슬픔 속에 친구와 이별하니,
氣結不能言 숨이 막혀서 말할 수 없구나.
贈子以自愛 그대에게 스스로를 돌보라 이르니,
道遠會見難 길은 멀어 만나기 어려우리.
人生無幾時 인생은 오래지 않은데,
顚沛在其間 곤경이 그 사이에 생겨나네.
念子棄我去 어찌 그대가 나를 버리고 갔는가 곱씹으니,
新心有所歡 마음이 바뀌어 사랑할 사람을 찾은 게지요.
結志青雲上 그대의 뜻 청운(青雲) 위로 드높으니,
何時復來還 언제 그대 다시 돌아올까.

위 시에서 앞 네 구는 〈염가하상행〉의 이별 단락의 첫 네 구의 변이에 해당한다. 두 번째 구의 경우는 아예 복제이다. 오직 세 번째 연구만을 밀접한 대응구나 틀시구 없이 남겨두었다.

妾當守空房 저는 제 빈 방을 지켜야 하니,
閑門下重關 한산한 문을 거듭 잠급니다.

이 시기의 시에서 밀접한 대응구들은 항상 발견된다. 조식의 유명한 〈미녀편(美女篇)〉[61]으로 시작해보기로 한다.

60 루친리, 335. 《옥대신영》 1. 《옥대신영》의 원본에 있었던 것이 아니라는 주석이 있지만, 그 밖에 초기 출처로 알려진 자료는 존재하지 않는다.

61 루친리, 432.

青樓臨大路　푸른 누대는 큰길가에 서 있고,
高門結重關　높은 문은 거듭 빗장에 묶여 있네.

그리고 조비의 〈연가행(燕歌行)〉 첫 수는 다음과 같다.[62]

君何淹留寄他方　어찌하여 그대는 낯선 땅에 기탁하여 머무시나요?
賤妾煢煢守空房　천첩(賤妾)은 외롭게 빈 방을 지키고 있습니다.

또 조식의 〈잡시〉 제3수는 다음과 같다.[63]

妾身守空閨　첩은 빈 방을 지키고,
良人行從軍　낭군은 군대를 따라 떠났지요.

부현(傅玄)의 〈추호행(秋胡行)〉에서 추호가 아내를 떠난 뒤의 장면도 간과해서는 안 된다.[64]

皎皎潔婦姿　순결한 아내의 자태 빛났었는데,
冷冷守空房　차갑고 외롭게 그녀는 빈 방을 지키네.

시에서 시로 옮겨가면서 유사한 구절들은 늘어났는데, 같은 상황에서 같은 구절들이 되풀이될 뿐 아니라 구의 같은 위치에 같은 단어들이 나타나기도 한다. 3세기나 혹 그보다 이른 시기의 시 짓기는 아마도 빈번하게 일어나면서도 순간적이었을 것이다. 따라서 아주 적은 수의 시들만이 글로 써졌

62　위의 책, 394.
63　위의 책, 457.
64　위의 책, 556.

고, 그 중에서도 더 적은 수의 시들만이 남조 시대의 필사 전통 속에서 살아남았으며, 그 중에서 더 소수만이 우리가 가진 자료에 취사되고 기록되어졌다. 자료를 보존하고자 한 〈악지〉를 제외하고는, 시들은 후대의 좋은 "시"에 대한 기준과 초기 시는 어떤 것이어야만 하는가에 대한 관념에 따라 취사되고 수정되었다. 텍스트의 엄청난 손실과 의도적 취사를 고려하면, 현전하는 시들 중 다수가 이렇게나 많은 부분을 공유한다는 사실은 화제와 틀시구가 관습적 언어조합에서, 혹은 변주에서 지속적으로 재사용되었음을 보여준다.

또 다른 〈염가하상행〉

우리가 논의했던 〈염가하상행〉의 버전이 우리에게 "무엇이 진짜 시인가"에 대한 흥미로운 질문을 제공하지만, 〈악지〉에 실린 두 번째 저자미상의 〈염가하상행〉에 비교한다면 그 문제는 사소한 것에 불과하다고 할 것이다. 첫 번째 문제는 모든 악부 제목에는 오직 한 세트의 고사(古辭)만이 있어야 한다는 일반적인 신념에서 말미암는다. 그리고 이 고사(古辭)는 문자 그대로 "옛 가사"이지만, 결국 "원래의 가사"로 이해되었다. 용어가 함축하는 의미의 이 같은 전환은, 연대와 우선순위를 구성하고, 그 앞에 하나의 단일한 "원본"을 놓고자 하는 욕구에서 비롯된 것이다.

같은 악부 제목 하에 다른 두 저자미상의 "고사(古辭)"가 있는 것은 불안정한 상황이므로, 그 중 하나는 저자를 필요로 했다. 《악부시집》은 〈염가하상행〉의 첫 번째 버전 서두에 비교적 긴 논의를 적어두었는데, 이 논의는 워낙 모호하여 글쓴이가 해결하고자 했던 것만큼이나 많은 문제들을 만들어 냈다. 곽무천은 6세기 《고금악록》을 인용하면서 논의를 시작하는데, 이는 결국 왕승건(王僧虔)의 《기록(技錄)》에 있는 아래의 말을 인용한 것이다.(구두(句讀) 없이 제시한다.)

豔歌何嘗行歌文帝何嘗古白鵠二篇

〈염가하상행〉 노래 문제(文帝 조비(曹丕)) "언제(") 옛 (")백조" 두 편

여기서 왕승건이 주장하고 있는 근거도 알 수 없거니와, 그가 언급한 것이 어떤 시인지도 확신할 수 없다.(앞에서 논의한 "백조"의 몇몇 버전이 아마도 그 중 하나일 것이다.) 5세기경 당시에 왕승건은 자기가 의미했던 바를 알고 있었을 것이고, 아마도 그가 언급했던 텍스트가 무엇인지도 알았을 것이다. 《고금악록》의 외부에서 인용되었고 그것이 결국 《악부시집》에 재인용되었으므로, 우리는 추측만을 할 수 있을 뿐이다. 이 구절이 해석되어진 방법은 "두 편: 문제(文帝)의 '언제'와 옛/원래의 '백조'"이다. 이는 〈악지〉에 나타난 두 세트의 저자미상의 가사에 대한 문제를 해결하였지만, 여전히 당(唐)의 《악부해제(樂府解題)》에서는 저자미상으로 언급되었다.[65]

곽무천은 왕승건의 이 합당한 해석을 통해 모순을 풀어냈는데, 그것은 바로 조비의 작품의 두 번째 버전으로 간주한 것이었다.[66] 그러나 〈염가하상행〉의 두 번째 버전을 읽어보면, "백조" 버전보다 심지어 더욱 "총잡(總雜)"이라는 것을 알 수 있다. 그리고 우리가 조비는 음악 연행의 반복된 경험을 통해 전문 가객"처럼" 작곡할 수 있었을 것이라고 꽤 합당하게 추정하는 반면에, 여기에서의 화자는 조비에게 보다 확실하게 귀속된 다른 작품들보다 조비의 특징이 덜 드러난다고 할 수 있다. 전통적인 시학의 맥락에서 볼 때

---

65 디에니는 이 구절을 다른 방식으로 해석하였는데, 두 작품 모두를 조비의 것으로 보았다. 디에니, 《중국 고전시의 기원에 대하여: 한(漢)나라 시대의 악시에 대한 연구》, 148.

66 물론 이는 논의의 대상인 〈염가하상행〉이 왕승건이 언급한 조비의 작품과 동일하다는 것을 가정한 것이다.

이 노래는 당황스러운 것이다. 물론 우리가 시적 작법을 매우 다른 방식으로 생각하지 않는 한에서 말이다.

염가하상행(艷歌何嘗行)

- 조비(曹丕)(《악부시집》) 혹은 저자미상(고사(古辭), 《송서(宋書)》)[67]

何嘗快獨無憂	아,) 그 언제 근심 없이 즐거움을 누리려나.[68]
但當飮醇酒	다만 술을 마시고
炙肥牛	구운 소고기 먹어야 하네.
長兄爲二千石	큰형은 이천석 곡식이 있고
中兄被貂裘	둘째형은 여우갖옷을 입었고
小弟雖無官爵	아우는 관작(官爵)이 모두 없지만
鞍馬馺馺	그의 말은 빨라서
往來王侯長者遊	왕래하며 왕, 후, 장자들과 교유한다네.
但當在王侯殿上	왕, 후의 궁전에서는 다만 마땅히
快獨摴蒱六博	주사위와 윷놀이를 즐기고
對坐彈棋	마주 앉아 상대와 바둑을 두어야 하리.
男兒居世	모든 남아는 세상을 살며
各當努力	힘써 노력해야 한다네.
蹙迫日暮	황혼은 저물어 재촉하니
殊不久留	오래 머물기는 어려워라.
少小相觸抵	어려서부터 저촉되는 일 있었고

67 루친리, 397. 《송서》. 《악부시집》 39. 황지에, 《위무제·문제·명제시주》, 56. 디에니, 《중국 고전시의 기원에 대하여: 한(漢)나라 시대의 악시에 대한 연구》, 146-50. 비렐, 《한(漢)나라의 유행 노래와 서정시》, 87-89.

68 몇몇 현대의 출판물에서는 이 한 구를 세 글자씩 두 구로 나누어, "아 언제 즐거움을 누리려나 / 아무런 근심 없이"로 해석했다. 이는 행을 읽기 좋게 만든다는 점에서는 매력적인 해결책일 수 있겠으나, 문제적 구절인 "쾌독(快獨)"이 10행에서 다시 나타난다. 그러므로 서두에서 복합어를 나누는 것은 불가능할 것으로 보인다.

寒苦常相隨　추위와 괴로움이 항상 따랐지.

忿恚安足諍　어찌 성을 내며 다투랴

吾中道與卿共別離　나는 도중에 그대와 이별할 것인데.

約身奉事君　내 몸은 임금/그대에게 묶여 있고

禮節不可虧　예절에는 흠이 없네.

上慙滄浪之天　위로는 창랑의 하늘을 부끄러워하고[69]

下顧黃口小兒　아래로는 아이를 돌아보네.

奈何復老心皇皇　어떻게 황황한 마음으로 늙어가겠으며

獨悲誰能知　고독한 슬픔 뉘라서 알아줄 것인가.

당시에는 악부와 "고시"의 전범이 있었고, 이를 꼼꼼하게 해석하여 "한대의 시(漢詩)"의 대표적 이미지를 도출하게 되었다. 그 이미지를 아는 이들에게, 이 운문(지금은 거의 조비에게 귀속되어, 저열한 시인의 그보다 덜 성공적인 "후대"의 작품으로는 읽혀지지 않는)은 대부분 너무나 익숙한 시들을 부자연스럽게 엮은 짜깁기이다.

그러나 노래의 구성이 주제의 단락들로 이루어지고 그 단락들 사이의 연결 속에 어떤 즐거움이 있다고 가정한다면, "짜깁기"는 "메들리"가 되며, 이는 다소의 괴리에도 불구하고 얻어낸 일치에서 오는 즐거움을 동반한다. 솜씨 없는 시인에 의해 만들어진 부자연스러운 짜깁기라기보다는, 우리는 여기서 텍스트적으로 전해진 이른 시기 연행 관습의 강력한 흔적을 보게 된다. 이 점은 장 피에르 디에니가 이 시에 대한 연구에서 잘 설명하였다. "만약 우리가 완벽한 체계를 가질 수 있다면, 우리는 이전의 시인들처럼 하나

69　조비(曹丕)의 〈대장상호행(大牆上蒿行)〉(루친리, 396)에도 이와 유사한 구가 있는데, 여기에서는 귀족 청년이 즐거운 시간을 보내며 하늘에 손짓하면서 영원히 하늘을 구경할 수 없을 것이니 할 수 있을 때 즐겨야 한다고 말하고 있다. "위로 창랑의 하늘이 있네.(上有滄浪之天)"

의 모티프에서 다른 모티프로 자유로이 날아다닐 것이다."[70] 그러나 디에니와는 반대로, 나는 일관성이 있는 작품들이 충분히 존재한다고 생각한다.

단락들과 그것들의 유사한 예들을 살펴보자. 그러기 전에, 우리는 〈악지〉에 주어진 음악의 분류를 고려해야 한다. 염가(豔歌)는 서곡으로, 다른 서곡들처럼 긴 "종결부(趨)"를 포함하고 있는데, 이 악부에서는 "어려서부터 저촉되는 일 있었고(少小相觸抵)"로 시작된다.[71] 즉, 더 유명한 작품 〈염가하상행〉처럼, 이 악부도 두 부분으로 구성되어 있는 것이다.

노래는 우수에 찬 서술로 시작하는데(즉, 만약 도입부의 여섯 글자를 한꺼번에 읽는 것으로 볼 경우에 말이다.), 이는 〈선재행(善哉行)〉과 〈서문행(西門行)〉에서 보이는 것처럼 관습적으로 음주와 유흥에 대한 격려를 수반한다. 실제로 먹고 마시는 것에 대한 구절은 악부 〈서문행(西門行)〉의 "술을 마시고, 구운 소고기를 먹네.(飮醇酒, 炙肥牛.)"와 공유된다.[72]

도입부를 따르다보면 우리는 "세 형제들" 단락의 한 버전에 이르게 되는데, 이는 〈장안유협사행(長安有狹斜行)〉의 다음 단락과 가장 가깝다.[73]

大子二千石 큰 아들은 이천 석의 곡식이 있고
中子孝廉郞 둘째 아들은 효성 있고 청렴한 신사네.
小子無官職 막내아들은 관직이 없이

---

70 "Si nous possédions le système entier, nous volerions d'un motif à l'autre avec la même assurance que les poètes d'antan"(디에니, 《고시십구수》 150)

71 "서곡"은 염가(豔歌)에 대한 딱히 좋은 번역은 아니다. 이는 아마도 연행의 첫 번째나 그보다 더 큰 부분에 사용된 일종의 노래일 것이기 때문이다. "취(趨)"를 수반한 시퀀스를 명확히 하기 위해서만 서곡이라는 용어를 칭하는 것이며, 이는 "종결부"로 번역되고 작품의 마지막에 나타난다. 염(豔)의 음악적 특질에 대한 논의는 푸잉지, 〈염가하상행을 통해 본 한(漢)·위(魏)·진(晉) 악부시의 몇 가지 문제〉를 보라. (역주: 저자는 〈염가하상행〉을 '서곡: 오 언제(Prelude: O When)'라 번역했다. 본문에서는 혼동을 피하기 위하여 전부 〈염가하상행〉으로 옮겼음을 일러둔다.)

72 루친리, 269.

73 위의 책, 266.

衣冠仕洛陽　의관을 차려 입고 낙양에서 일하네.

행 길이의 변화를 제외하면, 이 글과 〈염가하상행〉의 주요한 차이는 압운행에서 나타난다.[74] 관습적으로 탕아로 묘사되는 막내아들의 모습은 〈장안유협사행〉보다 〈염가하상행〉에서 더 잘 구현되었다("의관을 차려 입고 일한다"는 것은 그가 실제로는 직위를 가지고 있음을 암시하기 때문이다). 서두의 모티프인 "유흥"은 노름과 방종함으로 확장되는데, 이는 〈고시십구수〉와 조식(曹植)의 몇 악부 작품에서의 잔치 장면을 연상시킨다. 화제들의 관습적인 시퀀스 중 하나에서, 유흥은 삶의 덧없음을 이야기하는 것으로 이어지기도 한다.

"노력(努力)"의 맥락에 대해서도 몇 가지 이야기해볼만 하다. 우리는 이것을 《문선(文選)》에 포함된 〈장가행(長歌行)〉에서 본 바 있다. 〈장가행〉에서 이것이 사회적으로 이로운 행위로서 명백히 장려된 것은 아니지만, 흔히 말하는 가사의 일반적인 적절성의 측면에서 보았을 때 쉽게 받아들여질 수 있는 것이었다.[75]

少壯不努力　젊어서 노력하지 않으면
老大徒傷悲　늙어서는 상심하고 슬플 뿐이라.

이는 또한 소무(蘇武)와 이릉(李陵)의 작품군에서 더욱 명백히 높은 차원으로 등장한다.[76]

74　원리는 간단하다. 압운한 행에서는 다양한 운자에 맞추기 위해 공식(formulae)이나 틀 시구가 유연해야 하기 때문이다.

75　루친리, 262. 삶의 덧없음에 대한 진술과 관련하여 이 모티프를 삶의 덧없음에 대한 진술과 관련 짓는 논의는 245-248쪽을 참고할 것.

76　루친리, 337.

努力崇明德　너의 훌륭한 덕을 숭고하게 하고자 노력할지니,
皓首以爲期　우리는 백발이 되어서 다시 만나리.

우리는 위의 악부와, 소무(蘇武)와 이릉(李陵)의 작품군에 있는 〈쌍부구북비(雙鳧俱北飛)〉"에서 노력하라는 것이 일반적인 권고임을 발견하게 된다.

願子長努力　그대가 항상 노력하기를 바라고,
言笑莫相忘　우리 함께 웃던 날을 잊지 말기를.

가장 유명한 예는 〈고시십구수〉의 첫 수에서의 마지막 부분인 "더 먹기 위해 노력하라.(努力加餐飯)"인데, 이는 노력하는 것이 얼마나 일반적인 것이었는지를 짐작하게 한다. 모든 경우에서 권장하는 내용은 종결부임을 드러내며, 위의 악부에서도 이것은 단락의 종결부가 된다.[77]

"서곡(艷歌)"인 이 지점까지는 연회 노래의 훌륭한 변주에 해당한다. 그러다가 "종결부(趣)"로 옮겨가면서 갈등과 임박한 이별의 상황으로 변화한다. 단락들 사이를 이동할 때, 매끄럽지 못한 연결 지점들에서 독자들은 이를 연결하며 일종의 즐거움을 얻는다. 내러티브를 구축하는 것은 쉽다. 세 형제들에게 각각 아내가 있는데, 항상 "막내의 아내"가 시적 주목을 받는 인물이다. 〈장안유협사행〉 중 위 인용문에 이어지는 부분은 아래와 같다.[78]

三子俱入室　세 아들이 함께 집에 들어갔을 때,
室中自生光　방 안에는 빛이 가득했네.
大婦織綺紵　첫째 아내는 무늬 있는 직물을 짜고,

77　〈고시십구수〉의 제4수에서도 변이를 찾아볼 수 있다. 연회와 삶의 덧없음에 대한 인식에 이어서 나오는 이 부분에서는, 청자들에게 행동을 취할 것을 말한다.

78　루친리, 266.

中婦織流黃　둘째 아내는 노란 고치를 짜고,

小婦無所爲　막내 아내는 아무것도 하지 않은 채

挾琴上高堂　금(琴)을 끼고서 높은 당에 오르네.

丈人且徐徐　"그대는 여유를 가지세요,

調弦詎未央　줄을 고르는 것이 아직 끝나지 않았어요."

〈염가하상행〉에서 막내아들은 흥청대며 나돌았고, 이것이 인생의 덧없음과 노력의 중요함에 대한 선언으로 이어졌기 때문에, 이 종결부를 막내의 아내의 책망으로서 해석하기가 쉽다. 이러한 맥락에서 이전의 젊을 때 "노력하라"는 충고는 관습적 단락의 종결부이자 다음 단락으로의 전환으로서의 역할을 한다.[79]

추정상의 내러티브가 단락들을 통합하였음에도 불구하고, 이 시가 비합리적인 결합으로 연결되었다는 것 또한 사실이다. 종결부의 처음에 나오는 갈등의 화제는 이 시의 맥락에서 놀랍게 느껴지며, 따라서 그것이 어디에서 온 것인지 의아해할 수밖에 없다. 남편을 예의바르게 만들려는 아내의 시나리오 상에 필요한 자연스러운 구성요소라고 해석할 수 있을 것이다. 그러나 이는 또한 화제의 관습적 연결에서 나타난다. 아마도 갈등은 형제들의 화제의 가능한 결합요소일 것이다. 세 명(혹은 그 이상의) 형제들이 있을 때, 그 중 한 명은 항상 가난하거나 어떤 식으로든 곤경에 처하게 된다. 다른 형제들처럼 같은 "뿌리"에서 나왔을지라도 말이다. 짧은 저자미상의 악부인 〈상류전행(上留田行)〉의 한 버전을 인용해보자.[80]

79　종결부를 아내가 남편에게 한 말로 해석하는 것은 황지에가 시작하였다. 디에니는 이것을 "순수한 판타지"라고 반대하였다. 만일 《송서》에 실린 초기의 악부에 대한 디에니의 놀랄 만큼 통찰력 있는 논의로 확장시킨다면, 뒤에 나오는 논의에서처럼 특정 내러티브로부터 주제의 구성요소들을 분리시킬 수 있게 될 것이다. 형제들 사이의 갈등의 모티프는 쉽게 남편과 아내 사이의 갈등의 언급으로 옮겨질 수 있다.

80　루친리, 288.

出是上獨西門　나 홀로 서문을 나오니,
三荊同一根生　세 넝쿨이 같은 뿌리에서 자랐는데,
一荊斷絶不長　한 넝쿨은 끊어져 자라지 못하네.
兄弟有兩三人　형제들 두 세 사람 있는데,
塊摧獨貧　빈털터리로, 혼자만 가난하네.

이제 〈장안유협사행〉의 또 다른 버전, 즉 〈계명(鷄鳴)〉을 검토해봄직 하다. 여기에서는 더 많은 형제들이 나오는 마지막 부분, 그러나 또한 함께 묶인 것처럼 보이도록 결합된 후반부를 인용한다.[81]

兄弟四五人　형제 네다섯이 있는데
皆爲侍中郞　모두 시중랑(侍中郞)이네.
五日一時來　오일마다 한번 돌아오고,
觀者滿道傍　보는 이들 길거리에 가득하네.
黃金絡馬頭　황금이 말 머리를 휘감아,
熲熲何煌煌　빛나고도 찬란하네.
桃生露井上　복숭아나무 우물가에 자라고,
李樹生桃傍　자두나무 복숭아나무 옆에 자라네.
蟲來齧桃根　벌레가 와 복숭아나무 뿌리 갉아먹지만,
李樹代桃殭　자두나무가 복숭아나무 대신 쓰러지네.[82]
樹木身相代　나무들은 다른 이 위해 희생하는데,
兄弟還相忘　형제들은 형제를 잊었네.

여기에서는 형제들 사이에서나 다른 형제를 도와주는 데 실패한 한 형제

81 위의 책, 257.

82 이 네 구는 정치적인 함의를 가지는 가요(歌謠)를 강하게 암시한다. 성제 시대의 작품으로 귀속된 가요의 마지막 네 구처럼 말이다.

의 갈등을 명백하게 볼 수 있다. 게다가 학자들은 항상 〈계명〉의 도입 단락 때문에 혼란스러워 하였는데, 이는 죄를 저지르지 말라고 경고를 받은 방랑자를 암시한다.

雞鳴高樹巔　높은 나무 꼭대기에 닭이 울고,
狗吠深宮中　깊은 건물 안에서 개가 짖네.
蕩子何所之　탕자는 어디로 가는가?
天下方太平　천하가 이제 태평한데.
刑法非有貸　형법에는 태만함이 없고,
柔協正亂名　약한 이는 조화 이루고, 이름을 어지럽힘은 바로잡혔네.

〈계명〉 단락의 끝부분에는 서로를 도와주는데 실패한 형제들의 모습이 강하게 암시되어 있는 듯 하며, 이들 중 막내는 〈염가하상행〉에서 도박을 하고 흥청망청 사는 모습이 나옴을 고려할 때, "탕자"로 볼 수 있다. 일탈은 〈계명〉 단락의 도입부에서 암시되고 있으며, 〈염가하상행〉의 마지막 부분의 시적 소재에 대한 보다 긴 버전이라고 할 수 있는 세 번째 시에서 분명히 암시되고 있다. 아래의 시는 〈동문행(東門行)〉 이라는 시로, 〈악지〉에 실려 있는 버전[83]이다.

不顧歸　돌아올 것은 생각지 않네.
來入門　문으로 들어서니
悵欲悲　슬프고 비통하구나.

盎中無斗儲　단지 안에는 남은 쌀이 없고

83 루친리, 269, 《송서》. 《악부시집》 37. 디에니. 《중국 고전시의 기원에 대하여: 한(漢)나라 시대의 악시에 대한 연구》, 126-28, 비렐, 《한(漢)나라의 유행 노래와 서정시》, 134-37.

還視桁上無懸衣	둘러봐도 시렁 위에는 걸린 옷이 없네.
拔劍出門去	칼을 빼들고 문을 나서니,
兒女牽衣啼	자식들 울며 옷을 당기네.
他家但願富貴	"다른 가족들은 단지 부와 명예를 원하나
賤妾與君共餔糜	저는 당신과 죽을 나누어 먹겠어요,
共餔糜	죽을 나누어 먹겠어요.
上用倉浪天故	위로는 푸른 하늘이 있기 때문이고,
下爲黃口小兒	아래로는 갓난아이가 있기 때문이에요.
今時淸廉	지금은 평화로운 때이니,
難犯敎言	규칙을 어겨서는 안 됩니다.
君復自愛莫爲非	그대는 자신을 돌보고 그른 일을 하지 마세요.
今時淸廉	지금은 평화로운 때이니,
難犯敎言	규칙을 어겨서는 안 됩니다.
君復自愛莫爲非	자신을 돌보고 그릇된 일을 하지 마세요.
行	"나는 가네.
吾去爲遲	너무 지체했어."
平愼行	"행동을 조심하세요,
望君歸	당신이 돌아오기를 기다리겠습니다."

〈동문행〉에는 부유한 탕아 대신 가난한 남자가 등장하지만, 갈등의 장면과 아내가 만류하는 것이 나온다는 점은 〈염가하상행〉과 같다.

이렇게 겹쳐지는 텍스트가 증가하는 것은 혼란스러울 수도 있지만, 이러한 텍스트들을 함께 고려하면, 서사이론의 표준적인 상황을 확인할 수 있다. 바로 플롯의 기능들과 변수들이다. 차이점이 있다면, 이 시에서는 온전한 플롯은 없고 서로 다른 국면들이 산만하게 제시될 뿐이라는 것이다. 우리는 시들에서 세 명의(혹은 두 명에서 다섯 명까지도 될 수 있는) 형제들이 등장하며, 막내가 곤란에 빠지고 있음(일탈하거나 방탕한 행동을 하거나, 단순히 운이 없어서 가난해지는)을 확인할 수 있다.[84] 〈계명〉을 이해하는 데 있어서의 문제는, 형제 중 막내가 탕아가 되거나 곤경에 빠지는 것에 대한 구체적인 언급이 없다는 점이다. 한 이야기의 여러 버전으로서 이 텍스트들을 본다면, 고난을 겪는 동생에 대한 구체적인 언급은 필요하지 않다. 관객들은 그 사실을 알고 있기 때문이다. 다른 형제들은 막내 동생을 돕지 않는다. 그에게는 아내가 있는데, 아내는 그를 개선시키려 노력하거나, 반대로 그렇게 하지 않고 "누군가"를 위해 음악을 연주한다. 이것은 하나의 "이야기"라기보다는, 여러 가지 가능한 이야기들을 말하는 방법의 선택지들을 모아놓은 개요에 가깝다.

우리가 시에서 보게 되는 것은 이야기들이 아니라 변수들의 집합을 구성하기에 충분한 조각들이다. 다시 말하면, 만일 A라는 시가 B라는 시와 몇몇 자료들을 공유하고, B가 다른 부분을 C와 공유한다면, C의 다른 요소들은 A를 설명하기에 유용할 것이다. A와 C의 연결고리는 B와 일정 부분을 공유한다는 사실에만 근거하고 있음에도 말이다. 이것은 우리가 이러한 텍스트들을 연결망에 의해서 함께 묶인 익숙한 화제들의 레퍼토리의 여러 버전들이라고 여기는 경우에만 의미가 있다. 이러한 시각에서 볼 때, 청자가 일탈하는 탕아에 대해 경고하는 〈계명〉의 도입단락을 듣게 되면, 청자는 화제들과 주제들의 느슨한 조합을 인식할 것이다. 청자가 형제들에 관한 단락을 듣게 되면, 청자의 인식은 확실해질 것이다. 청자는 부인의 입에서 간청이 나오는 부분을 굳이 들을 필요조차 없다. 그러다가 청자는 동생을 돕는 데 실패한 형제들에 대한 마지막 부분을 듣는 순간, 무언가 새로운 점이 있

84 디에니는 귀족의 집에 자주 드나드는 것의 모티프가 항상 긍정적으로 그려지고 있다고 주장한다(《중국 고전시의 기원에 대하여: 한(漢)나라 시대의 악시에 대한 연구》, 149). 하지만 우리가 다루는 텍스트의 범위를 《송서》 악부 너머로 확장해보면, 디에니의 주장이 꼭 맞는 것은 아니다. 막내는 일반적으로 문제가 있는 인물로 등장하며, 고급스러운 생활은 쉽게 나쁘게 바뀔 수 있다.

다는 것을 깨닫는다.(적어도 현전하는 시들 중에는 이와 정확하게 일치하는 것이 없다.) 경고를 귀담아 듣지 못한 막내의 행동과, 다른 형제들이 막내를 돕는데 실패한 것의 결과가 바로 그 새로운 점이다.

만일 우리가 〈계명〉을 독립된 하나의 "시"로서 다룬다면, 이는 전통적인 비평가들이 지적해 온 내적인 일관성과 관련된 모든 문제들을 유발한다. 만일 우리가 그것을 공유된 레퍼토리 속 소재의 한 구현으로 본다면, 이는 잘 맞아 떨어진다. 이와 같은 맥락에서, "한 악부(漢樂府)" 이후에 나온 것으로 추정되는 작품인 조비의 〈염가하상행〉은 유사한 행들과 단락들의 짜깁기로 인식될 수도 있다. 그러나 만일 이를 위와 같은 소재들의 또 다른 구현으로 본다면, 그의 작품은 매우 분명하고 온전한 구현이라고 할 수 있다.

비록 내러티브가 주제들의 집합으로부터 만들어질 수 있다 하더라도, 주제의 집합체는 내러티브가 아니다. 연속성은 주제 자체에 내재되어 있다. 구체적인 사항들은 재구성 될 수 있다. 아내는 다른 사람의 아내일 수 있다. 비록 〈장안유협사행(長安有狹斜行)〉과 그것이 짧게 변형된 작품인 아래 작품에서처럼 두 동서들과 같이 바느질에 능숙하다고 하더라도 말이다. 염려되는 일탈이 반드시 손에 쥔 칼로 저지를 법한 폭력일 필요는 없다. 그 부인이 설득하는 것은 여행을 떠나려는 남편이 아니라, 방랑자를 위해 그녀가 옷을 만드는 것을 의심스럽게 쳐다보는 집에 상주하는 남편일 수도 있다. "둘 혹은 세 형제들"을 포함하여, 작품 구성의 조각들은 모두 현전한다. 그 시인은 이 조각들을 모아 새로운 이야기 혹은 옛 이야기의 또 다른 변형으로 만들어낸다.

〈염가행(艶歌行)〉[85]

翩翩堂前燕　집 앞에 빠르게 나는 제비들은

85 루친리, 273.《옥대신영》1.《악부시집》39. 황지에,《한위악부풍전》, 44-45

冬藏夏來見　겨울에는 사라졌다 여름 되면 나오고,
兄弟兩三人　두 세 형제들은
流蕩在他縣　타현(他縣)에 자유롭게 떠도네.
故衣誰當補　내 오래된 옷은 누가 수선하며,
新衣誰當綻　새 옷은 누가 기워주나.
賴得賢主人　다행히도 사람 좋은 주인이 있어
覽取爲吾綻　보고서 터진 곳을 기워주네.
夫壻從門來　남편은 문에서 들어와서
斜柯西北眄　구부정하게 서서 서북쪽을 흘겨보네.
語卿且勿眄　"여보, 그렇게 흘겨보지 말아요-
水清石自見　물이 맑으면 돌이 드러나요."
石見何纍纍　드러난 돌이 어찌 그리 빽빽한지,
遠行不如歸　멀리 떠남이 집으로 돌아감만 못하네.

《옥대신영》을 1차적인 원전으로 삼고 있는 텍스트들을 다룰 때에는, 각별한 주의가 필요하다. 그 이유는 《옥대신영》에 실린 초기의 텍스트들이 6세기 독자들의 취향에 맞게 고쳐진 경우가 빈번하기 때문이다. 섹슈얼리티의 상징인 제비는 남의 집에 신세를 지러 오는 여행자들을 의미할 수도 있다. 제시된 시에서는 제비가 도입부에만 나타난다. 비록 이 시 뒤에 이어져 청중에 대한 축원으로 마무리되는, 제비에 대한 10행의 시를 쉽게 상상할 수 있지만 말이다. 이 말은 이 시가 〈염가하상행〉의 첫 번째 버전과 매우 유사한 형태로 구현될 수 있었던 시라는 것이다.

〈염가하상행〉의 첫 번째 버전에서도 "두 세 형제"가 언급되고 있을지 모른다. 그러나 시의 나머지 부분에서는 단 한명의 방랑자만이 등장하고 있는 것으로 보이며, 우리는 이 방랑자가 세 형제 중에서 온갖 문제에 휘말리는 막내임이 분명하다는 것을 알고 있다.[86] 옷을 만드는 것은 여성의 일이었고 전문 직능인이 아닌 가족 구성원의 책임이었다. 방랑자에게 있어 옷은 문제를 유발하는데, 이 문제는 여주인에 의해 해결되고 있다. 이 여인은 〈농서행(隴西行)〉에서 다른 모습으로 나타난다. 여기에서 그녀는 예를 갖춰 손님을 대하는 데에 한계에 직면하는데, 이 한계를 넘지 않음으로써 그녀의 미덕은 확인된다.[87]

남편은 이 때 등장하여 분노하고 의심스러워한다. 우리는 앞의 두 사례에서 여인이 떠돌이 남편을 설득하는 것을 보았다. 여기서는 그녀가 의심을 하는 남편에게 간단하게 설득을 하며 숨기고 있는 사실이 전혀 없음을 말하고 있다. 여기서 마지막 연구가 화자의 말이라고 볼 수도 있고, 남편의 말이라고 볼 수도 있으며, 심지어는 아내의 말이라고 볼 수도 있다. 담론에 변형을 줌에도 아내의 말일 수도 있다고 한 이유는, 그저 아내가(혹은 "한 아내"가) 방랑자를 떠나도록 설득하거나 집으로 돌아오라고 설득하고 있기 때문이다.

섞어서 조합하기

이전에 인용했던 이릉 작품군에 실린 이별시들 중 하나인 "황곡은 먼 곳으로 떠날 때"로 돌아가 보자. 주의 깊은 독자는 이 시에 무언가 이상한 점이 있다는 것을 인식했을 것이다. 그 이상한 점은, 이 시가 이제는 친숙해진 새들의 이별 모티프로 시작하지만, 마지막에는 벗들이 한 쌍의 새가 되어 함께 날아가기를 바라는 것으로 끝나고 있다는 점이다. 화자가 추구하는 자

86 돈황(敦煌)의 전서 일부분은 제시된 시의 4행에 "分居"를 "유탕(流宕)" 즉 "자유롭게 떠돌아다니다" 로 읽어내고 있다. 이 경우 막내는 〈상류전행(上留田行)〉에서 그러하듯 이 시에서도 "가난한 동생"임이 분명해진다.

87 이것을 집주인의 선의에 의지해 살아가던 떠돌이 연행자들의 의도로 보고 싶은 욕망이 들 것이다. 아마 주인의 선함을 칭찬함과 동시에 그녀의 덕성을 재확인하는 것은 떠돌이 연행자들의 관심사였을 것이다.

아상으로 황곡이 다시 등장하는 것은, 황곡이 본래는 이별에 관한 "격조 낮은" 경우로(두 친구들이 "날아가는 용"으로 표현된 것에 대비하여) 여겨졌던 것을 고려할 때 주목할 만하다. 앞서 다루어진 "봄철의 새들"이 남쪽으로 날아가는 내용과 함께, 이 시는 시적인 미숙함을 드러내는 것으로도 설명될 수 있고, 시적 천재성을 드러내는 것으로도 설명될 수 있다.(도입부에서 '한 쌍의 용'을 통해 암시하듯 화자가 높은 지위이기에, 음악은 화자로 하여금 그저 평범한 새가 되는 것만으로도 만족해야만 하는 스스로의 처지에 대한 깊은 감정을 더욱 격발시킨다.) 하지만 이보다 더 나은 설명은, 한 주제에 속하는 화제들 사이에 존재하는 관성이다.

黃鵠一遠別　황곡은 먼 곳으로 떠날 때
千里顧徘徊　천리 밖에서 뒤를 돌아보고 망설이네.
胡馬失其羣　오랑캐 말이 무리를 잃으면,
思心常依依　말의 애타는 마음은 언제나 갈망으로 가득 차네.
何況雙飛龍　하물며 날아가는 한 쌍의 용들이,
羽翼臨當乖　두 날개가 떨어지기 직전인 경우에랴.
幸有絃歌曲　운 좋게도 노래와 현악이 있어서,
可以喻中懷　우리의 심중을 드러낼 수 있네.
請爲遊子吟　당신에게 유자음을 부르게 하고 싶네.
泠泠一何悲　그 울리는 음이 얼마나 슬픈지!
絲竹厲清聲　현악기와 관악기의 또렷한 음이 점점 더 강해지니,
慷慨有餘哀　악기들이 주는 강렬한 느낌은 진한 슬픔이구나!
長歌正激烈　이제 장가는 간절하게 마음을 울리는데,
中心愴以摧　그 안에 담긴 심정은 절망과 아픔이네.
欲展清商曲　나는 또렷한 상곡(商曲)으로 연주를 하려 하네.
念子不能歸　당신이 어떻게 돌아올 수 없는지를 생각하며.
俛仰內傷心　잠시 뒤 내 마음은 고통스러워지고

淚下不可揮　눈물이 흐르지만, 닦아내지 못하네.
願爲雙黃鵠　원컨대 우리 한 쌍의 황조 되어
送子俱遠飛　그대를 보내주며 함께 날아갔으면.

이 시에서 드러나는 것은 고급의 문학적인 서술과 대중적인 시적 레퍼토리의 경계에서 일어나는 시짓기의 과정이다. 우리는 앞서 도입부에서 나타난 문학적 수사의 요소들에 대하여 논의하였다. 도입부에서는 시적 전통에서 유래한 전형적인 형상들이 제시되고, 이러한 형상들이 "날아가는 용 한 쌍"이라는 엘리트적 존재에 의해 초월적인 경지에 이르게 되고 있다. 수사학적 움직임은 상보적 반대방향으로 이어진다. "비록 날아가는 한 쌍의 용이 평범한 생물들보다 더 이별의 감정을 강하게 느끼기는 하겠지만, 적어도 우리는 이러한 감정을 표현할 이별 연회 음악들을 가지고 있다."라는 구절이 그것이다.

일단 시인의 관심이 음악의 주제로 옮겨갔다고 해도, 시인은 기본적인 상황으로 다시 돌아오게 된다. 비록 이 시에서는 이러한 기본적인 상황이 이상한 방식으로 다루어지긴 했지만 말이다. 이 상황은 여행자가 가객의(혹은 가객들의) 노래를 듣고, 그 음악을 묘사하고, 다른 어떤 이와 한 쌍의 새가 되어 함께 날아가고 싶다는 의지를 표출하는 것으로 마무리된다. 이를 보여주는 전형적인 사례로 〈고시십구수〉의 제5수와 제12수를 들 수 있다. 이 두 사례를 보면, 음악이 한 쌍의 새가 되어 날아가고자 하는 소망을 유발시키고 있다. 앞서 살펴보았듯, 시인이 일단 표준적인 주제를 다루게 되면, 이 과정에서 시인을 이끄는 관성이 존재하게 된다. 이는 결말부가, 여기에서도 그러하듯 시의 도입부와 부적절하게 연결되는 상황일지라도 그러하다.

시들을 공유되던 레퍼토리들의 구현으로써 읽는 것은 세부 사항들을 설명하는데 도움을 줄 수 있다. 〈고시십구수〉의 제4수는 음악 주제로 연결되는 연회 시이다.[88]

今日良宴會　오늘의 이 멋진 연회,
歡樂難具陳　즐거움을 말로 다하기 어렵네.
彈筝奮逸響　울리는 쟁은 긴 반향 떨치고
新聲妙入神　유행 노래는 묘하여 신들의 것인 듯.
令德唱高言　덕있는 이가 고결한 말 노래하니,
識曲聽其眞　노래를 아는 이들 그 속에 담긴 진실에 귀 기울이네.
齊心同所願　나란한 마음으로 모두 같은 것을 소망하고
含意俱未申　함축된 뜻은 미처 다 표현되지 않네.
人生寄一世　사람의 삶은 일세에 잠시 머물 뿐,
奄忽如飇塵　바람에 날리는 먼지처럼 순식간에 날아가네.
何不策高足　어찌하여 발굽 높은 말에 채찍질을 하여,
先據要路津　여울을 첫 번째로 차지하지 않는가.
無爲守窮賤　빈천함을 고수하지 말게나,
轗軻長苦辛　아등바등 평생을 고통스러워하면서.

이 시에는 여러 가지 쟁점들이 존재하나, 여기서는 다루지 않겠다. 다만 여기서 우리는 이 시의 일곱 번째 행에서 청자들이 "같은 소원을 품는" 것을 간단하게 살펴보겠다. 여기서 소원이라는 것을, 시의 마지막 부분에 제시된 충고로써 이해하는 것은 간단할 뿐만 아니라 이 시를 이해하는 보다 올바른 방법일 것이다. 그러나 음악 주제는 흔히 "소원"(구체적으로는 "원(願)"이라는 표현)과 연결되며, 화자가 그와 같은 마음을 가진 누군가와 함께 새가 되어 날아가고자 하는 마음을 품는 것으로 나타난다. 순수하게 시작 관습의 어휘적 차원에서 볼 때, "소원"이라는 것은 이 시에서 절단된 형태, 곧 "온전히 표현되지 않은 형태"로 반복되어 나타나고 있다. 그러나 "떠나버리고자" 하

88　루친리, 330. 《문선》 39. 두 번째 연구가 《북당서초》에서는 조식의 것으로 인용된 것을 주목하라. 쉐이슈선, 《고시십구수집석》, 6-7. 디에니, 《고시십구수》 14-15, 71-77.

는 드러나지 않은 욕망은, 시의 마지막 부분에서 날개가 일으키는 광풍으로 재현되기보다는 질주하는 말의 높이 쳐든 발굽으로 표현되었다.

시작 관습의 압력은 유명한 시인들의 작품에서도 여전히 강하게 나타나기도 한다.

조비(曹丕), 〈청하작(淸河作)〉[89]

方舟戲長水 쌍동선이 긴 강에서 즐겁게 노니네,
湛澹自浮沈 맑고 빠른 물결에 솟으락 내리락.
絃歌發中流 현에 맞춘 노래가 중류에 이르니,
悲響有餘音 애절한 음계 여운이 많네.
音聲入君懷 음계가 그대 가슴에 들어가,
悽愴傷人心 음울하여 마음을 아프게 하네.
心傷安所念 마음은 고통스러운데, 무엇을 그리 생각하는가?
但願恩情深 다만 사랑이 깊기를 바랄 뿐이로다.
願爲晨風鳥 원컨대 우리 쏙독새되어,
雙飛翔北林 쌍으로 날아올라 북쪽 숲을 날았으면.

이 시에는 명시적으로 특정한 가객이 나와 있지 않다. 여기에는 기쁜 여행으로 보이는 것에 관한 음악이 등장할 뿐이다. 그렇지만 일단 음악 연주에 관해 묘사하기 시작하자, 시인은 진실한 사랑과 함께 날아가는 새들로 상상된 연인들로 발전하는 시적 연계에 매우 골몰하고 있는 것으로 보인다. 이와 같은 시퀀스는 〈선재행(善哉行)〉 조비 버전의 도입부에서도 등장하는데, "아침에 즐겁고 또 즐겁구나(朝日樂相樂)"가 그것이다. 여기에서 우리는 음악에 대한 확장된 묘사를 발견하게 되는데, 이 묘사 뒤에는 조비가 과도

89 루친리, 402. 《옥대신영》 2. 황지에, 《위무제·문제·명제시주》, 60.

함의 위험성에 대해 숙고하는 내용과, 손님들이 떠나는 내용이 뒤따른다. 이 시는 묘한 분위기로 끝나고 있는데, 이를 앞부분과 연결하기 위해서는 상당한 수준의 해석 능력이 필요하다.[90]

比翼翔雲漢	만일 날개를 펄럭이며, 은하수로 솟아오른다면,
羅者安所羈	어떻게 사냥꾼이 이들을 포획할 수 있겠는가?
沖静得自然	만일 텅 비고 차분해져, 누군가 자연의 상태에 도달한다면,
榮華何足爲	영광과 화려함은 어떻게 가치가 있는 것인가?

논리적인 시적 논의의 측면에서 설명하기 어려운 것은, 주제의 관습적인 시퀀스에서 드러나는 타성이다. 음악에 대한 묘사는 대체로 함께 날아가는 두 새들의 모습으로 끝나는 듯하다. 그리고 이 새들은 축하 연회 음악에서도 이상한 전개를 통해 결국엔 모습을 드러낸다.

한 쌍의 새가 되고자 하는 욕망은 너무나도 강한 언어 관습이어서, 둘 중 단 한 사람만 시에 등장하더라도 이런 소원이 발원될 수 있다. 이에 비해 〈회남왕(淮南王)〉이라는 짧은 노래는 무척 불분명하다. 왕자는 우물을 파고, 물을 마시고, 확실히 젊음을 회복한다. 그러나 젊음은 곧 불만족스러운 것으로 밝혀진다.[91]

揚聲悲歌音絶天	슬픈 노래를 부르며 내 목소리를 높이고, 음계는 천상의 마음을 찢어놓네.
我欲度河河無梁	강을 건너고 싶지만, 다리가 놓여있지 않구나.
願化雙黃鵠還故鄉	나는 한 쌍의 황곡이 되어 고향으로 돌아가고 싶네.
還故鄉	나는 고향으로 돌아가,

90 완전한 번역과 논의를 보려면, 275-278쪽을 보라.

91 루친리, 276. 《송서》. 《진서: 악지》. 《악부시집》 54.

入故里	옛 마을에 들어가,
徘徊故鄕身不已	이리저리 걷네, 끊임없는 고통을 느끼며.
繁舞寄聲無不泰	번잡한 춤사위에 실려오는 소리는 모두 훌륭하고
徘徊桑梓遊天外	나는 뽕나무 주위를 서성이다가 천상 너머를 배회한다.

이 노래는 한 쌍의 새가 되고자 하는 "원(願)"으로 연결된다. 불행히도, 여기에는 "짝"을 이룰 다른 사람이 없다. 만일 "짝"이라는 단어를 제거했다면 운율적으로도 더 매끄럽고, 지시대상의 측면에 있어서도 훨씬 논리적이었을 것이다. 이 경우 제시된 인물과 짝을 이루는 또 다른 황곡이 누구인지 알 수 없다. 그러나 여기 이 구절은 시적 주제의 레퍼토리에서 파생된 것이기에 맥락상 한 마리여야 할 새를 두 마리로 만들고 있다.

〈고시십구수〉의 제5수와 제12수를 포함하여, 위의 다섯 사례에서 음악이나 노래의 주제가 한 쌍의 새가 되어 함께 날아가고자 하는 소망으로 이어지는 것을 살펴보았다.(〈고시십구수〉 제4수의 모호한 "소망(願)"은 제외.) 이는 주제들의 연합을 보여주는 또 다른 예시로, 다양한 격조들에서 나타날 수 있다. 이것은 저자가 알려졌거나 알려지지 않은 시 작품 모두에 나타날 수 있다. 여기서 제기하고자 하는 질문은 어떻게 이러한 연합적인 연결고리들이 끊어지게 되는가이다. 한 쌍의 새가 되는 주제는 문자로 쓰인 시에서 음악적 체험과는 독립적인 것이 되어갔으며, 이것이 일어나는 과정을 살펴보는 것은 유익하다.

첫 번째 예시는 이 과정을 매우 잘 보여주는 것으로, 여기서 음악적 연행이 함께 날아가고자 하는 소망의 근처에까지 이르는 것을 볼 수 있다. 한 아름다운 가창자로 시작하여 음악의 주제로 넘어가는데, 이는 〈고시십구수〉 제4수와 대응한다. 그런데, 새 운(韻)을 사용하는 별개의 단락에 들어서면 헤어진 새들이 서로를 찾는다. 시인은 돌아보며 이를 간절히 바라보지만, 날아가 버리고자 하는 소망을 말하기 직전에 멈춘다.

조비(曹丕), 〈선재행(善哉行)〉[92]

有美一人	저기 아름다운 한 사람 있어
婉如淸揚	눈맵시도 우아하고
姸姿巧笑	감각적인 자태와 기교있는 웃음은
和媚心腸	마음을 녹이고 속이네.
知音識曲	음색과 선율을 아는 이라야
善爲樂方	좋은 음악을 할 수 있다네.
哀絃微妙	애절한 현의 소리는 미묘하고
淸氣含芳	그녀의 맑은 숨은 달콤함을 머금었네.
流鄭激楚	방탕한 정나라의 음악, 격정적인 초나라의 음악[93],
度宮中商	궁음을 연주했다가 상음을 울리네.
感心動耳	마음을 흔들고 귀를 감동시키니
綺麗難忘	섬세한 아름다움을 잊을 수 없네.
離鳥夕宿	헤어진 새들은 저녁에 머무네,
在彼中洲	강물 가운데 섬에서.
延頸鼓翼	목을 뻗어 날개를 치고
悲鳴相求	슬피 우네, 서로를 찾으며.
眷然顧之	그리움을 담아 이를 돌아보매
使我心愁	나의 마음 슬프게 하는도다.
嗟爾昔人	아, 옛 사람들이여—
何以忘憂	어떻게 나의 근심을 잊을 수 있겠는가?[94]

92 루친리, 391. 《악부시집》 36. 황지에 《위무제·문제·명제시주》 37-38.

93 "격초(激楚)"는 춤의 한 종류이다. '초(楚)'는 처음부터 초나라와 연관이 있지는 않았던 것 같다. 그러나 여기에서는 "방탕한 정나라 음악(流鄭)"과 대를 이루어 위의 번역대로 풀이됨이 확실하다.

94 왕부지(王夫之)는 이 마지막 구를 "이것은 옛적부터 있던 일이다.(古來有之)"라고 설명했다. (황지에, 《위무제·문제·명제시주》, 38)

〈고시십구수〉 제5수의 화자는 어느 건물 높이 어딘가에 숨겨진 여인의 연주를 듣는다. 그는 음악에 이끌려 멈추고, 예상대로 그들이 한 쌍의 새가 되어 날아갈 수 있기를 기원한다. 또한 같은 전개가 여기 나타나는데, 서로를 그리워하는 새가 여자의 역할에 자리하게 되고, 그 슬픈 울음은 음악을 대신하게 된다. 사랑이나 깊은 우정으로 결속된 사람들을 상징하는 한 쌍의 새의 예는 너무나도 많기 때문에 여기서 새가 등장하는 것은 전혀 놀랍지 않다. 상상 속에서의 비상은 곧 "근심을 잊는" 방법일 것이나, 여기서는 근심의 정서가 우세하다.

한 쌍의 새가 되고자 하는 소망은 종종 음악으로부터 분리된 채 이별의 주제의 몇몇 변주들에서 촉발되어 독립적인 주제로 등장하곤 한다. 한 쌍의 새의 주제를 촉발하는 계기는 다양하다. 다음 경우에서 그 계기는, 다른 어떤 시에 대한 기억으로 보인다.

서간徐幹(혹은, 조비), 〈어청하견만선사신혼여처별(於淸河見挽船士新婚與妻別)〉[95]

與君結新婚　나는 최근 그대와 결혼했건만
宿昔當別離　겨우 하룻밤을 보내고 우리는 이별해야 했네.
涼風動秋草　싸늘한 바람이 가을 풀을 흔들고
蟋蟀鳴相隨　귀뚜라미는 서로 따르며 우는구나.
冽冽寒蟬吟　차가운 매미[96] 날카롭게 우니,
蟬吟抱枯枝　매미 울며, 마른 가지를 움켜쥐었네.
枯枝時飛揚　마른 가지에서 때때로 날아오르더니

95　루친리 378. 《옥대신영》 2 (조비의 작으로). 《예문유취》 2. 한거핑, 《건안칠자시문집교주역석》 347-48. 우원, 《건안칠자집교주》 298. 루친리는 이 시는 서간의 것이고 조비의 작품은 다른 것이라고 주장하였다.

96　(역주) '한선(寒蟬)'은 '가을매미' 정도로 번역해야 옳겠으나 오웬의 번역을 존중하였다.

身體忽遷移 몸이 갑자기 다른 곳으로 옮겨지네.
不悲身遷移 몸이 다른 곳으로 옮겨진 것은 슬프지 않으나
但惜歲月馳 다만 세월이 빨리 흐름을 안타까워하노라.
歲月無窮極 세월은 끝이 없으리니,
會合安可知 어찌 우리 다시 만날 수 있을까?
願爲雙黃鵠 원컨대 우리 한 쌍의 황곡이 되어
比翼戲淸池 날개를 맞대고, 맑은 못에서 노닐었으면.

이 시가 악부와 고시의 일반적인 주제보다 특정한 상황에 근거한다는 점에서 이 시의 화제는 "문학적"이지만, 우리가 먼저 주의해야 할 것은 이 시의 특수성이 텍스트 자체가 아니라 제목에서만 드러난다는 점이다. 참으로 이 텍스트는, 비슷한 시 중에서 신혼의 아내가 곧 입대하는 남편에게 말하는 내용을 담고 있는 이릉의 작품군보다 구체적이지는 않다. 이것은 후대의 문학적 감각으로 보았을 때 "제목"이라기보다는, 일반적인 "고시"가 사용되었던(혹은 사용되었을) 상황에 대한 산문 주석에 가깝다. 이러한 특수한 상황에 대한 시는 특정한 저자를 요구하는데, 우리는 필사 전통으로부터 두 사람의 가능한 저자를 생각해볼 수 있다.

정황을 설명하는 제목과 텍스트 자체의 일반성의 관계에 대해서 논해봄직하다. 이러한 텍스트에서 우리는, "유행한" 레퍼토리의 일반성이 어떻게 구체적인 상황에서 사용되는지를 볼 수 있다. 개별적인 행들은 많은 경우 그 유래를 "유행한" 레퍼토리에서 찾을 수 있으나, 그 구조는 심히 다르다. 만약 이 시를 〈염가하상행〉과 같이 조직하려 한다면 매미를 언급한 도입부로 시작하여 점차 인간에 대한 비유(2단락 3-12행)로 나아갈 것이다. 1-2행의 실제 인간의 상황은 하나의 온전한 단락에서 언급되고 상술될 것이다. 그러나 '음악' 화제가 없이는, 한 쌍의 새가 되고자 하는 바람으로 시를 끝맺을 수는 없을 것이다.

그렇다면 두 마리 새가 되려는 소망은 어디에서 온 것인가? 이에 대한 답변은 아마도 음악을 언급했던 특정한 텍스트에 대한 언어적 기억에서 찾을 수 있을 듯하다. 〈고시십구수〉의 제5수에서 화자는 위층에서 어떤 여성이 음악을 연주하는 소리를 듣는다. 그는 멈추어 서서 귀 기울인다. 시의 마지막 부분은 이렇다.[97]

不惜歌者苦　노래하는 이가 괴로워함이 안타까운 것이 아니요,
但傷知音稀　그 소리 이해하는 이가 적음이 마음 아프다네.
願爲雙鴻鵠　원컨대 우리 한 쌍의 들기러기 되어
奮翅起高飛　크게 날개쳐 높고도 멀리 날아갔으면.

"서간(徐幹)"의 시에서 볼 수 있는 것은 레퍼토리 안에서의 주제와 화제의 실현이라기보다, 어떤 특정한 텍스트적 시퀀스에 대한 기억인 듯하다. 대구패턴("X는 안타깝지 않다/ Y는 마음 아프다")은 그 자체로 화제들의 연합을 생성해내고 있다. 이 경우에서 〈고시십구수〉의 제5수의 어떤 버전들의 경우는, 서간이나 조비에게 귀속된 이 시보다 오래되었다고 말할 수 있으리라고 확신한다.(비록 둘 중 누구에게 귀속시키는 것이든 대단히 회의적으로 고려되어야겠지만 말이다.)

마침내 누가 지었는지도 어느 정도 확신할 수 있고, 3세기 초 정도로 대략적인 연대 추정도 가능한 시를 살펴보자. 여기에서도 마찬가지로, 두 마리 새가 되고 싶은 소망이라는 마무리 주제는 음악 주제와 분리되어 있다.

조식(曹植), 〈송응씨(送應氏)〉 제2수[98]

清時難屢得　이러한 맑은 순간은 자주 얻기 어렵고,

---

97 루친리, 330

嘉會不可常　이 성대한 모임은 영원하지 않으리.
天地無終極　하늘과 땅은 끝이 없으나,
人命若朝霜　사람의 수명은 새벽의 서리 같다네.
願得展嬿婉　원컨대 내 부드러운 사랑을 펼치고자,
我友之朔方　내 벗 북방으로 가노니.
親昵並集送　친족과 가까운 이들 그를 송별하고자 모였고,
置酒此河陽　황하의 북쪽기슭서 술을 대접받았네.
中饋豈獨薄　우리 먹을거리는 결코 박하지 않으며,
賓飮不盡觴　손님들은 마시되 잔을 비우진 않네.
愛至望苦深　우리 사랑은 지극하며, 희망은 끔찍히 깊으니,
豈不愧中腸　어찌 속 안의 마음을 부끄러워하지 않으리오.
山川阻且遠　산천은 가로막혔고도 또 머니,
別促會日長　이별은 우리를 재촉하고 만날 날은 멀도다.
願爲比翼鳥　원컨대 날개를 나란히 하고 나는 새들 되어,
施翮起高翔　깃촉을 펼쳐 일어나 높이 날아갔으면.

이 시는 "유행한" 레퍼토리에서 나온 화제들로 가득하다. 그 중 하나인 '가로막힘'의 이미지에 대해서는 앞에서 살펴보았다. 그러나 작시 관습의 측면에서는 훨씬 "문학적"인데, 왜냐하면 화제들의 관습적인 연합들이 뒤따르지 않기 때문이다. 이 시는 아마 일반적인 연합들이 사용된 경우보다도 훨씬 더, 완벽하게 일관적이다. 그러나 이 일관성이란 "고시"의 레퍼토리를 그대로 준수하기보다는 그것을 이용하는 재능 있는 저자로부터 나온다.

서간의 시에서, 결말부의 새의 형상은 선행 작품에 대한 반향으로서 나온 것이다. 조식의 시에서 이것은 전별연에서 나온다. 이릉 작품군의 시에는

98 위의 책, 454. 《문선》 20. 황지에, 《조자건시주(曺子建詩注)》 9-10. 니에원위(聶文鬱), 《조식시해역(曺植詩解譯)》 89-90. 자오요우원(趙幼文), 《조식집교주(曺植集校注)》 4-6.

음악이 연주되는 전별연이 있고, 이 음악은 한 쌍의 새가 되고자 하는 소원으로 마무리 되리라는 것을 암시되는 주제가 된다. 소원으로 작품을 끝맺는 다른 경우에는 대개 음악은 있지만 전별연은 없다. 그러므로 이러한 마무리 화제를 결정한 것은 음악 자체에 대한 언급이지 음악이 연주되는 특정한 상황은 아니다. 음악은 일반적으로 연회에서 연주된다. 조식이 여기에서 언급하지 않더라도 말이다.

최초의 질문이었던 어떻게 화제들이 연관된 화제들과 주제로부터 독립하게 되는가에 위의 두 뚜렷한 사례가 답해준다. "서간"의 시에서 우리는 선행하는 텍스트에 대한 특정한 언어적 영향으로서 화제의 독립이 발생함을 보았다. 조식의 시에서는 우리는 분명히 음악이 있었을 상황(시에서는 음악이 언급되지 않더라도)으로 인해 발생함을 보았다. 음악이 암시되어 있다는 것이 함께 날아가는 새들의 이미지의 "계기"가 되는 것이다. 다른 시인들은 음악을 언급하는 말들을 필요했지만 조식은 그저 음악을 암시하는 상황만 있으면 되었다. 조식 시의 혁신성을 달리 표현하면 이러하다. 표준적인 "레퍼토리" 안에서 시를 지은 시인들은 단어들을 가지고 작업을 했다. 그들은 스스로 상황에 적합한 주제를 골랐을지 모르지만, 시어들 자체의 시적 구조는 그 자체의 문법을 가지고 있었다.

조식이 전별연에서 한 쌍의 새가 되고자 하는 소망으로 옮겨갈 때, 이것은 진실로 혁명인데, 의미심장한 만큼이나 은미하다. 그는 여전히 시적 레퍼토리를 사용하고 이를 통해 연합들을 만들어내지만, 그는 언어적 관습을 순수하게 따르기보다는 참고적으로 생각하고 있을 뿐이다. 사랑하는 소중한 친구와 함께 날아가고픈 소망을 불러일으키는 음악은 상황에서 추정될 뿐, 시어에 드러난 것이 아니다.

시적 "레퍼토리"를 구성하는 주제들, 화제들, 그리고 틀 시구의 연합은 3세기 내내, 그리고 서진의 멸망에 이르기까지 저변에서 지속되었다. 이러한 기본적 재료들을 가지고 오언시를 지으려는 새로운 추동이 있었다. 작시의 새로운 상황은 새로운 종류의 시구를 요구하였다. 부와 산문의 언어가 더 높은 격조를 표시하기 위해 포함되었다.

주제들의 순환

우리는 지금까지 단지 고전시에서의 시적 소재의 구현만을 살펴보았다. 그러나 고전시의 몇몇 주제적 "소재"들은 매우 다양하게, 산만한 형태로 순환하였다. 분명 건안 시기에, "미망인"이나 출정과 같은 특정 화제들은 부(賦)에서든 고전시에서든 순환되었을 수 있다. 그러나 좀 더 폭넓게 순환하던 다른 소재들이 있었던 것으로 보인다.

한대(漢代)의 것이라고 확신할 수 있는 두 텍스트로 시작해보고자 한다. 이들은 주제를 다루는 데 있어서 형식상의 차이를 보여주는데, 그 주제는 바로 잘리고 다듬어진 자연 상태의 나무로서 인간의 "재능", 즉 재(才) 혹은 재(財)를 상징한다. 첫 번째 텍스트는 《초씨역림》에서 온 현학적인 운문이다.[99]

楩生荊山　　편목(楩生)이 형산에서 자랐는데,
命制輸班　　공수(公輸) 반(班)이 자르게 하였네.
袍衣剝脫　　두꺼운 옷이 벗겨져나가,
夏熱冬寒　　여름에는 덥고 겨울에는 춥다네.
飢餓枯槁　　굶주리고 메말랐는데,
衆人莫憐　　아무도 가련히 여기지 않네.

99 원이둬(聞一多), 〈역림경지(易林瓊枝)〉, 《원이둬전집(聞一多全集)》 4, 142. 천량윈, 《초씨역림시학천석》, 264. 경(梗)은 편(楩)의 오기이다.

유명한 이미지들을 비유적으로 동원하고 있는데, 이는 바로 《초씨역림》에 실린 운문들의 특징이다. 이 사례에서 유명한 장인 공수(公輸) 반(班)의 기교는 오직 "벗겨내기"로, 나무가 노출되고 고통 받게 만든다.

육가(陸賈)의 〈자질(資質)〉 장의 도입부에서 같은 이미지를 굉장히 다른 기법과 다른 의미로 표현한 사례를 발견하게 된다. 이 부분은 모든 의도와 목적을 보았을 때 느슨한 부(賦)에 해당된다.[100]

質美者以通爲貴. 才良者以顯爲能. 何以言之. 夫楩枏豫章, 天下之名木也, 生於深山之中, 産於溪穀之傍. 立則爲太山衆木之宗, 仆則爲萬世之用. 浮於山水之流, 出於冥冥之野. 因江河之道, 而達於京師之下, 因斧斤之功, 得其文色. 精捍直理, 密緻博通, 蟲蠍不能穿, 水濕不能傷, 在高柔軟, 入地堅彊, 無膏澤而光潤生, 不刻畫而文章成, 上爲帝王之禦物, 下則賜公卿, 庶賤不得以備器械, 閉絶以關梁……及隘於山阪之阻, 隔於九派之隄, 仆於嵬崔之山, 頓於窅冥之溪, 樹蒙籠蔓延而無間, 石崔嵬嶄岩而不開, 廣者無舟車之通, 狹者無步擔之蹊, 商賈所不至, 工匠所不窺, 知者所不見, 見者所不知, 功棄而德亡, 腐朽而枯傷, 轉於百仞之壑, 惕然而獨僵, 當斯之時, 不如道傍之枯楊. 磥磥結屈, 委曲不同. 然生於大都之廣地, 近於大匠之名工, 材器制斷, 規矩度量, 堅者補朽, 短者續長, 大者治罇, 小者治觴, 飾以丹漆, 斁以明光, 上備大牢, 春秋禮庠, 褒以文采, 立禮矜莊, 冠帶正容, 對酒行觴, 卿士列位, 布陳宮堂, 望之者目眩, 近之者鼻芳. 故事閑之則絶, 次之則通, 抑之則沈, 興之則揚, 處地楩梓, 賤於枯楊, 德美非不相絶也, 才力非不相懸也, 彼則槁枯而遠棄, 此則爲宗廟之器者, 通與不通也. 人亦猶此.

자질의 아름다움으로는 통(通)이 가장 귀하고, 재능의 뛰어남은 현(顯)이 능사라네. 내 어찌 설명할 수 있으리오. 편(楩)과 남(枏)과 녹나무는 세상에서 가장 유명

100 왕리치(王利器), 《신어교주(新語校註)》, 101-2. 왕리치는 이를 연속적인 것으로 읽는 반면, 나는 이 텍스트에 생략이 있음을 언급한 바 있다. '庶賤不得以備器械'라는 구절의 '不'을 왕은 '而'로 교정하였지만 나는 현전 텍스트를 그대로 두었다.

한 나무들인데, 깊은 산속에서 자라고, 계곡의 곁에서 생산되며, 서서는 큰 산의 모든 나무들 중 으뜸이 되고, 쓰러져서는 만세토록 쓸모가 있네. 산 속 강의 흐름에 떠다니고, 아득한 광야로 나가네. 양자강과 황하강의 길을 따라가 수도에 도착하여, 부근(斧斤)의 공을 통하여 나무 무늬의 아름다움을 드러내게 되었네. 정밀하고 튼튼하며 결이 곧고, 촘촘한 목질에 널리 자란다네. 벌레와 전갈도 뚫지 못하고, 물도 해치지 못하며, 높이 있으면 유연하고, 땅에 놓으면 단단하네. 기름이 없이도 윤택이 나고, 새기지 않아도 무늬가 완벽하며, 위로는 제왕에게 바칠 물건이 되고 아래로는 공경(公卿)에게 하사하네. 서민들은 그릇이나 도구로 사용하지 못하고 관문과 다리에 가로막혀……그러나 산 경사에 가로막히고 아홉 저수지의 제방에 막혔을 때, 그들은 우뚝 솟은 산에 엎드렸고, 어둡고 보이지 않는 시내에 무너졌네. 나무는 초목들을 확장하여 (좋은 나무에 미칠) 공간을 허용치 않고, 산은 우뚝 솟고 험준하여 (그들에게) 길을 열지 않네. 가장 넓은 곳도 배나 수레가 지나갈 길을 주지 않고, 좁은 길은 걸어갈 길도 없네. 상인들이 이르지 않고, 장인들이 엿보지 않고, (가치를) 알아보는 이가 보지 못하고, 보는 이들이 알아보지 못하네. (공예의) 공은 버려지고 덕은 잃었으며 부패하고 썩고 메말라서, 백 길 낭떠어지에 구르네. 그곳에서 두려워하며 홀로 누워 뻣뻣하니, 이러한 때에는 길거리의 마른 버드나무만도 못하네. 울퉁불퉁 (버드나무 뿌리는) 구부러져, 편, 남, 녹나무와는 다르게 꼬여있네. 그럼에도 불구하고 큰 도회의 넓은 땅에서 자라 훌륭한 장인의 솜씨에 가까이 있어 재능과 목재가 재단되고, 자와 그림쇠로 측량되어, 단단한 것은 썩은 것을 수선하고, 짧은 것은 긴 것을 더하며, 큰 것으로는 준(罇)을 만들고, 작은 것으로는 잔을 만드네. 단사와 옻으로 장식하고, 빛을 발하도록 윤을 내었고, 가장 위로는 땅과 곡식에 올리는 제사에 참여하고, 봄과 가을에는 학교 예식에 참여하며, 문채로 기려지고, 예식을 세움에 장엄함을 자랑하고, 관과 띠로 모습을 가다듬고, 술을 마주해 술잔을 돌리며, 경(卿)과 사(士)에 자리하고, 궁전의 당에 포진하니, (버드나무 그릇을) 보는 이들의 눈이 현혹되며, 가까이 하는 이는 코가 향기롭네. 그러므로 무언가가 막혔을 때는 잘리고, 적합한 자리가 주어졌을 때는 통하며, 억눌리면 가라앉고, 들어올리면 일어나며, 편나무와 가래나무는 자라는 곳 때문에 시든 버드나무보다 못하네. 덕과 아름다움에 큰 차이가 있는 것이 아니고, 재주/재목의 뛰어남에 큰 차이가 있는 것이 아니지만, 전자는 죽은 나무가 되어 먼 곳에 버려지고, 후자는 반면 종묘의 제사에 곡식을 담은 호련(瑚璉) 그릇이 되네. 이는 통(通, 소통/순환)하게 하는가 그렇지 않은가의 문제이니, 사람도 이와 같네.

이는 한대(漢代) 수사법의 좋은 예시로서, 구연되었으리라 생각된다. 편나무, 남나무, 녹나무가 좋은 재목임에도 황야에 버려졌음으로 인하여 쓰이지 못한 반면, 낮은 재질의 평범한 버드나무는 가까이 있음으로 인해 훌륭한 의식에 사용됨을 말한 것이다.

"녹"나무인 예장(豫章)은 또한 지역과 산의 명칭이다. 저자미상의 악부 중에 〈예장행(豫章行)〉이 있는데, 노래에 누락된 부분이 많지만 그 대체적 윤곽은 명확하다.

〈예장행(豫章行)〉[101]

白楊初生時　버드나무가 처음 자랐을 때,
乃在豫章山　바로 예장산(豫章山)에 있었네.
上葉摩青雲　위로는 이파리가 청운을 스치고,
下根通黃泉　아래로는 뿌리가 황천에 닿았네.
涼秋入九月　서늘한 가을 8,9월에
山客持斧斤　산사람은 도끼를 들고 왔네.
我□何皎皎　나의 … 얼마나 눈부시게 밝은지,
梯落□□□　잘려나간 …
根株已斷絕　뿌리와 줄기는 이미 잘려서,
顛倒巖石間　절벽의 바위들 사이로 쓰러졌네.
大匠持斧繩　훌륭한 목공은 도끼와 톱을 가져와

101 루친리, 263. 《악부시집》 34. 비렐, 《한(漢)나라의 유행 노래와 서정시》 61-62.

鋸墨齊兩端　줄과 묵으로 양단을 고르게 하네.
一驅四五里　4,5리 옮겨졌을 때,
枝葉自相捐　가지도 잎도 파괴되었네.
□□□□□　……………
會爲舟船燔　마침 배를 만들기 위해 [태워졌네].
身在洛陽宮　내 몸은 낙양궁에 있으나
根在豫章山　내 뿌리는 예장산(豫章山)에 있다네.
多謝枝與葉　잎과 가지에 안부를 보내니
何時復相連　언제 다시 만날런가.
吾生百年□　내 생은 백년 …
自□□□俱　………… 함께.
何意萬人巧　어찌 만 명의 목공들로 인해
使我離根株　내 뿌리로부터 줄기가 분리될 줄 알았겠는가.

먼저 〈예장행〉과 육가(陸賈)의 부(賦)에 나타난 소재 사이의 관계가 우연히 이루어진 것이 아님을 짚고 넘어가야 한다. 연결고리는 직접적이지 않을지라도 확실하게 연결되어 있다. 보통의 백양나무는 수도 근처에서 무성하게 자라고, 예장(豫章, 녹나무 혹은 예장산)과는 언어적으로만 결합된다. 두 가지 상반된 사례에 대한 수사학자[102]의 표현에서부터 악부에서 한 가지 사례만을 나타내는 시적 목소리로 이동해보면, 상반된 사례들의 요소가 융합되어 있음을 알 수 있다. 육가의 시에서 가까이에서 자라나는 흔한 나무인 백양나무는 이제 멀찍이서 자라나는 나무가 되고, 멀리서 자라나는 녹나무가 이제는 백양나무가 자라나는 자리에 있게 된다. 가까이 있는 것을 사용하는 것과 멀리 있는 것을 버려둔다는 것이 대조된다는 수사학자의 주장은 폐기된다.

102 (역주) 부(賦)의 저자를 뜻함.

만약 육가의 부(賦)가 재능은 나무와 같이 그릇이 되기 위해 다듬어진다고 비유하는 오래된 전통에 속하는 것이라면, 악부의 화자인 나무는 《장자(莊子)》에서 말하는 나무의 부류에 속한다. 왜냐하면 나무를 베는 것이 본연의 성질을 파괴하기 때문이다. 그러나 가장 눈에 띄는 융합은 순수하게 어휘적 차원에 보인다. 백양나무와 녹나무는 모두 단어로서 유지되며, 먼 곳의 "녹나무"는 이제 먼 곳의 산으로 바뀌고 백양나무는 거기에 있는 황무지로 대체된다.

악부의 저자가 육가의 부를 알고 있었거나, 읽거나 들었을 수도 있다. 그러나 원 텍스트를 이렇게 직접 경험한 누군가가 그 구성요소들을 그 원 텍스트와 전적으로 모순되게 융합시켰을 것 같지는 않다. 오히려 이 작품이 시적으로도, 운율 있는 산문으로도 표현되면서 유명한 우화가 된 중간적 단계가 있었을 가능성이 더 크다. 악부와 "고시"에 이런 경우가 종종 있듯이, 절이 누락되거나 각 부분들이 분리되거나 재배치된다. 논의는 단어와 이미지의 결합에 의해 진행되지 논리적이거나 전고의 정확함에 의하지 않는다. 아무도 왜 가까이에서 찾을 수 있는 평범한 백양나무를 먼 예장산까지 베러 갔는지 궁금해 하지 않는다. 여기에서는 그 일반적인 소재들은 나무의 불평으로 재조합되었다.

다음 단계로 넘어가면, 위의 악부에서 나무를 서글프게 만든 목수들의 기교는 다음의 다른 저자미상의 악부에서는 시적 소재 그 자체에 가해진다. 해당 악부는 3세기 후반 이전에 쓰인 것은 아닐 것이다. 왜냐하면 동로마로부터 수입한 소합(蘇合) 향에 대한 언급이 있기 때문이다.

〈염가행(艷歌行)〉[103]

南山石嵬嵬　남산의 바위 우뚝 드러나니,

103 루친리, 850. 《예문유취》 88. 《악부시집》 39. 황지에, 《한위악부풍전》, 45-46, 비

松栢何離離　소나무며 측백나무 어떻게 그곳에 이르렀는가.
上枝拂青雲　위쪽 가지는 파란 구름을 붓질하고,
中心數十圍　둘레는 열댓 아름이네.
洛陽發中梁　낙양에서 가운데 들보를 필요로 하니,[104]
松樹竊自悲　소나무는 스스로 서글퍼 하였네.
斧鋸截是松　도끼와 톱이 이 소나무를 베어내고,
松樹東西摧　소나무는 동서로 쓰러져 누웠네.
持作四輪車　이를 가지고 네 바퀴 수레를 만들고,[105]
載至洛陽宮　낙양궁으로 가져갔네.[106]
觀者莫不嘆　보는 이 중 감탄하지 않는 이가 없었는데,
問是何山材　묻기를 어느 산에서 이 목재를 가져왔는가?
誰能刻鏤此　누가 이 나무를 조각할 수 있을 것인가?
公輸與魯班　공수(公輸)와 노반(魯班)이라네.[107]
被之用丹漆　단사와 옻을 입히고,
薰用蘇合香　소합나무 향을 쐬게 하였네.
本自南山松　본래 남산의 소나무였지만,
今爲宮殿梁　지금은 궁전의 들보라네.

이 시를 지은 이는 나무를 좀 더 궁전 들보에 적합한 소나무로 바꾸었다.

렐, 《한(漢)나라의 유행 노래와 서정시》, 59-60. 이 텍스트는 저자미상으로 전해져 왔지만, 루친리는 이것이 유곤(劉琨)의 부풍가(扶風歌)의 또 다른 버전이라고 주장하였다. 그러나 그 주장은 그다지 설득력 있는 것 같지 않다.

104 여기에서는 원이둬(聞一多)의 '발(發)'에 대한 해석을 따랐다. 원이둬, 《악부시전(樂府詩箋)》, 127.

105 아래에 바퀴를 놓으면서 운반해 갔을 것이다. 《예문유취》에서는 지(持)를 특(特)으로 보았다.

106 이 구는 운이 맞지 않아 텍스트상 문제가 있다.

107 노나라의 공수 반은 사실 한 사람으로, 고대의 유명한 장인이었다. 여기와 다섯 번째 연구에 분명 압운의 문제가 있다.

거의 똑같은 셋째 구를 포함해서 전체 시퀀스는 대략 같다. 옛 〈예장행〉의 거친 도입부는 오언시의 전형적인 도입 패턴으로 대체되었다. 이 패턴에서, 부분적으로 대를 이루며 두 개씩 단어가 제시되며, 서술 복합어가 각 구의 처음 혹은 마지막 두 글자를 차지한다. 여기서 두 번째 연구는 꼭대기와 뿌리가 아니라 꼭대기와 둘레를 묘사하였다. 세 번째 연구에서는 〈예장행〉의 세 번째 연구에서 그랬듯이 잘려져 나간다는 문제를 거론하였다.

대략적으로 사건의 시퀀스를 유지하였지만, 여기서 〈염가행〉은 시의 메시지를 바꾼다. 예장산의 나무처럼 여기서의 소나무도 스스로를 슬퍼하지만, 이는 좋은 재목으로서 훌륭하게 조각되고 꾸며져 결국 궁전의 들보가 된다. 본성이 훼손당한 나무가 아니라, 황무지로부터 인간 문명의 바로 중심에 놓이게 되는 특별히 좋은 행운을 얻은 나무인 것이다.

시적 "소재들"은 순환하지만, 소재만 순환하는 것이 아니다. 하나의 시는 또한 다른 소재로 재사용될 수 있는 패턴을 지니고 있다. 다음에서 살펴볼 저자미상의 "고시"가 바로 그 사례이다. 이 시의 연대를 알 수는 없지만, 저자는 〈염가행〉을 알고 있었던 것으로 보인다. 이 시는 나무에 관한 것이 전혀 아니고, 향로(香爐)에 관한 것이다. 주지하듯이 주인들은 그들의 문객에게 즉석에서 정한 주제로 시를 짓게 하였는데, 이 시가 그런 사례 중 하나로 보인다. 주문을 받은 시인들로서는 다행스럽게도 즉석에서 시를 지을 때에 시인에게 생각할 시간을 벌어주는 관습이 있었으니, 곧 "모두 조용히 하라. 나는 X에 대해 읊을 것이다."라는 표현이다.[108]

四坐且莫諠 모든 손님들은 이야기를 멈추시고
願聽歌一言 내가 노래할 한두 마디를 들어주오.
請說銅鑪器 청동 향로에 대해 이야기하고저.

108 루친리, 334. 《옥대신영》 1. 《예문유취》 70. 《초학기(初學記)》 25.

崔嵬象南山　남산처럼 우뚝하지요.
上枝似松柏　위쪽 가지들은 소나무 측백나무와 같고,
下根據銅盤　뿌리들은 청동 그릇을 붙잡고 있네.
雕文各異類　새겨진 무늬는 각각 종류가 다르고,
離婁自相聯　세공은 모두 연결되었네.
誰能爲此器　누가 이런 그릇을 만들었을까?
公輸與魯班　공수(公輸)와 노반(魯班)이라네.
朱火然其中　붉은 불이 그 안을 태우고,
青煙颺其間　푸른 연기가 그 사이에 퍼지네.
從風入君懷　바람 따라 그대 가슴에 들어가,
四坐莫不歎　모든 손님들은 즐겁다네.
香風難久居　향기 나는 바람은 오래지 못하니,
空令蕙草殘　한갓 혜초(蕙草)만 소모할 뿐이라네.

시적 작법의 체제가 이 시에서처럼 잘 드러나는 경우는 드물다. 첫 번째 연구는 단순히 채워 넣은 것으로, 운을 설정하고 시인에게 생각할 시간을 부여한다. 세 번째 행에서도 시인은 계속 시간을 끌면서, 그가 쓰고자 하는 것이 무엇인지 말해준다. 향로는 박산로(博山爐)라고도 불리는데, 이는 항상 산의 모양을 하고 있다.(산(山)은 운율을 지키고 있다.) 그러므로 시인은 산, 즉 남산을 묘사하는데, 〈염가행〉의 첫 번째 구와 거의 같은 단어를 사용하지만 순서를 바꾼다. 〈염가행〉에 대한 기억이 다음에 말할 것을 알게 해주는데, 그것은 바로 꼭대기의 나무(소나무와 측백나무)와 아래의 뿌리이다. "잘라냄"은 여기에 적합하지 않지만, "조각함"은 어울리며, 이는 조각하는 장인을 "공수(公輸)와 노반(魯班)"이라 칭송하는 연구를 수반한다.

이 시점에서 시인은 향로의 구체적 정보를 드러낸다.("그 안(其中)"을 "그 사이(其間)"의 대가 되게 놓는 것은 세련된 대구라고 할 수는 없다.) 여기서 나무는 진정 "사용"된다. 그리고 반첩여의 〈원시(怨詩)〉로부터 빌려온 구를 쓰고 난 뒤 보충 구를 추가한다.("모든 손님들은 즐겁다네.")

이 방식으로 이 시를 살펴보는 목적은 천칠백 년 전에 죽은 누군지 모를 시인을 폄하하기 위함이 아니다. 즉흥적 작시의 압박 하에서 시인들이 어떻게 기존의 패턴으로부터 시를 지어내었는지를 보여주기 위함이다. 시인은 재치 있게 〈염가행〉을 모방하였고, 청자들은 그가 새로운 화제에 이를 어떻게 적용시켰는지를 감상했을 것이다. 그러나 저자의 작법을 살펴보면 달라진 것이 없다. 오직 청자와 의식적인 유희를 공유한다는 가정만이 다른 점일 뿐이다.

이 마지막 일단의 텍스트들에서, 초기 고전시의 시학을 어떤 연속체에 자리매김할 수 있게 된다. 이 시학은 특정 시적 표현에서 사용된 "소재"로부터 시작하여 그 자신만의 논리에 의해 운용되는 악부를 생산하는 데에까지 확장된다. 같은 소재가 상대적으로 문예적인 시에서 재작업 되는데, 이때에 시적 소재는 순수한 패턴으로 바뀌어 원래의 주제와는 분리되지만, 여전히 단어와 구절들의 논리에 의해 결합되어 있다.

3장

신선

이번 장과 그 다음 장에서는 초기 시에서 사용된 주제들 가운데 일부를 다룰 것이다. 여기서 중점을 두고자 하는 것은 이러한 주제를 다룰 때 중요하게 여겨지기도 하는 지적·사회적인 맥락이 아니라, 그보다는 시 담론 내의 구조이다. 시와 산문에 대한 담론은 서로 겹쳐지지만, 초기 시에 나타나는 극소수의 유명한 신선들은 보다 전문화된 도교 작품들에서 보이는 그들에 대한 지식과는 크게 관련이 없어 보인다. 잘 알려진 저자들을 연구하는 경우, 학자들은 연구대상이 되는 인물이 신선을 믿었는가의 여부를 확인하려고 애쓰는 경우가 많다.[1] 저자 귀속을 밝히는데 어려움이 있고, 창작 연도가 불확실하며, 역할연기(role playing)가 존재하는 텍스트 세계에서, 이러한 믿음은 3세기 역사에서 분명히 존재했을 것이기는 하지만 이를 입증해 내는 것이란 매우 어려운 일이다. 특히 많은 신앙들을 허용했던, 그리고 아마도 일시적인 "믿음"도 허용했던 시 담론에 있어서는 말이다.

1 한 예로 도널드 홀츠만, 〈조식과 신선들〉, 《Asia Major》 1, no.1(1988): 15-57를 들 수 있다. 여기서는 텍스트의 신빙성을 저울질 하는데, 그 결론에 이르러서는 많은 중국학자들이 그러하듯이 조식이 훗날에 신선에 대한 믿음을 바꾸었다고 말한다.

*

공공 도덕이라는 명분을 내세운 전근대, 그리고 사실상 근대에까지도 중국 사람들은 영생의 추종과 인간계 너머에 있는 신성한 세계에 대한 신앙을 허락하지 않았다. 특히 지도층이 이러한 신선에 대해 관심을 갖는 것은 더욱 문제적인 것이었다. 위(魏)에 대한 유협(劉勰)의 평가에서도 이미 보았듯이, 신선에 대한 관심이 문사(文士)들에게 널리 퍼지게 되자 그 시대 전체는 타락한 시대로 여겨지게 되었다. 이러한 신앙의 금지에도 불구하고, 신선에 대한 관심은 계속 살아남아 지적·문학적 생활에서 수세기동안 발견되는 특징이 되었다.

불건전하다고 할 수 있는 이러한 관심은 광범위한 내용을 포괄하였는데, 여기에는 도(道)에 대한 철학적 성찰, 방사(方士)라 불린 전문가들이 주장하고 행하던 영생의 기술, 그리고 그 중 일부는 명백하게 정치 지도층들에 대해 공격적인 자세를 취했던 것으로 보이는 지역 신앙들이 포함된다. 종교적 스펙트럼 안에 포함된 다양한 요소들 사이에는 거의 연관성이 없으며, 이들을 "도교"라는 하나의 범주로 묶는 것 또한, 이들이 황실에서 정치하는 것을 삶의 핵심 문제로 받아들이지 않았다는 공통점을 제외하면 그리 효과적이지 못하다.

기성 정치에 대해 무관심하다는 것이 정치 자체에 무관심하다는 의미는 아니다. 종교 의식은 궁정의 한 요소였다. 그러나 더 중요한 사실은 동한(東漢) 말기에 도교 신자들이 봉기를 일으켰으며, 중국의 서중부 지역에 장로(張魯)가 이끄는 오두미(五斗米) 휘하에 있었던 도교 국가가 215년까지 존재했었다는 것이다. 학자들은 조조(曹操)의 도교 시들을 정치적 알레고리로 해석해야 할지, 늙음에 대한 환멸로 보아야 할지, 아니면 단순한 시적 오락으로 보아야 할지 혼란스러워하고 있다.[2] 그러나 도교는 당시 정치와 아주

2 장 피에르 디에니, 《조조의 시들》, 파리: 콜레쥬 드 프랑스 고등 중국 연구원

직접적인 연관을 맺고 있었으며, 도교 지도자로서의 권한을 주장하는 것 또한 사실상 정치적인 선언이었다. 조식(曹植)과 그의 형제는 조조가 궁정에 두었던 방사(方士)들을 비웃었을지도 모른다.[3] 그러나 3세기 초의 영리한 정치가에게는 이들을 궁정에 두는 것이 전통적인 학식을 내세우는 다수의 작가들을 궁중에 두는 것과 근본적으로 차이가 없었다.

당시의 정치나 제도의 형성 역사와는 별개로, 도교는 당대의 시에 접근할 수 있는 유용한 방법이다. 도교가 제시한 방책과 비법들 덕분에, 신생종교였던 도교는 극도로 기술(技術)적인 특성을 띠었다. 영생이라는 특정한 결과를 얻기 위해 특정한 것들이 특정 순서에 의해 행해졌다. 상대적으로 고정된 시퀀스로 나타나는 주제의 구조를 고려할 때, 이 시기의 시학(詩學)은 도교와 유사한 것이었다. 그러므로 영생의 시학은 이 두 가지 측면에서 확정되었다.

영생이란 주제는 그러므로 분명한 목적을 설정하고 있다. 그것의 종점은 바로 영생의 획득이며, 부정적인 형태에서는 이러한 시도의 실패나 무의미함이 그려진다. 그런데 여기에는, 화제들을 두 개의 서로 겹치는 하위 주제들 안으로 정리해 넣는 기본적인 변수들이 존재한다. 그 하위 주제 중 하나는 선약(仙藥) 획득에 집중하거나, 이보다는 덜 흔한 경우로 비법이나 도교의 비의(秘意)를 다룬다. 두 번째 하위 주제는 오래 전부터 이야기 된 "천상으로의 여행"을 핵심으로 한다.

선약을 중점적으로 다루는 가장 완전한 형태의 시를 보면, 주인공이 산을 올라 한 명이나 그보다 많은 신선들을 만나며, 그들이 선약을 주거나 그것을 얻을 수 있는 장소로 데려간다. 이 때 신선들은 나이가 많을 수도 있고 적을 수도 있으며, 때로는 흰 사슴을 타고 있기도 하다. 간혹 화자가 선약을

(Collége de France, Institut des hautes études chinoises), 2000, 68-71쪽

3 도널드 홀츠만, 〈조식과 신선들〉, 16-23쪽.

스스로 취하기도 하지만, 가장 일반적인 버전에서는 화자가 선약을 인간 세계로 가지고 와서 이를 그의 주인이나 통치자에게 바친다. 따라서 선약 획득에 대한 서술은 통치자의 정통성을 증명하는 역할을 한다. 선약을 받고 나서 주인이나 통치자는 영생에 이르는데, 이는 소망의 피력이거나 사실에 대한 선언으로 나타난다.

두 번째 변이인 "천상으로의 여행"은 선약의 획득이나 도교의 비의를 부수적으로 다룬다. 이는 언제까지나 여정의 한 단계에 불과하다. 산을 올라 신선들을 마주하기보다, 작품에서 화자는 일반적으로 자신을 완벽하게 만들거나 천상으로 날아가 버린다. 화자는 먼저 서왕모(西王母)와 그녀의 남편인 동왕부(東王父)에게 예를 갖추기 위해 태산이나 곤륜산으로 날아간다. 그리고는 이름난 신선 중 하나로, 주로 적송(赤松)을 만나는데, 이 신선은 그의 안내자 역할을 하며 그에게 천상(天上), 즉 주로 별들을 구경시켜준다. 여기에는 여러 가지의 가능한 화제들이 있는데, 예를 들자면 음악이 연주되는 천상의 연회도 가능할 것이며, 화자는 영생의 선약을 받거나 비술을 배울 수도 있고, 고향을 돌아볼 수도 있다. 그러나 결말에 이르러서는 첫 번째 변이에서 선약을 얻은 사람과 마찬가지로 그 역시 영생한다.

조식(曹植) 시의 나타나는 첫 번째 변이를 보면 선약이 전달되는 장면이 등장하는데, 이 부분을 한번 살펴보자. 조식은 선약을 가지고 돌아오는 대신, 자신이 약을 먹어버린다.

조식(曹植), 〈비룡편(飛龍篇)〉[4]

晨遊泰山	아침에 태산을 노닐었네
雲霧窈窕	구름과 안개에 숨어서.

4 루친리, 421. 《악부시집》.《예문유취》 42. 황지에, 《조자건시주》, 105-6. 니에원위, 《조식시해역》, 294-97. 자오요우원, 《조식집주교》, 397-98.

忽逢二童	두 동자를 우연히 만났는데
顏色鮮好	안색은 건강하고 고왔다네.
乘彼白鹿	그들은 하얀 사슴을 타고 있었는데,
手翳芝草	손에 지초를 숨기고 있었네.[5]
我知眞人	나는 그들이 신선임을 알았고,
長跪問道	무릎을 꿇고 도를 물었네.
西登玉臺	서쪽으로 옥대에 올랐는데,
金樓復道	금탑과 복도가 있었네.
授我仙樂	그들은 내게 영생하는 선약을 주었는데,
神皇所造	신에 의해 만들어진 것이었네.[6]
教我服食	그들은 나에게 그 약을 삼키게 했고,
還精補腦	나의 정기를 회복시키고 두뇌를 향상시켜주었네.
壽同金石	나의 명은 쇠와 돌 같을 것이니
永世難老	영원히 늙지 않으리라.

시인은 성스러운 산 중 하나이며 안개에 제법 가려진 태산(泰山)에 올라가는 것으로 작품을 시작한다. 거기에서 그는 두 명의 신선 동자들을 만나는데 이들은 늙은이로 그려지는 경우도 많으며 이들의 수 또한 한 명에서 세 명까지 다양하게 나타날 수 있다. 하얀 사슴을 타고 있는 것과 신비한 버섯인 지(芝)를 가지고 있는 것은 그들이 신선임을 드러내는 분명한 표지다. 그럼에도 이들을 알아보는 것은 중요하다. 때때로 신선은 자신이 신선이라고 소개하기도 하고, 때로는 여행자가 그들이 신선임을 눈치 채기도 한다.

5 여기서 '예(翳)'를 쓴 의도는 파악하기가 어렵다. 나는 니에원위의 해석을 따랐으며, 자오요우원은 〈서경부(西京賦)〉에서 예운지(翳雲芝), 즉 "지(芝)를 덮고 있는 구름"이라는 한 문장을 인용하였다.

6 《예문유취》는 '가(可)'를 '소(所)'라고 읽는데, 이는 '조(造)'에 보다 맥락에 어울리는 의미를 부여한다. "누군가는 그 위대한 신에게 다다를 수 있을 것이다."

신선이 자신의 존재를 밝히는 경우, 대부분의 경우 그는 신비로운 지식을 전해준다. 여행자가 인물 혹은 인물들이 신선임을 눈치 채는 경우에는 여행자가 신선에게 그 신비로운 지식에 관해 묻는다. 신선들은 여행자를 천상의 궁궐로 데려가 그에게 선약을 주고 그것을 삼키게 한다. 그리고 변신한 화자는 영생한다.

화제의 시퀀스와 그 화제들이 확장 혹은 수축되는 방법 모두에서 시의 구성요소는 예측이 가능하게 된다. 조식(曹植)의 작품으로 알려져 있는 이 주제에 대한 많은 시들은 일정한 핵심을 유지하나, 세부사항에 있어서는 상당한 차이를 보인다. 이러한 시를 암송하고, 기억하고, 필사한 사람들은 적당한 수준의 변이에 관한 동일한 지식이 있었을 것이다. 우리에게 전해지는 텍스트는 아마 조식이 지은 것과 완전히 같기도 할 것이지만, 어떤 단계에서는 이러한 것이 문제가 되지 않는다. 우리는 수많은 "변이" 중 하나를 가지고 있는 것이다. 텍스트는 때로는 확장하지만, 줄어드는 경우가 더 많다. 현전하는 조식 선집은 온전히 전집(全集)과 유서(類書)에서 뽑혀 수합된 것이다. 위의 버전은 《악부시집(樂府詩集)》에 보존된 것이다. 그리고 곽무천(郭茂倩)이 텍스트 연구에 관심을 보인 송(宋)나라의 취향에 따라 그가 가지고 있던 텍스트를 그대로 필사한 것은 분명하나, 그에게 전해진 자료 자체는 텍스트의 변형이 심하던 시기의 필사전통에 기반을 둔 것이다.

우리는 한 두 개의 연구(聯句)만 되어도 《예문유취(藝文類聚)》와 같은 유서들이 충분한 "인용구"를 제공하고 있다고 생각한다. 그러나 많은 경우, 이러한 인용구들을 "축약한 변이"로 이해하는 것이 가장 적당하다. 여기서 조식 시에 대한 《예문유취》에서의 "변이"를 살펴보고자 한다.

晨遊太山　　아침에 태산에 노닐었네,
雲霧窈窕　　구름과 안개에 숨어서.
忽逢二童　　두 동자를 우연히 만났는데,

顔色鮮好　안색은 건강하고 고왔다네.
乘彼白鹿　그들은 하얀 사슴을 타고 있었는데,
手翳芝草　손에 지초를 숨기고 있었네.
西登玉堂　서쪽으로 옥당에 올랐는데,
金樓復道　금탑과 복도가 있었네.
投我仙樂　그들은 내게 영생하는 선약을 건네주었으니,
神皇所造　나는 이제 저 높은 신에 이를 수 있네.
壽同金石　나의 명은 쇠와 돌 같을 것이니
永世難老　영원히 늙지 않으리라.

위의 버전은 앞서 살펴본 작품에 비해 연이은 두 행의 운자로 사용된 도(道)의 반복을 없앰으로써 두 연구(聯句)를 줄였으며 몇몇 부분에 변화를 주었는데, 이러한 변화들 중 하나는 매우 중요하다. 여기서 알 수 없는 것은, 《예문유취》가 작품을 축소한 것인지, 아니면 이러한 종류의 시에서 다루어져야 하는 화제들에 대해 알고 있는 누군가가 도(道), 혹은 선약을 묻는 내용과 실제로 약을 먹는 내용이 담긴 연구를 추가한 것인지의 여부이다.

조식은 자신이 약을 먹는데, 여기서 우리는 저자미상의 악부[7]의 도입부와 이 점을 비교해 볼 수 있다.

〈장가행(長歌行)〉[8]

仙人騎白鹿　선인이 하얀 사슴을 타고 오니,

7　비록 이 악부가 복합 악부의 흥미로운 사례 중 하나이긴 하지만, 〈장가행(長歌行)〉의 두 번째 단락, 즉 《시경》을 원용하며 어머니에 대한 그리움을 노래한 일인칭 가사인 부분을 인용하는 것은 삼가도록 하겠다. 이 가사의 일부는 《예문유취》에 조비(曹丕)가 쓴 시 〈어명진작(於明津作)〉으로 보존되어 있다. 루친리, 402.

8　루친리, 262. 《악부시집》 30. 황지에, 《한위악부풍전》, 25-26. 황지에 역시 두 번째 단락을 누락시켰다.

髮短耳何長 그 머리는 짧고, 귀는 너무나 길었네.
導我上太華 나를 태화산으로 데리고 올라가니,
攬芝獲赤幢 나는 그곳에서 지초를 따고, 붉은 띠를 얻었네.[9]
來至主人門 나는 주인의 대문에 이르렀고,
奉藥一玉箱 약들이 담긴 옥 상자를 받았네.
主人服此藥 주인은 이 약들을 삼켰고,
身體日康強 그의 몸은 나날이 건강해지고 힘이 세어졌네.
髮白復更黑 그의 흰머리는 다시 검어졌고,
延年壽命長 그의 연수는 길어져 명이 길어졌네.

관습적으로 선인(仙人)을 단수로 번역하고 있기는 하지만, 선인은 두 명 이상일 수도 있다. 같은 요소들이 재배치된 상태로 등장한다. 산을 오르고, 나아가 그가 약을 얻을 수 있는 장소까지 데려다 줄 선인들을 만나는 대신에, 여기서 화자는 역시 흰 사슴을 타고 있는 선인을 만나고, 선인은 그를 산으로 데려다준다. 우리는 "지초"가 영생의 약을 뜻하는 시적 표현 중 하나임을 알고 있다. 조식의 시에서 그것은 동자 신선들의 손에 있는 것으로 그려졌는데, 여기서는 화자가 지초를 따는 것으로 나온다. 여기서 화자는 앞서 말한 작품의 산과 다른 산에 있는 것일 수도 있으며, 신선에게 길을 묻지도 않는다. 그러나 두 시에서 모두 "지초"라는 단어가 먼저 등장하며, "약(藥)"이라는 단어가 뒤따른다.

한 가지 더 주목해야 하는 것은 두 시의 결말부가 약의 효능을 강조한다는 점에서 본질적으로 같다는 것이다. 이와 같은 전개에 끼워 넣어진 화제는 이러한 종류의 시들에서 흔히 발견되는 것이며, 이러한 시들을 어느 정도 정의하는 것이기도 하다. 바로 약을 신선의 세계로부터 가져와 인간인

9 '당(幢)'은 권력을 상징하는 장식된 휘장이다. 빨간 휘장은 지방관리의 휘장이었다. 이러한 설정은 현재의 맥락에서 볼 때 몇 가지 문제를 갖는다.

주인에게 가져다주는 화제가 그것이다. 시가 달라지는 한 가지 방식은 고정된 요소들 내에서 변이가 나타나는 것인데, 예컨대 산이 다른 산이거나 신선의 숫자가 다르다. 또 다른 방식은 화제를 추가하거나 빼는 것으로, 조식 시의 부분 부분들은 같은 것이지만 주인에 대한 화제는 삭제되었다.

이미 축약되어 있는 상태의 버전이 악부 〈장가행〉의 첫 번째 단락으로 나타난다. 주목해야 할 점은 같은 텍스트가, 즉 첫 번째 단락이 두 번째 연구가 생략되었다는 한 가지의 차이를 제외하면 똑같은 형태로 《예문유취》에 "고시(古詩)"로서 보존되어 있다는 점이다. 이 버전에서는 신선 스스로가 주인에게 선약을 가져다준다. 특정 화제들은 반드시 적합한 순서로 제시되어야 하지만, 이 화제들은 문맥이나 상황에 적합하다고 판단되는 감각에 따라 추가 또는 삭제될 수도 있다. 예를 들어 조식의 〈비룡편(飛龍篇)〉에서 두 가지 사례를 찾을 수 있다.

심지어 극도로 축약된 버전에서조차 이 주제를 알아볼 수 있다. 다음에 나올 저자미상의 악부 〈선재행(善哉行)〉은 4행의 연들로 이루어져 있고, 신선에 대한 연들이 다른 주제들과 함께 엮여져 있다. 그러나 두 번째와 마지막 절을 함께 읽는다면 모든 핵심적인 요소들을 확보한 것이나 마찬가지이다.

〈선재행(善哉行)〉[10]

來日大難　내일은 큰 고난이 와서,
口燥唇乾　입이 타고 입술이 마르겠지.
今日相樂　오늘 우리는 기쁨을 만끽하고,
皆當喜歡　또한 모두 즐거워해야하네.

---

10 루친리, 266. 《송서》. 《악부시집》 36. 황지에, 《한위악부풍전(漢魏樂府風箋)》, 25-26. 장 피에르 디에니, 《중국 고전시의 기원에 대하여》, 122-125.

徑曆名山　나는 전설적인 언덕들을 지나서 갔네,
芝草翩翩　지초가 나부끼는.
仙人王喬　신선인 왕자 교(喬)가
奉藥一丸　내게 선약 한 알을 건네네.

自惜袖短　내 소매가 너무 짧은 것이 애석하니,
內手知寒　손을 거둘 때 한기가 느껴지네.
慚無靈輒　내게는 영철(靈轍)이 없어,
以報趙宣　조선자(趙宣子)[11]에게 빚 갚을 수 없어 부끄러웠네.

月沒參橫　달이 기울고 삼성(參星)이 하늘을 가로지르니,
北斗闌干　북두칠성이 가로질러 있네.
親交在門　친척과 벗들이 문에 있는데,
饑不及餐　아직 아무것도 먹지 못해 굶주린 채였네.

歡日尙少　즐거운 날은 여전히 적고,
戚日苦多　비통한 날은 끔찍하게도 많구나.
何以忘憂　어떡하면 우리의 근심을 잊을까?
彈箏酒歌　쟁을 타고 술 마시는 노래를 부르세.

淮南八公　회남의 여덟 군주들,
要道不煩　중요한 도에는 괴로움이 없다네.[12]

11 조선자(趙宣子)가 사냥하러 갔다가 영첩(靈輒)이 배가 고파 기진맥진 한 것을 보고는 음식을 주었다. 후에 조선자가 진나라 황제에게 죽을 위험에 처했을 때 황궁의 보호병 한 사람이 그를 구해주었는데 알고 보니 그가 영첩이었다. (위 시에서 영철은 영첩(靈輒)을 가리킨다. - 역자주)

12 여덟 신선들이 회남의 왕자에게 방문해서 그에게 선가 경전을 준 것으로 추정된다. 그리고 백주대낮에 그를 천국으로 데려간 듯하다.

參駕六龍　　여섯 마리 용에 줄을 걸고,
遊戲雲端　　구름 끝에서 놀이로 방랑하세.

이 시에서 누가 산을 여행했고 누구에게 선약이 건네진 것인지는 알 수 없지만, 본질적으로 연회가라 할 수 있는 이 작품에서 화자가 주인의 역할을 하고 있음은 알 수 있다. 주인은 아마 신선에게 직접, 혹은 매개자를 통해 선약을 받았을 것이다. 앞서 나온 악부 부분이나 "고시(古詩)"의 이형들에서 이 두 가지 가능성을 다 확인할 수 있다. 마지막 4행의 절에서 약을 먹는 것에 대한 언급은 없다. 하지만, 구름 끝에 노니는 것은 유한한 삶에 대한 근심을 해결하는 측면에서 볼 때, 음주가무보다는 영구적인 해결책이라 할 수 있다.

서로 다른 주제들을 함께 엮기 위해 4행의 연을 사용했다는 점에서 〈선재행〉은 초기 악부 중에서 매우 독특하다고 할 수 있다. 이것과 가장 비슷하게 대칭을 이룰 수 있는 것은 조조(曹操)의 유명한 〈단가행(短歌行)〉인데, 이 작품은 나중에 다시 다룰 것이다.[13] 디에니가 지적하듯, 이러한 모든 주제들은 연회에 속한다. 특정한 부분이 매끄럽지 않기는 하지만, 독특한 세 번째 절을 제외하고 모든 주제들과 화제들의 시퀀스는 다른 작품에서 대응되는 부분을 찾을 수 있다. 신선에 대해 이야기하고 있는 두 개의 연, 즉 두 번째와 여섯 번째 연은 크게 분리될 수 있지만 시퀀스는 매우 친숙한데, 단순히 약을 건네받아 신선이 되어 돌아다니는 전개 때문만이 아니라, 보다 구체적인 텍스트의 차원에서도 친숙하다고 할 수 있다. 이러한 텍스트적 차원의 친숙함은 조식의 전집에 실려 있는 연구에서도 나타난다.[14]

13　일반적으로 〈선재행〉은 〈단가행〉보다 이른 시기의 것으로 추정되나, 반드시 그렇다고는 할 수 없다.

14　〈계지수행(桂之樹行)〉. 루친리, 438.

教爾服食日精　그는 나에게 태양의 정기를 삼키게 했는데,
要道甚省不煩　본질적인 도는 정말 간단했고 어려운 것이 아니었네.

이 장의 초반부에서 언급했던 것처럼, 신선 신앙은 공공 담론 안에서 뿐만 아니라 시적으로도 논란의 여지가 있다. 영생에 대한 환호는 선약과 영생에 대한 약속이 기만적이라는 부정적인 상투어를 동반한다. 이러한 상투어는 〈고시십구수〉의 제13수와 조식의 유명한 연작시 〈증백마왕표(贈白馬王彪)〉"[15]에서 잠시 사용된다.

虛無求列仙　그들은 아무 것도 없는 곳에서 신선을 찾으니,
松子久吾欺　적송자는 오랫동안 나를 속였네.

이러한 부정적 변화는 또한 완전히 발전된 신선시 내부에서도 일어날 수 있었다. 후에 조조가 천재성을 가지고 이렇게 한 예를 살펴볼 것이다. 아래의 조비에게 귀속된 〈절양류행(折楊柳行)〉의 텍스트에서는 그 부정적 변화가 더욱 거칠게 나타난다. 여기서의 산은 신성한 산들인 태산이나 태화산이 아니라 그냥 모호한 "서쪽 산"이다. 그러나 그럼에도 불구하고 두 동자 신선들은 그곳에 있다. 선약을 먹은 후에 그는 날개가 자라기 시작하고 날게 되지만, 관점은 신선과 그들의 도(道)에 대한 거부로 바뀌게 된다.

조비(曹丕), 절양류행(折楊柳行)[16]

西山一何高　서쪽 산은 얼마나 높은지,
高高殊無極　너무 높아 정말 끝이 없네.

15 루친리, 454.
16 루친리, 393. 《송서》. 《악부시집》 37. 황지에, 《위무제·문제·명제시주》, 46-47.

上有兩仙僮　위에 두 동자 신선이 있는데,
不飮亦不食　마시지도 먹지도 않는다네.
與我一丸藥　나에게 한 환약을 주었는데,
光耀有五色　오색으로 빛났네.
服藥四五日　약을 먹은 지 사오일 후에
身體生羽翼　몸에 날개가 자라났네.
輕擧乘浮雲　뜬 구름을 가볍게 올라타고,
倏忽行萬億　순간 수만 리를 갔네.
流覽觀四海　사해를 두루 보니,
茫茫非所識　크고 아득하여 알아볼 수 있는 것이 없었네.
彭祖稱七百　팽조(彭祖)는 칠백년을 살았다고 일컬어지지만,
悠悠安可原　멀고멀어 어찌 추적할 수 있겠는가.
老聃適西戎　노담(老聃)은 서쪽 오랑캐 땅에 가서
于今竟不還　지금까지도 돌아오지 않았네.
王喬假虛辭　왕자 교(喬)는 헛된 말을 만들었고,
赤松垂空言　적송은 빈 말들을 남겼네.
達人識眞僞　달인(達人)은 진실과 거짓을 분별하지만,
愚夫好妄傳　어리석은 이들은 망령된 전설을 좋아하네.
追念往古事　지난 일들을 생각해보니,
憒憒千萬端　수천 가지로 혼란스럽네.
百家多迂怪　백가(百家)들은 부조리함이 많으니,
聖道我所觀　나는 성인의 도를 관찰하리.

〈절양류행〉의 텍스트가 신선에 대한 거부로 끝나기는 하지만, 이는 다른 운을 지닌 그 첫 단락이 곧 신선의 선약을 받는 화제에 대해서 완전히 발전된 변이에 해당되는 복합 악부이다. 《예문유취(藝文類聚)》에서는 이를 〈유선시(遊仙詩)〉로 따로 인용하였다. 이는 "하나의 시"인지 대조를 이루는 "두

개의 시"인지를 구별할 수 없는 사례들 가운데 하나이다. 만일 이 시를 "조비가 지은 시"라고 믿는다면, 내가 위에 그렇게 묘사하였듯이, 이 시를 조비가 "신선을 거부한" 시로 묘사할 것이다. 그러나 이것이 하나의 의견을 주장하는 "저자"의 구성물이 아니라 화제상 상반된 단락들의 특정한 조합이고 그 조합이 우연히 보존된 것이라면, 다른 점을 볼 수 있게 된다. 그 조합이 조비에 의한 것이든 전문 가객에 의한 것이든 말이다.

산에 올라가 신선들을 만나고 약을 받아먹고서 날아간 뒤에, 마지막 단계에서 화자는 더 이상 어떤 것도 분별할 수 없는 높이까지 날아간다. 이 순간의 이면에는 초사(楚辭)의 〈원유(遠遊)〉나 사마상여(司馬相如)의 〈대인부(大人賦)〉에서 볼 수 있는, 초월적 존재로 변신하는 것에 대한 풍부한 시학의 역사가 존재한다. 이는 우화등선(羽化登仙)의 가장 완벽한 구현인 것이다. 이 상태에 이르렀다고 말하는 것은 팽조(彭祖)가 실제로 칠백년을 살았는지에 대한 속인의 단순한 의심 저 너머 어딘가에 존재한다. 그러므로 시인이나 가창자가 운을 바꾸어 숭고에서 경험주의자나 회의주의자의 역할로 돌아설 때, 단절의 효과가 일어나는 것이다.

만일 이것을 의견 주장이 아니라 시적 메들리로 읽는다면, 우리는 음악작품의 한 악장에서 장조에서 단조로 옮겨가는 것과 유사한, 확신에서 의심으로의 움직임을 보게 된다. 그것은 음악가들이 구성한 것일 수도 있지만, 일생 동안 음악가들의 음악을 들어온 "저자"가 구성했을 가능성도 마찬가지로 크다. 두 번째 단락이 몹시 명확하게 첫째 단락에 대한 부정과 거부이기 때문에, 조합의 원칙은 위에서 인용한 〈장가행(長歌行)〉의 사례에서보다 더욱 일관적이다. 〈장가행〉에서는 선약을 얻어서 전달하는 단락이 곧 어머니에 대한 그리움에 대한 단락과 결합했었다. 그러나 이런 차이점에도 불구하고, 둘 다의 사례에서 단락들은 독립적으로 유지될 수 있다.[17]

17 〈절양류행〉의 두 번째 단락을 분리해서 읽는다면, 완적(阮籍)의 〈영회(詠懷)〉에 더

조조(曹操)의 악부에서도 마찬가지로 앞의 내용을 뒤집는 움직임을 볼 수 있지만, 동시에 〈절양류행〉과의 차이점은 두드러진다. 여기에서 조조의 시적 "스타일"을 전적으로 문학적인 관점에서 논하는 것은 시대착오적인 것일 수 있겠으나, 조조의 궁정의 모티브들은 분명 존재한다. 그 단락들이 여기서는 긴 연으로 되어있고, 그런 전복적 움직임은 일종의 정치적 설득으로 읽혀질 수 있다. 하지만 화자는 전형적인 방식으로 시작하는데, 영생의 약을 얻기 위해서 태화산을 오르는 것이다.

〈추호행(秋胡行)〉 제2수[18]

願登泰華山	원컨대 태화산에 올라,
神人共遠遊	신인(神人)과 함께 저 멀리 돌아다니고자 하네.
願登泰華山	원컨대 태화산에 올라,
神人共遠遊	신인(神人)과 함께 저 멀리 돌아다니고자 하네.
經歷崑崙山	곤륜산을 지나,
到蓬萊	봉래섬에 이르고자 하네.
飄颻八極	세상의 여덟 끝을 떠다녀,
與神人俱	신과 함께 하고자 하네.
思得神藥	신약 얻기를 간절히 바라는 건
萬歲爲期	만년을 살기 위해서로다.
歌以言志	노래하여 마음에 담긴 것을 말하리니,
願登泰華山	원컨대 태화산에 오르고자 하네.

욱 무리 없이 어울릴 수 있는 시가 된다고 할 수 있다. 예컨대 〈영회〉 제40수를 보라.

18 루친리, 350. 《송서(宋書)》. 황지에, 《위무제·문제·명제시주》, 21-23. 디에니, 《조조의 시들》, 97-103. 이 시는 추호(秋胡) 이야기와 관련이 없고, 제목은 그저 이 시가 붙여진 악곡을 가리키는 것 같다. 가사들과 제목 사이의 연결이 조조 시대의 것인지 후대 궁정에서의 변용인지는 알 수 없다.

天地何長久　천지는 얼마나 장구한가!
人道居之短　인간의 길은 거기 잠시 머무는 것이네.
天地何長久　천지는 얼마나 장구한가!
人道居之短　인간의 도(道)는 거기 잠시 머무는 것이네.
世言伯陽　사람들이 백양(伯陽)[19]에 대해 말하길
殊不知老　그는 늙음을 알지 못했다 하네.
赤松王喬　적송(赤松)과 왕자 교(喬)도
亦云得道　또한 도(道)를 얻었다 말해지네.
得之未聞　만약 그들이 도를 얻었다면 그 소문 들리지 않았더라도
庶以壽考　그들은 길이 살았으리.
歌以言志　노래하여 마음에 담긴 것을 말하리니,
天地何長久　천지는 얼마나 장구한가!

明明日月光　밝은 것은 해와 달의 빛이니,
何所不光昭　그 빛은 어디에나 반짝이네.
明明日月光　밝은 것은 해와 달의 빛이니,
何所不光昭　그 빛은 어디에나 반짝이네.
二儀合聖化　두 이치는 성화(聖化)에 합치되니[20]
貴者獨人不　가장 고결한 것은 사람이 아닌가.
萬國率土　만국의 모든 땅에서는
莫非王臣　모두가 왕의 신하라네.
仁義爲名　그는 어질고 바르기로 이름났고,
禮樂爲榮　음악과 의례로 그의 영예를 보여주네.
歌以言志　노래하여 마음에 담긴 것을 말하리니,
明明日月光　밝은 것은 해와 달의 빛이어라.

19　노자(老子)

20　"두 이치"는 하늘과 땅, 음양(陰陽)이다.

四時更逝去	사계절은 잇달아 지나가고,
晝夜以成歲	낮과 밤은 한 해를 이루네.
四時更逝去	사계절은 잇달아 지나가고,
晝夜以成歲	낮과 밤은 한 해를 이루네.
大人先天	대인(大人)은 하늘을 예측하고,
而天弗違	하늘은 벗어나지 않네.
不戚年往	세월이 가는 것은 슬프지 않으나,
世憂不治	시대가 혼란스러움이 근심이네.
存亡有命	삶과 죽음은 정해진 명이 있으니,
慮之爲蚩	그것을 걱정함은 어리석은 짓이라네.
歌以言志	노래하여 마음에 담긴 것을 말하리니,
四時更逝去	사계절은 잇달아 지나가네.

戚戚欲何念	그대는 무엇을 그리 침울히 곱씹는가?
歡笑意所之	흥겨움이 마음이 향하는 곳이라네.
戚戚欲何念	그대는 무엇을 그리 침울히 곱씹는가?
歡笑意所之	흥겨움이 마음이 향하는 곳이라네.
壯盛智惠	인생의 전성기와 영민한 정신은
殊不再來	진실로 다시는 오지 않으리.
愛時進趣	순간에 애착을 가지고 나아가고 붙잡게나,
將以惠誰	누구에게도 특혜를 주지 않으리니.
汎汎放逸	자유로이 떠다니며, 마음대로 행동하게
亦同何爲	이 역시 같은 이유라네.[21]
歌以言志	노래하여 마음에 담긴 것을 말하리니,
戚戚欲何念	그대는 무엇을 그리 침울히 곱씹는가?

21 나는 이 이해할 수 없는 행을 문자 그대로를 따라 번역했다. 그것을 이해하기 위해 다양한 시도를 해보았지만 어느 것도 자연스러운 해석이 아니었다.

조조 시의 화자는 "원컨대" 성스러운 산을 올라 신선이 되고자 한다고 말한다. 그가 사용하는 어휘는 "원(願)"인데, 같은 어휘가 "고시(古詩)"에서 화자들이 새가 되어 사랑하는 이와 함께 날아가고자 "소망"할 때에 욕망과 바람의 뜻으로써 사용되었다. 따라서 이 어휘는 실질적인 실현의 가능성을 꼭 암시하지는 않는 욕망과 바람을 표현하는 동사이다. 이러한 신선에 대한 시에서 좀 더 자주 사용되는 것은 "욕(欲)"인데, 이것은 "하고자 하다" 혹은 단순한 미래시제를 표현하는 것과 구별하기 어려운 "욕망"이다. 그러므로 우리는 조조 시의 구절을 "곤륜산을 지나고자 한다."라고 번역하지, "곤륜산을 지나리라."라고 번역하지 않는 것이다.

이러한 시의 대부분에서 선약은 수명이 하늘과 땅만큼 길어진다는 것을 뜻한다. 그러므로 우리는 불가능할 것 같은 무언가에 대한 욕망을 나타내는 "원(願)"을 2연의 시작이라는 맥락에서 해석해야 할 것이다. "천지는 얼마나 장구한가!" 그것들은 잠시 머무는 것일 뿐인 사람에게는 너무나 긴 것이다. 조조는 "인명(人命, 인간의 운명 지어진 수명)"이나 "인생(人生, 인간의 삶)"같은 표현을 사용할 수도 있었을 것이다. 그런데 "인도(人道, 인간의 도)"란 표현을 사용한다는 것은 그러한 짧은 머무름이 마땅히 그래야 할 것임을 암시한다. 화자는 그리고는 영생을 획득했다고 말해지는 사람들에게로 돌아선다. 아들인 조비나 조식과는 달리, 조조는 "고시"의 전통적인 화제들을 피하면서, 이것이 속임수였다고 말하지 않는다. 그는 그저 우리는 모른다고 말할 뿐이다. 그들은 영원히 살았을지도 모른다.

신선에 대한 시에서 신선에 대한 불신의 시로 갑작스레 뒤집어지기보다는, 조조는 신선에 대한 의심을 제기하거나 신선을 인간의 인식 지평 너머에 있는 존재로 치부한다. 신선에 대한 시에 적합한 환상적 웅장함을 유지한 채, 셋째 연은 우주의 질서와 정치를 칭송하는 것으로 옮겨가는데, 여기서 통치자는 "성화(聖化)"의 실현자다. 두 이치 사이의 공간, 즉 이 노래를 듣는 이들이 거주하고 있는 공간에 통치자가 있다. 조조가 스스로를 의미한 것인지 억류된 한(漢)의 황제를 가리킨 것인지는 알 수 없다. 하지만 조조는 "임금"을 의미하는 예스런 표현인 "왕(王)"(한대의 일반적인 용법상에서는 '왕자'를 뜻했던)을 아주 좋아했다. 조조는 황제를 폐하지도, 스스로 황위에 오르지도 않았지만, 그는 문자 그대로 왕(王)이었고, 중국의 북쪽지역에서는 모든 의미에서 "임금"이었다. 그러므로 "만국의 모든 땅에서는/모두가 왕의 신하"였고, 이는 《시경》에 화답하는 메아리였다.[22]

다음 연에서 시간은 흘러가지만, 왕은 여기서는 "'대인(大人)"으로서 하늘을 예측하고, 하늘은 그의 예측을 이루어준다. "대인"은 사마상여가 한 무제(漢武帝)를 하늘을 날아 초월 상태에 도달한 사람으로 숭배하며 칭했던 이름이었다. 조조 시에 보이는 통치자는 간단히 말해, 신선술의 신성한 비밀에 통달한 사람이다. 누구나 영생하기를 원하겠지만, 왕에게서야말로 하늘의 작용을 볼 수 있는 것이다. 중요한 문제는 시대가 혼란스럽다는 것이며, 이를 개선하는 것은 왕의 역할이다. 혼란한 세상에서 사람의 정해진 수명을 넘어서길 원하는 것은 어리석다. 이 연을 지나치게 해석하고 싶진 않지만, 이 연은 무한하진 않더라도 긴 생을 살기를 바란다면 왕으로 하여금 하늘과 조화하여 잘 다스려지는(治) 세상을 만들도록 돕는 것이 가장 좋다고 암시하는 것으로 보인다.

죽음을 두려워하며 "침울한(戚戚)" 청자들을 책망하면서, 조조는 청자에게 스스로 즐기고, 그 순간을 만끽하고, 마음대로 행동하라고 요청한다. 이제 〈고시십구수〉 제3수의 마지막 연구와 한 쌍을 이루는 연회시에 근접하게 되었다.

極宴娛心意　연회 끝나고 마음 즐거운데,
戚戚何所迫　어찌하여 침울함에 짓눌리는지?

22　(역주) 《시경》 〈소아(小雅) 북산(北山)〉의 내용을 뜻한다.

청자들은 그 순간을 즐겨야 했다. 그 순간이 이제는 정치적 의무 안에 틀 지어진 것이었지만 말이다.

3세기 전환기 정치에 있어서 도가적 흐름이라는 맥락에서 볼 때, 영생을 가능성이 희박한 것으로 규정짓고 시작하는 이 작품은 매우 설득력 있는 명작이다. 조조는 영생을 얻을 가능성을 일축하고 그 대신 도가에 통달한 왕으로서의 통치자를 제시하며, 시적 대상을 영생에 대한 근심으로부터 정치에 대한 관심과 현세의 즐거움으로 이끈다.

*

여기에서 악부의 한 제목에 부여된 노래이자, 시보다 훨씬 더 많은 주목을 받은 노래를 살펴보자. "동도(董逃)"는 "동이 달아나다(逃, 달아나다)"이거나 "동의 복숭아(桃, 복숭아)" 일 수 있다. 이 제목 하에 남아있는 가사 중 하나는 중평(中平, 184-89) 연간에 수도에서 유행했던 것으로 사마표(司馬彪, 240-306)의 《오행지(五行志)》에 보존되었는데, 《오행지》는 후에 《후한서(後漢書)》에 편입되었다. 3언으로 된 이 가사는 후렴구인 "동도"를 반복하는데, 이는 동탁(董卓)의 운명을 예언한 것으로 해석되었다. 동탁은 한나라 황제를 붙잡고 낙양을 강탈하고 낙양 백성들을 장안으로 이주시켰으며, 장안에서 자기 부관에게 살해되었다.[23] 이런 점에서 그 제목은 "동탁이 달아나다"로 이해되었다.

그런데 제목을 위와 같이 해석하면 아래의 노래와는 전혀 맞지 않게 된다. 만약에 '동(董)'을 '동(東)'으로 바꾼다면 제목이 완벽하게 맞아 떨어진다.[24] 어떠한 청자라도 즉각 "동방삭(東方朔)"을 떠올릴 것이고, 복숭아(桃)

23 루친리, 212.

24 사우스 W. 코블린의 음가에 대한 주석에 따르면 '동(董)'과 '동(東)'의 소리는 동한에서는 서로 끝소리가 달랐다. 그의 《동한(東漢) 음가 사전》, 홍콩: 중문대학출판사(中文大學出版社), 1993를 참조하라. 그러나 악부시 〈평릉동(平陵東)〉에서 볼 수

에 대한 가장 유명한 이야기가 생각날 것이다. 유명한 전설에서 한 무제 시대 때의 추방된 선인이자 궁중 익살꾼이었던 동방삭은 서왕모(西王母)가 황제에게 주었던 불로장생 복숭아를 훔쳤다고 한다.

〈동도행(董逃行)〉[25]

吾欲上謁從高山	알현코자 높은 산을 올랐더니,[26]
山頭危險大難	산마루는 매우 험했고, 길도 거칠었네.
遙望五嶽端	멀리서 오악(五嶽)의 정상을 바라보니,
黃金爲闕班璘	황금빛 탑은 줄무늬 져서 빛나고,
但見芝草葉落紛紛	다만 지초(芝草)[27]에서 분분히 잎이 지는 것만 보이네
百鳥集來如煙	온갖 새들이 안개처럼 깃들고,
山獸紛綸	산짐승들이 바글거리는데,
麟辟邪	기린은 불길함을 피하는 자요
其端鵾雞聲鳴	정상에서는 곤계(鵾雞)가 [ ] 노래하는데,[28]

있듯이, 동(東)은 동(董)과 끝소리가 같은 글자들과 운을 이룬다. 이 사실은 이 둘이 "동(방삭)의 복숭아(東桃)"와 "동(탁)이 달아나다(董桃)"로 말장난을 할 수 있을 만큼 서로 아주 가까웠음을 암시한다. '동방'처럼 특이하고 희소한 두 글자짜리 성씨들은 일반적인 용법에서는 한 글자짜리 성씨처럼 다루어지곤 했다. 공수 반(公輸班)의 변용에 대해 130쪽과 136쪽을 참조하라.

25 루친리, 264. 《송서》. 《악부시집》 34. 황지에, 《한위악부풍전》, 18-20. 디에니, 《중국 고전시의 기원에 대하여》, 119-22.

26 원이둬(聞一多)의 "종고(從高)는 보편적인 배치에 따라 숭산(嵩山)의 높음을 뜻하는 숭고(嵩高)가 되어야 한다."라는 의견에 동의하지만, 텍스트가 쓰여 있던대로 두었다. (원이둬, 《악부시전樂府詩箋》, 128쪽) 숭산은 낙양 근처에 있는 중요한 신성한 장소였으며 다양한 신선들의 고향이다. 종고(從高) 앞에 나오는 '알(謁)'의 중세 초기의 발음의 끝소리가 't'였기 때문에 종고(從高)의 첫 글자가 바뀌었을 것이다. 이러한 해석이 3행과 모순되어 보일지라도, 오악(五嶽)의 중심인 숭산은 그곳에서 다른 네 산을 볼 수 있다고 상상해 볼 수 있는 현실의 장소이다. 원이둬와 다른 주석가들은 오악을 선계의 다섯 섬으로 받아들였다.

27 원이둬의 주석에 따르면 지초(芝草)는 잎이 없다. 그는 '엽락(葉落)'을 후대에 써넣은 것이라고 추측했다.

但見山獸援戲相拘攀　단지 산짐승들이 노닐며 서로 돕는 것만이 보였다네.[29]

小復前行　조금 더 깊이 들어가니,

玉堂未心懷流還　옥당에 이르러 마음은 노닐기를 열망했네.[30]

傳教出門來　가르침을 전하는 자가 문 밖으로 나와서는

門外人何求　“문 밖의 당신은 무엇을 구합니까?”

所言欲從聖道　내가 말하길 내 성인의 도를 좇고자,

求一得命延　생명연장의 방법을 찾고 있다네.[31]

教敕凡吏受言　평범한 관리가 법령을 받아 아래의 말을 받드니,[32]

採取神藥若木端　약목[33] 끝에서 신약(神藥)을 모아,

玉兔長跪擣藥蝦蟆丸　옥토끼가 오래도록 무릎 꿇고 약을 빻아 두꺼비 환을 만들면,[34]

奉上陛下一玉柈　내가 폐하께 옥쟁반에 담아 드리니,

---

28 원문의 ‘단(端)’자를 그대로 두었다. 조식의 〈승천행(昇天行)〉(루친리, 433)의 첫 수 혹은 첫 연을 살펴보면, “나는 곤새가 산마루에 노닐도다[翔鵾戲其巔]”라는 행이 있다. 나는 여기와 3행의 ‘단(端)’이 같은 뜻에 운이 맞는 ‘전(巔)’을 잘못 적은 것이라고 생각하여, 영어 번역도 이 관점을 따랐다. 비록 방금 인용한 조식의 시에서도 여기서와 마찬가지로 ‘전(巔)’이 ‘산(山)’과 운이 맞지만, 끝소리에는 미묘한 차이가 있고 이 차이는 중세 중국어에서는 심각하게 벌어진다. ‘단(端)’으로 대체하는 것이 좀 더 완벽한 운이 된다. 나는 여기서 원이둬와 디에니가 ‘기단(其端)’을 ‘각단(角端)’의 잘못으로 보는 견해는 따르지 않았는데, ‘각단’은 사마상여의 부에 등장하는 신비한 짐승이다. 디에니도 적고 있듯이, ‘성명(聲鳴)’도 문제가 된다. 원이둬는 ‘성(聲)’을 교정하고 싶어 했으나, ‘성’ 앞에 한 단어가 빠졌을 가능성도 충분히 있다.

29 산짐승들이 정확히 무엇을 하고 있는지에 대한 것은 단순히 추측일 뿐이다.

30 나는 ‘미(未)’에 대한 만족스러운 설명을 여태까지 보지 못했고, 그래서 번역하지 않았었다. 이 글자는 반드시 동사에 선행해야 하지만 이 구에는 동사가 없다. 원이둬는 빠진 글자가 있다고 믿는다.

31 또는, 원이둬의 해석에 따라 ‘구일(求一)’을 “특별한 한 사람을 찾는다.”라고 볼 수도 있다.

32 원이둬는 “평범한 관리”를 시의 인간 화자로 보았다.

33 나는 편집자들의 일반적 선호에 따라 ‘수(水)’보다는 ‘목(木)’으로 읽고자 한다. 약목(若木)은 곤륜산 근처에서 자란다.

34 토끼와 두꺼비는 달의 거주민으로, 달은 항아(嫦娥)가 선약을 훔쳐서 달아난 곳이다. 토끼는 선약의 재료를 찧는다.

服此藥可得神仙	이 약을 드시면 선인이 될 수 있습니다.

服爾神藥	폐하께서는 신약을 드셨고,
莫不歡喜	모두가 기뻐했으며,
陛下長生老壽	폐하께서는 만무수강하실 것이네.
四面肅肅稽首	사방은 엄숙히 땅에 머리를 조아렸네.
天神擁護左右	천신(天神)이 님을 보호해주고 지지해줄 것이니,
陛下長與天相保守	폐하께서는 하늘처럼 오래오래 누리시리로다.

이 주제에 대한 이전 버전들은 애매모호한 점들과 텍스트상의 문제점들을 지닌 이 시를 읽는 데에 도움을 준다. 우리가 볼 수 있듯이, "높은 사람에게 경의를 표하는 것(上謁)"은 그 다음 주제인 "유선(遊仙)"에 속한 일반적인 화제들 중 하나이다. 화자는 아마도 숭산으로 보이는 곳을 오른다. 비록 숭산이 다음 연구에서 바라보는 오악(五嶽) 가운데 하나이지만 말이다. 이 시에서는 "지초(芝)"가 먼저 언급되고 약(藥)이 뒤에 언급된다. 신화적인 동물들이 나오는 구절 다음에는, 신선들과 마주치는 것의 좀 더 전형적이고 완전한 버전이 나타난다. 화자는 신선들의 궁궐에 이르렀으며, 장수(長壽)의 비밀을 요청하며, 그 약의 재료들을 "모으는" 것에 대한 허락을 받거나, 혹은 하인이 화자를 위해 재료들을 모아주도록 보내진다. 신선 세계의 관료적 묘사는 이전의 시들과 매우 다른 점인데, 이러한 묘사는 앞선 시들에서도 나타난 요점을 보다 강화하는 데에 사용된다. 여기서 요점이라는 것은 화자가 영생의 약을 먹음에 있어, 그것을 직접 찾아내거나 획득하는 입장이 아니라, "허가된 사용자"의 입장이라는 점이다.

이 단계에서 화자는 황제를 호명하기 시작한다. 즉, 그는 인간계에 약을 가져다주는 매개자의 역할을 하는 것이다. 황제는 약을 먹고 영원히 산다. 앞선 시들에서 주인이나 후원자가 등장하는 것은 있었지만, 궁정의 언어로 황제를 호명하는 것은 처음 나타나는 것이다. 그리고 이러한 사실은《송서(宋書)》의 악부(樂府)가 궁정 선집이라는 점을 상기시켜준다.

*

천상을 가로질러 날아가는 내용의 두 번째 변이본은 보다 길어질 수 있으며, 각 부분들 역시 자유롭게 확장되거나 압축될 수 있었다. 우리는 여기서 먼저 별에 대한 서술을 하는 부분에서 멈춘 저자미상의 악부를 살펴볼 것이다. 시에서 마지막 4행은 복합 악부의 첫 단락의 도입부와 같은 기능을 한다. 만일 루친리가 그랬듯이 이 부분들을 서로 맞추어 본다면, 간단하기는 하지만 보다 완전한 주제의 버전이 나타난다.

〈보출하문행(步出夏門行)〉[35]

邪徑過空廬　좁은 길은 빈 오두막을 지나고,
好人常獨居　한 호인은 그곳에 항상 혼자 살았네.
卒得神仙道　마침내 그는 신인과 선인의 도를 얻어,
上與天相扶　위로 올라가 하늘에 기대었네.
過謁王父母　나는 왕부와 왕모를 알현하니,[36]
乃在大山隅　그 곳은 바로 태산의 모퉁이였네.
離天四五里　천상에서 사오리 정도 떨어져,
道逢赤松俱　나는 적송을 만나 그와 함께했네.[37]
攬轡爲我御　고삐를 잡고 적송은 나를 위해 말을 몰았으며
將吾天上遊　천상 주변을 노닐도록 하였네.
天上何所有　천상에는 무엇이 있을까?

---

35 루친리, 267.《악부시집》37. 황지에,《한위악부풍전》, 28-29.

36 왕부, 왕모는 동왕공(東王公)과 서왕모(西王母)를 말한다.

37 적송은 유명한 신선이다.

歷歷種白楡 흰 느릅나무가 줄지어 심어져 있겠지.

桂樹夾道生 계수나무는 길가에 줄지어 자라고,[38]

青龍對伏趺 청룡은 나무들 맞은편에서 웅크리고 있네.[39]

이 시는 사회를 떠나 사는 평범한 인간 화자로 시작하는데, 삼인칭과 일인칭 사이의 변동은 매우 흔한 것이다. 자기 자신을 완벽한 존재로 만들어 그는 날아오르고 "알현한 뒤(謁)", 천상으로 데려가진다. 이 유람은 "유(遊)"로 표현되며, 이 단어는 후에 이러한 시들의 일반적 범주인 "유선(遊仙)"을 가리킬 때 사용된다.

아래의 시는 〈농서행(隴西行)〉 중 인간세계에 대한 부분을 뽑은 것이며, 내용은 아내가 손님들을 즐겁게 하는 방식을 칭찬하는 것이다.

〈농서행(隴西行)〉[40]

天上何所有 천상에는 무엇이 있을까?

歷歷種白楡 흰 느릅나무가 줄지어 심어져 있네.

桂樹夾道生 계수나무는 길가에 줄지어 자라고

青龍對伏趺 청룡은 나무들 맞은편에서 웅크리고 있네.

鳳凰鳴啾啾 봉황이 큰소리로 추추(啾啾)[41]를 부르니,

一母將九雛 한 마리 어미 새가 새끼 새 아홉 마리와 함께하네.[42]

顧視世間人 영원히 살 수 없는 인간들의 세상을 돌아보니

38 계수나무는 바로 앞 행에 나오는 흰 느릅나무처럼 천상에서 자라며 태양의 정기를 받아 탄생한다. 여기서 "길"은 태양의 길이다.

39 천상의 동쪽에 있는 성좌를 말한다.

40 루친리, 267. 《옥대신영》 1. 《악부시집》 36. 황지에, 《한위악부풍전》, 26-28. 비렐, 《한(漢)나라의 유행 노래와 서정시》, 173.

41 별의 이름.

42 "새끼 새 아홉 마리"는 별들의 행렬이다.

爲樂甚獨殊　이 얼마나 특별한 즐거움인가!

好婦出迎客　좋은 아내는 손님을 맞이하러 나오고
顏色正敷愉　그녀의 표정은 편안하고 친절하네.
伸腰再拜跪　그녀는 몸을 굽혀 절하고 꿇어앉아서
問客平安不　편안한지를 손님에게 여쭈어보네.
請客北堂上　그녀는 손님을 북쪽 방으로 초대하고
坐客氈氍毹　그를 모직 담요에 앉게 하네.[43]
清白各異樽　각각 다른 잔에 담긴 맑고 하얀 술,
酒上正華疏　술의 표면에 드문드문 반짝임이 있네.[44]
酌酒持與客　그녀는 술을 따라 손님에게 드리려고 들고 있고
客言主人持　손님이 아내에게 술잔을 권하네.
卻略再拜跪　그녀는 물러나 절하고 꿇어앉고는
然後持一杯　그제야 손에 든 한 잔 술을 마시네.[45]
談笑未及竟　그들이 담소를 끝내기 전에
左顧勑中廚　그녀는 음식을 만들게 하려고 주방으로 몸을 돌리네.
促令辦麤飯　거친 밥을 준비하라고 재촉하면서
愼莫使稽留　오래 걸리지 않도록 주방에 주의를 주네.
廢禮送客出　예를 마치고 손님을 배웅하니
盈盈府中趨　사랑스러워라, 종종걸음 하는구나.
送客亦不遠　손님과 함께 그리 멀리 가지는 않으니
足不過門樞　그녀의 발은 문지방을 넘지는 않네.
取婦得如此　만약 그대가 이와 같은 아내를 만날 수 있다면

43 위관잉은 이것을 변방의 농서 지역와 결부시켰다. 위관잉, 《한위육조시선》, 31쪽.

44 이 행은 몹시 문제가 많아 다양한 해석이 제기된다. 루친리는 '정(正)'을 '옥(玉)'으로 교정했으며, 원이둬는 '소(疏)'를 '소(梳)'로 받아들였다.

45 이 행과 선행하는 2행 연구는 다른 운에 속한다. 만약 그것들을 없애면 여인들의 행동은 예의바른 것이 아니다.

齊姜亦不如　제나라의 강씨 부인이라도 이만하지 못할 것이네.[46]
健婦持門戶　만약 꿋꿋이 문을 지키는 아내라면
亦勝一丈夫　장부보다 더 낫다네.

위 시의 첫 번째 단락이 〈보출하문행〉과 결합되면서, 계속되는 성좌들의 유람이 나타나고, 그 뒤에는 인간 세계를 돌아보는 내용과 화자의 기쁨을 표현하는 내용이 뒤따른다. 인간 세계를 돌아보는 내용은 산문과 부에 나타난 천상으로의 여행을 생각해보면 익숙한 것이기도 하다. 루친리가 지적하였듯, 〈보출하문행〉에 〈농서행(隴西行)〉의 첫 번째 단락이 합쳐진 데에는 많은 이유가 있다. 이선(李善)이 〈농서행〉의 구절 일부를 인용하면서 그 출처를 〈보출하문행〉라고 한 것도 그 한 예이다. 두 단락은 하나의 작품을 만들어낼 정도로 잘 들어맞는다. 작품의 적절한 제목이 무엇일지 생각하거나 이렇게 합쳐진 덩어리가 독립적인 작품인지 아니면 좋은 여주인에 대한 두 번째 단락에 속하는 것인지를 따지는 것보다는, 〈농서행〉의 도입 단락이 축약된 변이라는 것에 주목해볼 수 있을 것이다. 여기서 축약된 변이라는 것은 유서(類書)에서 자주 보게 되는 "축약한 변이들"과 본질적으로 다르지 않은 문학적 구현물이다.

앞서 인용한 〈장가행〉에는 두 번째 단락이 누락되어 있는데, 여기에는 좋은 아내를 칭찬하는 내용의 긴 단락이 포함되어 있다. 우리는 복합 악부의 단락들 사이에 존재할 수 있는 다양한 연결고리를 볼 수 있다. 때로는 유명한 작품인 〈맥상상(陌上桑)〉에서 그러하듯, 단락들은 합쳐져서 매끄러운 한 편의 시를 만들어낸다. 〈염가하상행(豔歌何嘗行)〉에서는 두 번째 단락의 인

46 《시경》〈진풍(陳風) 형문(衡門)〉에 "그대가 물고기 먹을 적에 하수의 방어가 왜 필요할까? 아내를 얻을 적에 제나라의 강씨가 왜 필요할까?[豈其食魚, 必河之魴? 豈其取妻, 必齊之姜?]"라고 하였다. 강씨는 귀부인으로, 제나라의 유력한 가문의 성씨이다.

간 세계 광경에 대한 비유를 설정하기 위해, 새에 관한 단락이 변형된 것을 볼 수 있다. 앞에서 다룬 조비(曹丕)의 〈절양류행(折楊柳行)〉에서는 상반되는 단락들이 합쳐져서 나타난다. 다음 장에서 다룰 〈백두음(白頭吟)〉에서는 뚜렷하게 구별되지만 서로 연관성이 있는 주제를 가진 단락들이 어떻게 하나의 시처럼 해석되는지를 살펴볼 것이다. 〈장가행(長歌行)〉이나 〈농서행〉은 서로 스펙트럼의 양 끝에 있는 경우인데, 여기에서는 서로 연관성이 없는 두 단락들이 텍스트적으로 함께 구현되고 있다. 이러한 연관성 없는 단락들의 묶음을 매끄럽게 읽어내려 하는 독창적인 시도는 그저 독창적인 데에 머무른다. 그보다 이러한 작품들의 사례가 보여주는 것은, 단락 간의 괴리와 이동이 오히려 일종의 즐거움을 주었다는 사실이다. 《옥대신영(玉臺新詠)》에서는 종종 시들을 고쳐 실었다. 그리고 만일 《옥대신영》에서 운을 탈락시키거나 성가신 텍스트적 문제를 일으키지 않고 이 시를 현전하는 형태대로 실었다면, 그것은 바로 《옥대신영》이 오래된 악부의 아우라를 보존하고자 했던 것이다. 《옥대신영》에서 〈염가하상행〉의 텍스트는 고쳤지만 가객의 종결부는 그대로 둔 것처럼 말이다.

두 번째 단락 속 아내의 칭찬받을 만한 행동은 후대의 황실 비평가들에게 매우 큰 충격을 주었고, 심덕잠(沈德潛)의 《고시원(古詩原)》 이래로 비평가들은 이 부분을 일종의 풍자로 이해하자고 강력히 주장했다. 이는 분명히 그러한 행동이 칭찬을 받을 리가 없다는 가정 하에서 나온 것일 것이다. 이인독(李因篤)은 〈한시음주(漢詩音注)〉에서 이 부분을 "농서"지역의 관습으로 설명하려고 하였다.[47] 이와 같은 가사가 특정 상황에서 풍자적인 의도로 사용되었을 수 있다는 데에는 이견이 없지만, 동시에 명이나 청대와는 매우 다른 시대에 살았던 좋은 여주인을 칭찬하는 데에 쓰였을 가능성 또한 있는

47 야오다예, 《한악부소론》, 톈진: 백화문예출판사, 1984, 78쪽. 안느 비렐 또한 이것을 풍자로 읽고 있다.

것이다.

앞서의 저자미상의 악부가 조조의 악부보다 이른 시기의 것들이라고 추측할 만한 설득력 있는 증거는 없다. 그럴 수도 있기는 하지만 말이다. 조조의 다음 버전은 행의 배치와 운(韻)에서 많은 문제들을 보여준다.

조조(曹操), 〈기출창(氣出倡)〉[48]

駕六龍	육룡(六龍)[49] 위에 올라타,
乘風而行	바람을 타고 가네.
行四海外	사해(四海) 밖으로 나가니,
路下之八邦	길은 여덟 곳으로[50] 나있네.
曆登高山	높은 산을 지나고 오르며,
臨溪穀	계곡을 굽어보고,
乘雲而行	구름을 타고 가네.
行四海外	사해(四海) 밖으로 나가니,
東到泰山	동쪽으로 태산에 이르렀네.
仙人玉女	선인(仙人)과 옥녀(玉女)가
下來翺遊	내려와 노니는구나.
驂駕六龍	그들 모두 육룡 위에 올라타
飮玉漿	옥장을 마신다네.
河水盡	황하의 물이 다하여
不東流	동쪽으로 흐르지 않는구나.
解愁腹	슬픈 마음 풀어지니

48 루친리, 345. 《송서》. 《악부시집》 26. 황지에, 《한위악부풍전》, 3-4. 디에니, 《조조의 시들》, 78-84.

49 "육룡"은 태양의 마차와 연관되어 있지만, 12행에서는 대상이 확실하지 않기 때문에 아마도 그저 "용이 끄는 마차"일 것 같다.

50 즉 여덟 방향에 있는 먼 땅까지라는 뜻이다.

飮玉漿	옥장을 마셨기 때문.
奉持行	그들 데리고 가노라.
東到蓬萊山	동쪽으로 봉래산에 도달하여,
上至天之門	위로 하늘의 문에 이른다.
玉闕下	옥궐(玉闕) 아래서,
引見得入	이끌려 그들과 만나게 되었으니,
赤松相對	적송과 마주하였네.
四面顧望	사방을 둘러보노라니,
視正焜煌	빛으로 눈이 부시구나.
開玉心正興	개성(開星)·옥샘·심성(心星)이 막 떠올라,[51]
其氣百道至	그 기운이 백 갈래 길로 내게 이르네.
傳告無窮閉其口	그들은 내게 무궁함과 입을 닫는 것을 알려주었으니[52],
但當愛氣壽萬年	만년을 살기 위해서는 호흡을 아껴야 하네.
東到海	동쪽으로 바다에 이르니,
與天連	하늘과 접하였구나.
神仙之道	신인과 선인의 도는,
出窈入冥	그윽한 곳과 아득한 곳을 출입하니,
常當專之	마땅히 전념하여야 하네.
心恬憺	마음이 기쁘고도 담담하며,
無所愒欲	삿된 욕망이 일지 않고,
閉門坐自守	문을 닫아걸고 스스로 온전하며,
天與期氣	하늘이 알맞은 호흡을 부여하네.
願得神之人	원컨대 신을 얻고자 하여,
乘駕雲車	구름수레를 타고,

51 이 문제 구에 대한 해석은 황지에를 따랐다. 더 많은 논의와 다른 독법 및 구두에 대해서는 디에니의 《조조의 시들》, 83-84쪽을 보라.

52 "입을 닫는다."라는 것은 입 안의 침을 보존하기 위한 도가의 양생법이다.

驂駕白鹿　흰 사슴 위에 올라,
上到天之門　위로 하늘의 문에 도달하여,
來賜神之藥　신의 약을 받는다네.
跪受之　무릎 꿇고 받아,[53]
敬神齊　신에게 존경을 표하네.
當如此　이와 같이 하면,
道自來　도는 저절로 온다네.

앞서 언급했듯이, 조조와 같은 강인한 장군이자 정치가가 신선에 대한 시를 썼을 수도 있었다는 것에 비평가들은 종종 혼란을 겪어왔다. 비록 그가 개인의 종교적 관심으로부터 그런 시를 지었을 수도 있고 혹은 그것이 유명한 노래의 주제였기 때문이었을 수도 있지만, 그는 또한 강인한 정치가였기 때문에 이러한 시들을 지었을 수 있었다. 이 시대에는 천상의 비의(秘意)에 대한 지식이 정치적 힘을 위한 하나의 기반일 수 있었다. 보다 정통적 정치색을 띠는 그의 많은 시들은 설득적 요소를 지니고 있었는데, 그것은 주공(周公)과 비교함으로써 자신을 인정시키고, 공적인 열성과 지지자들을 얻기 위한 열정을 보여주는 것이었다. 지지자들을 위한 그의 열정을 진지하게 받아들인다면, 3세기 전환기에 비의에 대한 지식은 어떤 사람들에게는 설득력 있는 논거일 수 있었다. 몇몇 이른 시기의 자료들은 조조가 시를 쓰기를 좋아하였다고 말하고 있으며, 왕침(王沈)에 따르면 "그가 새로운 시를 만들 때, 그는 시들을 악기음에 맞추었고 모든 시들은 악장이 되었다.[及造新詩, 被之管絃, 皆成樂章.]"[54]라고 한다. 이 명성은 정치적 맥락에서 풍성해졌다. 이런 노래들은 궁정에서 도가에 관심이 있는 방문객을 위해 연주될 수

53　조식의 〈비룡(飛龍)〉 시의 "길이 꿇어앉아 도를 묻네[長跪問道]"라는 표현과 유사하다.

54　《삼조자료휘편》, 베이징: 중화서국, 1980, 2쪽에서 인용하였다.

있었고, 그들은 조조가 이 노래들을 지었음을 완전히 숙지하고 있었다.

이런 노래들이 아마도 정치적 목적을 지닌 채 본질적으로 종교적 승인의 역할을 하였던 것으로 가정해보자. 승인받기 위해서 화자는 반드시 어떤 일들을 하고 어떤 것들을 경험하였음을 보여야 한다. 하늘의 여행자는 반드시 사해(四海)를 넘어가야 하지만, 〈보출하문행(步出夏門行)〉의 화자처럼 태산 또한 넘어야 한다. 〈보출하문행〉의 일부가 조조의 노래의 시퀀스와 대응되기 때문에 여기서 다시 인용하도록 한다. 만약 조조의 악부가 저자미상의 그 악부보다 "늦게" 만들어졌다는 것을 받아들이지 않는다면, 오언의 악부가 이런저런 부분들을 가져다 쓰고 있는데 반해, 조조는 온전한 버전을 제공하였음을 확인할 수 있다.

처음으로 조조가 간 특정한 곳은 태산이다.

行四海外　　사해 밖으로 나가서
東到泰山　　동쪽 끝 태산에 도착했네.

이것은 또한 〈보출하문행〉의 화자가 처음으로 방문한 곳이기도 하다.

過謁王父母　나는 왕부와 왕모를 알현하니,
乃在大山隅　그 곳은 바로 태산의 모퉁이였네.

다음으로 조조는 봉래(蓬萊)로 날아가서 천국에 들어가는데 그곳에서 적송(赤松)을 만나게 된다.

上至天之門　위로 하늘의 문에 이른다.
玉闕下　　　옥궐(玉闕) 아래서,
引見得入　　이끌려 그들과 만나게 되었으니,

赤松相對　적송과 마주하였네.

〈보출하문행〉의 화자도 다음으로 하늘과 가까운 곳에서 적송을 만난다.

離天四五里　천상에서 사오리 정도 떨어져,
道逢赤松俱　나는 적송을 만나 그와 함께했네.
攬轡爲我御　고삐를 잡고 적송은 나를 위해 말을 몰았으며
將吾天上遊　천상 주변을 노닐도록 하였네.

조조는 다음으로 별들을 본다.

四面顧望　사방을 둘러보노라니,
視正焜煌　빛으로 눈이 부시구나.
開玉心正輿　개성(開星)·옥샘·심성(心星)이 막 떠올라,
其氣百道至　그 기운이 백 갈래 길로 내게 이르네.

위 단락의 셋째 구는 문제의 소지가 많다. 나는 황지에의 번역을 따랐는데, 여기에서 하늘의 여행자는 〈보출하문행〉의 화자가 그러했듯 많은 별들을 볼 수 있기 때문이다.

사건들의 순서는 비교적 엄격하게 결정되었으나, 화제 상의 약간의 변주는 허용되었다. 예를 들어 태산에서보다 곤륜산에서 서왕모와 그녀의 남편, 즉 "왕부"나 "동왕공"을 만난다. 적송은 안내자임이 분명하지만, 별들의 여정에서 많은 것들이 빠져있다. 여하튼 화자는 그가 선약이나 어떤 심오한 비밀을 얻었다고 말한다. 이 필수적 부분은 저자미상의 악부 〈보출하문행〉과 〈농서행〉의 중복된 부분에서 빠져있다. 다음에서 살펴볼 버전에서는 특정 부분들이 다르지만 핵심 시퀀스는 남아 있다.

조조(曹操), 〈맥상상(陌上桑)〉[55]

駕虹霓　나는 무지개에 올라타고서,
乘赤雲　붉은 구름을 타고 다니며,
登彼九疑歷玉門　구의산에 올라 옥문(玉門)을 지났네.
濟天漢　은하수를 건너
至昆侖　곤륜산에 닿았고,
見西王母謁東君　거기서 서왕모를 뵈었고, 동왕공을 알현했네.

交赤松　적송과 친구가 되었으며,
及羨門　선문을 따라
受要秘道愛精神　정신을 아낄 수 있는 비도를 전해 받았네.
食芝英　나는 지초를 먹었고,
飮醴泉　달콤한 샘물을 마셨으며,
柱杖桂枝佩秋蘭　계수나무 가지로 지팡이를 만들고 가을 난초를 띠로 찼네.
絕人事　내 인간 세상의 일을 끊고서,
遊渾元　혼융한 원시에서 노니니,
若疾風遊欻翩翩　세차게 부는 바람 같이 노닐며 홀연히 나부끼네.
景未移　그리고 햇빛이 움직이기 전에
行數千　나는 수천[리]를 가니,
壽如南山不忘愆　남산 같이 장수하며 잊지도 허물치도 않네.

〈기출창〉 첫 수의 도입부에 나타나는 대략적인 여정이, 여기서는 보다 분량은 짧고도 더욱 구체적인 여정, 즉 남쪽 끝단의 구의산에서 출발하여 북서쪽 경계에 있는 옥문을 지나, 서쪽으로 나아가 곤륜산에 이르는 여로로 나

55 루친리, 348. 《송서》. 《악부시집》 28. 황지에, 《위무제·문제·명제시주》, 12-13. 디에니, 《조조의 시들》, 73-77.

타나고 있다. 이러한 여정의 마지막 단계에 이르면, 은하수를 건너야만 한다. 이 작품의 경우 태산이 아니라 곤륜산이 서왕모와 그녀의 남편의 자리며, 여기서는 그 남편을 동군이라 부르는데 그는 〈구가(九歌)〉에서는 태양신으로 나타난다. 작품에서 화자는 적송을 만나고 비도를 전해 받으며 지초를 먹고 나서는 천상으로 날아가 자신의 영생을 선언하는 것으로 끝을 맺는다.

디에니가 지적하였듯이, 이 버전은 《초사(楚辭)》로부터 여러 단락과 이미지를 차용하고 있다. 그런데 여기서 그 차용된 요소들은 화제의 표준적인 시퀀스를 보다 세련되게 만든다. 《초사》의 〈원유(遠遊)〉에는 이 주제에 해당하는 일부분이 보이지만, 〈맥상상(陌上桑)〉은 초기의 시학에서 형성된 화제들의 완전한 세트를 포함한다. 다시 말해, 여기서 《초사》의 심상은 본질적으로 3세기 초의 시인 이 작품에 문학적 특징을 더해준다.[56]

특정 화제들은 확장될 수 있었지만, 핵심적인 요소들은 여전히 압축된 형태로 남아 있다. 〈기출창〉 제2수에는 산의 경치와 신선들의 음악 연주가 등장하는데, 이는 〈기출창〉 제1수와 〈맥상상〉에 나오는 여정의 부분을 대신한다. 이후에 화자는 이리저리 돌아다니며, 곤륜산의 서왕모를 방문하고, 적송과 만나며, 작품을 어떻게 해석하느냐에 따라 다를 수 있겠지만 별들을 바라본다.

조조(曹操), 〈기출창(氣出倡)〉 제2수[57]

華陰山自以爲大　　화음산은 스스로를 크다 여기니,

---

56 이와 유사한 현상은 화려한 수사가 두드러지는 3세기 말 무렵 서진(西晉)의 일부 작품에서도 볼 수 있다. 수사법보다 더 근본적인 차원에서 보면, 이 시인들은 "고시(古詩)"의 전형적인 주제 내에서 정해진 화제의 시퀀스를 따른다. 서진은 317년에 멸망했다; 그리고 4세기 후반이 되어 많은 수의 서진의 시가 다시 나타났는데, 이렇게 다시 나타난 작품들에서 가장 두드러진 변화는 주제에 따라 시를 지을 때 사용된 고시의 화제 순서가 사라졌다는 것이었다.

57 루친리, 345. 《송서》. 《악부시집》 26. 황지에, 《위무제·문제·명제시주》, 4-5. 디에

高百丈浮雲爲之蓋	높이는 백장이고 뜬구름에 덮여 있네.
仙人欲來	선인은 오고자 할 때에는
出隨風	바람을 따라 나와서,
列之雨	비처럼 열을 짓네.[58]
吹我洞簫	내 퉁소를 불고,
鼓瑟琴	거문고를 타니,
何誾誾	그 소리가 조화롭구나.
酒與歌戲	술과 노래를 즐기니,
今日相樂誠爲樂	오늘의 즐거움이야 말로 진정한 즐거움이구나.
玉女起	옥녀들이 일어나
起舞移數時	몇 시간이 흐르도록 춤을 추네.
鼓吹一何嘈嘈	퉁소소리 북소리 거창한 것이
從西北來時	마치 북서쪽에서 온 것 같네.
仙道多駕煙	선도로 그들은 자주 안개를 타고
乘雲駕龍	구름에 오르고 용을 타니,
鬱何蓩蓩	그 무리가 아주 빽빽하구나!
遨遊八極	우리는 팔극(八極)에서 유유자적하다가,
乃到崑崙之山	곤륜산에 도착해서,
西王母側	서왕모 옆에 섰네.
神仙金止玉亭	신선의 금으로 된 휴식처와 옥으로 된 정자에[59]
來者爲誰	오는 이 누구인가.
赤松王喬	적송과 왕자 교여,

니, 《조조의 시들》, 85-88.

58 당시 시에서 가장 보편적으로 쓰인 뜻으로 '열(列)'을 해석하였다. 열선(列仙)을 참고할 것. 선인들이 빗속에 나란히 선 것인지 아니면 빗방울처럼 섰다는 것인지는 불분명하다.

59 독창적으로 '금지옥정(金止玉亭)'을 설명하려는 시도들이 있었지만, 이 구절은 여전히 난해하게 느껴진다.

乃德旋之門	이곳은 덕선의 문이라네.[60]
樂共飮食到黃昏	우리는 어둠이 올 때까지 마시고 함께 즐거움을 만끽했네.
多駕合坐	많은 수레들 함께 앉아
萬歲長	만세를 누리리,
宜子孫	자손까지 이어지리.

예상할 수 있듯이, 3세기 지도자 계층에서 고전 시가 점차 인기를 얻으면서 패턴의 엄격함은 무너지게 된다. 이제 초점은 문학사보다는 특정 시인들의 격조와 성향에 있다. 그러나 심지어 3세기 후반부에 살았던 부현(傅玄)의 경우를 보아도, 작품 자체는 화려한 묘사에 거의 파묻혀버렸지만, 핵심적 요소는 그대로 남아있다.

부현(傅玄), 〈운중백자고행(雲中白子高行)〉[61]

陵陽子	능양자[62]는
來明意	밝은 뜻을 가지고 있어
欲作天與仙人遊	그는 천상에서 신선들과 노닐고자 하였네.
超登元氣攀日月	그는 원기에 닿고 해와 달까지 갔으며
遂造天門將上謁	천상의 문에 다다랐네, 상에게 알현하고자.

60 이 구는 "덕의 순환"이나 세 개의 별(德·旋·(南)門)로 다양하게 해석될 수 있다. 후자의 설명에 따르면, 세 개의 별은 연회에 나온다. '선(旋)'이 포함되었다는 것은 정말로 별의 이름을 암시하는 것으로, 다양한 별을 언급하는 것은 천상 여행의 한 구성요소이다. 나는 '지(之)'의 뜻을 무시하고 싶지 않았기 때문에, '문(門)'을 별의 이름이 아닌 "들어가는 문"으로 보았다.

61 루친리, 564. 《악부시집》 63. 지안창춘, 왕훼이샤오, 위시엔지에, 《부현음갱시주》, 란저우: 감숙인민출판사, 1987, 57-59. 백자고(白子高)는 알려져 있지 않다. 운중(雲中)은 주(周)나라의 유명한 사냥터인 운몽택으로 이해할 수 있다. 나는 여기서 "구름 속"이라는 글자를 그대로 번역하였는데, 이는 신선의 모티프 때문이다. (역주 - 저자는 이 제목을 "구름 속 백자고의 노래"로 번역하였음.)

62 신선을 가리킨다.

閶闔闢	창합문이 열리고,[63]
見紫微絳闕	자미궁과 붉은 궐을 보았네.
紫宮崔嵬	자미궁 어렴풋이 보이니,
高殿嵯峨	궁의 높은 전각은 우뚝 솟았고,
雙闕萬丈玉樹羅	만 리 쌍궐에 옥나무는 줄지어 서있네.
童女掣電策	소녀들이 번개 채찍을 들고 있고
童男挽雷車	소년들이 우레 수레를 끄네.
雲漢隨天流	은하수 천상에 흐르니,
浩浩如江河	강물처럼 너울거리는구나.
因王長公謁上皇	왕장공을 통해 나는 상제를 알현하였고,[64]
鈞天樂作不可詳	균천악이 연주되니 이는 말로 다 표현할 수가 없네.
龍仙神仙	용선과 신선들은
教我靈祕	나에게 비도를 알려주었네.
八風子儀	팔풍자의는[65]
與遊我祥	나와 함께 노닐었네.[66]
我心何戚戚	그런데 내 마음은 왜 우울했던 것일까?
思故鄉	나는 고향을 그리워하고 있었네.
俯看故鄉	내 고향을 내려다보니,
二儀設張	두 이치가 거기에 펼쳐져 있었네.[67]
樂哉二儀	즐겁구나 두 이치여

63 창합문(閶闔門)은 천상으로 가는 관문이었다.

64 여기서 왕장공(王長公)을 "장남인 왕자"로 읽어야 하는 것인지는 확실하지 않다. 장공(長公)은 왕자 중 장남을 가리키는 용어였다. 나는 이 단어가 신선인 왕자 교를 가리키는 것일 수 있다고 생각한다.

65 팔풍(八風)은 팔방의 바람이다. 자의(子儀)는 무엇인지 알려져 있지 않다.

66 나는 《악부시집》에서 '상(祥)'을 '상(翔)'으로 읽은 견해를 수용하였다. 여기에 전위가 일어났다고 추측되며, 이럴 경우 이 문장은 '여아유상(與我遊翔)'으로 읽혀야 한다.

67 두 이치는 하늘과 땅이다.

日月運移	이 이치 속에 해와 달은 순환하며 움직이네.
地東南傾	땅은 남동쪽으로 기울어있고
天西北馳	천상은 북서쪽으로 기울어있네.
鶴五氣所補	학의 다섯 기운을 받고,[68]
鼇四足所支	거대한 거북의 네 발이 지탱해주네.[69]
齊駕飛龍驂赤螭	비룡을 곁마 삼아 몰고, 교룡은 견인마로 삼으니,
逍遙五岳間	나는 오악을 자유롭게 노니네,
東西馳	동과 서로 뛰어다니며
長與天地並	하늘과 땅처럼 오래도록 존재하니,
復何爲	더 무엇이 있으리오
復何爲	더 무엇이 있으리오.

여기서 우리는 "윗사람에게 알현하려는[上謁]" 애초의 의도를 여전히 확인할 수 있으며, 후반부에서는 서왕모와 그녀의 남편 대신 상황(上皇)을 "알현"하려는 의도를 확인할 수 있다. 조조의 악부에서 그러하듯, 여기에서도 천상에 이르기 전에 이리저리 노니는 모습이 나타난다. 이 작품에서 이러한 노닒은 어느 정도 자세히 묘사되고 있는 궐 전체를 배경으로 한다. 화자는 적송을 만나지 않지만, 그는 아마도 신선 왕자 교로 보이는 왕장공에 의해 소개되고 있는 듯하다. 그 후 화자는 비도(秘道)를 익히고 천상을 노닐러 가게 된다.

이 시점에서 급작스러운 어조의 전환이 이루어지는데, 이는 지금 막 신선이 된 자가 갑자기 "우울[戚戚]"해지기 때문이다. 이 어휘는 조조가 독자들에게 유한한 삶을 걱정하지 말라는 뜻으로 사용했던 것이기도 하다. 화자는

68 다섯 기운이라는 것은 오행의 기(氣)이다. 여기에 왜 학이 들어갔는지는 아무도 모른다.

69 거북은 등에 세상을 지고 있다.

고향을 그리워하는 마음으로 돌아보고, 저 아래 인간세계의 아름다움을 칭송한다. 이 시는 이러한 시각을 분명히 드러내지는 않으나, 마지막 부분에서 화자는 인간 세계로 돌아가 그곳에서도 날아다니며 신선의 삶을 계속 이어가는 듯하다. 조비의 〈절양류행(折楊柳行)〉과 조조의 작품에서의 전복과 마찬가지로, 천상에서 인간계로 돌아가는 움직임은 유한한 삶으로의 회귀로 보아야 할 것이다. 그러나 이 작품에서는 화제의 전통적인 순서가 갖는 힘이 더 우세해 보인다. 화자는 노니는 것을 계속해야만 하고, 하늘과 땅처럼 영생해야 한다. 시인은 어쨌거나 주제를 적절하게 끝맺고 있는 듯한데, 이러한 끝맺음은 천상이 아니라 인간계에서 이루어진다.

*

조식(曹植)은 공유된 레퍼토리의 맥락에서 작업하고 있으며, 그리고 그것은 그의 작품 도처에 영향을 미치고 있다. 그럼에도 불구하고 그는 대부분의 시인들에 비해서 훨씬 더 자유롭게 그것을 운용한다.[70] 표준적인 화제 중 대부분이 조식의 시에 나타나지만, 어떤 것들은 자유롭게 문식되며, 다른 시인들의 작품에서는 일관성이 두드러지던 화제의 순서들 또한 자주 변형되고 있다.

조식(曹植), 〈오유영(五遊詠)〉[71]

九州不足步　구주는 거닐기에 충분치 않으니,[72]

70　많은 학자들이 조식이 신선을 다룬 시에 사용했던 모티브와 관련된 문제들을 다루었다. 이 문제는 중국 학계, 그리고 청대(淸代)부터 지금까지 지속된 조식에 대한 비평에서 고정적으로 언급된 화제 중 하나이다. 이는 후나츠 토모히코, 〈조식 유선시 논의〉, 《동양문학연구》 13, 1965, 49-65에서 자세히 검토되기도 했다. 또한 도널드 홀츠만도 〈조식과 신선들〉에서 이를 다루었다. 홀츠만은 특히 산문 텍스트를 따와서 논의를 보다 풍요롭게 하였다.

71　루친리, 433. 《예문유취》 87. 《악부시집》 64. 황지에, 《조자건시주》, 80-82. 니에

願得淩雲翔　원컨대 구름 위로 날아가고팠네.
逍遙八紘外　팔굉 밖을 소요하며[73]
遊目歷遐荒　외진 황무지 지나 눈으로 노닐었네.
披我丹霞衣　붉은 노을 저고리 걸치고서
襲我素霓裳　흰 무지개 치마 입었네.
華蓋芬晻藹　화려한 덮개는 풍성한 그림자 속으로 나를 숨기는데
六龍仰天驤　육룡은 하늘을 향하여 날아오르는 듯
曜靈未移景　찬란한 영이 그 빛을 옮기기 전에[74]
倏忽造昊蒼　순식간에 내 천상에 닿았네.
閶闔啟丹扉　하늘의 붉은 문 열리니
雙闕曜朱光　쌍궐은 붉은 빛으로 빛나네.
徘徊文昌殿　문창궁을 배회하고
登陟太微堂　태미당을 올랐더니[75]
上帝休西櫺　상제는 서쪽의 여닫이창에서 쉬시고
羣後集東廂　뭇 제후는 동쪽 당에 모였도다.
帶我瓊瑤佩　경과 요를 허리에 매고서,
漱我沆瀣　이슬 맺힌 안개의 즙으로 입을 헹구었네.
踟躕玩靈芝　나는 거기서 멈추고 영지버섯들을 즐기고,
徙倚弄華芳　머무르며 달콤한 꽃들을 희롱했네.
王子奉仙藥　왕자 교(喬)는 선약을 주었고,
羡門進奇方　선문자고(羨門子高)는 기이한 방술을 가져다주었네.

원위, 《조식시해역》, 276-80. 자오요우원, 《조식집주교》, 400-402. 니에원위는 이 제목을 다섯 봉우리나 다섯 대륙, 혹은 위를 포함한 다섯 방향으로의 노닒을 뜻하는 것으로 다르게 설명한다.

72 "아홉 지역[九州]"은 알려진 세상, 중국을 뜻한다.

73 팔굉(八紘)은 여덟 방향의 가장 먼 끝 지점을 말한다.

74 태양.

75 이들은 천상의 세 궁 중 두 곳이다.

服食享遐紀　내 그것들을 삼키고 긴 수명을 즐기니
延壽保無疆　삶이 연장되어 무한함을 보전하도다.

앞선 신선 시들을 검토한다면, 그 도입부가 매우 유사하다는 것을 알게 될 것이다. 대개 산을 오르거나 그저 날아오르는 것으로 시작되는 것이 그것이며, 다만 그 중 〈보출하문행〉의 경우는 도사가 수련하는 것으로 시작하므로 예외에 속할 뿐이다. 조식은 이와 대조적으로, 중국 전체의 아홉 지역이 거닐기에 충분치 않다는 깨달음에서 시작한다. 이러한 과장법은 선례가 있다. 사마상여(司馬相如)는 상당히 비슷한 표현을 한 무제(漢武帝)를 〈대인(大人)〉이라 일컬으면서 사용하였다.

宅彌萬里兮　만 리를 두루 거처로 삼아도,
曾不足以少留　잠시 머물기에도 부족했네.[76]

조식의 아버지와 형 그리고 건안칠자(建安七子)를 포함한 선배들은 자주 《시경》을 넌지시 언급하고 자신들의 시에 알아볼 수 있는 구절이나 단락들을 포함시켰다. 그들은 또한 자주 고사나 전고들도 암시하고 인용하곤 했다. 그런데 여기서 조식은 조금 다른 모습을 보여주고 있다. 사실상 그는 사마상여 시 속의 "대인(大人)"이 겪는 천상의 여행과 당대의 노니는 신선들을 뒤섞고 있는 것이다. 이 시는 다른 고전시에서는 쓰이지 않았던 〈대인〉을 전유하는 것으로 시작할 뿐 아니라, 〈대인〉 속 천상 여행자의 자신감 넘치는 어조 역시 차용하고 있다. 다른 시들에서는 중개자에 대한 요청이나 필요가 나타났으며, 하다못해 앞선 시에서 신들을 방문하는 자들은 "알현"하러 가는 것이었다. 그러나 〈대인〉에서의 한 무제처럼 조식은 여기서 그저

76　페이전강, 후솽바오, 종밍화, 《전한부》, 베이징: 북경대학출판사, 1993, 91.

하늘의 관문을 통과하여, 익숙하다는 듯이 천상의 궁전들을 지나 이동한다. "영지"가 "약"보다 확실히 앞서 등장하는 것은 많은 다른 시들에서와 마찬가지이다. 그러나 조식은 이 신령한 식물인 영지를 그저 "즐기고(玩)", "희롱(弄)"할 뿐이다. 상제 다음으로 언급된 두 신선인 왕자 교와 선문자고는 분명 등장하는데다 그들이 화자에게 약과 기이한 방술을 주지만, 동사 '봉(奉)'과 '진(進)'은 이 유명한 두 신선을 시종이나 하급자의 역할로 격하시키고 있다. 이 시는 영생의 획득이라는 전통적인 내용으로 끝맺고 있지만, 시인은 시 속에서 자신의 지위를 너무나도 "추어올렸기" 때문에 그는 마치 자신의 화원에서 귀족적으로 거닐다 훌륭한 다과를 대접받는 것처럼 영생의 약과 방법들을 범상하게 즐긴다.

조식 오언시의 이곳저곳에서, 부(賦)나 다른 고급 산문적 양식의 영향이 나타난다. 이것은 낮은 격조의 형식을 고상한 문학으로 바꾸는 행위의 일환이었는데, 이 과정은 3세기 말에 강하게 나타났다. 서진의 시인들에 비하면 조식은 여전히 매우 솔직담백해 보이지만, 그의 시는 낮은 격조의 시들에서는 발견할 수 없는 어휘들과 화제들로 가득하다.

조식(曹植), 〈선인편(仙人篇)〉[77]

仙人攬六箸　선인들 여섯 치 패가락을 쥐고서[78]
對博太山隅　태산의 구석에서 마주보고 노름하네.
湘娥拊琴瑟　상수의 아가씨들 금과 슬을 타고,[79]

---

77 루친리, 434. 《악부시집》 64. 황지에, 《조자건시주》, 63-65. 니에원위, 《조식시해역》, 266-72. 자오요우원, 《조식집주교》, 263-65.

78 이것들은 도박에서 사용하는 산가지다.

79 상수(湘水)의 두 여신들이다. (역주 - 상수의 두 여신이라면 아황과 여영으로 '아가씨'가 아니나, 'damsels(미혼의 아가씨를 가리키는 고어)'로 옮긴 저자의 번역을 존중하여 아가씨로 번역했다.)

秦女吹笙竽　진녀는 생황피리를 부네.[80]

玉樽盈桂酒　옥잔은 계주로 넘치고,

河伯獻神魚　하백은 신령한 물고기를 바치네.[81]

四海一何局　사해로 둘러싸인 세계는 너무나도 국한되어 있으니

九州安所如　구주의 어디로 가리오?

韓終與王喬　한종과 왕자 교가[82]

要我於天衢　하늘의 거리로 나를 부르네.

萬里不足步　거닐기에 만 리가 부족하니

輕擧陵太虛　가볍게 일어나 태허를 건너네.

飛騰逾景雲　날아오르며 햇살비친 구름을 지나니,[83]

高風吹我軀　높은 바람 내 몸에 불어오네.

回駕觀紫薇　마차를 돌려 자미궁을 들렀다가[84]

與帝合靈符　상제와 신령한 부신을 맞추었네.[85]

閶闔正嵯峨　하늘의 문은 여기 우뚝하고

雙闕萬丈餘　쌍궐은 만 길 너머 높네.

玉樹扶道生　옥수는 길가를 따라 자라고

白虎夾門樞　백호는 문지도리 위에 있네.

驅風遊四海　바람을 몰아 내 사해 안을 노닐어

東過王母廬　동쪽으로는 왕모의 오두막을 지나네.

俯觀五嶽間　오악을 굽어보니

---

80 진 목공(秦穆公)의 딸인 농옥(弄玉)을 가리키는데, 농옥은 자신의 남편인 소사(簫史)와 천상으로 날아가 버렸다.

81 하백은 황하의 신이다.

82 왕자 교는 익숙한 인물이고, 한종(韓終)은 진 시황 시기의 도사다.

83 황지에와 상당수의 주석가들은 '경운(景雲)'을 '상서로운 구름'이란 뜻의 '경운(慶雲)'으로 풀이한다.

84 천상의 세 궁 중 한 곳이다. 나는 《예문유취》에서처럼 '과(過)'로 보는 것이 옳다는 자오요우원의 의견에 동의한다. 《악부시집》에서는 '관(觀)'으로 보았다.

85 부신(符信)은 그가 제후 신 중 하나임을 보여주는 것이라 짐작된다.

人生如寄居 인간의 삶은 잠시 머무는 것뿐인 듯하네.
潛光養羽翼 빛을 감추고 날개를 길러[86]
進趨且徐徐 천천히 꾸준히 앞으로 나아가게.
不見軒轅氏 보지 못하였는가 황제가
乘龍出鼎湖 용을 타고 정호에서 나오는 것을.
徘徊九天上 아홉 번째 천상을 배회하였으니,
與爾長相須 나는 그대와 영원토록 머무르리.

신선에 대한 낮은 격조의 시들에는 서왕모와 그녀의 배우자, 그리고 신선 적송자와 왕자 교가 즐겨 나타난다. 조식의 시에서는 모든 유명인사들과, 천상 세계에 대한 상세한 묘사와 전문 용어들이 나타나며, 이러한 용어들은 영생이나 신선에 대한 다른 종류의 작품들에서도 확실하게 공유되는 것이다. 그런데 낮은 격조의 시들의 배후에는 시적 화제들의 순서이자 동시에 종교적 의식의 순서인 특정한 과정이 있다. 아주 기초적인 서사는 다음과 같다. 그는 신선들의 연회를 즐기고, 천상으로 날아오르자는 초대에 응하며, 상제에게 안부를 전하기 위해 잠시 들린다. 그러나 이 서사는 묘사에 압도되고 만다.

〈보출하문행(步出夏門行)〉의 시인이 서왕모와 그녀의 배우자에게 "바로 태산의 모퉁이에서[乃在太山隅]" 경의를 표하는 것과 달리, 조식은 신선들이 노름하고 있는 것을 발견한다. 조식 이전의 신선에 대한 시들이 딱히 종교적 경외를 표했다고 말할 수는 없지만, 그러나 어떤 경우 거기에는 분명한 들뜸과 경이가 있었다. 조식의 신선들은 죽음의 그림자가 드리워지지 않은 세계에 여러모로 어울리는 흥겨운 경박스러움을 보여준다. 주변이 국한되어 있다고 여기고 화자에게 천상의 거리를 거닐자고 초대하는 그들은 심

86 곧, 숨어살라는 것이다. 신선이 되면 날개가 돋는다.

심해하는 귀족 자제처럼 보인다. 반면 조식과 그의 친구들도 "귀족"인 것처럼 묘사되더라도, 그들에게는 죽음의 그림자가 드리워져 있다.

천상의 세계는 묘사하기에 분명 즐거운 것이었고, 조식은 기쁨과 함께 그의 여정을 묘사한다. 특히 멋진 부분은 그가 중국에서 사람이 사는 지역의 대부분을 가리키는 오악(五岳) 위를 날아 지나갈 때인데, 그는 아래의 인간 세계를 굽어 내려다본다. 그가 아래에서 본 것은 고시나 대중적 격조에 속하는 것이 분명한 시의 한 행에서 드러나는데, 바로 아래의 세상에서 "인간의 삶은 잠시 머무는 것뿐인 듯하네.[人生如寄居]"라는 구절이다. 물론 초기 시에서 신선에 대한 주제는 그 자체로 공유된 레퍼토리의 일부였지만, 그 시들이 인간 세계와의 다른 점을 표현하려고 노력했다는 것은 또한 차이점이다. 죽음, 이별, 그리고 근심은 대부분의 초기 시를 지배하면서 가장 일반적인 화제들과 주제들을 제공한다. 신선들의 세계는 총체적으로 다른 것이었는데, 시와 상상에 있어서 모두 그랬다.

조식은 신선에 대한 많은 시를 지었다. 그 시대에 공유된 시학의 흔적은 오직 파편적으로만 남아있다. 이러한 시들을 신선에 대한 초기의 다른 시들과 구분해주는 것은 어떠한 "소극적 수용능력(negative capability)"[87] 같은 것인데, 신선 세계 속의 자신을 상상하는 시인의 능력은 너무나도 완벽해서 그는 그 시점에 근거하여 말할 수가 있다. 조식의 시는 거의 항상 정치적으로 해석되어 왔는데, 그가 한때 왕좌에 무척 가까웠다는 것과 왕좌가 그의 형에게 갔을 때 그가 겪은 학대를 염두에 둔 것이었다. 조식의 시학을 정치적으로 해석하려면 현실적인 권력 획득이 좌절된 상황에서 상상 속에서의 권력 획득 행위로 해석하는 것이 더 나을 것 같다.

87 (역주) 소극적 수용능력(Negative Capability)은 존 키츠(John Keats)가 처음으로 언급한 이론으로, 진심을 추구하기 위해서 자기의식과 합리성 혹은 논리적인 구조를 버리고, 어느 객체와 동일시되어서 어떠한 경험에도 개방성을 갖게 되는 능력을 말한다.

*

다음으로 검토할 마지막 시에서 신선과의 실패한 만남을 보게 된다. 다른 시들에서 보이는 기쁨이나 흥분이 없는데도 불구하고 화자는 산을 오른다. 낙담한 채로 앉아 있을 때 세 명의 신선들이 나타나서 그에게 도를 얻을 수 있다고 말해준다. 그러나 이 경우에 화자는 기회를 잃고 남겨지게 된다.

조식(曹操), 〈추호행(秋胡行)〉[88]

晨上散關山	새벽에 산관산에 오르니,
此道當何難	이 길 얼마나 오르기 어려운가.
晨上散關山	새벽에 산관산에 오르니,
此道當何難	이 길 얼마나 오르기 어려운가.
牛頓不起	소도 넘어져 일어나지 못하고
車墮谷間	수레도 골짜기 사이에 떨어지는구나.
坐盤石之上	반석 위에 앉아서,
彈五絃之琴	다섯 현의 금(琴)을 연주하노라.
作清角韻	청각(淸角)[89]운을 연주하니,
意中迷煩	마음이 혼란스럽구나.
歌以言志	노래하여 뜻을 말하니,
晨上散關山	새벽에 산관산에 오르노라.
有何三老公	어찌하여 세 늙으신 공들께서[90]
卒來在我傍	마침내 내 곁에 계시는가.

---

88 루친리, 349.《송서》.《악부시집》36. 황지에,《위무제·문제·명제시주》, 20-21. 디에니,《조조의 시들》, 91-96.

89 황제(黃帝)가 작곡한 것으로 여겨지는 악곡이다.

90 루친리는 이것이 한 선인을 잘못 표현한 것이라 하였지만, 이런 인물들은 자주 무리지어 여행한다.

有何三老公	어찌하여 세 늙으신 공들께서
卒來在我傍	마침내 내 곁에 계시는가.
負揜被裘	등에 갖옷을 걸치고서
似非恒人	범상한 사람 같지 않구나.
謂卿云何	그들이 내게 말하길, "어찌하여
困苦以自怨	괴로이 스스로 원망하면서
徨徨所欲	원하는 바에 급급하여
來到此間	이곳에 왔는가."
歌以言志	노래하여 뜻을 말하니,
有何三老公	어찌하여 세 늙으신 공들께서 왔는가.

我居崑崙山	"우리는 곤륜산에 사는데,
所謂者眞人	이른바 진인이라오.
我居崑崙山	우리는 곤륜산에 사는데,
所謂者眞人	이른바 진인이라오.
道深有可得	도는 깊고 이를 얻을 수 있으니,
名山歷觀	명산을 두루 보고
遨遊八極	팔극을 소요하며
枕石漱流飮泉	돌을 베개 삼고 흐르는 물에 양치하며 샘물을 마신다네."

沉吟不決	곱씹으면서 결정하지 못하자,
遂上升天	마침내 하늘로 올라갔네.
歌以言志	노래하여 내 뜻을 말하니,
我居崑崙山	"우리는 곤륜산에 산다네."

去去不可追	가고 가서 따를 수가 없으니,
長恨相牽攀	얽매여 있음이 길이 한스럽네.[91]
去去不可追	가고 가서 따를 수가 없으니,

長恨相牽攣　　얽매여 있음이 길이 한스럽네.

夜夜安得寐　　밤마다 어찌 잠들리오.

惆悵以自憐　　쓸쓸하게 스스로를 가여워하네.

正而不譎　　"올바르고 속이지 않으며",[92]

辭賦依因　　사부에 의존하며,[93]

經傳所過　　경전을 전하고자 거쳤던 것

西來所傳　　그가 서쪽으로 감이 전해진 것.[94]

歌以言志　　내 노래하여 뜻을 말하니,

去去不可追　　가고 가서 따를 수가 없다네.

앞서 공통 주제들을 반복하는 시들을 인식하는 법을 익혔기에, 동시에 이 시가 기존의 시들과 상당히 다르며 견줄만한 것이 없음을 깨달을 수 있다. 이 시는 누구나가 예상할 수 있듯이 바로 노자(老子)가 서쪽으로 통과해 간 그 산에 오르는 것으로 시작하며, 또 누구나 예상할 수 있듯 화자는 신선들을 만난다. 그러나 시작부터 어조는 잘못되었고, 이는 이 주제를 헤매게 한다. 산에 오르는 것은 어려워서, 소도 넘어지고 수레도 골짜기로 떨어진다.

91　디에니, 《조조의 시들》, 96은 이 곤란한 구에 대해 훌륭한 논의를 제공하였다. 그러나 나는 그의 기발한 해결책을 따르지 않았는데, 문법적으로 두 번째 반구는 싫어하는 대상이 되어야 한다는 확신 때문이다.

92　《논어》에 나온 제 환공(齊桓公)에 대한 묘사이다.

93　이는 종종 영척(甯戚)이 소뿔을 두드리며 노래 부른 것을 들은 환공(桓公)의 일을 가리키는 것으로 여겨져 왔다. 이 노래를 듣고 환공은 영척을 등용하였다. 그러나 사부(辭賦)는 영척의 노래에 적합한 용어가 아니다.

94　이 구들은 문제의 소지가 몹시 많다. 주석가들은 대개 이를 유교 경전과 역사에 전승된 환공(桓公)의 대하(大夏) 토벌전으로 보았다. 디어테 폰 덴 슈타이넌의 "그가 거친 것은 경전에서 찾을 수 있다네."라는 해석이 가장 자연스러워 보인다. 비록 다음 구에 대한 해석인 "서쪽에서 온 책에 전수된 것이 있네."는 너무 억지스럽지만 말이다. 에티엔느 발라즈를 따라, 폰 덴 슈타이넌은 이를 도교 텍스트인 "서쪽에서 온 책"으로 보았다. 그러나 서래(西來)는 대개 "서쪽에서 온" 보다는 "서쪽으로 가다"를 의미한다. 이 경우 적합한 인물은 노자(老子)일 것이고 경전은 《도덕경(道德經)》일 것이다. 디에니의 설명(94쪽)은 유일하게 이 맥락에서 믿을 만하다.

이는 신선들을 만남에 있어서 상서로운 시작이 아니며, 당연하게도 산에 오르는 이는 잘못된 마음의 상태를 지니게 된다.

이 시점에서 "세 명의 늙은 공들"이 들어와서 낙담한 화자를 위로하고, 그에게 도(道)의 비결과 수레 없이 여행할 방법을 알려준다. 그러나 화자는 그 기회를 잡지 않고, 세 신선들은 하늘로 돌아가 버린다.

마지막 연은 해석에 있어 심각한 어려움을 가지고 있지만, 하나만은 분명하다. 그가 신선들과 가지 않았다는 사실을 미루어볼 때, 분명 화자는 행복하지 않다는 점이다. 만일 그가 신선들의 제안을 수락했다면 따라왔을 법한 이 주제의 시에서 말하는 기쁨을 고려해볼 때, 그는 행복하지 않을 만한 이유가 있다.

후렴구를 제외한 마지막 네 구는 제 환공(齊桓公)을 언급하는 듯한데, 이는 이 구들에 있어서 유일하게 명확한 것이다. 그러나 불행하게도, 언급의 명백한 정확성은 주석자들을 여러 가지 방향의 상상으로 나아가게 했다. 이 구들을 해석하기 위한 디에니의 대안적인 가설은 딱 알맞은 것처럼 보이며 또 흥미로운 질문을 제기한다.

> [나의 이야기는] 올바르고 거짓 없으며/ [나는 증거로서 제공하네] 부(賦)의 영감과/ 고대 연대기의 설명과/ 서쪽에서 온 전통을.

몇 가지를 바꾸고자 할지는 모르지만, 이 주장은 그래도 명확하며 또한 나머지 시들에 잘 들어맞는다. 흥미로운 질문은 "올바르고 속이지 않으며"라고 공자가 제 환공을 묘사한 《논어》에서 온 네 글자의 구이다. 이는 대부분의 해석자들이 이해해왔듯이 제 환공을 강력하게 환기시키는 "암시"인가, 아니면 완전히 다른 문맥에서 적용될 수 있는, 관습에서 온 절로써 사용된 "인용구"인가? 화자가 스스로를 "올바르고 속이지 않는다."라고 주장하는 것이라는 디에니의 대안적인 해석은 이것을 인용구로 여기는 것이다. 진정한 "암시"는 노자가 서쪽으로 지나갔던 산관산으로, 꼭 조조가 한번 공격하여 환공의 서쪽 정벌을 재연한 곳인 것은 아니다. 이 시기 시의 암시는 이야기들에 대한 것일 때가 많다. 산관산은 정확히 노자가 "지나갔고", "경전을 전한 곳"이다.

4장

죽음과 연회

그들은 아무것도 없는 곳에서 신선을 찾으니,
적송자는 오래도록 나를 속였네.
– 조식, 〈증백마왕표(贈白馬王彪)〉

이른 시기 고전시의 주제와 주제들은 하나의 교차망을 형성한다. 즉 하나의 주제는 예측 가능한 방식으로 또 다른 주제에 닿는다. 다양한 지점에서 변수들이 있다. 신선에 관한 시들에서, 화자들은 각기 다른 산에 올라 각기 다른 신이나 신선들을 만날 수 있다. 그는 영생을 위한 선약을 스스로 먹고서 하늘을 날아다닐 수도 있고, 혹은 속세에서 모시던 통치자나 주인의 이익을 위해 인간계로 돌아올 수도 있다. 심지어는, 그는 영생을 좇는 것이 별 의미가 없다고 생각할 수도 있다.

누구나 동의하는 한 가지는 인간의 삶이 짧다는 것이다. 이런 인식 앞에서 몇 가지 선택지가 있는데, 그 중 하나는 물론 공적인 영역에서 업적을 이루기 위해 열심히 노력하는 것이다. 이는 《문선》에 포함된 저자미상의 세 악부들 중 하나이자, 저자미상의 악부들 중에 가장 잘 다듬어진 작품 중 하나인 〈장가행(長歌行)〉에서 부여하는 의무이다.

〈장가행(長歌行)〉[1]

靑靑園中葵	푸르고 푸른 뜰의 아욱에
朝露待日晞	아침 이슬 햇빛과 함께 마르리.
陽春布德澤	따뜻한 봄은 짙은 물기를 퍼뜨리고,
萬物生光輝	만물은 광휘를 내네.
常恐秋節至	그러나 항상 두려워함은 가을이 오면
焜黃華葉衰	시들고 말라 꽃과 잎이 져버릴 것이라네.
百川東到海	모든 강들은 바다를 향해 동으로 흐르니,
何時復西歸	어느 때에야 다시 서쪽으로 돌아가려나.
少壯不努力	젊었을 때 노력하지 않는다면,
老大徒傷悲	늙어서는 슬프고 비참할 뿐이리.

생의 유한성에 대한 이러한 언급은 구체적인 상황 아래에서도 일어날 수 있다. 진림이 친구들과 함께 나가 즐기는 때처럼 말이다.

진림(陳琳), 〈시(詩)〉[2]

節運時氣舒	계절 바뀌어 마침 날씨 화창하니,
秋風涼且清	가을바람 시원하고 맑도다.
閒居心不娛	한가로이 지내면서도 내 마음 즐겁지 않으니,
駕言從友生	가마에 올라 친구들과 떠나노라.
翱翔戲長流	긴 강물을 즐기면서 거닐고,
逍遙登高城	높은 성에 오르며 소요하네.
東望看疇野	동쪽을 바라보며 밭과 들판을 보고,

1 루친리, 262. 《문선》 27. 《예문유취》 42. 《악부시집》 30. 황지에, 《한위악부풍전》, 14.

2 루친리, 368. 《예문유취》 28. 한거핑, 《건안칠자시문집교주역석》, 122-23.

迴顧覽園庭　고개를 돌려 정원을 살펴보네.
嘉木凋綠葉　좋은 나무에 푸른 잎들은 시들었고,
芳草殲紅榮　향기 나는 풀의 붉은 꽃들은 져버렸네.[3]
騁哉日月逝　몹시 빠르게 해와 달은 가버리고,
年命將西傾　정해진 수명은 서쪽으로 가라앉네.
建功不及時　제때에 공을 세우지 못한다면,
鍾鼎何所銘　솥과 종은 무엇으로 새기리오.
收念還房寢　생각을 멈추고 방에 돌아와,
慷慨詠墳經　강개한 마음으로 경전을 읊조리네.
庶幾及君在　임금 계신 곳에 닿아,
立德垂功名　덕을 세우고 공명을 드리우고 싶구나.

이 장의 뒷부분에서 살펴보겠지만, 다른 상황에서 진림은 성립된 주제의 일반적인 방향에서 벗어난다. 이 시는 벗들과의 여정을 다루는 전형적인 건안(建安)식 내용으로 시작된다. 그러나 가을 초목들이 심란한 생각을 일으키고, 나아가 그를 유한함에 대한 사색으로 이끈다. '노력하라'는 〈장가행〉의 해결책은 이전부터 늘 있었기에 진림은 집에 가서 큰 공명을 이루려는 희망 속에 유교 경전을 공부하기로 결심한다.[4]

열심히 공부해서 명예를 얻고자 하는 이러한 도덕적인 결심은 상대적으로 덜 선택되는 방법이다. 시작부터 공통적인 주제를 사용하였든지, 여기에서처럼 가을 풍경을 보는 데서 불러일으켜졌든지 간에, 유한함에 대한 시적 진술은 더욱 빈번하게 불멸의 비밀을 추구하거나 즐거운 마음을 갖고 옷을 근사하게 입고 연회를 하려는 결심으로 이어지는 경우가 많다.

3　루친리의 주석에 따르면, 섬(殲)은 섬(殲)이 되어야 한다.

4　우리가 앞서 보았듯이, 이러한 시퀀스들은 확장되거나 단축된 형태로 행해질 수 있다. 단축된 형식의 같은 시퀀스를 위해서는, 조식의 〈해로행(薤露行)〉(루친리, 422)에 있는 2장의 3-6을 볼 것.

우리는 아래의 시에서, 결정의 순간이라는 변수를 분명하게 볼 수 있다. 우리는 《예문유취(藝文類聚)》에서 조식의 작품으로 실려있는 신선들에 관한 또 다른 시(분명히 일부 파편인)[5]로 이 단락 논의를 시작할 것이다.

人生不滿百　사람의 삶은 백년도 지속되지 못하니,
戚戚少歡娛　나는 우울하고 즐거움도 적구나.
意欲奮六翮　내 여섯 날개를 펼치고서,
排霧凌紫虛　안개를 떨치고 자색 허공을 가로지르고자 하노라.
蟬脫同松喬　나는 적송자(赤松子)와 왕자교(王子喬)처럼 껍질을 벗고서[6]
翻跡登鼎湖　날 듯한 발걸음으로 정호(鼎湖)[7]에 오르노라.
翱翔九天上　구천(九天)의 하늘에서 날아오르고,
騁轡遠行遊　고삐들은 내가 놀러 가는 멀리로 내달리네.
東觀扶桑曜　동쪽에서 부상(扶桑)의 빛을 보고,
西臨弱水流　서쪽에서 약수(弱水)의 흐름을 굽어본다네.
北極登玄渚　북쪽 끝에서, 나는 현저(玄渚)에 올랐고,
南翔陟丹邱　남쪽을 날면서, 단구(丹邱)에 올랐네.

이는 신선에 관한 시의 아주 기본적인 버전이라고 할 만한데, 우주를 여행하는 화자의 여정의 중간에서 시가 끝나버렸음을 볼 수 있다. 이런 시들이 어떻게 끝맺어야 하는지를 우리는 잘 알고 있는데, 이런 시들은 이렇게 대구로 끝나서는 안된다. 여기서 흥미로운 것은 시의 도입부가 흔히 쓰이는 내용이라는 것이다. 후대의 독자들과 마찬가지로, 초기의 독자들과 청자들에게 있어서도 친숙한 도입부는 쉽게 다른 방향으로 전개될 수 있다.

5　루친리, 456. 《예문유취》 78. 황지에, 《조자건시주》, 79-80. 니에원위, 《조식시해역》, 273-75. 자오요우원, 《조식집주교》, 265-66.

6　매미가 껍질을 벗는 것은 영생을 얻었다는 것을 나타내는 기본적인 이미지이다.

7　정호(鼎湖)는 황제(黃帝)가 하늘로 올라갔다는 곳이다.

〈고시십구수(古詩十九首)〉 제15수[8]

生年不滿百　삶은 백년도 지속되지 못하는데,
常懷千歲憂　우리는 항상 천년을 살 것을 근심한다네.[9]
晝短苦夜長　만일 낮이 짧고 밤은 길다면,
何不秉燭遊　손에 촛불을 들고 노니는 것이 최고라네.
爲樂當及時　즐기기 위해 그 순간을 잡아야 하니,
何能待來茲　어찌 다가올 몇 해를 기다리겠는가.
愚者愛惜費　소비를 아까워하는 어리석은 이는
但爲後世嗤　단지 후세의 비웃음을 받을 뿐.
仙人王子喬　신선인 왕자 교,
難可與等期　그와 같은 수명을 기대하기 어렵다네.

첫 번째 시의 귀속된 화자로서의 "조식"은 "천년을 살 것을 근심"하는 것이 분명하다. (말 그대로, "천 년을 사는 데 대한 근심이나 염려를 품는 것"을 뜻한다.) 중국의 시적 언어는 우리에게 전혀 시제를 알려주지 않으므로, 우리는 그 뒤에 나오는 하늘의 여행이 그가 하는 것인지 그가 미래에 하고자 계획하는 것인지를 알 수가 없다. 그는 "적송자(赤松子)와 왕자교(王子喬)처럼 껍질을 벗을" 것이다. 〈고시십구수(古詩十九首)〉 제15수의 화자는 같은 열망을 가지고 있지만 그 가능성에 대한 확신이 없다. 그에게 있어 대안은 "손에 촛불을 들고 노닐"면서 순간을 즐기고, 영원으로가 아니라 어두운 밤으로 시간을 연장하는 것이다. 그는 청자들에게 지금 당장 즐기면서 유한한 시간과 재화를 "소비"할 것을 요구한다. 이 시를 듣는 누구든지 고독한 즐거움이

8　루친리, 333. 《문선》 29. 쉐이슈선, 《고시십구수집석》, 22-23. 디에니, 《고시십구수》, 36-37, 135-140.

9　이 구절에 대한 명청시대의 이해는 놀랍지 않게도 공명과 후대의 평가를 염두에 둔 것이었다. 디에니는 이것이 훌륭한 정부를 의미한다는 이선의 인용을 수용했다. 특히 세(歲)의 사용을 고려했을 때, 위의 해석은 가장 타당해보인다.

아니라 연회와 음주라는 공유된 즐거움을 요구받는다는 것을 알 것이다. 이는 〈고시십구수〉의 제5수를 포함한 저자미상의 악부에서 명확하게 드러난다.

〈서문행(西門行)〉[10]

出西門	나는 서문으로 나가,
步念之	골똘히 생각하며 걸었네.
今日不作樂	오늘 즐거움을 만들어내지 못한다면
當待何時	대체 어느 때를 기다려야 한단 말인가?
夫爲樂	즐기자면,
爲樂當及時	즐기자면 마땅히 그 순간을 잡아야 하네.
何能坐愁怫鬱	어이하여 시름겨운 슬픔 속에 들어앉아,
當復待來茲	몇년이 오도록 기다려야 하리오?
飮醇酒	순주(醇酒)를 마시고,
炙肥牛	살진 소를 구워라,
請呼心所歡	마음이 좋아하는 사람들을 불러라,
可用解憂愁	걱정과 슬픔을 풀어줄 이들을.
人生不滿百	사람의 명은 백년도 되지 않는데,
常懷千歲憂	천년을 사는 것을 언제나 걱정하고 있네.
晝短而夜長	낮이 짧고 밤이 길다면,
何不秉燭遊	초를 손에 들고 이리저리 돌아다니기에 최고라네.

10 루친리, 269. 《송서》. 《악부시집》 37. 황지에, 《한위악부풍전》, 31-32. 디에니, 《중국 고전시의 기원에 대하여: 한(漢)나라 시대의 악시에 대한 연구》, 136-38. 비렐, 《한(漢)나라의 유행 노래와 서정시》, 89-93.

自非仙人王子喬　나는 선인 왕자 교가 아니니,
計會壽命難與期　그처럼 긴 명을 누릴 것을 기대하기가 어렵네.
自非仙人王子喬　나는 선인 왕자 교가 아니니,
計會壽命難與期　그처럼 긴 명을 누릴 것을 기대하기가 어렵네.

人壽非金石　인간의 명은 쇠와 돌과 같지 않으니,
年命安可期　어찌 긴 명을 기대하리?
貪財愛惜費　재화를 탐하고, 쓰는 것은 아까워한다면,
但爲後世嗤　후대의 놀림감이 될 뿐이네.

이러한 맥락에서 볼 때, 신선을 만나고자 하는 바람으로 시작하여 자신이 얼마나 오래 살 것인지를 걱정하지 말고 순간을 즐기라는 말로 마치는 조조의 〈추호행〉 제2수("나는 태화산을 오르고 싶네")가 떠오른다. 우리는 조조가 같은 소재, 그리고 주제의 시퀀스를 가지고 작업하는 것을 볼 수 있는데 여기서 동시에 조조가 이것과 조금 다른 무언가를 추가하고 있다는 것도 확인할 수 있다. 여기서 추가된 것은 왕도에 대한 두드러지는 칭찬이며, 이는 천상 아래의 인간계에 대한 기쁨을 외치는 표현이다.

변수, 다시 말해 저자의 선택은 결코 안정적인 법이 없다. 이러한 변이들은 굳은 믿음의 표현이 아니라, 이리저리 변화하는 시적 가능성일 뿐이다. 《악부시집》에도 〈서문행〉의 또 다른 버전이 실려 있는데, 여기서도 같은 소재가 사용되고 있긴 하나, 여기에 추가되고 제거된 것들을 살펴보면 흥미로운 점이 발견된다.

出西門　나는 서문으로 나가,
步念之　골똘히 생각하며 걸었네.
今日不作樂　오늘 즐거움을 만들어내지 못한다면
當待何時　대체 어느 때를 기다려야 한단 말인가?

逮爲樂	즐기는 때에 이르러서는
逮爲樂	즐기는 때에 이르러서는
當及時	마땅히 그 순간을 잡아야 하네.
何能愁怫鬱	어이하여 시름겨운 슬픔 속에서,
當復待來玆	몇 년이 오도록 기다려야 하리오?
飮醇酒	순주(醇酒)를 마시고,
炙肥牛	살진 소를 구워라,
請呼心所歡	마음이 좋아하는 사람들을 불러라,
可用解憂愁	걱정과 슬픔을 풀어줄 이들을.
人生不滿百	사람의 명은 백년도 되지 않는데,
常懷千歲憂	천년을 사는 것을 언제나 걱정하고 있네.
晝短而夜長	낮이 짧고 밤이 길다면,
何不秉燭遊	초를 손에 들고 이리저리 돌아다니기에 최고라네.
遊行去去如雲除	구름가에까지 방랑하게,
弊車羸馬爲自儲	헌 수레와 지친 말이 그대의 비축이라네.

이것은 '같은' 시지만, 영생의 가능성을 단념하는 행이 전부 삭제되었다. 대신에 시를 결론짓는 새로운 두 행이 있는데, 이 시행들의 의도는 처음 보기에는 매우 불확실하다. "구름가에까지 방랑하게"는 무엇을 의미하는가? 만약 이 텍스트가 소재와 연상의 네트워크의 구현물 중 하나에 불과하다면, 위 텍스트의 결론은 아마도 다른 곳에서 좀 더 명확하게 표현되었을 것이다. 비록 현존하는 작품군이 극단적으로 제한적인데다 재전사와 재사용의 여러 층을 거치면서 변개되었지만, 문제되는 단락들에 대한 해답은 자주 다른 작품들에서 찾아볼 수 있다. 이런 맥락에서 일찍이 인용했던 시의 마지막 두 대구를 상기할만한데, 이 시에서 연회와 영생을 향한 모험은 서로 대안적 선택이 아니라, 함께 결부되어 있다. 그 시는 저자미상의 악부 〈선재행(善哉行)〉이다.

歡日尚少　즐거운 날은 여전히 적고
戚日苦多　비통한 날은 끔찍하게도 많구나.
何以忘憂　어떡하면 우리의 근심을 잊을까?
彈箏酒歌　쟁을 타고 술 마시는 노래를 부르세.
淮南八公　회남의 여덟 군주들
要道不煩　중요한 도에는 괴로움이 없다네.
參駕六龍　여섯 마리 용에 줄을 걸고
遊戲雲端　구름 끝에서 놀이로 방랑하세.

각운이 다르기에 '가장자리'를 뜻하는 단어가 다른 것으로 사용되었지만, 우리는 방랑하는 것이 정확히 말해서 신선의 방랑임을 알 수 있다. 비록 "낡은 수레와 지친 조랑말"을 여섯 마리 용 대신 타고 떠나는 것이지만 말이다.[11] 우리가 만약 이상한 단어인 '저(儲)', 곧 '비축' 혹은 '축적'을 의문시한다면, 우리는 다른 버전들의 결말을 회상해볼 수 있는데, 그 버전들은 '재물을 탐'(貪財)하는 것을 경계하며 끝맺는다. 아마도 낡은 수레와 지친 말이 함축하는 바는 이것들이 연회 이후에 남는 유일한 재물이란 것인 듯한데, 장협(張協)의 〈영사(詠史)〉에서 서한의 군주들을 묘사하며 이러한 사치스러운 잔치를 언급한 부분에서 알 수 있다.[12]

揮金樂當年　그들은 금을 뿌리며 그들의 시대를 즐겼으니
歲暮不留儲　그 해가 저물 즈음엔 비축한 것이 남지 않았다네.
顧謂四座賓　주위를 돌아보며 모든 손님에게 말했지.
多財爲累愚　많은 부는 짐이요 어리석음이라오.

11 조식의 신선시 중 하나인 〈구거편(驅車篇)〉(루친리, 435)의 도입부에서 "늙어빠진 말(馬)"을 발견할 수 있는데, 여기서 조식은 늙어빠진 말을 타고 신선을 찾으러 태산을 오른다.

12 루친리, 744. 《문선》 21

3세기 후반에 장협이 소비를 찬양한 것과는 대조적으로, 3세기 중반에 완적은 자기만의 변주를 해당 모티프에 가했다. 완적은 개성적으로 사건의 후유증을 우리에게 보여준다.

완적(阮籍), 〈영회(詠懷)〉 제5수[13]

平生少年時 내가 한때 젊은이였던 때에
輕薄好絃歌 부주의했고 현에 맞춘 노래들을 좋아했지.
西遊咸陽中 서쪽으로 함양까지 방랑했고[14]
趙李相經過 조씨와 이씨 집안에 자주 다녔네.[15]
娛樂未終極 즐거움을 미처 다 즐기기 전에
白日忽蹉跎 밝은 해가 갑자기 미끄러져갔지.
驅馬復來歸 나는 집에 돌아가려 말을 몰다가,
反顧望三河 삼하 지역을 바라보려 뒤돌았지.[16]
黃金百鎰盡 백 일(鎰)의 금이 사라졌으니
資用尙苦多 비용은 언제나 끔찍하게 많았다네.
北臨太行道 태행도를 지나는 북쪽 길에서
失路將如何 나는 길을 잃었으니, 장차 어쩔 것인가?

소비는 연회의 주제의 한 일부였다. 삶은 짧고, 저축은 낭비다. 완적은 자주 이전 시의 주제들에서 시작하여 그것들을 부정하고 더 심화된 단계로 이

13 루친리, 497. 《문선》 22. 《예문유취》 26. 도널드 홀츠만, 《시와 정치: 완적(阮籍)의 삶과 작품》, 224.

14 진의 수도인 함양은 여기서 장안을 뜻하는데, 장안은 또 위의 수도인 낙양을 뜻한다.

15 한 성제(成帝)의 여인이었던 조비연과 이평(李平)의 집안을 언급하는 것으로 보인다.

16 낙양 인근의 지역을 언급하는 것으로 보인다. "삼하지방"은 굉장히 넓은 지역을 지칭하는 말이다.

끌었던 시인이었다. 여기 연회가 끝나니 화자의 재산은 사라졌고, 그는 집으로 돌아가려하지만 결국 산에서 길을 잃는다.

*

〈서문행(西門行)〉으로 돌아가 보면, 당대부터 지금까지 학문은 또한 그것만의 주제와 화제들을 가지고 있는데, 더 논의를 진행하기 전에 이것들을 반드시 검토해볼 필요가 있다. 인쇄 문화의 세계에서 서로 다른 버전들이 나란히 제시된 이래로 학자들은 무엇이 "원본"이며 무엇이 파생본인지 묻고 싶은 충동에 휩싸여 왔다. 곽무천(郭茂倩)은 《송서》에 실린 버전들은 진(晉)나라 음악가들의 작품이라고 확신했고, 위의 시 중 마지막 버전이 "원본"이라고 판정했다. 디에니는 《송서》 버전이 더 선행한다고 보고자 했다. 더 큰 "계란이 먼저냐 닭이 먼저냐" 류의 난제는 악부 버전과 "고시"의 관계에 관한 것이다. 한 예를 보면 디에니는 심지어 "고시"는 《문선》에 싣기 위해 악부를 다듬어 만든 것이라고까지 기꺼이 말하려고 든다. 물론 이건 불가능한 일은 아니지만, 무엇이 선행하는가에 대한 빗나간 가치 판단을 보여준다. "고시"의 어느 것이든, 정형적인 것이든 〈서문행〉처럼 연행의 특징을 보여주는 비정형적인 것이든, 악부에 포함되었거나 악부로서 지어졌을 수 있다. 저자미상의 악부로서 전해진 것들 중 몇몇은 "고시"로서 지어졌다고 보기 어려우나, 대부분은 그랬을 수도 있다. 깔끔하고 논리 정연하게 만드는 것은 문학사의 역할이 아니다. 악부에 있어서 발화의 연행성은 그것의 시기가 앞서는지 뒤서는지를 의미하지 않는다. 이러한 것들을 기반으로 무엇이 선행하는지에 대해 판단을 내린다면, 이는 이데올로기적 판단이지 역사적이거나 텍스트적인 증거에 기반을 둔 판단은 아니다. 곽무천과 많은 중국 학자들은 예전부터 지금까지 줄곧 원래는 음악에 맞추어 지어진 일관성 있는 원시(原詩)들이 존재했는데 음악가들에 의해 난해해지고 비논리적이 되고 비정형이 되었다고 믿어왔다. 이 이론은 여전히 지지받고 있다. 실상

《송서》〈악지〉와 같은 경우는 고등 교육을 받은 예관들의 감독 하에 황실 음악 기관에서 만들어졌다는 사실에도 불구하고 말이다. 중국의 5·4시기 낭만주의는, 시란 연행자 혹은 "민속"에 밀접한 난잡한 형태로 시작하여 교육 받은 엘리트들의 손에서 말끔해지고 논리를 갖추었다고 믿었다. 이러한 시각은 유럽과 미국의 학문적 낭만주의의 호응을 얻었다. 이런 생각은 역사적 변화에 대한 이데올로기다.

위의 자료에 보이는 버전들에서 우리는 3세기에 아마 공존했을 법한 여러 가지 형태의 구현에 대해 다루었다. 그러나 후에 이러한 구현의 다양한 형태는 시 선집과 음악 가사라는 서로 다른 갈래로 각각 분리되었다.

*

〈고시십구수〉 제15수에서 생의 유한함에 대한 성찰에 대한 분량은 한 쌍의 연구에 해당하고, 시의 나머지 부분은 연회로의 초대가 차지한다. 〈고시십구수〉 제13수에서도 주제의 시퀀스는 정확하게 같지만 그 비중은 뒤바뀐다.[17]

驅車上東門　나는 내 수레를 끌고 상동문(上東門)을 나와[18]

---

17 루친리, 332. 《문선》 29. 《악부시집》 61 (〈驅車上東門行〉이라는 제목으로). 쉐이슈선, 《고시십구수집석》, 19-21 . 디에니, 《고시십구수》, 32-33, 125-30.

18 上東門이 동한 시절 낙양의 성벽에 있었기 때문에, 이 행은 이 시가 동한 시기에 지어졌으며 〈고시십구수〉 전체가 동한 시기에 쓰인 것이라는 일반적 주장의 근거로 써 주로 사용되곤 한다. 만약 더 늦은 시기 작품으로 알려진 시가 "上東門"을 언급한다면, 그 시는 〈고시십구수〉에 언급된 장소를 단순히 문학적으로 인용한 것으로 생각된다. 이러한 주장들이 결국은 서로 순환적이란 것에 주목하는 이는 별로 없는 듯하다. 아마도 처음 사용한 예가 반드시 있어야 하고 그 처음 사용한 예가 지금까지 존재해야만 한다는 가정에 의지하고 있는 것 같다. 그러나 만일 낙양의 오래전 파괴된 上東門이 공유된 시적 레퍼토리의 한 부분이었다면, 그 시는 이후에 지어지면서 공명을 일으키는 장소의 이름을 사용했을 수도 있다. 이 시가 정말로 동한 시대에 上東門이 파괴되기 이전에 지어졌다는 것 역시 마찬가지로 가능하다.

遙望郭北墓　성벽 북쪽 멀리 떨어진 무덤들을 보았네.
白楊何蕭蕭　백양나무는 바람결에 신음하고,
松柏夾廣路　소나무와 측백나무 넓은 길에 줄지어있네.
下有陳死人　아래에는 이미 죽은 이들
杳杳卽長暮　끝없는 황혼 속으로 아득해져가네.
潛寐黃泉下　그들은 황천[19] 아래 숨어 잠들고,
千載永不寤　천년에 한 번도 깨지 못하는구나.
浩浩陰陽移　크나큰 흐름 속에서 빛과 어둠 위치를 바꾸니,
年命如朝露　우리의 수명은 아침 이슬과 같네.
人生忽如寄　인간의 삶은 잠시 머무는 듯 재빨리 지나가니,
壽無金石固　장수는 금석만큼 확고하지 않네.
萬歲更相送　만세동안 차례로 떠나가는 것을 서로 봐왔으니,[20]
賢聖莫能度　현자와 성인도 그 기한을 넘지 못했네.
服食求神仙　몇몇은 약초 삼키며 신선이 되기를 구했으나
多爲藥所誤　대부분은 그 약에 속은 바 되었다네.
不如飮美酒　가장 좋은 것은 좋은 술을 마시고
被服紈與素　곱고도 흰 비단옷을 입는 것이라네.

만약 누군가 낙양의 상동문(上東門)을 나갔다면, 이 위대한 도시의 오랜 묘터였던 북망(北邙)을 보았을 것이다.

생의 유한함에 대한 성찰은 이 시의 경우 확장되어 시 전체를 지배하고 있는데, 이러한 성찰은 앞서 보았듯 영생을 찾아 나서는 과제나 연회, 둘 중 하나로 나아갈 수 있다. 연회를 벌이고 잘 차려입는 방향(두 가지는 붙어 다니는 경우가 많다)으로 선택이 결정되면, 대부분 신선을 찾을 가능성을 구체적

19 지하세계.
20 죽은 이를 동행하여 그들의 무덤까지 함께 가는 것.

으로 부정하는 추가적인 구절들이 나타난다. 이것은 〈고시십구수〉 제15수와 위의 시에서 볼 수 있다. (그리고 그것이 〈고시십구수〉 제15수에서는 화제들의 시퀀스 중 마지막에 위치하고 있다는 것을 주목한다면, 같은 소재가 나타나는 〈서문행(西門行)〉에서는 좀 더 앞에 위치하고 있다는 점을 주목해야 한다.)

길들의 이미지는 유용하다. 시인은 종종 "삶은 백년도 지속되지 않는다."와 같은 익숙한 구절에 이르는데, 이로부터 다른 시인들이 거쳐간 다양한 길들이 뻗어나간다. 이 시인은 여러 길들 중 하나의 길을 거부하고 때론 더 멀리 나아가거나 새로운 전환점을 만들기도 하는데, 이 새로운 전환을 다른 이들이 따르기도 한다. 〈고시십구수〉 제15수에서 시인은 무덤을 바라보고는 인생의 짧음과 죽은 이들의 세계를 돌아본다. 그리고 그는 좋은 옷을 입고 연회를 즐길 것을 제안한다. 어떤 시인은 죽은 이들의 세계를 돌아보는 방향의 길로 좀 더 멀리 갈 수도 있을텐데, 여기서 좋은 옷과 술 마시기의 모티브가 돌아올 것이다.

같은 도입부에 대한 다른 변용을 살펴보자. 그러나 이 시의 경우에 선택권은 없다. 너무 늦어버렸기 때문이다.

부현(傅玄), 〈만가(挽歌)〉[21]

人生尠能百 인생은 대체로 백년에 이르기가 드물고,
哀情數萬端 슬픈 감정은 만 가지 단서로부터 오네.
不幸嬰篤病 불행히도 그는 심각한 병에 걸려,
凶候形素顏 죽음의 징조가 그의 창백한 얼굴에 떠오르네.
衣衾爲誰施 옷과 이불은 누구를 위하여 갖추어졌는가?
束帶就闔棺 그의 허리띠는 닫힌 관 속으로 사라졌는데.
欲悲淚已竭 울고자하나 눈물이 사라졌고,

21 루친리, 565. 《북당서초(北堂書鈔)》 92. 지안창춘 외, 《부현음갱시주》, 65-66.

欲辭不能言　말하고자하나 말할 수 없네.
存亡自遠近　산 자와 죽은 자는 서로 멀어지고,
長夜何漫漫　긴 밤은 쉼 없이 지속되네.
壽堂閑且長　장례식장은 조용하고, 시간은 흘러가니,[22]
祖載歸不還　조상의 의식과 장례 행렬이 끝나면 그는 영영 돌아오지 못하네.[23]

죽은 자들을 상상하는 시는 3세기에 전형적인 유형이 되었다. 가장 이른 예는 건안칠자의 한 명인 완우(阮瑀)의 작품으로 되어 있다. 화자는 "[이 좋은 연회/이 순간은] 다시 만나기 어렵네.[難再遇]"라고 하여 연회시의 전형적인 도입구절들 중 하나에 대한 변형으로 시를 시작한다. 앞의 두 음절에는 "인생의 전성기[丁年]"를 놓았다. 여기에서 죽은 자들은 연회를 즐길 수 없는 것으로 상상된다.

완우(阮瑀), 〈칠애시(七哀詩)〉[24]

丁年難再遇　인생의 전성기는 다시 만나기 어려우니,
富貴不重來　부귀는 두 번 오지 않으리.
良時忽一過　최고의 때는 홀연 지나가고,
身體爲土灰　몸은 흙과 재가 된다네.
冥冥九泉室　어두운 것은 구천(九泉)의 방들이고,
漫漫長夜臺　멀리멀리 뻗은 것은 장야대구나.
身盡氣力索　몸은 다하고 기력은 쇠하여
精魂靡所能　정령은 아무것도 할 수 없네.

22　장례식장은 시체를 매장하기 전에 안치하는 곳이다.

23　祖는 죽은 이를 조상으로서 예배하는 의식으로 안마당에서 진행된다. 載는 시체를 매장지로 옮기는 것이다.

24　루친리, 380. 《예문유취》 34. 한거핑, 《건안칠자시문집교주역석》, 369-70. 우원, 《건안칠자집교주》, 325-26.

嘉肴設不御　훌륭한 안주 차려져도 내 먹지를 못하고,
旨酒盈觴杯　맛있는 술은 술잔에 그저 채워져있네.
出壙望故鄉　무덤의 광을 나와 고향을 바라보니,
但見蒿與萊　쑥과 잡초만 보이네.

연회의 시적 “영토”와 죽음의 시적 “영토”는 인접해있다. 죽은 사람은 돌아와서 마시거나 좋은 옷을 입고자 하지만 그럴 수가 없다. 이러한 유형의 시는 도잠(陶潛)에게까지 지속되는 풍부한 역사를 지니고 있다.[25]

길의 이미지는 때로는 시인이 정말로 길에 있기 때문에 매력적인 요소이기도 하다. 그는 어쩌면 고생을 하고 있었을지도 모르지만, 어느 순간에 “근심들”이 분명하게 그를 괴롭히게 된다. 그리고 그는 시적 여로 위에 서 있다. 이 길은 그를 유한한 삶에 대한 명상과 이에 따른 결과 중 하나로 이끈다. 아래의 조비의 〈선재행〉에서, 시인은 영생을 갈망하지도, 죽음을 성찰하지도, 경전을 공부하기를 결심하지도 않는다. 그의 시적 전개는 분명 연회를 향하고 있지만, 문자 그대로 그는 “길에 있었기” 때문에, 이는 즉각적인 선택지가 될 수 없었다. 그래도 그에게는 좋은 말과 좋은 옷(가벼운 갖옷)이 있었기에, 이러한 설정은 말을 타고 즐기러 가는 전형적인 화제를 구성하는 데 충분하다.[26]

조비(曹丕), 〈선재행(善哉行)〉[27]

上山采薇　산에 올라 고사리를 캐노라니,

25 이카이 토모요시, 〈문선만가시고〉, 19-48.

26 조비의 좋은 말과 “가벼운 갖옷”은 《논어》에서 나온 것이지만, 부정적인 의미는 아예 없다.

27 루친리, 390. 《송서》. 《문선》 27. 《악부시집》 36. 황지에, 《위무제·문제·명제시주》, 36-37.

薄莫苦饑	어두워져 배고픔에 시달리네.
溪谷多風	계곡에는 바람이 많고,
霜露沾衣	서리와 이슬이 옷을 적시네.
野雉羣雊	들판의 꿩은 무리지어 울고,
猿猴相追	원숭이들은 서로 따르네.
還望故鄉	고개 돌려 고향을 바라보니,
鬱何壘壘	구릉들 속에 얼마나 빽빽한지.[28]
高山有崖	높은 산에는 경사가 있고,
林木有支	숲의 나무에는 가지가 있네.
憂來無方	근심이 알 수 없는 데에서 오니,
人莫之知	아무도 알 수 없네.
人生若寄	인생은 잠시 깃든 것과 같은데,
多憂何爲	어찌하여 걱정이 많은가.
今我不樂	오늘 나는 즐겁지 않으니,
歲月其馳	세월은 내달리는 듯하네.
湯湯川流	강물은 빠르게 흘러가는데
中有行舟	그 안에 지나가는 배가 있네.
隨波轉薄	물결 따라 돌고 떠가니,
有似客游	객의 방랑과 같네.
策我良馬	나의 좋은 말을 채찍질하고,
被我輕裘	나의 가벼운 갖옷을 입네.
載馳載驅	말을 타고 내달려 가서,
聊以忘憂	잠시라도 근심들을 잊고자하네.

조비의 이름 아래 실린 이와 같은 노래들은 시인을 다양한 방향으로 이끌 수 있는 일반적인 화제들로 채워져 있다. 물결에 휩쓸린 배의 형상은 특히

28 즉, 숲으로 덮인 산들을 말한다.

적합한 것인데, 어느 시점에서 시 역시 주제의 타성에 따라 휩쓸리기 때문이다. 좋은 옷을 입는 것이 필멸에 대한 시적 위로가 될 수 있음을 알지 않는 한, 여기에는 내달려 가는 것이 어떻게 "근심들을 잊도록" 도와줄지에 대한 설명이 없다.

시인이 죽음의 세계로의 길로 돌아선 것이 아니라 연회의 길을 택한 것이라 해보자. 이 길에서 그는 그의 옷을 기뻐하고 술자리를 즐기는데, 이는 죽은 자들이 다다를 수 없는 곳이다. 우리는 "주제"와 "화제"를 다른 차원으로 분리하고자 노력해왔지만, 이는 그렇게 간단한 것이 아니다. 시인들은 자유롭게 수식할 수 있으므로, 따라서 대부분의 시에서는 한두 구의 간단한 화제일 수 있었던 것이 다른 시에서는 확장된 단락이 될 수 있다. 중요한 하나의 차이는 존재한다. 보통의 시적 주제는 대개 해당 작품군 안에서 자주 나타나는 화제들의 시퀀스를 이끌어온다. 이와 달리, 화제들은 산문이나 부에서 더욱 자주 발견되는 수사법에 의해 확장된다. 〈고시십구수〉 13수의 화자는 필멸을 근심하는 인간에게 잘 마시고 입을 것을 단순히 조언하는 데에 그친다. 조비의 〈대장상호행〉에서는 좋은 옷들과 화자의 검이 오락과 연회에서 오는 즐거움의 한 부속물로서 방탕하게 기려진다.

조비(曹丕), 〈대장상호행(大牆上蒿行)〉[29]

陽春無不長成	봄에 모든 것은 완전히 자라나고,
草木群類隨大風起	온갖 종류의 풀과 나무들은 불어보는 큰 바람을 따르네.[30]
零落若何翩翩	잎을 떨어뜨릴때 흔들림을 멈출 수 없으니,
中心獨立一何煢	줄기들 어찌나 쓸쓸하게 홀로 서 있는지![31]

29 루친리, 396. 《악부시집》 39. 황지에, 《위무제·문제·명제시주》, 53-55.

30 가을 바람.

31 식물의 줄기들로서, 사람의 "마음 속[中心]"도 의미한다.

四時舍我驅馳	사계절은 나를 버리고 치달리니,
今我隐約欲何爲	이 곤경 속에서 내 지금 무엇을 할 수 있으리.
人生居天壤間	사람은 천지간에 살도록 태어나니,
忽如飛鳥棲枯枝	새가 마른 가지에 깃든 것처럼 빠르구나.
我今隐約欲何爲	이 곤경 속에서 내 지금 무엇을 할 수 있으리.
適君身體所服	입을 옷을 알맞게 하고,
何不恣君口腹所嘗	어찌 구복이 좋아하는 바를 마음껏 맛보지 않는가?
冬被貂鼲温暖	겨울에는 따뜻한 담비와 다람쥐 옷을 입고,
夏當服綺羅輕凉	여름에는 가볍고 시원한 고운 옷을 입네.
行力自苦	노력해 스스로를 고생스럽게 하는 것,
我將欲何爲	그것을 내가 왜 하리오?
不及君少壯之時	젊고 건장한 때에,
乘堅車策肥馬良	견고한 수레를 타고 윤나는 좋은 말을 채찍질함만 못하네.
上有倉浪之天	위에는 창랑의 하늘이 있지만,
今我難得久來視	지금 나는 오래 보지 못하네.
下有蠕蠕之地	아래에는 꿈틀대는 땅이 있지만,[32]
今我難得久來履	지금 나는 오래 밟지 못하네.
何不恣意遨遊	어찌하여 마음껏 노닐면서,
從君所喜	기쁜 일을 하지 않는가?
帶我寶劒	내가 찬 보검을
今爾何爲自低卬	지금 어째서 네가 휘두르는가?
悲麗平壯觀	그 평탄하고 위엄 있는 장관에 감동되니,
白如積雪	눈 더미처럼 하얗고,
利如秋霜	가을 서리처럼 날카롭네.
駮犀標首	말과 무소의 뿔의 자루 표지
玉琢中央	가운데가 새겨진 옥으로 장식되었네.

32 삶으로 "꿈틀대는" 것이다.

帝王所服	제왕이 입는 옷은
辟除凶殃	흉악함을 물리치네.
御左右奈何致福祥	좌우를 통치할 때 어떻게 복을 불러일으키는가?
吳之辟閭	오(吳)의 벽려(辟閭),
越之步光	월(越)의 보광(步光),
楚之龍泉	초(楚)의 용천(龍泉),
韓有墨陽	한(韓)의 묵양(墨陽),[33]
苗山之鋌	묘산(苗山)의 금괴,[34]
羊頭之鋼	양두(羊頭)의 강철.
知名前代	과거에 명성이 알려져,
咸自謂麗且美	모두 곱고 수려하다 생각되었네.
曾不知君劒良	그러나 무엇도 그대의 검만 못하니,
綺難忘	그 빼어남을 잊기 어려워라.

冠青雲之崔嵬	푸른 구름으로 향하는 관을 썼는데,
纖羅爲纓	섬세한 비단으로 갓끈을 만들고,
飾以翠翰	물총 깃으로 장식하니,
旣美且輕	아름답고 가볍구나.
表容儀	멋진 위의를 보여주니,
俯仰垂光榮	위아래로 빛을 드리우네.
宋之章甫	송(宋)의 장보(章甫),
齊之高冠	제(齊)의 높은 관,
亦自謂美	또한 아름답다 일컬어지나,
蓋何足觀	어찌 볼 것이 있으랴.

33 묵양은 고대 한(韓)의 검을 생산한 곳이다.

34 묘산은 초(楚)에 있었다.

排金鋪	금문을 열고,
坐玉堂	옥당에 앉았네.
風塵不起	바람에 먼지는 일어나지 않고,
天氣淸凉	날씨는 맑고 청량하네.
奏桓瑟	제의 환비(桓瑟)를 연주하고,
舞趙倡	조(趙)의 무용수들이 춤추고,
女娥長歌	아가씨들이 오래도록 노래하니,
聲協宮商	목소리가 음조에 어울리네.
感心動耳	마음과 귀가 감동하고,
蕩氣回腸	기운을 휩쓸고 마음을 돌려 놓았네.
酌桂酒	계수나무 술을 붓고,
鱠鯉魴	잉어와 방어회를 내놓았네.
與佳人期爲樂康	아름다운 여인들과 즐기며 평안하고자 하네.
前奉玉巵	앞의 옥잔을 들어,
爲我行觴	나에게 술잔을 건네게.

今日樂不可忘	오늘날의 즐거움 잊을 수 없고,
樂未央	기쁨은 다하지 않네.
爲樂常苦遲	기쁨을 찾기까지 늘 오래도록 기다리니,
歲月逝	세월은 흘러가
忽若飛	날아가듯 빠르네.
何爲自苦	어찌 스스로 괴로워하며
使我心悲	마음을 슬프게 만드는가?

이것은 가장 긴 비(非)서사 악부 중 하나이다. 그러나 이 대규모의 화려한 수사는 초기 시에서 가장 흔히 보이는 화제의 시퀀스 안에 틀지어져있다. 곧, '(1)인생은 짧으니, (2)즐겨라'의 시퀀스이다. 필멸의 문제와 맞닥뜨린 화

자에게는 몇 개의 선택지가 있다. 앞서 제시한 여러 사례에서 그러했듯, 화자는 어떤 선택을 하는 동시에 다른 가능한 대안들 중 하나를 거부한다. 이 작품의 경우에는 열심히 노력한다는 대안을 거부하고 있음을 "노력해 스스로를 고생스럽게 하는 것, 그것을 내가 왜 하리오?〔行力自苦 我將欲何爲〕"라는 표현에서 볼 수 있다. 두 번째 단락에서는 더 정교한 표현을 위해 두 개의 주요한 주제인 '좋은 옷을 입고, 원하는 것을 먹고 마시라'를 제시한다. 이 단락 다음에는 칼을 칭찬하는 단락이 나오며, 그 다음에는 "멋지게 옷을 입는" 주제를 발전시켜 멋진 모자들에 대한 단락이 이어지고, 그 다음으로는 "술, 여자, 그리고 노래"를 다룬 연회의 단락이 청자에게 현재를 즐기라고 조언하는 종결부와 함께 나타난다.

조비가 지은 것으로 알려진 작품들 중 어떤 것들은 의문의 여지가 있지만, 이 시는 그가 짓지 않았다고 볼 이유가 전혀 없다. 이 시의 운율은 간단하다. 그리고 이와 같은 작품은 아마도 기존의 멜로디에 맞춰 작품을 쓰기보다는 음악에 맞춰 일반적인 주제를 이용하되, 이 경우는 시인이 특히 자랑스럽게 여겼던 검과 모자에 대한 서술을 포함하여 자유로이 즉흥으로 지어졌을 것이다.

위에서 살펴보았듯, 화제들의 보다 풍부한 발전은 부(賦)에서 보다 보편적으로 나타났다. "칠(七)" 장르에서 우리는 연회에 대한 3세기의 묘사 중 가장 세세한 사례를 찾아볼 수 있는데, 그 예로 왕찬의 〈칠석(七釋)〉이 있다.[35] 이 작품에서 음식, 옷, 음악 등의 다양한 제재 아래 쾌락에 대한 정교한 묘사를 볼 수 있는데, 이러한 전통은 서한시대 매승의 〈칠발(七發)〉까지 연결된다. 이러한 시와 악부들을 지었거나 지었다고 간주되는 알려진 시인들은 훨씬 더 수사적으로 정교한 작품을 만들기 위한 언어적 자원을 가지고

35 비록 이것이 주석과 전서들에서 널리 인용되긴 했지만, 이것의 가장 완전한 본은 허경종(許敬宗, 592-672)에 의해 편찬된 《문관사림》의 현전하는 장들에 보존되어 있다. 루오궈웨이, 《일본 소재 홍인본 문관사림 교증》, 130-34.

있었다. 여러 증거들에 따르면 3세기에는 이 보다 정교한 텍스트들이야말로 이 시인들의 문학적 성취의 핵심으로 여겨졌던 듯하다. 위에서 논했듯이, 그들의 오언시에 대한 관심의 원인은 대부분 5세기를 거치며 오언시의 위상이 높아진 것과, 또한 오언시가 상대적으로 지니는 단순미와 투박미를 감상할 수 있는 새로운 미학적 능력이 등장했기 때문으로 보인다. 가치 있는 시가 무엇이냐에 대한 기준이 좀 더 포용력있어졌음에도, 〈대장상호행(大牆上蒿行)〉은 청대에 이르기 전까지는 전혀 주목받지 못했다. 이는 필사 전통의 작품들 중 《악부시집》 이전까지는 온전히 표면에 드러나지 못했던 것의 한 예이다. (다만 《북당서초(北堂書鈔)》와 이선(李善)은 검에 대한 단락을 일부 인용하기는 했다.)

아마도 연회가 음악이 연주되는 주요 현장이었기에, 연회는 가장 불안정한 주제 중 하나이다. 가을밤에 잠들지 못하는 것과 신선을 찾아가는 것은 비교적 예측 가능한 주제들이다. 연회는 쾌락과 절망 사이를 계속 오간다. 《예문유취》에서 진림의 작품으로 소개된 다음의 제목없는 시에서처럼, 분위기는 순식간에 바뀔 수도 있다.[36]

高會時不娛　훌륭한 모임 때로 즐겁지 않아
羈客難爲心　나그네는 마음을 위로치 못하네.
慇懷從中發　어두운 근심은 마음에서 솟아나고
悲感激清音　슬픔 감정은 맑은 노래에 격발되누나.
投觴罷歡坐　잔을 놓아 즐거운 연회를 파하고,
逍遙步長林　높은 숲을 정처없이 배회하네.
蕭蕭山谷風　산 계곡에 바람 쏴아하고 불고
黯黯天路陰　그늘 속에 하늘길은 어둑어둑

36 루친리, 367. 《예문유취》 28. 한거핑, 《건안칠자시문집교주역석》, 122-23. 우윈, 《건안칠자집교주》, 85-86.

惆悵忘旋反　애달파 돌아설 줄 모르고
歔欷涕霑襟　흐느끼니 눈물이 소매를 적시는구나.

이런 시는 당대의 시학만으로 온전히 설명될 수 없다. 이는 마치 어떤 연회시가 갑자기 완적의 〈영회〉로 변한 것처럼 보인다. 화자는 연회의 분위기로부터 일시적으로 분리되는 것으로 시를 시작한다. 음악이 불러일으키는 정서는 예측불가능하다. 여기서는 음악이 화자를 밤에 혼자 숲을 거닐도록 몰아낸다. 비록 화자가 아무도 간 적 없는 시적 길로 접어들지만, 여전히 익숙한 이정표들이 있다. 첫 번째 연구는 연회를 언급하고, 두 번째 연구는 음악을 언급하며, 음악의 효과 역시 언급되어 있다. 그리고는 시가 끝나는데, 이 시기의 많은 시들이 그렇듯 눈물이 시인의 옷깃을 적시는 것으로 갈무리된다. 여기에서 시가 무언가 낯선 것으로 전치되지만, 진림의 어두운 연회시에는 여전히 또 하나의 익숙한 표지가 있는 듯 하다. 음악은 자주 청자에게 떠나고 싶은 욕망, 곧 말을 타고 달려나가 무얼 하거나 혹은 한 쌍의 새가 되어 날아가고 싶은 마음을 불러일으키곤 한다. 진림은 실로 음악 때문에 떠날 마음이 들었으며, 그리고 화자가 어둠속으로 사라진 "하늘의 길(天路)"를 올려다볼 때에는 아마도 시 속의 새들에 대한 기억마저 남아있는 듯하다.

시인이 숲에 있을지언정, 그는 연회시의 익숙한 전환들을 가져온다.

〈고시십구수〉 제 4 수[37]

今日良宴會　오늘의 훌륭한 연회,
歡樂難具陳　그 즐거움 다 말하기 어렵네.
彈箏奮逸響　울리는 쟁은 여운을 내뿜고

37 루친리 330. 《문선》 29. 쉐이슈선, 《고시십구수집석》, 6-7. 디에니, 《고시십구수》, 14-15, 71-77.

新聲妙入神 요즘 유행하는 노래는 신에게 속한듯.[38]
令德唱高言 훌륭한 덕을 지닌 이는 고상한 말을 노래하고[39]
識曲聽其眞 곡을 아는 이는 진실에 귀 기울이네.[40]
齊心同所願 마음이 같아 소원하는 바도 같으니[41]
含意俱未伸 뜻을 머금고 다 표현하지 않네.
人生寄一世 사람의 일생은 한 세대를 머물 뿐이니,
奄忽若飈塵 폭풍 속 티끌처럼 날아가네.
何不策高足 어찌 높이 발굽 치켜든 말을 채찍질하여
先據要路津 먼저 여울을 차지하지 않는가.
無爲守貧賤 빈천함을 지키면서,
轗軻長苦辛 불우하게 오래도록 고생하지 말게나.

이 시는 〈고시십구수〉 중 가장 훌륭한 작품 중 하나이며, 진림(陳琳)의 시는 이 시를 해석하기 위한 유용한 비교대상이다. 이는 관습적으로 연회의 즐거움을 선언하는 것으로 시작된다. 그렇지만 찬탄의 관습적인 표현인 "다 말하기 어렵네" 에서조차, 표면에 드러낼 수 없는 어떤 감정의 넘침이 있음을 알 수 있다. 두 번째 연구에서 음악의 주제를 시작하는데, 우리는 음악이 어떻게든 이 세계를 빠져나가는 것을 또한 목격하게 된다. 청중들의 내면과

38 "신에게 속하다"로 어설프게 번역한 '入神'은 세속적이고 물질적인 것 이상의 경지를 말한다.

39 이 구는 많은 논란을 일으켰는데, 몇몇 주석가들은 이를 반어로 간주하고자 했다. '高言'은 초기의 다른 시들 어디서도 쓰이지 않았고 산문에서도 자주 쓰이지 않았다. 육운(陸雲)이 육기(陸機)에게 쓴 편지에서 육기의 부를 칭찬하며 이 표현을 썼다. (엄가균, 《전상고삼대진한삼국륙조문》, 2042)

40 "곡을 알다"는 일반적으로 음악의 특성과 중요성을 이해한다는 것을 가리킨다. "진실"이 음악의 가사에 있는지 특성에 있는지는 불명확하다.

41 이 시에서 소원되는 것이 무엇인지에 대해서는 명백히 침묵하고 있음에도, 이선은 이들의 소원이 "부귀"라고 추측한다. 디에니는 《여씨춘추》를 근거로 이들이 "자기를 알아주는 이", 곧 지음(知音)을 만나기를 소원한다고 추측했다.

이 일상적 세계의 바깥에 무언가가 더 있다. "고상한 말" 속에도 또한 무언가가 있는데, 이는 표면에 꼭 드러나는 것은 아니지만 이해하는 사람들에 의해 이해되고 귀 기울여지는("聽") 무언가이다.

표면 아래에 있던 모든 것들이 네 번째 연구에서 한데 모인다. 음악을 들으면서, 모두 말하지 않은 같은 것을 느끼고 원한다. 다른 시들에서 음악을 듣는 것은 대개 날아가고자 하는 "소원(願)"으로 이어진다. 그러나 여기에서는 말을 타고 달려나가는 것으로 이어지는 듯하다. 다만, "높이 발굽 치켜든 말"에 의해 일으켜진 먼지와 같은 "폭풍 속 티끌"로 직유된 인생의 짧음에 대한 익숙한 연구가 먼저 나타난다.[42] 진림의 시는 불행함을 진술하며 끝나고, 이 시는 불행한 채로 있지 말라는 권고로 끝난다. 말하기의 종류는 서로 매우 다르지만, 두 시 모두에서 같은 위치에 같은 이슈가 나타난다는 것에 주목하지 않을 수 없다.

*

만약 연회에 기쁨으로부터 절망이나 부산한 행동으로 옮겨갈 수 있는 문제적인 감정의 넘침이 있다면, 이 에너지는 아마도 제어될 수 있을 것이다. 절망을 느낀 사람들(존재적인 절망을 제외하고)은 아마도 모든 것이 잘 제어되고 있으며 그들이 사물의 질서에서 어떤 자리를 차지할 수 있으며 그들의 에너지가 좀 더 좋은 곳에 쓰일 수 있다는 것에 설득될 수 있기 때문이다. 그리고 그들은 아마도 여행자나 일시적인 체류자들처럼 "손님들"로서 다가온다. 주인은 이곳이 안정되고 안전한 곳임을 그들에게 설득하며 머무르기를 환영한다.

42 앞서 논한 〈서문행〉의 두 번째 버전을 상기함직하다. 해당 작품에서는 연회와 인생의 짧음에 대한 구절들 이후에 화자가 "구름가에까지" 떠난다. 다만, 여기서의 "높이 발굽 치켜든 말"과는 달리 "지친 말"을 타고 떠나는 명백한 신선의 방랑이기는 하다.

연회는 그러므로 정치적인 기능을 수행할 수 있었고, 그 시들은 이 목적을 뒷받침할 수 있었다. 조조는 황제가 아니었다. 그는 많은 이들이 힘을 위해 경쟁하는 세상에서 힘을 추구하는 명석한 장수였다. 장수로서 그는 영토를 모으듯이 사람들을 모았다. 그는 후원자이자 보호자로, 이미 멸망한 후한의 조정에 대한 그의 지배력을 효과적인 선전으로 사용했다. 그는 스스로를 성제를 위해 섭정했던 고대의 주공(周公)의 새로운 버전으로 제시했다. 주공에 관해 가장 유명한 일화 중에 하나는 그가 좋아하던 것으로, 주공이 뛰어난 사람들을 모으려는 열망이 너무 강했던 나머지 훌륭한 손님이 도착했다는 말을 들으면 먹던 음식도 뱉어내고 감던 머리도 짜내고서 그 사람을 반기는 데 바빴다는 고사였다.

조조(曹操), 〈단가행(短歌行)〉[43]

對酒當歌　노래하면서 술을 마주하니,[44]
人生幾何　인생이 얼마나 오래가겠는가?
譬如朝露　마치 아침 이슬과 같아서,
去日苦多　지나간 날들이 너무 많도다.

慨當以慷　서글픔에 북받치니
憂思難忘　근심스런 생각 잊기 어렵도다.
何以解憂　어떻게 근심을 풀 수 있을까.
唯有杜康　오직 두강(杜康)[45]만이 있노라.

---

43 루친리, 349.《송서》.《문선》37.《악부시집》30. 황지에,《위무제·문제·명제시주》, 15-17. 디에니,《조조의 시들》, 108-17.

44 혹은 "술을 마주해서는 마땅히 노래해야 하니"

45 두강(杜康)은 전설적인 술의 발명가로서 여기서는 술을 환유한다.

青青子衿　“푸르고 푸른 그대 옷깃이여,
悠悠我心　언제나 언제나 내 마음에 있도다.”[46]
但爲君故　다만 그대 때문에,
沈吟至今　지금까지 고심하노라.[47]

呦呦鹿鳴　“소리 내어 우는 사슴이여,
食野之苹　들에 난 쑥을 뜯도다.
我有嘉賓　내게 좋은 손님네 있으니,
鼓瑟吹笙　거문고 타며 생황을 부노라.”[48]

明明如月　달처럼 밝고 밝으니,
何時可輟　어느 때에나 그칠런고.[49]
憂從中來　속에서부터 근심이 나오니,
不可斷絶　끊어낼 수 없도다.

越陌度阡　두렁을 넘고 건너
枉用相存　그대 나를 만나려 길 벗어났네.
契闊談讌　오래 떨어져 있다가 만나 이야기하고 잔치하니,
心念舊恩　마음으로 옛적의 은혜를 생각한다네.

月明星稀　달은 밝고 별은 드문데,
烏鵲南飛　까마귀와 까치는 남쪽으로 날아가네.

---

46 《시경》〈정풍(鄭風)〉〈자금(子衿)〉에서 인용한 것이다. 푸른 옷깃은 유생들과 연관이 있었다. 분명히 조조는 스스로를 유자로 여기는 사람들을 언급하고 있는 것이다.

47 이 두 연구는 이선(李善)이 정리한 《문선》에 실린 본에는 나타나지 않는다.

48 이는 〈소아(小雅)〉 첫 부분의 〈녹명(鹿鳴)〉장의 첫 연을 인용한 것으로, 손님들을 환영할 때 동한에서 썼던 것이다.

49 어떤 텍스트들에서는 “그치다[輟]” 대신에 “잡다[掇]”를 썼다.

繞樹三匝	나무를 세 번 돌고 있으니,
何枝可依	어느 가지에 의지할 수 있을까?

山不厭高	산은 높음을 싫증내지 않고
海不厭深	바다는 깊음을 싫증내지 않네.[50]
周公吐哺	주공께서 먹던 음식을 뱉어내시니,
天下歸心	천하가 그에게로 마음 돌렸네.

저자미상의 악부 〈선재행(善哉行)〉이 반드시 조조의 유명한 〈단가행〉보다 앞선다고 쉽게 추정할 수 없다. 그러나 이 두 시들은 모두 연회와 후원을 연결하는 4음절의 구로 이루어진 연으로 된 악부라는 점에서 관련이 있어 보인다.[51] 〈선재행〉에서 인생의 유한함과 연회는 영생의 이미지로 끝나는 시에 엮여있다. 여기서 조조의 연회는 두 번째 연 끝부분의 술을 마시리란 약속과 함께 절망은 무뎌진다. 그의 〈추호행(秋胡行)〉 제2수("태화산을 오르고저")에서와 마찬가지로, 조조는 익숙한 주제로 청중들의 주의를 끌고는 이를 새로운 방향으로 이끈다.

조조의 시 중 가장 유명한 이 시의 대부분은 상투어나 인용구를 재구성한 것이다. 아마도 역사상의 조조는 처음 두 연에서 묘사된 감상을 실제로 느꼈을 것이다.(아니면 아마도 이러한 감상은 익숙한 모티프들을 바꿔 표현하기 위해 호출되었을 것이다.) 그러나 조조는 이러한 감상과 어휘들을 정치적인 초대인 환영사로 전환시키면서 그것이 진실치 않다는 느낌 때문에 신경쓸 사람은 아니었다. 더 중요한 것은, 만일 어떤 사람이 연회를 열고 손님들을 받는다면, 이는 바로 손님들을 술자리로 초대하는 방법이란 것이다. 조조의

50 이는 속담을 운문으로 적은 것이다.

51 《송서》에서는 이 시를 8구로 된 연들로 이루어진 것으로 다루었다. 나는 여기서 순수하게 운에 따라 연을 나누었다.

공적인 산문은 음주를 금지하려고 했던 것으로 유명하다. 이 시는 조조가 인생에서의 다른 시기나 무드에 처해있었을 때, 혹은 초대자로서 역할이 더 중요하게 여겨졌을 때 지어진 것으로 생각된다.

세 번째와 네 번째의 연에서 조조는 《시경》을 인용한다. "푸르고 푸른 그대 옷깃이여(靑靑子衿)"는 어떤 손님을 의복으로 알아보는 방식이다. 지칭되고 있는 사람은 확실히 '학생', 곧 전통적인 주석에서 '푸른 옷깃'의 함의를 이해하는 바대로는 아니다. 오히려 이 사람은 경학으로 특징지어지는 가문 중 하나에 속함이 틀림이 없다. (신흥 도가의 대부분의 인물들과는 달리) 이러한 경력을 가진 '손님들'은 보통 오래된 가문에 속했고, 때로 지역의 세력을 대표하기도 했다. 비록 조조는 단지 자신의 명성을 증진시키기 위해 문필에 조예가 깊은 학자들을 떠맡는 것도 싫어하지 않았지만 말이다. 이런 학자 가문들은 2세기 후반에 상당한 사회적 네트워크가 되어 있었다. 3연에서 손님을 "알아보고"는, 4연에서는 《시경》 〈소아〉의 첫 편을 인용하면서 '제대로 된' 연회시로 전환되는데, 이것은 엘리트 격의 위신을 원했던 연회에서 연행되었다. 이러한 연들은 단지 손님의 사회적 지위를 "인정"할 뿐만 아니라, 또한 손님들에게 조조를 전통적 관례를 아는 누군가로 확인시켜준다. 그 노래는 공들여 빚어진 합성물이다.

그 다음 연은 '흘러가는 시간과 염려'의 모티프로 돌아간다. 그럼에도, 음주로의 초대로 돌아가지는 않는다. 오히려 주인은 이어지는 연에서 '애써서' 자신을 만나러 온 것을 공손하게 감사히 여긴다. 조조는 전국시대의 위대한 후원자들처럼 경의를 표하며 스스로를 낮춘다. 그럼에도 불구하고, 마지막의 두 연들은 이러한 공손함은 순전히 허구임을 드러낸다. 그는 그의 손님 혹은 손님들이 그저 사교적 방문을 위해 '애써서' 온 것이 아님을 안다. 조조는 그들이 '깃들' 곳을 원한다는 것을 안다. 여기서 조조는 자신의 국량의 위대함을, 얼마든지 더 받아들여 커질 수 있는 산과 바다로 선포한다. 그는 주공의 이미지로 말을 맺는데, 이러한 행동이 결과적으로 온 세상을 그에게 가져다 줄 것이라는 기대로 인재들을 환영한다. 손님은 그가 후원자를 현명하게 골랐다는 말을 들었다.

연회는 공동체를 구성하는 한 방식이었다. 조조는 이를 알고 있었고, 자신을 이러한 공동체의 수장으로 설정한다. 각기 자기에게 좋은 것을 추구하는 〈고시십구수〉 제4수의 말 타는 무리로부터 조직을 만들고자 시도하면서 말이다. 조조의 남아있는 시들에서 우리는 대개 그가 무엇을 하고 있는지에 대한 감각을 가질 수 있다. 그리고 그가 자주 하고 있는 것은 노래를 정치적 목적을 위해 사용하는 것이다. 조비가 그의 이름아래 보존된 모든 악부들을 지었을 것 같지는 않아 보이지만, 그럼에도 어떤 것들은 그의 것이라고 쉽게 믿을 수 있다. 그의 아버지와 그의 차이점은 그의 실패이자 덕목이다. 연회시는 지극히 공적인 행위였다. 조비의 버전들은 간혹 공적 진술로 의도된 것으로 보이지만, 그것들은 이상한 방향으로 흘러가곤 한다.

조비(曹丕), 〈선재행(善哉行)〉[52]

朝日樂相樂　아침이라 즐거움에 즐거움이라
酣飮不知醉　술기운 돌도록 마시나 취하긴 않네.
悲弦激新聲　슬픈 현이 유행가 울리니
長笛吹清氣　긴피리 맑은 기운 뿜더라.

弦歌感人腸　시위에 얹힌 노래 사람 마음을 감동시키니
四坐皆歡悅　모든 앉은 이들 기뻐하도다.
寥寥高堂上　쓸쓸한 높은 당 위에
涼風入我室　서늘한 바람 내 방에 들어오네.

52　루친리 393. 《송서》. 《악부시집》 36. 황지에, 《위무제·문제·명제시주》, 38-40.

持滿如不盈　넘치지 않고 가득히 유지한다면[53]
有德者能卒　덕이 있는 이 능히 좋은 끝을 맺으리.[54]
君子多苦心　군자는 대개 오래 괴로워한 마음을 지녔나니
所愁不但一　근심케 하는 것은 하나뿐이 아니라네.
慊慊下白屋　겸허히 초라한 초가집에서 나와
吐握不可失　먹던 음식 뱉고 머리칼 쥐니 한 사람도 잃을 수 없다네.[55]
衆賓飽滿歸　뭇 손님 배불리 먹고 돌아가도
主人苦不悉　주인의 근심은 끝나질 않네.
比翼翔雲漢　날개를 나란히 하고 은하수를 날아간다면
羅者安所羈　새잡이꾼이 어찌 잡으리오?
沖靜得自然　텅비고 고요히, 자연함을 얻는다면
榮華何足爲　영화로움이 어찌 의미있으리오?

아침부터 술을 마시는 것에 대한 가치평가는 넘어가자. 첫 두 연은 가수의 맺음인사에서 정형적인 축수로 시작한다. 음악과 술이 있고, 사람의 감정은 그 사이에서 움직여진다. 근심스러운 도덕가인 조비도 여기 존재한다. 우리는 언제나 초기시의 텍스트와 귀속에 대해 어느 정도의 회의주의적 태도를 유지해야한다. 그럼에도 어떤 때에는 특정한 사람에게 귀속된 시들에게 너무 특징적인 전개들과, 전반적인 3세기 시학의 특징이 전혀 드러나지 않는다는 점 때문에 우리는 쉽게 '이것은 조비다.'라고 믿게 된다.(믿음은 값싸다.) 연회의 즐거움에서 과도함에의 걱정으로 옮겨가는 데서, 우리는 그러한 전개를 발견한다. "만일 우리가 가득한 것을 유지할 수 있다면, 넘치는

53　적절한 척도의 모습으로서의 '넘치지 않고 가득함을 유지하는 것'은 고대와 중세 초 텍스트에서의 상용구였다.

54　《논어》 19장12절(자하가 말하길). "능히 시작하고 능히 좋이 끝맺을 수 있는 이는 성인이 아니겠는가?[有始有卒者, 其惟聖人乎.]"

55　이는 인재를 얻으려는 주공의 모습이다.

일 없이.” 연회는 확실히 과해지려는 경향이 있다. 그의 아버지가 음주를 금지하려 했던 것처럼, 조비는 과함을 우려한다. 단순히 칙령을 반포하기보다, 조비는 생각하며 이를 시로 만든다. “모두가 좋은 시간을 보내고 있다니 기쁘군. 저들이 너무 많이 마시지 않으면 좋을 텐데. 가장 좋은 것은 과해지기 전에 멈추는 것이지. 난 항상 걱정이야. 내 아버지처럼 나도 손님을 접대할 때 주공이 되고 싶어, 그렇지만 손님들은 다 갔고 나는 아직도 걱정 중이지.” 이처럼 장난스럽게 바꿔 쓰면 매우 우스꽝스러워지는데, 왜냐하면 이것이 텍스트의 괴상한 비틀림과 전환을 노골적으로 드러내기 때문이다. 진림(陳琳)이 동행 연회객들을 내버려두고 시를 쓸 때, 거기에는 여전히 많은 연회시들의 공통적인 흔적들이 있었다. 조씨 왕자들은 예외적 그룹이었다. 다른 시들의 전달과는 대조적으로, 조조·조비· 그리고 조예(曹叡)는 즉흥 작시를 받아 적고 애정 어린 관심으로 보존할 기구적 조직을 가지고 있었다. 진림이 앞에 인용했던 자신에게 귀속된 시를 썼는지는 모르겠다. 그 시는 연회시의 전통에서 벗어나지만, 거의 누구에게나 일어날 수 있었던 방향으로 그러하다. 위의 조비의 시의 경우 유달리 근심스러워하는 자유 연상 과정은, 조조의 기교 넘치는 전고의 나열만큼이나 조비 특유의 것으로 볼 만하다.

그러나, 조비의 노랫말의 마지막 네 줄은 무언가 다른 것이다. 우리는 일찍이 연회와 음악의 언급이 어떻게 벗어나거나, 한 쌍의 새처럼(여기서는 날개와 날개를 맞대고) 날아가 버리고자 하는 욕망으로 나아갈 수 있는지 보았다. 손님 대접에 쓰이는 시적 모델을 달성했음을 생각할 때, 왜 그가 혹은 그들이 날아가 버리고 싶어 하는지는 불분명하다. 새잡이꾼은 예외적인 요소이기 때문에, 우리는 이것을 정적들을 향한 조비의 근심으로 분류할 수 있을 것이다. 어쨌거나, 시적 전통의 타성이 이러한 비행과 하강의 이미지들을 염두에 두도록 호출했을지도 모른다. 더구나 이런 이미지들은 이전에는 연회시 전통에서 자리한 적 없는 장면 앞에서 호출되었는데, 그 장면이란 손님들이 집으로 돌아간 뒤에도 이어진 주인의 걱정이다. 일반적인 연회노래들이 죽음과 불행으로부터 벗어나고자 한다면, 조비의 노래는 마치 그가 손님을 정중하게 대했던 주공의 억압적인 모델(그가 조조로부터 물려받은)과 후원자 노릇의 지속적인 긴장으로부터 도망치고 싶어 하는 것처럼 보인다.[56]

*

제량(齊梁)의 유명한 비평가 유협(劉勰)은 특정 저자들에 대해 보다 보수적인 견해를 보이곤 한다. 그러나 한 사례에서만큼은 예외였는데, 그는 통념으로 알고 있던 것에 반대하면서 조비(曹丕)가 그의 아우 조식(曹植) 못지않게 재능이 있다고 판단했다. 확실히 조비는 그의 아우만큼 세련되지는 못했지만, 조비의 많은 시는 그만의 독특한 매력을 가지고 있다. 연회는 언제나 과도함에 접해 있는데, 조비는 "가득하나 넘치지 않는 상태를 유지"하고자 했다. 그러나 조식은 늘 과도함으로 한 발짝 더 나아가고자 했다.[57]

조식(曹植), 〈공후인(箜篌引)〉[58]

置酒高殿上　높은 전당에서 술자리를 베푸니,

56 이 시를 조비의 작품이라고 기꺼이 받아들임직함에도, 혜강(嵇康, 223-262)의 〈술지시(述志詩)〉 첫 수(루친리, 488)에서 마지막 두 구가 아주 유사하게 재등장할 때는 곤혹스러워지지 않을 수 없다. 이는 여기에서의 끝맺음이 자유로이 재사용해도 되는 떠돌아다니는 구절이었음을 암시한다. 조비의 버전은 관습의 타성 때문에 이런 끝맺음을 사용한 것처럼 보이는 반면, 혜강의 버전은 속세를 떠나고자 하는 시의 주제와 좀 더 밀접하게 통합되어 있다. 좀 더 동떨어진 변이는 하안(何晏)의 잔존하는 작품인 〈언지(言志)〉와 〈홍곡비익유(鴻鵠比翼遊)〉에 보인다. (루친리, 468)

57 조식의 연회시에 대해 더 심화된 논의를 원한다면 로버트 조 커터, 〈조식의 연회시〉, 1-32를 참조하라.

58 루친리, 424, 제목은 〈야전황작행(野田黃雀行)〉으로 되어 있다. 《송서》. 《문선》 27. 《악부시집》 39. 황지에, 《조자건시주》, 60-62. 니에원위, 《조식시해역》, 56-62. 자오요우원, 《조식집교주》, 459-62.

親交從我遊 친척과 친구들이 나를 따라 즐기네.

中廚辦豐膳 주방에는 풍성한 음식들이 준비되었으니,

烹羊宰肥牛 양을 삶고 살진 소를 잡네.

秦箏何慷慨 진나라 쟁(箏)은 얼마나 강개한가

齊瑟和且柔 제나라 큰 거문고는 조화롭고도 부드럽네.

陽阿奏奇舞 양아(陽阿)[59]로부터 기이한 춤이 공연되고,

京洛出名謳 낙양(洛陽)으로부터 유명한 노래가 나오네.

樂飮過三爵 기쁘게 마신 술이 세 잔을 넘어가네.[60]

緩帶傾庶羞 허리띠를 느슨하게 하고 다채로운 진미들 전부 먹어보세.

主稱千金壽 주인은 천금으로 축수하고,

賓奉萬年酬 손님들은 만수무강을 기원하며 응수하네.

久要不可忘 오래된 약속들은 잊을 수 없고,[61]

薄終義所尤 무정한 끝은 의로써 비난받네.[62]

謙謙君子德 겸양은 군자의 미덕이나,

磬折欲何求 깊이 절하며 무엇을 찾으려 하는가?

驚風飄白日 폭풍은 빛나는 태양을 날려버리고,

光景馳西流 빛은 서쪽을 향해 달려가네.

盛時不可再 찬란한 시절은 다시 오지 않으니,

百年忽我遒 백년 세월은 느닷없이 종말을 고하네.

---

59 양아(陽阿)는 훗날 한나라 성제의 왕비가 되는 조비연(趙飛燕)이 처음으로 무희로 뽑힌 곳, 혹은 고대 가수의 이름이다. 이는 지명일 때 낙양(洛陽)과 매우 훌륭한 대구를 이룬다.

60 《예기》에 따르면, 군자는 세 잔을 마시면 물러나도록 되어 있다.

61 《논어》 16장13절, "오래된 약속에 대하여 지난날의 말을 잊지 않는다[久要不忘平生之言]."

62 '박종(薄終)'은 문제적인 표현이다. 가장 그럴듯한 풀이는 시작이 좋기는 흔해도 끝이 좋기는 드물다는 고시의 격언을 의미한다고 보는 것이다.(cf. 조비, 〈선재행(善哉行)〉) "오래된 약속"은 아마도 "일의 정해진 이치"를 말한 것일 것이다. "박(薄)"은 "인색함"과 "인정의 부족"을 모두 의미한다.

生存華屋處　살아있을 때 화려한 방에서 묵더니,
零落歸山丘　죽어서 산과 구릉으로 돌아가네.[63]
先民誰不死　선조들 중 죽지 않은 이 누구인가?
知命復何憂　운명을 안다면 무엇이 더 걱정인가?

이 시는 조비의 시보다 훨씬 간단하다. 낮은 격조의 연회 노래 여기저기서 끌어 모은 문구들이 있으나, 신선에 대한 그의 시에서처럼 조식은 매우 독립적인 방법으로 소재들을 표현하고 조직한다. 인생이 짧으니 먹고 마시고 즐기자는 기본적인 메시지를 조금도 복잡하게 만들지 않고 말이다.

조식의 연회 노래에 있어서의 문학적 변형을 보면, 새로운 질문의 가장자리에 다다르게 된다. 건안(建安)의 귀족 문학의 시와 낮은 격조 시의 관습 사이의 관계에 대한 질문이 그것이다.

군주의 연회[公讌][64]

《송서》에 보존된 "위(魏)"(분명 한나라의 건안 시기를 포함하는)의 노래 가사 레퍼토리를 볼 때, 조조와 조비 모두 그들이 참석한 연회에서 연주되는 낮은 격조의 노래에 반대하지 않았음이 분명하며, 둘 다 이러한 곡을 작곡하는 데에 참여했던 것으로 보인다. 실제로 조조의 다소 교양 없는 취향이 다수의 저자미상의 악부가 위나라 레퍼토리에 보존되는 데에 영향을 끼쳤을지도 모른다. 이러한 악부는 《송서》에 기록된 진나라 궁정 레퍼토리의 기록

63　태산(泰山)이 제안되기는 했었지만, 아마도 이는 죽은 이들의 영혼이 지하세계로 들어가는 묘지를 일반적으로 지칭한 것으로 보인다.

64　여기에서 공연(公讌)에 대한 커터(〈조식의 연회시〉)의 번역을 채용하였다. 이 논문은 공연을 본고의 논의보다 더 넓고 확대된 맥락에서 다루고 있다.

을 통해 전해진 것이다. 우리가 묘사해 온 낮은 격조의 시학이 건안칠자에게 친숙하였던 것 역시 명백하다. 그러나 이러한 사실들에도 불구하고 "군주의 연회"로 지명된 공연(公讌 또는 公燕)과 같은 특정한 경우에는 더 높은 격조의 시학이 기대되었다는 점 또한 분명하다. 특히 중요한 사실은, 사언 네 구로 된 시학의 의례적 격식보다는 오언으로 된 높은 격조의 시학이 더 요구되었다는 점이다.

몇몇의 다소 세련되지 않은 오언시들은 확실히 2세기 후반에 지어졌다. 이 작품들은 일반적 시학의 영향을 보여주지만 본질적으로는 사적인 작품들이다. "군주의 연회" 시들은 다른 저자들이 모인 앞에서 지어진 사회적인 작품일 뿐만 아니라, 전에 없던 고상한 형식과 높은 격조를 오언시에 요구했다. 이것은 문화적으로 "중대한" 사건이었고 소통(蕭統)은 이러한 건안의 시 네 수를 《문선(文選)》에 포함시켰다.

군주의 연회에 관한 건안의 시들 중 몇몇은 어쩌면 한 자리에서 만들어졌을 것이다. 그러나 여러 시 사이에 배경이 되는 계절이 충분히 다양하게 차이나는 것을 보면 단 한 번의 잔치가 아니라 여러 번의 잔치에서 시들이 지어졌음을 알 수 있다. 찬사를 받는 주인은 (일반적인 제목에서 추정하기는 불확실하지만) 조비인 경우가 많고, 지어진 시기는 208년부터 217년 사이의 언젠가이다.

결론부에서 주공을 언급한 것을 고려해보면, 현전하는 왕찬의 시는 조조가 베푼 연회에서 쓰인 것 같다.[65]

왕찬(王粲), 〈공연시(公讌詩)〉[66]

昊天降豐澤　가없이 넓은 하늘은 풍요로운 은택을 내려주시고,

65　앞에서 조비가 주공을 끌어온 시를 보긴 했지만, 왕찬은 조조보다 먼저 사망했으며 조조 생전에 조비를 주공으로 칭하지는 않았을 것이다.

百卉挺葳蕤　모든 식물은 풍성하게 꼿꼿이 성장하네.
涼風撤蒸暑　찬바람은 후텁지근한 열기를 거두고,
清雲卻炎暉　맑은 구름 맹렬한 광채를 물리치네.
高會君子堂　훌륭한 잔치가 군자의 당에서 열리니,
並坐蔭華榱　장식된 서까래에 그늘진 자리에 나란히 앉네.
嘉肴充圓方　훌륭한 진수성찬들은 둥글고 네모난 그릇을 채우고,
旨酒盈金罍　맛있는 술은 금잔을 가득 채우네.
管弦發徽音　관악기와 현악기는 아름다운 소리를 내니,
曲度清且悲　곡조는 맑고도 비통하네.
合坐同所樂　함께 앉아 기쁨을 공유하고,
但愬杯行遲　다만 잔이 늦게 돌아가는 것을 불평하네.
常聞詩人語　《시경》의 구절을 들었으니,
不醉且無歸　취하지 않으면 집에 가지 않으리.[67]
今日不極歡　만약 우리가 오늘을 몹시 즐기지 않는다면,
含情欲待誰　누구를 위하여 우리의 감정을 참고 기다리겠는가?
見眷良不翅　실로 내가 보여준 우호는 진정 끝이 없으니,
守分豈能違　분수를 지킴에 어찌 실수가 있겠는가?
古人有遺言　고인으로부터 내려오는 말에
君子福所綏　군자는 그의 복에 의해 편안해진다고 하네.[68]
願我賢主人　내 현명한 주인께 바라오니
與天享巍巍　하늘을 따라 높이 솟음을 즐기시라.
克符周公業　주공의 업에 필적하니,
奕世不可追　오랜 세월토록 따라갈 수 없어라.

66　루친리, 360. 《문선》 20. 우원 외, 《왕찬집주》, 19-20.

67　《시경》 174.

68　〈소아(小雅)〉의 〈원앙(鴛鴦)〉

우리는 “공유된 시학”에 대해 논해왔는데, 이는 3세기 알려진 저자들에 의해 지어진 시들과 저자미상의 시들에 의해 공유되었던 시학으로서 “시”와 악부에 대한 후대의 구분을 넘나든다. 관습적인 주제들과 화제들의 시퀀스는 매우 강력해서 심지어 표면적으로는 새로운 방향으로 나아가는 시에서조차 이를 찾아볼 수 있다. 다른 몇몇 시들에서 왕찬은 이러한 관습과의 깊은 친연성을 보이는데, 이러한 관습들이 알려지지 않은 시인들에 의해 지어진 낮은 격조의 시들에서처럼 그의 시적 연상을 인도하는 것처럼 보인다. 그러나 위 시에서 낮은 격조의 연회시의 흔적들을 찾을 수 있음에도 불구하고, 가장 강렬하게 인상적인 점은 이 시가 모든 작법 관습들로부터 비교적 독립적이라는 것이다. 이는 어떤 의미에서는 새로운 규칙들을 따르는 정말로 새로운 시쓰기라 할 수 있다. 이렇게 말할 때, 이것이 이전의 시학의 자리를 대체하였음을 말하려는 것이 아니다. 심지어 4세기 전환기에 활동했던 최고의 엘리트 시인들 사이에서도 이전의 작법 관습들의 흔적은 여전히 발견된다. 여기서 말하려는 것은, 이것이 오언시의 새로운 체제라는 것, 정치적 권력을 공적으로 인정하는 표현 형식이 수사적 “진지함”이라는 것이다. 이 시기(그리고 중세와 명·청 시기 내내) 격조와 시적 구조는 위계를 반영하며 시인을 사회적·정치적 권력의 구조 안에 위치시키는 역할을 하였다.(이는 이러한 구조에 대한 거부도 포함한다.) 이렇게 말함에 있어서, 우리는 동시에 높은 격조가 여전히 상대적으로 단순하고 청각적으로 이해할 수 있는 것이었음을 지적하여야 한다. 음식과 술에 대한 위 시의 연구를 앞서 언급했던 왕찬의 〈칠석(七釋)〉에서 나오는 이국적 음식에 대한 긴 찬탄이나 조식의 〈칠계(七啓)〉와 비교한다면, 이러한 “군주의 연회[公讌]”시들이 박식한 수사적 통달을 전시하지 않으면서도 높은 격조를 취한다는 것을 알 수 있다.

조조 자신이 직접 연회에 나타나 “노래하며 술을 마주하네”라는 구절로 노래를 시작했을 수도 있다. 작품에는 구체적인 계절이나 배경이 나와 있는 것은 아니다. 노래는 반복 가능하며 이 단어들은 어느 계절에나 반복될 수 있다.(서쪽으로 날아가는 까마귀와 까치조차도 비유적인 차원에서 볼 때 어느 계절에 나와도 무리가 없다.) 이것은 연회 주최자의 특권이었으며 그 주최자가 고용한 전문적인 가수들의 권한이기도 했을 것이다. 연회에 참석한 문인은 이와 달리, 본인의 계급과 주최자에 대한 경의를 전혀 다른 종류의 "시"를 지음으로써 표현하였다. 그는 여름을 계절적 배경으로 두고 작품을 시작하는데, 이는 천상에서의 "하강[降]"과 지상으로부터의 "상승[挺]"을 조화시키면서 이루어진다. 계절적인 심상은 인간의 사회적 계급과 연결되는 부분이 많은데 위로부터 넘치는 은덕이 내려오면, 식물의 "꽃핌"과 아래 사람들의 인사말로써 이에 답하는 것이 그러한 것이다. 여름이라는 계절은 물론 불쾌하게 더운 계절로 보일 수도 있으므로, 두 번째 연구는 깔끔하게 대구를 이루는 구절과 높은 격조의 표현을 통해 독자들에게 날씨가 쾌적함을 분명하게 확인시켜준다.

세 번째 연구에 가서야 제대로 잔치를 서술한다. 이보다 낮은 격조의 시라면 "훌륭한 잔치가 군자의 당에서 열리니(高會君子堂)"라는 구와 대응되는 무언가로 시작될 것이다. 죽음의 그림자가 드리운 연회시에서 음식과 술의 제공에 대한 언급은 명령형으로 번역되어야 할 것이다. 이와 대조적으로 이 시에서 시인은 명백하게 연회에서 이미 베풀어진 것들을 묘사하고 또 반기고 있다. 게다가 작품의 높은 격조와 대칭구조는 연회에 높은 격식을 부여한다. 심지어 만취했다고 주장하는 경우에도 말이다. 〈서문행〉에서도 대칭구조가 나타나기는 하지만, 거의 눈에 보이지 않는다.

飮醇酒　　순주(醇酒)를 마시고,
炙肥牛　　살진 소를 구워라.

왕찬의 시에서는 다음과 같이 나온다.

嘉肴充圓方　훌륭한 진수성찬들은 둥글고 네모난 그릇을 채우고,
旨酒盈金罍　맛있는 술은 금잔을 가득 채우네.

우리는 누가 처음으로 음식과 술에 대한 연구를 써넣었는지는 모르지만, 일단 이 대구가 순환이 되자 이것은 다른 시인들도 참고하는 틀 시구가 되었다. 〈대태자좌시(待太子坐詩)〉에서 조식은 다음과 같이 적고 있다.[69]

淸醴盈金觴　맑고 달콤한 술은 금잔에 가득하고,
餚饌縱橫陳　정갈한 음식들은 가로세로로 늘어놓였네.

조비의 〈어초작(於譙作)〉[70]을 보면 다음과 같다.

豊膳漫星陳　푸짐한 음식은 별들이 늘어선 듯 질펀하고
旨酒盈玉觴　맛있는 술은 옥잔을 가득 채우네.

조비의 시 〈맹진시(孟津詩)〉에서는 다음과 같이 나타난다.[71]

羽爵浮象樽　깃털로 장식한 잔은 상아동이와 함께 떠다니고,
珍膳盈豆區　진귀한 음식들은 받침 위 접시를 가득 채우네.

사실, 앞서 완우의 시에서 읽었듯이, 이러한 연회는 죽은 자에게는 금지된 것이다.

69　루친리, 450.
70　앞의 책, 399.
71　앞의 책, 400.

嘉肴設不御 훌륭한 안주 차려져도 먹지를 못하고,
旨酒盈觴杯 맛있는 술은 술잔에 그저 채워져있네.

다음 연구는 음악적 요소를 띤다. 그리고 "아름답다"를 뜻하는 높은 격조의 단어인 "徽"와 전혀 무관하게, 이 연구는 낮은 격조의 시학에 더없이 가깝다. 사실 왕찬의 〈칠애시〉 제2수를 보면, 제방을 따라서 걸은 뒤에는 보편적인 시학에서 온 친숙한 형태의 이동이 이루어진다.

獨夜不能寐 홀로이 밤에 잠 못 이루니
攝衣起撫琴 옷 걸치고 일어나 금을 타네.
絲桐感人情 명주실과 오동나무 사람의 정을 감동시키며
爲我發悲音 나를 위하여 슬픈 소리를 내네.

"명주실과 오동나무"는 여기서 금(琴)의 환유로, 더 일반적으로 "명주실과 대나무[絲竹]"가 현악기와 목관악기의 환유로 쓰이는 것과 비슷하다. 후자는 "관현(管絃)"으로도 환유될 수 있다. 만일 위에서 인용한 왕찬의 단락에서 세 번째와 네 번째 행을 하나의 행으로 합치고, 격조를 높이기 위해 이 행 속 일반적인 단어인 "슬픈[悲]"(기능상 "감동적인"과 같다)을 "훌륭한[徽]"과 같은 단어로 바꾼다면 다음과 같은 행이 완성될 것이다.

管絃發徽音 피리와 현악기는 훌륭한 음을 내는구나.

그러나 화자는 반드시 이 음악이 "슬프다"는 것 또한 말해야만 한다. 이 단어는 왕찬의 시에서는 아래의 구절로 대체되어서 나타난다.

曲度淸且悲 곡조가 맑고 슬프구나.

여기서 우리는 진림이 연회에 갔을 때 어떤 일이 일어났는지를 떠올릴 수 있을 것이다.

慇懷從中發　어두운 근심은 마음에서 솟아나고
悲感激淸音　슬픔 감정은 맑은 노래에 격발되누나.

이러한 반복되는 구절들의 "슬픈 감정"은 전부 같다. 하지만 보다 중요한 것은 같은 단어가 반복되며 같은 문법적 패턴도 반복된다는 것이다. 〈청하작(淸河作)〉에서 조비가 선상 연회를 열고 있을 때, 음악이 연주된다.

絃歌發中流　노래와 현악이 중류로부터 들려오니,
悲響有餘音　슬픈 음향이 여음을 남기네.

앞서 인용한 조식의 〈대태자좌시〉에서, 술과 음식에 대한 연구 다음에 아래와 같은 음악 연구가 나타난다.

齊人進奇樂　제나라 사람들은 독특한 음악을 선보이고,
歌者出西秦　노래하는 이는 서쪽의 진나라에서 왔다네.

여기에서 보면, 단순히 시구의 틀이 반복되는 것이 아니다. 우리는 여기서 화제의 시퀀스가 같음을 확인할 수 있다. 위에서 인용한 왕찬의 시에서 노래에 관한 연구는 술과 음식에 관한 연구 다음에 등장한다. 또한 위에서 조비의 〈어초작〉에서 술과 음식에 관한 연구를 살펴보았었는데, 이 연구 뒤에 나오는 것은 다음과 같다.

絃歌奏新曲　현악과 노래가 새 곡을 공연하니,
游響拂丹梁　떠도는 음향이 붉은 들보를 스치네.

이 시의 경우 노래부르는 이가 있으므로, 여기서의 합성어는 "현악과 노래"이고, 세 번째 음절의 동사도 "소리를 내다[發]"가 아니라 "공연하다[奏]"다. 여기 있는 것은 "음"이 아니라 "곡조"다. 〈증오관중랑장시(贈五官中郎將詩)〉 제1수에서 유정(劉楨)은 음악 연구와 연회 연구의 순서를 바꾸었지만, 패턴은 익숙하게 유지했다.[72]

清歌製妙聲 맑은 노래는 묘한 소리 자아내고,
萬舞在中堂 만무가 연회장에 펼쳐지네.
金罍含甘醴 금잔에는 단 술 담겨 있고,
羽觴行無方 깃털장식 술병을 허물없이 주고받네.

시퀀스는 계속 진행된다. 왕찬은 일반적인 레파토리에 약간의 유감을 덧붙이는데, 주인에 대한 공손한 찬양에 덧붙인 것이다.

合坐同所樂 함께 앉아 기쁨을 나누노라니,
但愬杯行遲 하나 불만이 있다면 술잔이 늦게 도는 것.

여기서 〈고시십구수〉 제4수 중 음악 묘사 다음에 나오는 연구가 떠오를 수도 있을 것이다.

齊心同所願 한마음으로 소원을 함께 하니,
含意俱未伸 뜻을 숨기고서 다 내보이지 않는다네.

만약 〈고시십구수〉 제4수의 연구가 어떤 것을 함께한다[同所]는 의미뿐만이 아니라 어떤 것을 "머금다"는 뜻도 가지고 있다면, 곧 이어지는 왕찬

72 앞의 책, 369.

시의 한 연구를 다시 주목해볼 수 있을 것이다.

今日不極歡　오늘 지극한 즐거움을 누리지 못한다면,
含情欲待誰　정을 머금고 누구를 기다리리오?

이것은 완전히 〈고시십구수〉 제4수와 똑같은 순서로 동일한 말과 어구가 반복된 순전히 언어적인 시퀀스이다. 그러나 되풀이되는 단어는 다른 화제에 속하는 것으로, 실상은 연회시에서 일반적인 것이다. 예컨대 〈고시십구수〉 제15수는 다음과 같다.

爲樂當及時　즐겁기 위해선 때를 붙잡아야 하는 법,
何能待來玆　어찌 몇 년이 오도록 기다리리오?

또한 〈서문행〉에서는 똑같은 행이 보이고, 이는 왕찬 시의 행과 더욱 유사하다.

今日不作樂　오늘 즐기지 못한다면,
當待何時　어느 때를 기다리겠는가?

"함께 나눈다"고 말한 연구와 어떤 것을 "머금다"고 한 연구 사이에서 왕찬은 《시경》을 인용한다.

常聞詩人語　시경의 구절을 들었으니,
不醉且無歸　취하지 않으면 집에 가지 않으리

음식에 관한 연구와 음악에 관한 연구 다음, 위에서 언급한 같은 시에서 유정(劉楨)은 또한 집에 돌아간다는 화제를 사용하였다.

長夜忘歸來　밤 깊도록 집에 돌아갈 것을 잊었고,
聊且爲太康　잠시나마 태평함을 누렸네.

감사와 겸손을 표현한 후 왕찬은 전문 가객처럼 끝을 맺는데, 다만 그 표현은 전문가객의 일반적인 태도를 반쯤 숨긴다. 아래에 그 연구의 두 번째 행을 축자식으로 어색하게 번역해보았다.

願我賢主人　우리 현명한 주인에게 바라노니,
與天享巍嵬　하늘과 함께 높음을 누리십시오.

주인에게 축수된 "높음"은 매우 분명하게 하늘만큼이나 장수하는 삶이다. 우리는 저자미상의 악부 〈왕자교(王子喬)〉[73]의 종결부에서도 동일한 소망을 볼 수 있다.

聖主享萬年　성주(聖主)께서는 만년을 누리시리,
悲今皇帝延壽命　지금 황제께서 수명을 늘리시니 감격스럽네.

〈오유영(五遊詠)〉에서 조식은 선약을 먹는다.

王子奉仙藥　왕자 교(喬)는 내게 불멸의 약을 바치고,
羨門進奇方　선문자고(羨門子高)는 내게 기이한 방책을 내어오네.
服食享遐紀　받아먹고는 긴 세월을 노닐며,
延壽保無疆　수명을 늘리고 만수무강을 누린다네.

이 시와 다른 시의 경우에서 우리가 주목해야 할 점은 "향(享, 누리다)"이

73　앞의 책, 262.

그 행에서 세 번째에 위치한다는 것이다. 〈동도행(董逃行)〉에서 창자는 다음과 같이 끝맺는다.

> 陛下長與天相保守 폐하께서는 하늘과 더불어 영생하시리.

또는 〈기출창(氣出倡)〉의 세 번째 버전은 이러하다.

> 常願主人增年　　주인께서 더 오래 사시기를 바라나니,
> 與天相守　　　　하늘과 더불어 오래 사시리라.

결국 메아리같은 오래된 표현을 사용하면서, 왕찬은 그가 가장 즐겨 쓰는 말로 조조를 주공인양 찬양한 것이다.

"군주의 연회"는 (우리가 아는 한) 오언시에서 새로운 상황과 새로운 격식을 대표했었다. 그것은 명백히 연회의 노래와 관련되었지만, 사회적 필요에 의해 가장 중요한 요소들 중 2가지를 제외시켰다. 즉, 인간 수명의 짧음과 결말부의 "날아감"이 그것이다. 날아감은 행동을 시작하거나 신선의 세계로 향하거나 한다. 기존의 연회시와 "군주의 연회" 시들은 매우 다르게 들릴지도 모른다. 그러나 실상 오래된 틀시구들이 모든 시에서 되풀이될 뿐만 아니라, 다른 "군주의 연회"에서 시를 쓰는 시인들에 의해서도 화제와 틀의 새로운 패턴들이 재빠르게 재사용되었다. 다시 말해, 건안시대에 "새로운 시학"이 있다면, 그것의 작시 관습은 신속하게 오래된 낮은 격조의 관습들과 기능적으로 동일한 것이 된다. 즉, 화제와 틀시구의 새 시퀀스가 오래된 것들을 대체한다는 것이다. 모든 "군주의 연회" 시가 동일하다는 것은 아니며, 가장 흔한 대안 버전으로는 유람도 있다.[74] 그러나 위에서 언급된 왕찬

74　유람에 대한 시나 유람에서의 연회에 대한 시는 매우 다른 관습을 가지고 있지만, 그러한 시들을 비교하면 이들 역시 관습적인 화제와 틀시구를 가지고 있다는 것이

시의 패턴은 반복된 것이다. 수당의 전서(全書)는 종종 일부분만을 인용하였다. 《초학기(初學記)》에 나오는 완우의 〈공연시(公讌詩)〉를 읽을 때, 우리는 전서의 편집자가 빠뜨린 부분을 정확히 알 수 있다.

완우(阮瑀), 〈공연시(公讌詩)〉[75]

陽春和氣動 밝은 봄날에 화창한 기운 요동치고,
賢主以崇仁 어진 군주께서는 인(仁)을 드높이시네.
布惠綏人物 은혜를 베풀고 인재를 평안케 하며,
降愛常所親 사랑을 전하고 애정이 한결같구나.
上堂相娛樂 상당(上堂)에선 모두가 기쁘고,
中外奉時珍 나라 안팎에선 계절의 진미가 진상되네.
五味風雨集 다섯 가지 맛은 비바람 속에 모였고,
杯酌若浮雲 술 따르는 잔은 뜬구름 같아라.

우리는 그 다음 연구가 틀림없이 음악에 관한 것이라고 추정할만한 충분한 근거를 가지고 있다.[76]

"문학적인" 시는, 평범한 낮은 격조의 시들과 보다 많은 수사적 학습과 노력을 요구하며 훨씬 더 높은 격조를 지닌 광범위한 부(賦)들 사이 어딘가에서 창조된다. 이러한 시는 오언시에서의 작법(수 세기동안 다시 돌아오지 않았던 공식적인 의례에 대한 기대)을 요구하는 궁중에서 생성된 혼합물이었다. 진정한 높은 격조 작법의 서자인 이 시들의 혼합성이 이들을 소통(蕭統)에

드러난다.

75 루친리, 380.

76 전서의 발췌 부분에서 우리의 예상을 확인할 만한 단서가 보인다. 조비의 〈하일시(夏日詩)〉의 《태평어람(太平御覽)》버전(루친리, 404)은 "음식 연구"는 있지만 "음악 연구"는 없다. 같은 시의 오직 두 연구만이 《초학기》에 인용되어 있는데, 여기에는 음식 연구와 함께 빠져 있는 음악 연구가 포함되어 있다.

게서 명예로운 순간을 맞이할 때까지 보존해줬을지도 모른다. 그에게 있어서는 이 시들은 오언시 작법의 이른 시기의 위엄을 나타내는 것이었다.

5장

저자와 화자(대(代))

"원저자(authorship)"에 대한 개념은 유럽과 마찬가지로 중국에서도 역사적으로 형성된 것이다. 형성의 과정을 거쳤기 때문에, "저자"는 많은 것들을 의미할 수 있다. 그러나 이는 특정 단어들이 특정한 사람에게 속해있는 것으로, 단지 일반적인 진실에 대한 하나의 표현에 불과한 것만은 아니라는 주장과 분명 관련되어 있다. 단어들은 특정한 사람의 의도 하에 구성되어 왔으며, 이 단어들은 대개 글쓰기에서 반복적으로 나타난다. 그래서 저자는 책에 붙여진 이름 이상의 의미를 지니는 것이다. 우리는 최초의 저자에 대한 형태를 전국시대 말기의 공자의 《춘추(春秋)》 저술에 대한 이론이나, 그들의 이름이 붙여진 책에 실린 특정 사상의 소유를 주장했던 철학가들에게서 볼 수 있다. 심지어 다른 글들이 같은 이름에 붙여지게 되었을지라도 말이다.

"저자"에 대해, 더 이른 시기의 인물들을 제시하고자 하는 사람이 있을 수 있겠으나, 아마도 사마천(司馬遷)이 중국의 "저자"에 대한 형성에 있어서 중심적인 역할을 한 인물일 것이다. 사마천에게 있어서 글쓰기는 인생에 걸친 사업이었다. 여기에는 그의 이름이 붙여졌고, 이에 의해 그의 인생이 정당화되었다. 사마천 이전에도 저자 귀속에 대한 시도가 있었다고 보는 사람들도 있을 수 있지만, 사마천에 이르러서야 비로소 "저자"로서의 인물들을 자주 접하게 된다는 사실을 되새겨볼 필요가 있다. 예컨대, 분명 사마천 이전에도 시들 작품군에 붙여진 굴원(屈原)의 고사(故事)가 있었기는 하다. 그러나 사마천에게 있어서 굴원은 사마천 자신이 읽었던 텍스트들의 역사적인 작가로서 존재했다. 사마천이 그를 문학 "저자"로 만든 후에도 그는 계속해서 작시(作詩)의 페르소나로서 존재했기 때문에, 참으로 굴원은 이른 시기 저자 문제들을 보여주는 좋은 사례가 된다.

사마천을 언급할 때에 우리가 의미하는 맥락에서의 "저자"란 서한(西漢)의 마지막 세기를 거쳐 확립되었지만, 그와는 다른 종류의 텍스트 자료들도 존재하였다. 굴원의 페르소나를 사용하는 운문으로부터 장주(莊周) 사후의 가르침이나 공자가 말했을 법한, 그리고 말한 것이 확실한 명언들에 이르기까지 페르소나 텍스트들이 있었다. 또한 자유롭게 돌아다니던 더 많은 텍스트 자료들이 있었는데, 이를테면 스토리, 격언, 사상, 정치적 입장, 잘 알려진 비유들, 그리고 아마도 운문들이 존재했을 것이다. 이러한 자료들은 물론 실제로 이른 시기의 몇몇 유명 인사들의 입에서 나왔을 수도 있지만, 이는 "저자화"된 것이 아니다.

최근에 발굴된 죽간들 외에, 사실상 일반적인 전통 속에서 전해진 모든 텍스트들이 누군가의 이름이 붙여진 상태로 우리에게 전해진다는 사실은 "저자 귀속"이 문화적인 측면에서 성공을 거두었다는 증거일 것이다. 비록 그 이름이 단지 편집자로서의 공자 또는 한대(漢代)의 편집자일 뿐이라 할지라도 말이다. 동한(東漢) 시기쯤이 되면, 텍스트적 저자는 우리의 현대적 기준에 의해 쉽게 인식될 수 있는 형식으로 완전하게 발전된다. 즉 "저자"를 가진 특정 텍스트들은 책이나 저자의 이름과 함께 언급된다. 그러나 여전히 이름이 없는 채 돌아다니거나 우연히 이름을 습득한 자료들도 있다. 우리는 이를 많은 일화 기록들에서 확인하고 있으며, 나는 많은 운문들의 경우에 있어서 이 사실을 주장할 것이다. 사언(四言)으로 된 고풍스러운 시들은 "진지한" 것이었기에 한(漢)으로부터 계속되어 온 이러한 시들에 있어서 저자 귀속은 놀라울 정도로 안정적이다. 오언시나 다른 운율의 시인 경우 반드시 그러한 것은 아니다. 예를 들어 조식(曹植)의 전집은 그가 죽자마자 처음 완전히 집적되었을 때 그의 이름 아래에 오언과 비정형구의 시들을 분명 포함하고 있었을 것이다. 뒤이어 수세기 동안 이루어진 조식 작품수의 증가는, 저자의 이름 없이 돌아다니는 다른 텍스트들에게 이것이 자석과도 같은 역할을 하였음을 암시한다.

우리는 "저자"를 역사적 사실로 생각하는 데 익숙하다. 그러므로 우리가 저자의 부여에 관해서 물을 때에 첫 번째로 하는 질문은 그것이 입증할 수 있는가, 믿을 수 있는가, 혹은 단지 공상에 불과한 것인가이다. 그런데 이 중요한 역사적 질문을 무효화하지 않고서도, 저자의 부여를 텍스트의 성격으로 간주하는 것은 때때로 유용하다. 따라서 《문선(文選)》에서는 저자미상의 "고사(古辭)"로 실렸다가 《옥대신영(玉臺新詠)》에서는 채옹(蔡邕)의 작품으로 귀속된 〈음마장성굴행(飮馬長城窟行)〉라는 잘 알려진 버전을 보았을 때에, 쟁점은 채옹이 실제로 저자인가 아닌가에 대해 결정하는 것이 아닐 것이다. 그보다 우리는, 제목에 덧붙여진 이 다른 기술들, 즉 "채옹"과 "고사"에서 과연 중요한 것이 무엇인가를 물을 것이다. 저자를 부여하는 것이 오랫동안 긍정적인 가치를 지녔음을 고려할 때, 이 사례에서는 시에 있어서 저자미상이 긍정적 가치를 지녔었다는 점이 흥미롭다. 이는 5세기 후반과 6세기 초에 일어난 일로 보인다.

궁극적으로 "장르"를 나타내는 제목들은 저마다 다른 자료들 속에서 자주 변화하였는데, 그 초기의 필사본에서는 대체로 제목이 없었을 것으로 추정된다. 운문은 아마도 "고시(古詩)" 또는 "고악부(古樂府)"라고 불렸거나, 편찬자들이 받은 인상이나 확신을 통하여 구체적인 악부의 제목을 얻게 되었을 것이다. "분류되지 않는 시"로 번역하는 것이 최선일 것으로 보이는 '잡시(雜詩)'라는 용어는, 아마도 유명한 저자들이 쓴 제목 없는 작품에 이름을 붙여주는 남조(南朝) 시대의 방법이었을 것이다. 이러한 시들은 예상 가능한 종류의 범위 내에 있었기 때문에, 잡시는 결국 시인들 자신에 의해서 부여된 범주화된 제목이자 하위 장르가 되었다.[1]

제목에 비해 저자 귀속은 비교적 안정적이다. 제목들이 다양하게 나타날 때조차도, 완전한 텍스트나 구절들은 모두 대체로 같은 저자의 이름 아래 인용된다. 비록 같은 텍스트가 서로 다른 저자들의 이름 아래 인용된 사례들을 꽤 많이 찾아볼 수 있기는 하지만, 대부분의 경우에 문제가 되는 것은 바로 작품이 저자미상인가 아닌가에 대한 것이다. 따라서 저자는 가장 안정된 텍스트의 "특징"라고 간주할 수 있으며, 이는 제목이나 특정 단어들보다도 견고하여, 저자미상이라고 특징지어지지만 않는다면 결코 흔들리지 않는다.

〈음마장성굴행(飮馬長城窟行)〉을 채옹(蔡邕)에게 귀속시킨 것과 같은 몇몇 사례들에서만, 저자의 부여가 저자미상이라는 주장을 때로 이겨낸다는 점을 발견할 수 있다. 보통 저자미상인 작품이 더 이른 시기의 것으로, 따라서 더 중요한 것으로 간주되기 때문이다. 루친리는 〈음마장성굴행〉을 채옹의 작으로 언급하였지만(루친리, 192), 많은 선집들은 이 시를 저자미상의 작품으로 간주하는 것을 선호해왔다. 아마도 각각의 악부 제목들에 대해 오직 한 세트의 저자미상의 가사만을 가지고자 하는 열망이, 또다른 초기 버전의 저자를 계속해서 진림(陳琳)으로 여기도록 만들었을 것이다. 비록 《북당서초(北堂書鈔)》에는 이 작품이 저자미상의 "오래된" 작품으로 인용되고 있기는 하지만 말이다(루친리, 367).

현재 전해지는 기록은 저자미상의 텍스트들이 저자를 부여 받게 되는 초기단계를 보여준다. 또한 이 기록으로부터 몇몇 저자들을 그들에게 귀속되

1 도잠(陶潛)이 실제로 그의 몇몇 시들에 '잡시'라는 제목을 붙였다고 생각해볼 수 있다. 이것들이 양(梁)의 선집 외에 나타나는 가장 이른 사례들이기 때문이다. 도연명의 의고시(擬古詩)와 잡시(雜詩)가 《문선(文選)》의 배열처럼 그의 작품들 중 끝부분에 보인다는 사실은 6세기 초반의 편집이 어떠하였는가를 보여주는 것이다.

어 있던 텍스트로부터 분리되게 만든 작품 감상의 흐름을 확인할 수 있기도 하다. 조식의 현재 문집은 사실상 선집, 전서, 그리고 이선(李善)의 주(注)에서 그의 이름에 귀속되어 있던 모든 운문들을 포함하고 있다. 그러나 일부 자료들에서 그는 〈고시십구수(古詩十九首)〉 중 한 편과 저자미상의 고악부 두 편[2]의 작가로 여겨졌었다. 만일 현대의 시선집들이 이러한 작품들의 저자로 조식이 지정되는 것을 인정하지 않는다면, 그것은 이를 무시해야 할 이유를 어떻게든 발견해서가 아니라, 이러한 경우에 있어서는 작품의 저자를 알 수 없다고 보는 것이 더욱 매력적이기 때문이다. 동시에 저자 귀속의 문제에 있어 의견의 충돌이 발생하지 않은 작품들은 조식의 것으로 받아들여졌다.[3] 저자 귀속에 대한 진위여부에 따라서 가치를 부여하는 체계는 존재하지만, 비평적 기준과 서지학적 분석은 결여되었다. 작품에 저자를 부여하는 것은 대개 긍정적으로 받아들여지지만, 이는 저자미상의 "고시"와 악부에 있어서는 불필요한 것이었다.

일단 텍스트의 전통을 더 깊이 조사해보면, 이와 유사한 현상을 다른 곳에서도 발견하게 된다. 〈맥상상(陌上桑)〉이라는 제목으로 가장 잘 알려져 있는 저자미상의 악부는 분명 유명했던 작품으로, 상당한 수의 변이본을 갖게 되었다. 이 작품은 《송서(宋書)》의 〈악지(樂志)〉와 《옥대신영(玉臺新詠)》 모두에 실려 있다. 그런데 그럼에도 불구하고, 염가(艷歌)에 해당하는 전반부의 버전이 부현(傅玄)의 전집에도 포함되어 있음을 발견할 수 있다. 이 버전은 전형적인 저자미상의 버전과 너무나 비슷하기 때문에 3세기 후반의 기준들에 따라 "의작(擬作)"된 것이라고는 생각할 수 없다. 많은 구절들이 정

---

2 "고시"는 〈고시십구수(古詩十九首)〉의 제4수이며(루친리, 330), 악부는 〈군자행(君子行)〉과 〈선재행(善哉行)〉이다.(루친리, 263, 266)

3 조식의 선집에 실려 있는 다양한 텍스트들의 진위성에는 문제가 있는 것으로 여겨져 왔다. 그러나 조식의 시선집은 일반적으로 어느 정도 완전한 작품들을 그의 이름에 귀속시키고 이를 그의 삶과 연관 지어 설명하고 있다.

확하게 같으며, 많은 구절들이 텍스트 변이의 전형적인 범주 안에 속해 있다. 구절들이 빠지고 더해졌더라도 일반적인 경우라 할 수 있는 것이다. 부현의 것으로 제시된 텍스트를 보며, 학자들은 일부 변이본들이 상대적으로 보다 "문학적"이라고 평가한다. 그러나 나는 만약 이 텍스트가 저자미상의 작품으로 보존되었다면, "동일한" 시의 변이본으로 여겨졌을 것이라고 생각한다.[4] 우리는 어떻게 이런 일이 벌어졌는가, 어떻게 이렇게 유명한 저자미상의 시가 자유롭게 3세기 중반의 유명한 작가의 것으로서 자유롭게 베껴지게 되었는가에 대해서 의문을 가져야 할 것이다. 아마도 이것은 부현이 베꼈던 것과 같은 버전이었을 것이며, 당시에는 이와 같이 자유롭게 텍스트를 베끼는 것이 일반적이었을 것이다. 혹은 저자미상의 시들에 작가를 부여하던 시기에 부현이 "저자"로 지명되었을 수도 있다. 인쇄문화를 수반한 시대, 즉 고정된 텍스트와 문학적 연구의 시대의 후반부에 가서야, 부현의 〈염가하상행(豔歌何嘗行)〉과 다른 버전과의 차이가 부현의 시를 "동일한 시"의 또 다른 버전이기보다는 "의고시"로 간주되게 만들었다.

같은 맥락에서 조비(曹丕)의 〈임고대(臨高臺)〉를 살펴보자. 이 버전의 첫 부분은 〈요가(鐃歌)〉에 나오는 저자미상의 악부와 똑같고, 마지막 부분은 앞서 논의했던 〈염가하상행〉의 일부이다. 이를 이해하는 한 가지 방법은 "총잡(總雜)"이라는 노래 전통의 특성에 주목하는 것이다. 그러나 만일 작품의 재사용과 변주가 일반적인 것이라 한다면, 이 과정이 작품에 저자의 이름을 부여하려는 경향이 강한 시기에 들어섰을 때에, 각각의 버전들은 특정 저자의 이름을 획득하게 된다.

《문선(文選)》은 반첩여(班婕妤)와 이릉(李陵) 등이 저자라고 표기된 몇몇 텍스트들을 포함하고 있는데, 오늘날 이 귀속은 사실로 여겨지지 않는다. 그렇지만 대부분의 초기 시 텍스트들은 저자 귀속의 문제에 있어서 높은 신

---

4 부록G를 보라.

뢰를 받고 있다. 우리는 5세기 후반과 그 이후까지 살아남은 다양한 필사 관습으로부터 축적된 서로 다른 독특한 자료들에서의 작가귀속에 대해, 적어도 약간은 회의적인 자세를 지녀야 할 필요가 있는 것이다.

*

저자 귀속은 작품의 가치를 평가하는 작업과 불가분의 관계에 있다. 가치를 평가한다는 것은 결국 부여된 저자가 작품의 "실제" 저자인지 아니면 "가짜"인지의 여부에 대한 판단을 하는 데에 있어 도움을 준다. 작품의 가치를 평가하고 판단하는 작업이 행해지는 분야가 곧 가정된 문학사의 서술인 것이다. 만일 어떤 작품이 저자미상이라면, 이 작품은 이른 시기의 작품이어야만 가치가 있을 수 있다. 동한(東漢) 시기의 알려지지 않은 시인이 작품을 지었다고 하는 것과 진(晉)나라의 무명 시인이 지었다고 하는 것은 함의하는 바가 다르다. 저자미상의 악부인 〈독록편(獨漉篇)〉(루친리, 846)은, 음악적 전통이 이 작품을 진나라의 것이라고 명시하지 않았다면 고전적인 저자미상의 악부에 포함되었을 것이라 생각된다.[5] 조식(曹植)의 작품군에 포함되어 있는 시 한 수를 보면, 이 시는 조식이 썼다는 점에서도 가치가 있지만, 이것이 실제 사실과 상상된 내용이 함께 반영된 '조식의 삶'과 연결되어 읽힌다는 점에서 또한 가치를 획득하고 있음을 알 수 있다. 만일 이 시에서 조식의 귀속을 떼어버린다면 텍스트는 덜 흥미로운 것이 될 것이다. 앞서 확인하였듯이, 완적(阮籍)의 〈영회(詠懷)〉 제1수는 그 작품 자체로는 불면의 주제에 대한 간략하면서도 그다지 놀라울 것 없는 서술을 보여준다. 이것이 완적의 것으로 귀속이 되고 그의 삶과 연결되면서야 비로소 추정된 저자의 의도가 풍부하게 작품에 부여되고, 작품은 선집의 한 부분이 되는 것이다.

5 이와는 대조적으로, 어떤 운문이 짧은 남조(南朝) 악부의 계보에 속한다면, 저자미상이나 진(晉)대의 것이라는 연대추정은 긍정적인 것이 된다.

우리는 저자와 텍스트들을 연대순으로 정렬한 내러티브를 가지고 있다. 여기에서 한 부분이 위태로워지면, 곧 전체가 위태로워진다. 중국의 저자들은 푸코의 표현처럼 "죽을" 수가 없는데, 이는 중국 시학의 맥락에서 저자 귀속은 꼭 필요한 체계상의 기능이기 때문이다. 문화적 내러티브에 저자를 부여하여 문맥을 만드는 작업이 없으면, 많은 시 작품들의 독해가 불가능해진다. 그러나 이러한 주장은 그 자체부터 역사에 근거할 필요가 있다. 이러한 주장이 모든 시기, 모든 형태의 작품에서 맞아 떨어지지는 않기 때문이다.

천 년 이상의 세월 동안 중국의 "고전시"의 기원은 전적으로 역사적 문맥에 맞게 다듬어져 왔다. 텍스트들은 저자미상이라고 주장되거나 혹은 저자를 부여받기도 했는데, 이러한 주장에 대한 반박들은 논박되거나 간과되고, 무시되었다. 5세기 초부터, 한 저자에 귀속된 작품들 사이에 차이가 있다는 사실을 불편하게 인식하는 현상이 나타났다. 곧, 그것들은 거짓으로 여겨지는 혼합물들이 뒤섞인 "총잡(總雜)"으로서, 이는 "순수한" 원작들 사이에 후대의 작품들이 슬그머니 끼어들어 만들어진 것이라 여겨졌다. 그러나 일부의 사례를 보면, 6세기 초의 문학 연구자들이 후대의 학자들보다 더 작품의 저자 귀속 문제에 있어 확신이 없었다는 사실을 알 수 있다.

비록 안연지(顔延之)는 이릉(李陵)의 작품군을, 종영(鍾嶸)은 "고시(古詩)" 작품군을 여기저기서 긁어모은 총잡이라 여기기는 했다. 그러나 이것들을 별다른 거리낌 없이 한 곳에 긁어모은 필사의 단계 혹은 시대가 있었음에 주목할 필요가 있다. 이릉의 작품군에 실린 시들은 작품군의 저자 귀속을 제외하고는 본래 제목이 없었을 것으로 보인다. 양(梁)대의 선집 편집자들이 일부 작품을 어떤 것들은 이릉이 "소무(蘇武)에게" 준 것으로, 어떤 것은 소무가 "이릉에게" 준 것으로 귀속시켰던 것이다. 아마도 이러한 저자미상이면서 제목이 없는 운문집들을 거치면서 일부 텍스트는 저자를 부여받고, 일부 작품은 그저 "고(古)"라는 이름으로 불리게 되었을 것이다.

현전하는 자료들 대부분이 훨씬 후대의 것이기에, 3,4세기의 오언시 전파 상황에 대해 상세히 아는 것은 어렵다. 분명 3세기에는 오언시를 포함하는 개인의 문집이 존재했었고, 여기에 실린 유명한 시들은《문선(文選)》에까지 실리게 되었다.[6] "유동적인" 시들에 해당하는 "고시"들, 이릉 작품군, 그리고 저자 귀속이 덜 확실한 시들을 특징짓는 것은 시어의 낮은 격조이다. 여기서 이러한 사실들이 작품의 시기를 알려주지는 않는다는 점을 잊지 말아야 하는데, 이는 육기(陸機)가 대단히 높은 격조의 오언시를 쓰던 시대에도 낮은 격조의 시 또한 여전히 지어졌기 때문이다.

정확하게는 알 수 없지만, 저자와 화자 사이의 관계의 범위를 서술해볼 수 있다. 매우 보편적이면서 감정을 뚜렷하게 드러내는 시가 특정 상황에서 발화되고, 또 극단적으로 개인적인 시로 바뀌기도 한다. 텍스트에 구체성이 없다는 특징은 다양한 상황에 몇 번이고 사용될 수 있다는 점에서 가치를 지녔다. 이러한 작품들 중에서 〈고시십구수(古詩十九首)〉와 몇몇 이외의 작품들은 저자미상의 시로 전해지며 살아남게 된 것이다. 이러한 텍스트들의 생존은 이 시들을 한대(漢代)의 것으로 배치함으로써 가능했는데, 이 시기는 오언시의 완전한 발전이 유명한 작가들에 의해 이루어지기 전이었다. 이렇게 역사 속에서 위치를 부여받음으로써, 작품들은 저자미상이라는 특징 덕분에 가치를 획득하였다.

저자 문제에 관련된 다음 단계로 넘어가보자. 특정 인물에 의해 읊어진 듯한 저자미상의 시들이 있었는데, 이것과 관련된 사항이 〈고시십구수〉 제

6 비록《문선》이 실제로 사언구로 된 시들의 광범위한 선집을 포함하고 있다 하더라도, 일본에서 일부 복원된《문관사림(文館詞林)》일부분의 필사본들이 다른 어느 곳에서도 보존되어 있지 않은 사언구의 수많은 시들을 싣고 있는 것을 보면, 오언구의 시들이 보존되는 데 더욱 유리한 위치에 있었음을 알 수 있다.《문관사림》은 7세기의 선집이다. 따라서 이 시들이 당(唐)나라 왕실도서관에서 보존되었음을 알 수 있다. 그러나 매우 건조한 기후의 환경이 아닌 이상, 필사본의 생존은 연속적으로 이루어진 여러 횟수의 필사에 달려 있는 것이다.

5수에 나타난다.

誰能爲此曲　누가 저러한 노래를 지을 수 있을까
無乃杞梁妻　기량의 아내가 분명하네.[7]

"분명하다"라는 추측과 화자와 저자를 동일시하는 경향 사이의 경계는 아주 미묘하다. 일단 이러한 추측이 제시되고 시가 정해진 특정 화자에 의해 만들어진 것으로 읽히게 되면, 상호적으로 영향을 주는 독해가 가능해진다. 누군가는 시를 통해 어떤 사람에 대한 인식을 가지게 되고, 다른 누군가는 어떤 사람을 통해 시를 이해한다. 간단히 뒤에서 다루겠지만, 선시(扇詩)와 반첩여(班婕妤) 사이의 관계가 그러한 전형적 사례이다. 제영(緹縈)에 대한 시가 반고(班固)에게 귀속된 것도 이와 유사하다. 이릉(李陵)과 소무(蘇武)의 유명한 이별은 일반적인 텍스트들을 특정한 화자의 목소리로 규정짓게 만드는 역할을 했다. 만일 "고시"의 일부를 매승(枚乘)이 지은 것으로 보는 주장이 호응을 얻지 못했다면, 그 이유는 아마 시들과 연결될 만한 요소들이 매승의 생애에서 발견되지 않기 때문일 것이다.

잘 알려져 있듯이 훗날 대작(代作)이라 불리게 되는 시들이 3세기경에 존재하였는데, 대작에서 저자는 역사적으로 유명한 인물을 따와서 그 인물인 양 행세를 하였다. 여기에 사용된 페르소나들은 시인과 동시대 인물인 경우가 많았으며, 때때로 시인은 역사적인 인물의 페르소나를 취하기도 했다. 실제로 육기(陸機)가 동시대 인물들을 "대신 하여 썼다"고 하는 시들 여러 편이 지금도 전한다. 대작이라고 뚜렷하게 인식되는 작품들의 경우, "화자"와 "저자"의 구분은 대단히 명확하다. 누구도 왕소군(王昭君)에 대해 쓴 석

7　기량(杞梁), 혹은 '기(杞) 땅의 량(梁)'의 아내는 금곡(琴曲)의 작곡가였다. 노래에 덧붙여진 전설에 따르면, 그녀는 남편의 죽음을 듣고 물에 빠져 죽었다. 이 전설은 여러 변이본들이 존재한다.

숭(石崇)의 시를 왕소군 자신이 쓴 것이라고 말하지 않는다. 그러나 시적 전통 내에서 보면, 이것은 불안정한 상황이다. 그리고 만일 저자 귀속이 조금이라도 불명확해지면, 작품의 화자가 저자와 동일시되는 경향이 강하다. 이러한 것에 해당되는 사례가 채염(蔡琰)의 작품들이다. 저자 귀속의 문제가 사실과 정반대일 확률이 대단히 높음에도 불구하고, 많은 학자들은 이러한 저자 귀속을 받아들이고 있다. 그러나 아무도 화자가 실제로 저자라는 사실을 믿지 않는다고 할지라도, 시는 여전히 시의 화자와 긴밀하게 연결되어 있다. 내가 알기로 《세설신어(世說新語)》에 실린 일화를 보고서 여전히 조식(曹植)이 〈칠보시(七步詩)〉를 지은 것으로 믿는 학자들은 거의 없다. 그러나 이 시는 여전히 조식의 시선집에 실려 있다. 조식은 시의 화자이며, 이러한 조건은 저자 귀속과 잇닿아 있는 것이다.

마지막으로, 유명한 저자가 자신만의 목소리로 자신만의 이야기를 하는 단계가 온다. 이러한 상황은 《시경(詩經)》에 대한 역사적 배경과 때로 결부되기도 하지만, 사실 이것은 한대(漢代)의 현상, 혹은 가장 이르게 잡더라도 한대의 〈초사(楚辭)〉 이해의 일부분이었다. 이것은 권위 있던 시작(詩作)의 방식이고, 이 방식이 누리던 지위는 우리가 앞서 다루었던 모든 시작(詩作)과 시적 발화 방식에 압력을 행사하였다. 다시 말해, 시는 저자를, 특히 자신만의 이야기를 하는 저자를 필요로 하고 있었던 것이다. 우리는 이러한 종류의 저자 귀속을 건안(建安) 시 일부에서 볼 수 있다. 이 중 어떤 시들은 작품의 제작 당시 상황을 대단히 자세하게 서술하는 서문이나 긴 제목을 수반하는데, 이것들은 다른 텍스트나 신뢰성이 높은 전기(傳記)적 정보와도 연결될 수 있다. 유명한 저자에게 신빙성 있게 연결된 작품들에서, 우리는 위에서 말한 두 번째 단계 또한 확인할 수 있다. 즉, 잘 알려진 특정 상황에서 쓰였을 법한 작품들을 확인하게 된다는 것이다. 이러한 시들은 추정되는 상황과 너무나도 직접적으로 연결되어 있어서, 결국에는 그 상황이 시들을 이해하는 방식의 일부분이 되어 버린다.

여기서 우리의 관심사는 특정 사례들에서 작품 귀속의 정당성을 따지는 것보다는, "저자 귀속" 자체를 문화현상으로 보는 데에 있다. 어떤 시들이 저자를 획득했다거나 귀속된 저자가 계속해서 바뀌었던 것은 여기서 논외의 문제이다. 저자미상의 악부 단락 일부분이 다른 버전에서 조비(曹丕)의 시로서 재등장한다면, 우리는 저자미상의 운문이 조비에게 귀속되었거나, 아니면 조비의 시가 악부로 재작업 되었고 진짜 작가가 누구인지는 잊힌 것이라고 결론내릴 수 있다.[8] 어떤 경우이든 간에, 저자 귀속은 변동되는 텍스트 자체만큼이나 불안정하다. 텍스트가 두 버전 사이에서 표현이 바뀌고 또한 축약되거나 확장되었던 것처럼 말이다.

거의 모든 경우에 있어서, 작품의 저자를 결정하는 것은 어떤 것이 "본래의" 표현이고 분량인지를 결정하는 것만큼이나 불분명하다.[9] "증거"는 "반증"을 낳고, 이는 문제를 결론짓기에는 불충분한 주장과 더불어 다시 반증을 낳는다. 나 역시 특정 사례에 대해서는 강한 확신을 가지고 있고, 이는 때때로 드러날 것이다. 그러나 그보다 중요한 문제는 화자를 저자로 규정하는 역사적 압력과, 명목상의 화자 뒤에 숨어있는 화자이자 저자인 특정한 인물을 찾아내려는 역사적 압력이다.

두 번째 중요한 질문은 어떻게, 어떠한 산문적인 "문맥"이 오히려 그들이 맥락을 부여했다고 하는 바로 그 텍스트들에 의해 형성되었는가이다. 이는 오랜 중국 전통의 특징 중 하나라 할 수 있는, 내러티브와 전고 사이에 시를 끼워 넣는 관습과 밀접하게 연관되어있다. 산문의 "문맥"이 그것이 맥락 짓는 텍스트에 의해 형성된다는 것을 인식하는 것은, 으레 추정되어온 권위의

---

8 루친리, 262, 402.

9 물론 이는 작품들이 서로 별개의 두 자료들에서 모두 등장하기 때문이다. 작품이 단 한 곳에서만 등장할 경우, 텍스트나 그 저자에 대해 어떤 의문도 제기되지 않는다. 하지만 그렇다고 해서 이것이 저자 귀속을 확신하게 하는 이유가 되는 것 또한 아니다.

위계를 약화시키는 것이 된다. 이 위계에 따르면 산문의 "문맥"은 고정된 역사적 사실이며, 우리는 이에 의거하여 더 난해하며 해석의 여지가 있는 문학적 텍스트들을 독해해왔다.

이제 다시 도입부에 살펴보았던 시인 〈원시(怨詩)〉(혹은 〈원가행(怨歌行)〉)으로 돌아가 보자. 이 시는 반첩여(班婕妤)가 쓴 것으로 되어 있는데, 반첩여는 1세기 후반 궁중의 여인이다.[10]

新裂齊紈素　새로 지어낸 제나라의 훌륭한 비단
鮮潔如霜雪　선명하고 깨끗하기가 서리와 눈 같다네.
裁爲合歡扇　마름질 해 합환선(合歡扇)을 만드니,
團團似明月　둥글기가 밝은 달 같구나.
出入君懷袖　그대의 품과 소매에 출입하며,
動搖微風發　움직이면서 미풍이 일도다.
常恐秋節至　늘 두렵기로는 가을이 이르러,
凉飈奪炎熱　찬바람이 열기를 빼어가는 것이라네.
棄捐篋笥中　상자 안에 버려지면,
恩情中道絶　은혜와 사랑이 중도에 끊겨질 테니.

반첩여는 성제(成帝)의 총애를 받았으나, 성제가 훗날 악명 높은 조비연(趙飛燕)과 그 자매에게 매혹되고 나서는 사랑을 받지 못했다. 그러므로 이

10　루친리, 116. 《문선》 27. 《옥대신영》 1. 《예문유취》 41, 69. 《악부시집》 42. "첩여"는 후궁에게 붙는 관직이다. 이것을 위(魏) 시기로 본 것에 대해서는 루친리, 《한위육조문학론집》(우원 엮음), 시안: 섬서인민출판사, 1984, 22-27. 우리는 또한 조식(曹植)이 3세기 초에 반첩여에 대해서 쓸 때에 '부채'를 언급하지 않았다는 점에 주목해 볼 수 있다. 이는 이 시가 그녀에게 귀속된 이후라면 있을법하지 않은 일이다. 조식, 〈반첩여찬(班婕妤贊)〉, 자오요우원, 《조식집주교》, 86-87. 왕슈민, 〈종영시품전증고〉, 147은 조식의 찬사에 포함된 '바람(風)'에 대한 언급이 부채시를 암시하는 것이라고 주장하지만, 이는 설득력이 떨어진다.

시는 반첩여가 총애를 잃을 것을 예상한 것이라는 데에서 특별한 비중을 얻는다. 이 여성은 황제가 "열기"를 느낄 때에는 쓸모가 있지만, 황제의 열정이 식으면, 즉 가을이 오면 결국 사랑 받지 못할 것임을 깨닫는다.

반첩여와 이 시의 역사적 결합은 몹시 강해서, 심지어 반첩여에 대한 저자 귀속이 거부될 때조차도 학자들은 이 시가 반첩여의 목소리나 아니면 최소한 현재 황제의 총애를 받는 궁인의 목소리로 전달되길 원한다. 이러한 해석은 꽤 그럴듯하다. 그러나 만약 이 시의 해석에 있어서 역사적 비중을 특히 중시하고자 한다면, 우리는 여기에서 또 다른 가능성을 제기해야 한다. 이는 궁인(宮人)을 부채에 비유하고 있는 시가 아니라, 실제로 부채에 관한 시일지도 모르며, 부채는 마지막 연구에서 암시적으로 궁인에게 비유된 것이라는 가능성 말이다. 전문 시인들은 적어도 3세기부터 물건에 대한 시를 지어줄 것을 부탁받았고, 이 관습은 후에 부득(賦得), 즉 "부여된 주제로 시를 짓는 것"[11]이라는 서문이 달리게 된다. 달리 말하면, 만일 3세기 시인이 둥근 부채에 대한 시를 써줄 것을 부탁받았다면 위의 시가 그에 적합했으리라는 것이다.

만일 이것이 단순히 부채에 대해 쓴 시라는 분명한 가능성을 고려의 대상에서 제외한다면, 다음의 세 층위를 상정할 수 있다. (1) 명목상의 화자(황제의 총애를 잃을까 염려하는 궁인), (2) 그러한 화자의 구체적인 예시로서의 반첩여, (3) 저자로서의 반첩여이다. 우리는 이 세 가지 층위 중에 어떤 단계에서 이 시가 처음 쓰였는지에 대해 알지 못하며, 또한 고고학적인 기적이 없는 한 절대 알 수도 없다. 이 시는 심지어 정말 반첩여에 의해 쓰였을 수도 있다. 그렇다면 정말 놀랍겠지만 말이다. 이 시의 기원은 궁극적으로 이 시의 역사적 운명보다는 덜 흥미롭다. 특정한 궁인이 총애를 잃을 것을 예견

11 앞서 논의되었던, 향로에 대한 저자미상의 시들을 보라. 초기 자료에서는 반첩여의 시가 때로 선시(扇詩)나 영선(詠扇)으로 언급되고는 하였다는 점은 이 대안적인 가설을 지지한다.

하고 있기에, 이 시는 그녀라는 특정 인물에게 귀속되고 그럼으로써 이 시는 인기를 얻게 된다.

"저자(authorship)"와 "권위(authority)" 사이에 아무런 의미론적 연관이 없는 중국적 맥락 속에서 연구를 할 때에는, 이들의 의미론적 역사에 주의해야 한다.[12] 그러나 권위는 여기에서 분명하게 이슈가 된다. 부채의 주인인 황제는 그 부채, 즉 총애 받는 여인에 대한 마음을 거둘 힘을 가지고 있는 것이다. 이 시는 이러한 힘에 대해 인식하고 있고, 이에 저항한다. 부채를 핵심 대상으로 하여 지어진 이 시의 영리함은 이 작품을 3세기로 추정케 하는 근거들 중 하나가 된다. 여인이 부채일 뿐만 아니라, 부채는 합환(合歡) 무늬를 지니고 있고, 이는 또한 "사랑하는 이들의 화합"이며, 화합을 암시하는 원의 패턴이다. 부채의 또 다른 보조관념인 둥근 달도 마찬가지이다. 이 부채는 '바람(風)'을 만들어내는데, 풍(風)은 또한 노래와 은근한 비판을 뜻하는 용어이기도 하다.

왕권을 지닌 이들은 백성, 즉 장군, 조신(朝臣), 혹은 궁인이든 누가 되었든 간에 이들을 그저 도구로 대하며, 따라서 즉각적인 쓸모에 따라서 취하고 버리는 존재로 여긴다. 한나라를 세운 유방(劉邦)을 섬겼던 유명한 장군 한신(韓信)은 사냥이 끝나면 좋은 활도 버려지게 마련이라고 말한 것으로 널리 알려져 있다. 권력을 지닌 이에게 도구로 취급 받은 사람들은 이들의 지난 봉사에 대한 부끄러움과 이들에게 고마워하는 마음을 권력자에게 불러일으키기 위해, 저항의 의도를 담아 대응하게 된다. 문제는 어떻게 궁인이 부채와 같은 것인지가 아니라, 어떻게 그녀가 부채와 '같지 않은가'인 것

---

12 "저자(author)"에 대한 한자는 "작자(作者)", 즉 "글을 지은 사람"으로, 정확하게 "시인(poet)"의 어원과 일치한다. 중국 전통에서 "저자" 되기의 문제는 몹시 복잡한 것이다. 이 이슈를 둘러싼 논쟁에 대해서는, 마이클 푸엣, 《양면적인 창조: 초기 중국의 혁신과 조작에 관련된 논의들》, 스탠포드: 스탠포드대학 출판사(Stanford University Press), 2001을 보라.

이다. 따라서 이 비유는 괴리를 빚어낸다.[13]

이 시를 궁인의 목소리로 해석하는 것은 시에 내포된 권력의 격차와 많은 관련이 있다. 화자의 지위가 지닌 종속성은, 근본적으로 같은 정서를 전하고 있는 〈백두음(白頭吟)〉의 구절들과 대조해볼 때 명백하다.[14]

願得一心人　바라건대, 한결 같은 마음으로
白頭不相離　흰머리 되도록 날 떠나지 않을 이 얻기를.

〈원시(怨詩)〉의 화자는 남자의 변심을 미리 걱정하는 정도가 아니라 총애가 막 시작되었을 때 이미 예상하고 있다. 부채가 "새로 마름질한" 비단으로 된 것이기 때문이다. 화자는 변심을 예견하고 동정과 부끄러움을 심어주고자 하며, 그러므로 〈백두음〉에서 직접적인 소망으로 표현된 영원한 총애를 성취하고자 한다. 따라서 〈원시〉에서 화자의 무기력함과 수동성은 설득하려는 의도를 제왕의 힘 앞에서 숨기려는 것과 호응한다. 탁문군(卓文君)이 〈백두음〉의 화자이자 저자로 귀속되어 있음을 고려할 때, 그가 변덕스러운 남편인 사마상여(司馬相如)에게 이렇게 말하는 것은 자연스럽다. 이 시의 직설적인 화법은, 이 시를 낮은 사회적 지위에 있는 이에게 귀속되게 하였다.

악부에서, 고통이 찾아온다는 사실은 잘 알려져 있다. 이것에 대한 대응은 현재의 절박하고 그늘진 즐거움이다. 〈원시〉에서는 이러한 즐거움이 끼어들지 않는다. 오직 가을이 찾아오리라는 두려움, 즉 예견되는 미래를 미연에 방지하고자 하는 지속적인 근심뿐이다. 우리는 고급 작법의 특징을 보이는 〈원시〉의 일곱 번째 구가 《문선(文選)》에 실린 〈장가행(長歌行)〉에도 나

13　만일 우리가 이 시를 정말 부채에 대한 것이라 여긴다면, 이러한 의인화는 그저 향로에 대한 저자미상의 시에서처럼 기발한 표현에 불과할 뿐인 것이다.

14　루친리, 274.

타난다는 것에 주목하게 된다.[15] 운명적인 절망과 즐거움이 요청되는 상황에서, 우리는 젊은 시절 열심히 노력해야 한다는 결론적인 권고에 이르게 된다. 이 근심스럽고 지속적인 가을을 예견하는 것은 저항의 형식을 촉진한다.

인물을 바꾸거나 감추는 것은 대개 상층 전통에서의 여성과 여성의 의도, 또는 스스로를 여성으로 형상화하는 실각한 신하들과 관련이 있다. 이부인(李夫人)이 병으로 망가진 얼굴을 가리고 한 무제(漢武帝)에게 보여주지 않았던 것처럼, 반첩여 역시 부채 너머에 노화로 시들었을 얼굴을 가리고 있으며, 물론 얼굴을 가리는 것은 부채의 또 다른 쓸모가 된다. 한 버전의 여인은 모든 면에서 순진한 여인으로, 강렬한 감정을 느끼며 직설적으로 말하는 인물이다. 또 다른 버전은 특히 궁중의 여인 그리고 조신들과 관련되어 있는데, 이는 의도를 감추고 인물을 대체하는 것으로 연결된다. 절대적인 힘은 권력자에게 있다. 그는 부채를 간직하거나 버릴 수 있다. 이러한 권력의 대상자는, 권력자의 행동이 아니라 그의 의향을 조종하고자 하면서 간접적으로 반응할 수밖에 없는 것이다.

다시 "대(代)"라는 용어로 돌아가 보자. '대신하다' 혹은 '대입하다'라는 이 말은 대작(代作), 즉 페르소나 시에서 사용되는 용어이다. 여성은 부채를 대신해서 말하고, 시인은 여성을 대신해서 말한다. 둥근 달과 합환의 무늬가 새겨진 땅의 이미지인 둥근 부채는 연인들의 결합에 '대입'된다. 이 시의 또 다른 제목은 〈원가행(怨歌行)〉으로, 이 제목은 "대(代)"를 앞에 적어 〈대원가행(代怨歌行)〉이 될 수 있다. 어떤 악부 작품이 "원작"으로 추정되지 않는 한, 모든 버전들은 대(代), 곧 종종 오랫동안 잊힌 옛 노래들의 다시쓰기이다.

악부 저자는 옛 노랫말의 자리에 자신의 말을 넣기도 한다. 그 저자가 그 옛 노랫말들을 알든지 모르든지 간에 말이다. 이는 마치 페르소나 시의 저

---

15 앞의 책, 262.

자가 과거 인물의 알려지지 않았거나 말해진 적이 없는 말의 자리에 자기의 말들을 집어넣는 것과 같다. "대(代)"의 이러한 두 가지 용법은 다음의 공통 원칙을 공유한다. 시인은 반드시 스스로에 대한 글을 쓰는 것만은 아니다. 그 자신은 행복할지라도 과거의 역사적 인물의 슬픔이나 이른 시기의 노래들의 슬픈 분위기를 가장할 수 있다. 당시에는 가장하는 것이 후대에서처럼 가짜라 하여 논란이 되지는 않았다. 그러나 가장하는 행위에 대한 우려는 점차 커졌고, 화자를 저자로서 간주하도록 만들었다.

*

귀속된 화자가 시의 해석과 텍스트 상의 진화를 어떻게 통제하는지 살펴보자. 이는 귀속이 분명히 거부되는 사례에서조차 나타난다. 《서경잡기(西京雜記)》는 서한(西漢)의 시인 사마상여(司馬相如)에 대한 일화를 포함하고 있다. 사마상여가 무릉(茂陵)에서 한 여인을 첩으로 데려오자, 그의 아내 탁문군(卓文君)은 그와의 연을 끊기 위해 〈백두음(白頭吟)〉을 지었다.[16] 《서경잡기》의 연대는 끊임없이 논란이 되는 문제이지만, 적어도 이 작품에 대한 아마도 3세기나 4세기 초의 가장 이른 시기의 언급이라는 점은 분명하다.

《서경잡기》의 편집자에게 알려진 〈백두음〉의 버전이 현전하는 두 버전 중 하나였거나 아니면 이들과 일부 겹쳐지는 것이었는지에 대해서는 확신할 수가 없다. 그러나 현재 버전들의 도입부의 연이 남자의 부정함과 그로 인해 그와 관계를 끊고자 하는 바람을 말하고 있으므로, 아마 이 부분만큼은 편집자에게 알려졌던 것 같다. 그 후 이 작품은 5세기 중반 왕승건(王僧虔)의 《기록(技錄)》의 주석에 나오는데, 여기서는 첫 구를 인용하였지만 이를 탁문군에게 귀속시키지는 않았다. 현재의 두 버전들은 모두 저자미상으로 전해졌는데, 빠른 시기의 것은 《송서(宋書)》에서 발견되며, 다른 버전은

16 갈홍, 《서경잡기전석》, 궤이양: 귀주인민출판사, 1993, 115.

반세기 뒤로 추정되는 《옥대신영(玉臺新詠)》에 포함되어 있다.

앞서 〈원시(怨詩)〉를 반첩여에게 귀속시킨 것이 아마도 3세기 중반에 이루어졌으리라고 언급하였는데, 거의 같은 시기에 〈백두음〉도 탁문군에게 귀속되었다. 이 사실은 어째서 반첩여에게 귀속된 사실은 지속된 반면, 탁문군에게 귀속된 것은 사라지고 말았는지에 대한 의문을 불러일으킨다. 비록 탁문군에게의 귀속이 완전히 잊힌 적은 결코 없었지만 말이다. 그 중 가장 가능성 있는 대답은 '최초로 보존된 맥락의 차이'일 것이다. 〈원시〉는 《문선》과 《옥대신영》에서 발견되지만, 《송서》에서는 발견되지 않는다. 후대에 자주 악부로서 인용되었음에도 불구하고 말이다. 이와는 대조적으로 〈백두음〉은 음악 선집으로부터 "시"의 영역으로 들어오게 된 것으로 보인다. 《송서》는 세속적인 가사를 인용하면서 저자미상의 시와 조씨(曹氏) 왕가의 군주나 왕자들이 지은 시만을 포함시켰고, 여기에는 관료들에 의한 의례를 위해 지어진 시도 포함된다. 〈백두음〉의 저자를 탁문군이라고 언급하는 것은 유일한 예외가 되었을 것이고 따라서 부적절했을 것이다.[17] 대개의 경우 알려진 저자들에게의 귀속을 환영하는 경향이 있는 《옥대신영》도, 이 경우에는 《송서》의 권위를 받아들인 것으로 보인다. 우선 두 버전을 나란히 인용해보도록 하겠다.

〈백두음(白頭吟)〉[18]

《옥대신영》	《송서》
皚如山上雪	晴如山上雪
皎若雲間月	皎若雲間月

---

17 이것은 《송서(宋書)》에서 쓰인 "고사(古辭)"라는 용어가, 후대에 이해된 것과는 달리 저자미상에 대한 판단을 암시하는 것이 아니었을 가능성을 제기한다.

18 루친리 274. 《송서》. 《옥대신영》 1. 《악부시집》 41. 황지에, 《한위악부풍전》, 48-51. 디에니, 《중국 고전시의 기원에 대하여》, 155-61. 안느 비렐, 《한(漢)나라의 유행 노래와 서정시》, 154-58.

聞君有兩意	聞君有兩意
故來相決絶	故來相決絶
	平生共城中
	何嘗斗酒會
今日斗酒會	今日斗酒會
明旦溝水頭	明旦溝水頭
躞蹀御溝上	蹀躞御溝上
溝水東西流	溝水東西流
	郭東亦有樵
	郭西亦有樵
	兩樵相推與
	無親爲誰驕
淒淒復淒淒	淒淒重淒淒
嫁娶不須嗁	嫁娶亦不啼
願得一心人	願得一心人
白頭不相離	白頭不相離
竹竿何嫋嫋	竹竿何嫋嫋
魚尾何蓰蓰	魚尾何離簁
男兒重意氣	男兒欲相知
何用錢刀爲	何用錢刀爲
	齕如馬噉箕
	川上高士嬉
	今日相對樂
	延年萬歲期

아래는 《송서》 버전에 대한 해석인데, 《옥대신영》에서 누락된 구절은 기울임체로 표기했다. 표현상에 차이점들이 있음을 주목하라.

〈백두음(白頭吟)〉

晴如山上雪 산 위 눈처럼 깨끗하고,

皎若雲間月 구름 속 달처럼 빛나네.

聞君有兩意 그대 다른 마음 생겼음을 듣고,

故來相決絶 내 그대와 헤어지려 하네.

平生共城中 *같은 성에서 일생을 함께하였는데,*

何嘗斗酒會 *언제 한 병 술로 만났었던가.*

今日斗酒會 오늘은 한 병 술로 만나고,

明旦溝水頭 내일 아침은 해자의 물가라네.

躞蹀御溝上 왕실의 해자에서 천천히 거니니,

溝水東西流 해자의 물은 동서로 흐르네.

郭東亦有樵 *마을 동쪽에 나무꾼 있고,*

郭西亦有樵 *마을 서쪽에도 나무꾼 있네.*

兩樵相推與 *두 나무꾼 서로를 따르니,*

無親爲誰驕 *친척 없이 누구에게 과시할 수 있겠는가.*

淒淒重淒淒 처량하고 또 처량하니,

嫁娶亦不啼 결혼하는데 눈물 흘리지 않네.

願得一心人 신실한 마음 지닌 이를 원하니,

白頭不相離 머리가 세도록 절대 헤어지지 않으리.

竹竿何嫋嫋 대나무 줄기는 어찌나 흔들리는지!

魚尾何離簁 물고기 꼬리는 어찌나 앞뒤로 움직이는지!

男兒欲相知 남자가 사랑할 사람을 원할 때에,

何用錢刀爲 어찌 돈이 필요하리.

齕如馬噉萁 *우물우물 말이 건초를 씹는데,*

川上高士嬉 *강가에서 훌륭한 선비가 즐기네.*

今日相對樂 *오늘 우리 함께 즐기니,*

延年萬歲期 *그대 수명이 만년으로 길어지기를.*

이처럼 서로 다른 버전을 가지고 있을 때에, 곽무천(郭茂倩)이 관습에 따라 그렇게 하였듯이 《옥대신영》이 "원시"를 재현한 것이며 《송서》 버전은 음악가들이 공연을 위해 개작한 것이라고 주장할 수도 있을 것이고, 혹은 디에니의 주장처럼 《송서》 버전이 기본 텍스트이며 《옥대신영》은 6세기의 감각에서 좀 더 "시"로서 받아들여질 만한 버전을 만들기 위해 원시를 변형했다고 말할 수도 있을 것이다. 〈염가하상행(豔歌何嘗行)〉을 언급하면서, 그리고 다른 곳에서 간략히 논의했듯이, 후자가 옳다는 많은 사소한 징후들이 있다.[19] 만일 이 현상을 《옥대신영》이 《송서》 버전을 형식과 의미를 위해 개작한 것이라고 이해한다면, 세 번째 연구를 제거하는 것은 필수적이다. 이 세 번째 연구는 운이 맞지도 않을 뿐더러 언뜻 보아서는 문맥상의 의미도 없기 때문이다. 두 나무꾼에 대한 4행 연구는 명백히 제외할만한 후보에 해당하며, 건초 씹는 말들이나 즐기는 선비들에 대한 구절이나, 청중에 대한 가객의 축복 역시 그러하다.

그러나 《옥대신영》이 "악부"를 "시"로 바꾼 보다 근본적인 방법이 존재한다. 여기에서 우리는 운문의 주변에 떠돌고 있는 탁문군의 그림자를 볼 수 있다. 이 작품이 저자미상으로 제시되고 있음에도 불구하고 말이다. 우리가 《옥대신영》 버전을 잊고 《송서》 버전을 단순히 또 다른 하나의 연행 텍스트, 즉 악부로 본다면, 이를 복합악부로 보고자 하는 열망이 강하게 들 것이다. 이것이 곧 디에니가 정교하게 작업해낸 과정이며, 나의 주장은 디에니의 작업에 일부 수정만을 가미했을 뿐 근본적으로는 그의 작업을 따르고 있다. 복합악부로 보면, "처량하고 또 처량하니[淒淒重淒淒]"라는 행으로 시작하는 부분이 마지막 단락이라 할 수 있다. 이것은 하나의 규범적인 도입부 틀의 형태를 분명하게 띠고 있다. 복합악부의 단락들은 본질적으로

---

19 현재 사례에서 보이는 운(韻)에 맞지 않는 두 구의 첨가는, 음악 공연을 위한 텍스트를 마련하는 데 있어서는 이치에 맞지 않는다. 오직 구전된 기억이나 텍스트로 적힌 불완전한 전승의 형태라고 해야만 이치에 맞을 것이다.

는 독립적이나, 상황적인 이유로 혹은 관습적인 이유로 결합되어 있는 것이다. 만일 종결단락을 도입부에서 나타나는 이별과 관련된 맥락과 분리하여 읽는다면, 우리가 읽어낼 수 있는 것은 결혼을 하고 싶은 여성, 혹은 남성에 대한 시일 것이다. 마지막 두 연구는 그대로 둘 수도 있고 뺄 수도 있다.

淒淒重淒淒　처량하고 또 처량하니,
嫁娶亦不啼　결혼하는데 눈물 흘리지 않네.
願得一心人　신실한 마음 지닌 이를 원하니,
白頭不相離　머리가 세도록 절대 헤어지지 않으리.
竹竿何嫋嫋　대나무 줄기는 어찌나 흔들리는지!
魚尾何離簁　물고기 꼬리는 어찌나 앞뒤로 움직이는지!
男兒欲相知　남자가 사랑할 사람을 원할 때에,
何用錢刀爲　어찌 돈이 필요하리.
齕如馬噉箕　*우물우물 말이 건초를 씹는데,*
川上高士嬉　*강가에서 훌륭한 선비가 즐기네.*
今日相對樂　*오늘 우리 함께 즐기니,*
延年萬歲期　*그대 수명이 만년으로 길어지기를.*

이 구절들은 이렇게 분리해서 보는 것이 도입구의 이별 장면과 연결하려 애쓰며 읽는 것보다 더 자연스럽다. 낚시를 하는 이미지의 제시는 사랑을 구하는 전형적인 양식이다. 악부의 미학에서 나무꾼에 대한 사행시는 외로움과 친족을 찾는 듯한 모티프를 보여주고 나아가 분위기의 메들리를 중단시킨다.

디에니는 첫 번째 부분을 둘로 나누는데, 첫 번째는 관계를 끊는 것에 대한 도입구 4행이며, 두 번째는 이별에 관한 6행으로, 이는 관계를 끊는 과정에서 발생하는 것과는 다른 내용이다. 디에니의 주장은 제법 설득력이 있다. 어쩌면 가장 이른 시기의 〈백두음〉은 저자미상의 〈공후음(箜篌吟)〉[20]이나 〈맹호행(猛虎行)〉[21]과 같은 짧은 노래가 그러하듯, 도입부의 4행에 불과했는지도 모른다. 그럼 우리가 《송서》 버전에서 보는 것은 짧은 조각들과 결합된 도입부의 노래인 것이다. 그러한 결합의 배경은 디에니가 주장하였듯 음악적인 혹은 연행의 관습인 것이다. 그러나 반복적인 연행은 그것 나름의 문장 미학을 만들어낸다.

우리는 복합악부로부터 통일성을 요구하지 않는다. 〈농서행(隴西行)〉은 천상을 돌아다니는 장면과 아내가 손님을 맞이하는 장면을 쾌활하게 조합한다. 그러나 〈백두음〉은 《옥대신영》의 수정된 버전으로 보다 많이 읽혔는데, 이는 사랑했던 남자와 이별하는 여자를 단일한 화자로 설정하여 통일된 진행을 보여준다. 이것이 시에서 나타난 탁문군의 그림자인 것이다. 《옥대신영》은 텍스트적인 차원에서 작은 변화를 주었다. "결혼하는데 눈물 흘리지 않네.[嫁娶亦不啼]" 대신에 "결혼할 때에 눈물을 흘려서는 안되네.[嫁娶不須啼]"라고 읽어내고 있는 것이다. 이별한 것으로 보이는 연인들의 이야기에 대한 맥락에서, 이는 여성이 사실 울었으나, 운 것이 옳지 않다는 것이 된다. "신실한 마음"을 가진 이를 원하고, 그러한 사람과 함께 늙어가는 내용에 대한 구절들은 짝을 구하는 내용을 다룬 시에서라면 완벽하게 직설적인 것이지만, 여기서는 이루어지지 못한 소원이 가지는 심리적인 깊이를 새롭게 성취하여, 화자가 "한 때 원했었던 것"이 된다.[22] 구애 가사에서는 전형적인 것인 낚시에 관한 단락이 이상하게 느껴지게 된다. 그리고 마지막 연구의 한 행은 다음과 같이 바뀌는데, 이 형태로서 이 작품은 널리 알려졌

20 루친리, 255.

21 위의 책, 287.

22 탁문군의 그림자만이 도입부의 화자를 여성으로 만드는 것은 아니다. 〈유소사(有所思)〉에서 나타나는 구인 "문군유타심(聞君有他心)"과 거의 유사한 내용으로 "다른 마음이 생긴" 것에 대한 구 역시 여성 화자를 암시한다.

다. 이 구는 대개 문맥과 상관없이 해석되었는데, 문맥상 다양한 해석의 가능성이 열려 있다.

男兒重意氣　남자는 의기를 중히 여기니
何用錢刀爲　어찌 돈이 필요하리.

어떻게 이를 읽어보아도, 구애의 시에 보다 어울리는 "사랑할 이를 찾는 남성"과는 매우 다른 서술이다.

분명하게 한 때는 서로 연결되지 않는 단락들이 들어있는 복합악부였던 것이 단일한 화자의 목소리에 의해 통일된 페르소나 시로 변화되었다. 후대의 독자들이 설사 이 시가 탁문군의 것이라고 믿지 않았다 해도, 이 작품은 탁문군에 의해 발화되었을 것으로 보이는 형태로 쓰여 있었다.

*

다음으로, 화자가 누구인지 분명한 한 쌍의 긴 시들을 살펴볼 것이다. 여기서 화자는 텍스트의 수정이나 참신한 해석 없이도 시를 통합시키고 있다. 여기서 제기할 수 있는 문제는 과연 이 화자가 작품의 작가인지에 대한 것이다.

채염(蔡琰)은 동한의 뛰어난 문인 채옹(蔡邕, A.D. 132-92)의 딸이었다. 한(漢)나라가 분열되면서 일어난 전쟁에서 그녀는 흉노에게 잡혀갔다. 채염은 거기에서 자식들을 낳았고, 그 후 조조(曹操)가 몸값을 지불하여 다시 중국으로 돌아올 수 있었다. 채염은 자식들을 흉노에 두고 와야 했고, 중국에는 살아남은 직계 가족들이 하나도 없었다. 조조는 그녀를 결혼시켰고, 남아있는 그녀의 시들은 이 시기 이후의 것으로 알려져 있다. 그녀의 시는 사실상 역사적 사실에 근거하고 있지만, 동시에 그 자체로 굉장한 울림을 지닌 뛰어난 작품이기도 했다. 우리는 종종 역사상의 낭만적 이야기로부터 역사적 사실을 분리해내지 못하고는 하는데, 중국에서는 역사상의 낭만적 이야기가 역사가 되어버리는 일이 자주 있었다. 이로 인하여 채염은 5세기 중엽에 편찬된 범엽(范曄)의 《후한서(後漢書)》에 등재되게 된다. 그리고 이 이야기는 두 가지 버전의 시로 다시 등장하는데, 하나는 오언구로, 다른 하나는 "초사"의 운율로 나타난다. 두 버전의 차이는 대부분은 특기할 것이 없다. 우리는 《채염별전(蔡琰別傳)》이 후대에 유통되었다는 것을 알고 있는데, 그와 같은 제목은 그것이 역사상의 낭만적 이야기라는 것을 강하게 암시한다. "별전"이라는 것은 범엽이 지녔던 자료였을 수도 있으며, 혹은 범엽이 쓴 전기를 다듬은 것일 수도 있을 것이다.

〈원시(怨詩)〉의 화자이자 저자로서 반첩여(班婕妤)는, 그 자체로 범주를 지닌 텍스트를 특정화시킨다. 다시 말해 이 시는 남성에게 사랑을 받는 어떤 젊은 여성에 의해서도 읊어질 수 있겠지만, 문학적인 관습은 독자들로 하여금 화자를 '궁의 희첩'으로 해석하도록 강력하게 이끈다. 이와 대조적으로 채염은 〈비분시(悲憤詩)〉의 화자임이 분명하다. 그녀는 "채염의 이야기"를 구체적으로 말하고 있기 때문이다. 학술적 논쟁의 요점은 과연 화자가 화자일 뿐만 아니라 작가이기도한가의 문제였다. 나는 두 버전의 시 중 어떤 것도 채염의 것이 아니라는 한스 프랑켈의 시각에 동의하지만, 이 문제는 완벽하게 증명될 수는 없다.[23]

〈비분시〉의 두 버전은 일인칭 시점으로 쓰인 현전하는 가장 이른 시기의 장편 운문 서사라는 점에서 독특한 것이다. 또한 같은 소재를 가지고 근본적으로 다른 운율을 사용했다는 점에서도 독특하다. 그러나 이 시들이 더욱 독특한 까닭은 이 시들이 《후한서》에 실려 있었다는 점이다. 만일 당시에 이러한 시들이 더 있었다고 한다면, 이러한 시들은 한 세기 뒤의 시각에서 볼 때 "시"의 세계 밖에 놓여 있는 것이다.

---

23 한스 프랑켈, 〈채염과 그녀에게 귀속된 시들〉, 《CLEAR》 5, 1983, 133-56.

두 버전의 〈비분시〉의 수용 역사는 취향이나 전반적인 규범이 소재를 선택하거나 제외시킬 수 있음을 경고하는 일종의 표지로 이해되어야 한다. 이 시들은 단지 정사(正史)에 포함되었기에 지금까지 살아남은 것이며, 이 시들에 대해 문학 자료들이 보이는 침묵은 당시에 좋은 평가를 얻지 못한 시들의 운명을 말해준다. 〈비분시〉의 두 버전 모두 《문선》이나 《옥대신영》에 실리지 않았고, 채염 또한 《문심조룡》이나 《시품》에서 언급되지 않았다. 《후한서》에 실린 텍스트들이 갖는 높은 접근성과 초기 시들을 수집하고 주석하는 작업에서 제량(齊梁)의 학자들이 보여준 성실함을 고려할 때, 이러한 언급의 부재는 중요하다.[24] 오언구로 쓰인 버전은 《문선》 주석에 한번, 그리고 《태평어람》에서만 인용되고 있으며 수·당의 전서에서는 인용되지 않았다.[25] 그녀의 이야기가 잘 알려져 있었고 《별전》에 실린 시들과 함께 돌아다녔지만, 《후한서》 이후에 이 시를 문학적인 차원에서 비평한 가장 이른 시기의 것은 《죽장시화》에 실린 소식(蘇軾)의 긍정적인 평가이다.[26] 채염에 대한 후대의 평가들 대부분은 〈비분시〉의 여러 버전들보다는, 훨씬 나중에 나온 〈호가십팔박(胡笳十八拍)〉에 집중하고 있다.[27] 〈비분시〉가 당(唐) 이전의 시들을 모은 선집에서 흔히 보이는 것은 18세기 중반에 이르러서이다. 물론 지금은 초기 시를 통틀어 가장 유명한 시들 중 하나이며 모든 선집에 실려 있기는 하지만 말이다. 비록 두 가지 버전의 〈비분시〉가 텍스트 기록에 가장 먼저 실렸기는 하나, 이 시들은 초기 고전시의 정전에 매우 최근에

---

24 《옥대신영》은 긴 시적 서사들을 포함하고 있음에도, 여성이 화자인 이 시가 《옥대신영》에 실려 있지 않다는 것을 특히 주목해야 한다.

25 《채염별전》은 《북당서초》 111과 《예문유취》 44에서 초사 버전의 몇몇 단락들의 원전으로 인용되고 있다. 《별전》과 《후한서》에 보이는 전기 사이의 관계는 불분명하다.

26 하문(何汶), 《죽장시화》, 베이징: 중화서국, 1984, 19-20.

27 루친리, 201. 〈호가십팔박〉은 작품의 연도가 불분명한데, 아마 당 시대에 나온 것으로 보인다.

야 이름을 올렸다.

채염(蔡琰), 〈비분시(悲憤詩)〉[28]

漢季失權柄　한말에 이르러 국가의 권위가 쇠하니
董卓亂天常　동탁이 하늘의 규범을 어지럽혔네.
志欲圖篡弑　그의 계획은 사람을 죽이고 왕조를 찬탈하는 것이었기에
先害諸賢良　먼저 뛰어나고 어진 이들을 모두 죽였네.
逼迫遷舊邦　백성들을 옛 수도로 몰아내고
擁主以自强　군주를 옹립하여 자신의 힘을 강하게 했네.
海內興義師　나라의 모든 곳에서 충성스러운 군대가 일어나니
欲共討不祥　하나로 결집하여 사악한 동탁을 벌하기 위함이었네.
卓衆來東下　동탁의 무리는 동쪽으로 내려가고
金甲耀日光　쇠 갑옷은 햇빛에 번쩍였네.
平土人脆弱　평야에 사는 사람들은 약한데
來兵皆胡羌　쳐들어오는 군대는 모두 호와 강이었다네.
獵野圍城邑　그들은 평야를 빠르게 달려 여러 도시를 포위했고
所向悉破亡　그들이 가는 곳은 모든 것이 파괴되었네.
斬截無孑遺　사람들을 학살하고 목을 베어 한사람도 살려두지 않으니
屍骸相撐拒　시체가 층층이 쌓였네.
馬邊懸男頭　남자들의 머리는 말의 양쪽에 걸렸고
馬後載婦女　여자들과 소녀들은 말 뒤에 끌려 다녀야했네.
長驅西入關　오랜 행진 끝에 서쪽으로 관문에 들어가니
迥路險且阻　긴 길은 위험하고도 막혀있었네.
還顧邈冥冥　주변을 살펴보니 외딴 곳이면서 어두워
肝脾爲爛腐　내 간과 비장은 이 때문에 문드러졌네.

28　루친리, 199. 후한서, 2801-3.

所略有萬計 포로들 그 수가 만 명에 달하니
不得令屯聚 이들을 모두 모아 놓을 수 없었네.
或有骨肉俱 때로는 골육 간에 모였지만
欲言不敢語 서로 말하고 싶어도 감히 말할 수 없었네.
失意機微間 그들이 조금이라도 기분이 상하면
輒言斃降虜 걸핏하면 말하였네, "포로들을 죽여라
要當以亭刃 너희들에게 꼭 칼을 받게 할 것이니
我曹不活汝 절대 살려 보내지 않겠다."
豈復惜性命 우리는 더 이상 삶을 돌아보지는 않았지만
不堪其詈罵 그들의 욕지거리는 견딜 수가 없었네.
或便加棰杖 그들이 때때로 우리를 채찍으로 후려칠 때,
毒痛參並下 고통과 비참함을 함께 견뎠네.
旦則號泣行 새벽이 되면 우리는 걸으며 울부짖고 흐느꼈으며
夜則悲吟坐 밤에는 앉아서 슬프게 신음했네.
欲死不能得 누군가가 죽고 싶어도 그렇게 할 수 없었고
欲生無一可 살고 싶어도 살기 위해 할 수 있는 것은 없었네.
彼蒼者何辜 오 하늘이여 제가 무슨 잘못을 했습니까?
乃遭此厄禍 이런 어려움과 재앙을 겪게 되다니.
邊荒與華異 변방은 중국과 달라
人俗少義理 그들의 풍속에서 예절을 찾기가 힘드네.
處所多霜雪 내가 그곳에 살 때는 서리와 눈이 많이 내렸고
胡風春夏起 호풍이 봄과 여름에 일어났네.
翩翩吹我衣 이 바람은 내 옷을 펄럭이게 했고
肅肅入我耳 휭 소리를 내며 내 귀속으로 들어왔네.
感時念父母 시절에 감응하여 나는 부모를 생각하였고
哀歎無窮已 내 슬픈 한숨은 멈추지 않았네.
有客從外來 외부로부터 객이 올 때마다
聞之常歡喜 나는 그 소식을 듣고 언제나 기뻐하였네.

迎問其消息　나는 그를 맞이하고 소식을 물어보았으나
輒復非鄕里　이번에도 그는 내 고향 사람이 아니었네.
邂逅徼時願　운 좋게도 내 소원이 이루어지는 축복을 받아[29],
骨肉來迎己　나의 혈육들이 나를 만나러 왔네.
己得自解免　나는 풀려날 수 있었지만
當復棄兒子　내 아이들은 포기해야만 했네.
天屬綴人心　천속은 사람의 마음에 깊이 자리 하니
念別無會期　이별을 생각함에 다시는 만나지 못하리.
存亡永乖隔　우리는 살아서도 죽어서도 떨어져 있을 것이며
不忍與之辭　나는 그들을 떠남을 견딜 수 없을 것이네.
兒前抱我頸　내 아들은 앞으로 나와서 내 목을 껴안았고
問母欲何之　"어디 가시는 거예요 어머니?
人言母當去　사람들이 어머니가 떠나야 하며
豈復有還時　어머니가 다시는 돌아오지 못할 것이라고 합니다.
阿母常仁惻　어머니는 언제나 인자하셨는데,
今何更不慈　어찌 지금은 이리도 자애롭지 않으신가요.
我尚未成人　저는 아직 다 자라지도 않았는데
奈何不顧思　어떻게 제 생각은 전혀 하시지 않는 거예요?" 하였네.
見此崩五內　이 말을 들으니 오장육부가 무너지는 것 같았고
恍惚生狂癡　혼란스럽고 멍해졌으며, 미칠 것 같았네.
號泣手撫摩　흐느끼며 나는 아들을 어루만져 주었네.
當發復回疑　나는 떠나야만 하는데 다시 주저하였네.
兼有同時輩　내 또래의 사람들이
相送告離別　나를 배웅해주었고 이별 인사를 해 주었네.
慕我獨得歸　그들은 내가 혼자서만 돌아가게 됨을 부러워하며
哀叫聲摧裂　비애에 젖어 소리 지르니 목소리가 갈라지네.

29　이는, 그녀가 풀려나게 되었다는 뜻이다.

馬爲立踟躕　이로 인해 말들은 멈춰 서서 머뭇거리고
車爲不轉轍　이로 인해 마차는 굴러가지 않았네.
觀者皆噓唏　이 모든 광경을 본 이들은 한숨을 내쉬었고
行路亦嗚咽　길을 떠나는 자들 역시 신음했네.
去去割情戀　멀리 갈수록 나는 이들을 그리워하는 것을 그만두었고,
遄征日遐邁　빠르게 나아가 매일 점점 더 멀어지네.
悠悠三千里　삼천리를 계속해서 가니
何時復交會　우리가 언제 다시 만날 수 있을까?
念我出腹子　내 배 속에서 태어난 자식들을 생각하고
匈臆爲摧敗　이로 인해 내 마음은 부서지네.
既至家人盡　도착해보니 가족들은 모두 죽어 있고
又復無中外　또 다시 나는 친척이 없어졌네.
城廓爲山林　도시와 마을은 산과 숲이 되었고,
庭宇生荊艾　마당과 집에는 가시덤불과 쑥이 자라네.
白骨不知誰　누구의 것인지 알 수 없는 백골들이
縱橫莫覆蓋　사방에 흩어져 있었고 그중 누구도 묻혀 있지 않았네.
出門無人聲　문 밖으로 나갔을 때 사람의 목소리는 들리지 않았고
豺狼號且吠　들개와 늑대들이 울부짖고 있었네.
煢煢對孤景　외로워하며 나는 나의 외로운 그림자를 마주했고
怛咤糜肝肺　너무 심하게 울어 간과 폐가 문드러졌네.
登高遠眺望　높은 곳에 오르며 나는 저 먼 곳을 바라보았고
魂神忽飛逝　내 정신과 영혼은 갑자기 날아가 버렸네.
奄若壽命盡　빠르게 내 인생이 다하여 버렸고
旁人相寬大　주변 사람들은 마음을 편히 먹으라고 내게 말했네.
爲復強視息　다시 한 번 억지로 눈을 뜨고 숨을 쉬어 보니,
雖生何聊賴　아직 내가 살아있긴 하지만 무엇에 의지하여 살 것인가?
托命於新人　나는 새 남편에게 나의 삶을 맡겼고
竭心自勖勵　마음을 다해 노력했네.

流離成鄙賤	붙잡혀 나는 더럽혀졌고,
常恐復捐廢	언제나 다시 버려지는 것에 대한 두려움 속에 살았네.
人生幾何時	사람의 삶은 얼마나 되는가
懷憂終年歲	나는 생의 끝까지 슬픔을 느낄 것이네.

채염(蔡琰), 비분시(悲憤詩)

嗟薄祜兮遭世患	아아, 슬프구나. 고난의 시대에 태어난 나의 비참한 운명이여,
宗族殄兮門戶單	내 친지들은 몰살당했고 가족 중에 나 홀로 남았네.
身執略兮入西關	나는 붙잡혀 서쪽 관문을 지나 쫓겨났고
曆險阻兮之羌蠻	강과 만에 가기 위해 온갖 고난과 위험을 거쳤네.
山穀眇兮路漫漫	산골짜기는 멀기만 하여 여정이 길고 길어지니
眷東顧兮但悲歎	내 잊지 못하며 동쪽을 돌아보지만 슬피 탄식할 뿐이네.
冥當寢兮不能安	어둠속에서는 잠을 자야하건만 쉴 수가 없었고
饑當食兮不能餐	배고플 때 먹어야하건만 밥을 먹을 수 없었네.
常流涕兮眥不幹	늘 흐르는 눈물로 내 눈은 마를 틈이 없고
薄志節兮念死難	나의 결심은 약하기만 하여 죽는 것은 너무 어렵다고 생각했으니
雖苟活兮無形顏	그럭저럭 살았지만 체면이라고는 없었네.
惟彼方兮遠陽精	그곳은 태양으로부터 멀리 있고
陰氣凝兮雪夏零	음한 기운이 엉키어 여름에도 눈이 내리네.
沙漠壅兮塵冥冥	사막은 막혀, 모래먼지로 깜깜하고,
有草木兮春不榮	초목이 있지만 봄에 꽃을 피우지 않네.
人似獸兮食臭腥	그곳 사람들은 짐승과 같아서 냄새나는 고기를 먹고,
言兜離兮狀窈停	그들의 언어는 오랑캐 같고, 외모는 요정하네[(?)].[30]
歲聿暮兮時邁征	해는 다해가고 계절은 흘러가는데

30 (역주) 눈이 움푹하고, 코가 우뚝한 모습을 말한다. 괄호와 물음표는 원저자가 표기한 것이다.

夜悠長兮禁門扃　밤은 점차 길어지고 나는 철책 뒤에 갇혀있으니
不能寢兮起屏營　잠을 잘 수가 없어 일어나 쉬지 않고 서성이네.
登胡殿兮臨廣庭　내 오랑캐의 큰 전당에 들어가 그 넓은 뜰을 굽어보니
玄雲合兮翳月星　먹구름이 뭉쳐 달과 별을 가리고
北風厲兮肅泠泠　북풍은 거칠고 가혹하고 차갑네.
胡笳動兮邊馬鳴　호가(胡笳)는 소리를 내고 변방의 말들은 울고
孤雁歸兮聲嚶嚶　외로운 기러기가 돌아오니 그 소리 앵앵대네.
樂人興兮彈琴箏　악인(樂人)들이 나타나 금과 쟁을 연주하니
音相和兮悲且清　음이 조화를 이루어 애절하고 맑네.
心吐思兮胸憤盈　마음은 그리움을 토해내고 흉금은 분노로 가득하니
欲舒氣兮恐彼驚　기운을 풀고자 하나 저들이 놀랄까 두려워
含哀咽兮涕沾頸　애도의 흐느낌을 삼키노라니 눈물이 목을 적시네.
家既迎兮當歸寧　내 가족들이 나를 데리러 와 집에 돌아가야 했으니
臨長路兮捐所生　긴 여정 즈음에 나는 내 아이들을 버렸네.
兒呼母兮啼失聲　내 아들은 제 어미를 부르다 흐느끼며 말을 잃었고
我掩耳兮不忍聽　나는 차마 들을 수 없어 귀를 가렸네.
追持我兮走煢煢　아들은 나를 붙들며 쫓아오다 혼자 외로이 달려갔고
頓復起兮毁顏形　갑자기 내 다시 출발하니 체면을 잃었네.[31]
還顧之兮破人情　그를 다시 돌아봄에 사람의 마음을 찢나니,
心怛絕兮死復生　마음이 지독히 아파 죽을 듯하네.

설사 화자로서의 채염을 〈비분시〉의 저자와 동일시하지 않는다고 하더라도, 시의 여러 버전들은 상대적으로 이른 시기에 나온 것으로 보인다. 오언구 버전은 첫 구절에서 그 시기를 추측해볼 수 있는데, "한말(漢末)에 이르

31　'훼안형(毁顏形)'은 "얼굴을 상하다."라는 뜻이지만, 앞에서 순서만 조금 바뀐 '무형안(無形顏)'은 분명 "체면이 남아 있지 않다."라는 뜻이므로, 여기에서는 이렇게 풀이하는 것이 가장 적합할 듯하다.

러"라는 구절이 그것이다. 이것은 한나라가 끝났음을 암시하며, 결과적으로 이러한 사실을 조조(條條)의 죽음 뒤에 배치하고 있다. 오언시 버전은 동탁과 그의 적들 사이에 내전하는 모습을 서술하고 있으며, 이것은 조조의 '악부'의 일부분과 아주 유사한 점을 가지고 있다. 〈해로(薤露)〉[32]를 그 예로 들어볼 수 있다.

惟漢二十世　한나라의 20대에
所任誠不良　권력을 위임받은 사람들은 실로 불량했네.
沐猴而冠帶　목후(沐猴)가 관을 쓰고 띠를 두른 격으로
知小而謀强　지식은 부족한데 모략에만 능하였네.

"한말"과 대조적으로, 우리는 여기서 한나라가 위기를 맞이하기는 했지만 그래도 그 명줄을 이어가고 있던 때에 시인이 어떻게 한나라를 언급하고 있는지를 볼 수 있다. 같은 맥락을 조조의 〈호리행(蒿里行)〉[33]에서 읽어낼 수 있다.

關東有義士　관동에는 충성스러운 군대가 있으니
興兵討群凶　흉물스러운 무리를 토벌하고자 일어난 군대라네.

이 구절은 채염의 다음 구절과 비교해 볼 수 있다.

海內興義師　나라의 모든 곳에서 충성스러운 군대가 일어나니
欲共討不祥　하나로 결집하여 사악한 동탁을 벌하기 위함이었네.

32 루친리, 347.
33 앞의 책.

이 똑같이 소박한 기술 방식은 역사에 대한 약술(略述)인데, 이 방식은 《고문원(古文苑)》[34]에 공융(孔融)의 것으로 실린 몇몇 육언시에서도 볼 수 있다.

漢家中葉道微　한조 중반에 접어들어 왕도가 쇠락하니
董卓作亂乘衰　동탁이 그 몰락의 분위기를 이용하여 난을 꾀했네.
僭上虐下專威　지도자의 자리를 빼앗고 아래 사람들을 공포에 떨게 하고 모든 권력을 독차지하자
萬官惶布莫違　관리들은 공포에 떨고 그 누구도 그를 막아낼 수 없었으니
百姓慘慘心悲　백성들은 비참해하고 슬퍼하였네.

이렇게 서사를 소박하게 시로 만드는 스타일은 비봉(費鳳)을 기린 비문[35]에서도 볼 수 있다.

이렇게 소박한 서사 스타일은 3세기말에는 상류층들의 시에서 사라진다. 우리는 아마 위에서 언급한 〈비분시〉의 시작부분을, 왕소군이 흉노의 지도자와 결혼하기 위해 궁중을 떠나야 하는 심정을 표현한 대작(代作)이라고 알려진 석숭(石崇)의 시 도입부[36]와 대조해볼 수 있을지 모른다.

我本漢家子　나는 중국 가정에서 태어나
將適單於庭　선우의 진영으로 보내질 운명이었네.
辭決未及終　작별의 말을 다 마치기도 전에
前驅已抗旌　선봉에 선 이들은 깃발을 들어 올렸네.
仆禦涕流離　마부는 눈물을 줄줄 흘렸고

34　앞의 책, 197.
35　앞의 책, 176.
36　앞의 책, 643.

轅馬悲且鳴 마차의 말들은 나를 위해 슬프게 울어주었네.

형식적 부드러움과 "가련한" 인물들의 등장은 기존 오언시의 흐름과는 매우 다른 시대의 표지가 된다.

"초사(楚辭)" 버전은 일반적으로 더 조잡하며, 진위 여부 역시 의심을 받고 있다. "초사" 형식은 일반적으로 서술 속에 끼워진 운문에서 사용되었는데, 주로 좀 더 짧은 운율적 강조를 위해 사용되었다. 여기에서 "초사" 버전은 서술적인 운율을 내기 위해 쓰이기에, 오언시보다 못한 것으로 여겨졌다. 그 이유는 "초사" 버전에서는 극도의 감정을 구체화시키는 경향이 나타나며, "초사" 버전의 태생적인 형식상의 한계, 즉 3음절 반구가 각각 하나의 술부가 된다는 한계점이 나타나기 때문이다. 우리는 "초사" 버전이 오언시의 화제나 틀이 이미 잘 정립된 시기에 지어졌음을 알 수 있다. 3음절의 반구는 쉽게 오언시의 두 번째 부분으로 채워질 수 있었다. 따라서 "밤은 점차 길어지고(夜悠長)"라는 3음절구에서, 우리는 그에 뒤따르는 어구를 다음과 같이 예측해볼 수 있다. 그녀는 "잠을 잘 수가 없고(不能寢)", "일어나 쉬지 않고 서성인다.(起屛營)"

초사 버전이 정교한 부분이 없는 것은 아니다. 특히 어둠속에서 채염이 궁궐 밖의 먹구름에 가려진 별들과 그르렁대는 바람과 울부짖는 말과 슬퍼하는 갈대피리를 바라보는 장면이 그러하다. 이 작품의 절정은 그녀가 자식들을 떠나는 부분인데, 이것으로 이 버전은 끊긴다.

家既迎兮當歸寧 내 가족들이 나를 데리러 와 집에 돌아가야 했으니
臨長路兮捐所生 긴 여정 즈음에 나는 내 아이들을 버렸네.
兒呼母兮啼失聲 내 아들은 제 어미를 부르다 흐느끼며 말을 잃었고
我掩耳兮不忍聽 나는 차마 들을 수 없어 귀를 가렸네.
追持我兮走煢煢 아들은 나를 붙들며 쫓아오다 혼자 외로이 달려갔고

頓復起兮毁顔形　갑자기 내 다시 출발하니 체면을 잃었네.
還顧之兮破人情　그를 다시 돌아봄에 사람의 마음을 찢나니,
心怛絕兮死復生　마음이 지독히 아파 죽을 듯하네.

아래의 오언구 버전은 오언구가 가지는 서술능력을 지닌 형식이라는 나름의 강점을 보여준다. 여기서 아들은 "초사" 버전에서처럼 단순히 어머니를 부르며 울지만은 않는다. 그는 자신의 어머니에게 직접적으로 말하였다.

己得自解免　나는 풀려날 수 있었지만
當復棄兒子　내 아이들은 포기해야만 했네.
天屬綴人心　천속은 사람의 마음에 깊이 자리 하니
念別無會期　이별을 생각함에 다시는 만나지 못하리.
存亡永乖隔　우리는 살아서도 죽어서도 떨어져 있을 것이며
不忍與之辭　나는 그들을 떠남을 견딜 수 없을 것이네.
兒前抱我頸　내 아들은 앞으로 나와서 내 목을 껴안았고
問母欲何之　"어디 가시는 거예요 어머니?
人言母當去　사람들이 어머니가 떠나야 하며
豈復有還時　어머니가 다시는 돌아오지 못할 것이라고 합니다.
阿母常仁惻　어머니는 언제나 인자하셨는데,
今何更不慈　어찌 지금은 이리도 자애롭지 않으신가요.
我尚未成人　저는 아직 다 자라지도 않았는데
奈何不顧思　어떻게 제 생각은 전혀 하시지 않는 거예요?" 하였네.
見此崩五內　이 말을 들으니 오장육부가 무너지는 것 같았고
恍惚生狂癡　혼란스럽고 멍해졌으며, 미칠 것 같았네.
號泣手撫摩　흐느끼며 나는 아들을 어루만져 주었네.
當發復回疑　나는 떠나야만 하는데 다시 주저하였네.

"초사" 버전의 화자는 단순히 돌아보면 안 된다는 것을 알 뿐이다. 반면 여기에서 화자는 마음이 찢기고 주저한다. 오언구 버전은 또한 그녀만큼 운이 좋진 못했던 다른 포로들과 헤어지는 장면과 그녀가 집으로 돌아와 나머지 가족들이 모두 죽은 폐허만을 발견하게 되는 장면을 포함한다. 우리는 또한 그녀의 재혼 사실을 알게 되고, 그녀가 자신의 "더러움" 때문에 버림받을까봐 근심하고 있다는 것도 알게 된다. 이 시는 고시(古詩)에서 관습적인 "사람의 삶은 얼마나 되는가?"라는 질문과 근심을 표하는 결말로 마지막에 이르게 된다.

"고시" 레퍼토리의 요소들은 전반적으로 나타나는데, 쉬운 수준에서나 상대적으로 높은 격조에서나 모두 나타난다. 중앙아시아로 잡혀가게 되면 이동하는 것은 매우 어려웠으므로, 우리는 표준적인 구절을 변용한 사례를 "긴 길은 위험하고 막혀있네(迥路險且阻)"에서 볼 수 있다.(〈고시십구수〉 제1수의 "길은 험하고도 머네.(道路阻且長)"라는 구절을 참조하라.) 그녀가 자식들을 두고 떠날 때, 고시의 보편적인 주제인 '친지와의 이별'을 보게 된다. 〈고시십구수〉의 제1수에서는 헤어진 친척 사이의 거리를 과장되게 "서로 만 리를 떨어져(相去萬餘里)"라고 헤아렸고, 채염은 "삼천리를 계속해서 가니(悠悠三千里)"라고 하였다.(비봉(費鳳)을 기린 비문에는 "서로 삼천리를 떨어져(相去三千里)"라고 적혀있다.) 〈고시십구수〉의 제1수에서는 거리가 늘어나는 것에 대해 "나날이 서로 멀어지네.(相去日已遠)"라고 하였고, 채염은 이러한 애상을 더 높은 격조로 반복하여 "빠르게 나아가 매일 점점 더 멀어지네.(遄征日遐邁)"라고 하였다. 〈고시십구수〉의 제1수에서는 두 사람이 다시 만날 수 있을지를 물었고(會面安可知), 채염은 그저 "우리가 언제 다시 만날 수 있을까.(何時復交會)"라고만 하였다.

친지간의 헤어짐이라는 일반적인 경우를 넘어서서 친자식을 버리는 내용은 특별한 울림이 있다. 한(漢)나라의 붕괴가 가져온 역사적 혼란이 어떻게 가장 단단한 가족 간의 유대조차 훼손할 수 있는지를 보여주기 때문이다. 이것은 왕찬(王粲)의 〈칠애시(七哀詩)〉 첫 수에서도 중점적으로 다루어지는 내용으로, 여기서는 한 어머니가 장안 지방으로부터 피난하면서 그녀의 아기를 버린다. 양쪽 시 모두 가족의 붕괴를 의미하는 또 다른 상징이 나타나는데, 바로 묻히지도 못한 채 버려진 백골이 그것이다.

결국 왜 〈비분시〉의 두 버전이 시의 영역에서 그토록 오랜 기간 동안 철저하게 제외되었는지는 여전히 알 수 없다. 그보다 훨씬 긴 〈고시위초중경처작(古詩爲焦仲卿妻作)〉은 건안 시대의 것이라고 간주되지만 매우 의심스러우며, 지금 남아있는 형태는 남조 시대에 만들어졌을 것으로 보이는데, 이 작품 또한 《옥대신영(玉臺新詠)》에 포함되어 있었음에도 불구하고, 마찬가지로 상당히 후대에 이르도록 주목받지 못했다. 아마 오랫동안 유행한 전통이었던 것으로 보이는 긴 서술조의 시에 대해 지니고 있던 편견이 그 이유인 것으로 보인다.

*

5세기 초 이전의 어느 시점에, 이별과 헤어짐에 대한 일군의 시들은 서한(西漢)의 패장(敗將) 이릉(李陵)과 연관 지어지게 된다. 이릉은 흉노에게 투항하여 그들 사이에서 생의 대부분을 보낸 인물이다. 그가 한의 사절(使節)인 소무(蘇武)와 만나고 헤어지는 유명한 장면은 《한서(漢書)》에 기록되어 있는데, 이는 역사적인 사실이 그 근거가 무엇이든지간에 이미 낭만적으로 받아들여지고 있었음을 보여준다.[37] 전기(傳記)나 혹은 알 수 없는 시기에 두 사람이 주고받았다고 여겨지는 유명한 편지에 실린 노래에서 볼 수 있듯이, 이것은 의작(擬作)들을 불러일으킨 화제였다.[38] 두 개의 두루마리에

37 《한서(漢書)》, 2464-65.

38 《문선》 41. 스즈키가 지적하였듯이(《한위시 연구》, 329.) 편지에 쓰인 소재들은 해당 시들과 겹치는데, 이 현상을 진가(秦嘉)의 시와 편지에서도 살펴볼 것이다.

적혀있었던 이릉 전집은 《수서(隋書)》 〈경적지(經籍志)〉에 기록되어 살아남았다.

안연지(顏延之, 384-456)는 이미 이 모음집을 '총잡(總雜)'이라고 부르며 의심하고 있었고, "저자 귀속이 가짜"라고 의심스러워했다. 그러나 "모든 시들이 이릉에 의해 지어진 것은 아니다.(非盡陵製)"라고 한 것을 보면, 모든 시들을 그렇게 본 것은 아니었다. 5세기 말부터 740년경까지의 중요한 시기에 저자가 이릉이라는 견해는 널리 받아들여졌고, 이릉은 자주 오언시의 첫 "저자"로 대우받았다. 고시의 몇몇 작품을 지었다고 추정되었던 매승(枚乘)이 시기적으로 앞서지만, 그 형식 때문에 그는 첫 "저자"로 간주되지는 않았다.

어떤 시점에 접어들자, 두 두루마기의 시들을 한 사람이 한 시점에 모두 썼다는 추측이 터무니없는 것이라는 사실이 명백해졌다. 흉노의 땅에서 이릉은 즉석에서 계속하여 시를 하나씩 지어 소무에게 주었을 것인데, 소무는 그 시를 받는 역할도 하고 그 시를 베끼는 역할도 했을지 모르니 어느 순간 짜증이 나고야 말았을 것이다. 이러한 상황은 이 시들이 종영의 말처럼 오언으로 지어진 첫 시였다고 생각해보면 더욱 괴상하게 느껴지게 된다. 이러한 상황의 부조리함은 그 중 몇 편의 시를 이릉에게 보낸 소무의 작품으로 떠넘기면서 어느 정도 완화되었다.[39]

이별의 상황을 제외하면 이 시들을 특별히 이릉과 소무의 이야기와 연결시켜줄 단서는 없지만, 동시에 이 시들을 역사적인 사건과 연결 짓는 것을 금해야 할 이유도 없다. 만일 가장 유명한 시 중 하나가 전쟁에 나가는 남편과 헤어지게 된 여성 화자의 목소리라도, 그것은 비유로도 해석될 수 있는 것이다. 이 전집에는 작별의 순간 뿐 아니라 떨어져 있는 상황에 대해 읊은

39 루친리가 지적하듯(336-37), 양(梁)대에 이르면 이 작품군의 몇몇 시들은 소무가 지은 것으로 귀속되게 된다. 루친리, 《한위육조문학연구(漢魏六朝文學研究)》, 5-8 참조.

시도 있었는데, 《문선》에서 시를 뽑을 때에 이 시들은 포함시키지 않았다는 사실이 흥미롭다. 참고로 이 시들은 주로 《고문원》에 보존되어 있었다.

강엄(江淹)의 〈한부(恨賦)〉에는 이릉과 소무가 헤어지는 장면이 들어있다.[40]

至如李君降北 이릉이 북쪽에 투항했을 때
名辱身冤 명성은 욕되어졌고 신체는 원통했네.
拔劍擊柱 검 뽑아 기둥을 내려치며
弔影慚魂 제 그림자를 애도하고 영혼에 부끄러웠네.
情往上郡 감정은 상군[上郡, 한나라의 변방 군진]에 나아갔고
心留雁門 마음은 안문(雁門)에 머물렀다네.
裂帛系書 그는 비단을 찢어 (기러기에) 편지를 묶으며
誓還漢恩 한나라의 은혜를 갚겠노라 맹세했네.
朝露溘至 새벽이슬 갑자기 이르러
握手何言 [이릉과 소무가] 손을 잡으니 무슨 말을 더 하리오?

강엄은 이릉을 의작한 시 역시 자신의 〈잡체시〉에 포함시켰는데, 그의 〈잡체시〉는 바로 이전의 시 양식들을 모방해서 5세기 후반에 지은 작품들의 모음집이다. 이는 채염이 흉노에서 태어난 아이들을 두고 떠나는 상황 못지않게 매우 특수한 상황임에도 불구하고 전형적인 작별시의 배경이 될 수 있었고, 그 이별을 모든 이별의 전형으로 만들어버렸다.

李陵/蘇武 (추정)[41]

攜手上河梁 손잡고 하수의 다리를 오르니
遊子暮何之 길손은 황혼에 어디를 가려나.

---

40 《문선》 16.

41 루친리, 337. 《문선》 29(소무의 작으로 되어있음). 《예문유취》 29. 《초학기》 18.

徘徊蹊路側　길가에서 서성이며
悢悢不能離　슬퍼하며 차마 떠나지 못하네.
行人難久留　행인은 오래 머물 수 없으니
各言長相思　각자 말하길 항상 서로를 생각하겠다고.
安知非日月　어찌 알리, 우리가 해와 달처럼
弦望自有時　기울고 차는 것이 자기 때가 있음을.[42]
努力崇明德　그대의 덕을 높이려 애쓰시오,
皓首以爲期　머리 희게 세어지면 다시 만나리.

흉노족들이 다리를 건설했는지는 잘 알려져 있지 않지만, "하수의 다리"는 이릉과 소무의 이별을 상징하게 되었다. 이 시나 이 작품군의 어느 시에도 이 시를 역사적, 지리적, 혹은 개인적으로 자리매김할만한 한정적인 세부사항은 없다. 가정된 화자와 저자의 특수성은 추측될 수 있지만, 이것은 곧 어떤 이별에서든 지키는 규범적인 문법 속으로 녹아들어버린다. 바로 '우리는 여기 함께 있지만 헤어지자니 무척 어렵고, 길손은 가야만 하지만 우리는 항상 서로를 생각할 것이고, 언젠가는 우리 다시 만날 수 있을 것이다.'라는 규범이 그것이다. 가장 명백한 변수는 이별할 때 당부한 말인 "그대의 덕을 높이려 애쓰시오."라는 데에서 나타난다. 이는 말끔하게 번역되는 중국어 구절은 아니다. "잘 지내!"는 한 구절이 되기에 너무 짧을 뿐더러 시에는 다소 우스꽝스러우나, 이는 서툴지언정 이 구(句)의 사회적 의미를 전달한다. 이 시는 유명하고 또 아름다움을 지녔지만, 그 아름다움은 역사적 서사 안에 틀지어진 "올드 랭 사인(Auld Lang Syne)"의 아름다움인 것이다.

가령 위의 시가 이릉과 소무의 이별에 타당하게 귀속될 수 있다 하더라

42　시에서 "해와 달"을 함께 언급하였지만, 이는 명백히 달만을 의도한 것이다. 반달은 헤어짐을 의미하고, 보름달은 결합을 의미한다.

도, 이 작품군의 다른 시들은 초기 이별시들 중 가장 훌륭한 것들에 속함에도 딱 들어맞지도 않거니와 비유적으로 해석될 여지도 많지 않다. 이는 종영(鍾嶸)과 같은 비평가나 소통(蕭統)과 같은 비평적 선집 편찬자가 귀속된 상황에 비추어서 시의 세부 사항들을 몹시 엄격하게 검증하지는 않았음을 시사한다.

李陵/蘇武 (추정)[43]

骨肉緣枝葉　골육은 서로 가지와 잎처럼 연결되어 있으니
結交亦相因　인연을 맺으면 또한 서로 의지하네.
四海皆兄弟　사해가 모두 형제인데[44]
誰爲行路人　길 가는 이는 누구신가?
況我連枝樹　하물며 우리는 가지를 나란히 하여 자란 나무니
與子同一身　그대와 더불어 한 몸이라네.
昔為鴛和鴦　예전엔 우리 원앙이더니
今爲參與辰　지금은 참성과 진성같이 되겠네.[45]
昔者長相近　예전엔 우리 항상 서로 가까웠는데
邈若胡與秦　[이제는] 호와 진만큼 떨어졌네.
惟念當乖離　우리 떨어져야만 함을 생각하니
恩情日以新　애틋한 정은 날마다 새로워지네.
鹿鳴思野草　"사슴은 우네," 들풀을 생각하며[46]
可以喻嘉賓　이는 아름다운 손님을 빗댈만하네.

---

43 루친리, 338. 《문선》 29(소무의 작으로 되어 있음). 《예문유취》 29(소무의 작으로 되어 있음).

44 《논어》 〈선진(先進)〉의 "사해의 안은 모두 형제이다.(四海之內, 皆兄弟也.)"라는 유명한 구절을 바꿔 표현한 것이다.

45 참성은 서편에 뜨는 별이고, 진성은 동편에 뜨는 별이다. 일반적으로 함께 쓰여 극도로 멀리 떨어져 있음을 상징한다.

46 《시경》 161.

我有一樽酒 나 한잔 술이 있으니
欲以贈遠人 멀리 가는 이에게 주고자 하네.
願子留斟酌 원컨대 그대 머물게 하고 술을 따라
慰此平生親 이 평생의 가까움을 위로하고자.[47]

시의 첫 부분에 관계의 특징에 대한 언급이 있기는 하지만, 여기서 화자와 청자의 관계는 그다지 명확하지 않다. 친구들 간의 관계는 핏줄만큼 강한 것이 되며, 또 《논어》를 인용함으로써 형제들 간의 관계가 된다. 그러나 여기서 화자가 떠나는 이에게 자신의 관계에 대해 언급하고 있다고 생각했다면, 곧 4행에 이르면 이것이 여행자를 위한 위로의 말임을 깨닫게 된다. 여행자가 어디를 가든지 그는 그러한 "형제"를 만날 수 있으리라는 것이다. 소통(蕭統)은 이 시를 소무(蘇武)의 것으로 귀속시켰지만, 사실 떠나는 이는 소무였고 이릉이 머무는 입장에 있었다. 이에 《문선(文選)》에 주석을 단 당(唐)의 오신(五臣)[48]중 한 명인 장선(張銑)은 이를 해결하기 위해 이것을 소무가 자기 형제들을 떠나는 장면으로 처리하였다.

다음으로 매우 수사적인 글자 "황(況, 하물며)"을 접하게 되는데, 이 글자는 다른 이릉 작품군에서도 쓰인 적이 있기는 하지만 낮은 격조의 시에서는 일반적으로 쓰이지 않았다. "황(況)"은 주장하는 바를 가리키는데, 따라서 다음과 같이 읽을 수 있다. '어디를 가나 "형제"를 발견하실 게요. 하물며 나는 그대의 "형제"니, 한 나무의 가지와 잎 같이는 아니라도 가지를 나란히 하고 자란 두 나무 같지.' "더불어 한 몸"은 외견상 남성간의 관계를 암시하는 것 같지만, 원앙의 상징을 살펴보자면 이는 남자와 그 아내를 빗대는 표준적인 상징이다. 이렇게 되면 이 시의 관계가 작별하는 남편에게 말하는

47 '서(敍)'는 자주 '위(慰)' 대신에 쓰인다.

48 (역자주) 당(唐)의 오신(五臣): 《문선文選》을 주석한 당대(唐代)의 여향(呂向), 여연제(呂延濟), 유량(劉良), 장선(張銑), 이주한(李周翰)을 가리킨다.

부인을 보여주는 것인지 "부부 같은" 두 친구를 보여주는 것인지 더 이상 알 수 없게 된다. 추측해보건대 "고시"의 경우에도 그러했던 것처럼, 향유자는 시를 자기 좋을대로 해석할 수 있었고 듣고 싶은 부분만을 들을 수 있었을 것이다.

이릉과 소무의 이별의 상황에서 "호와 진만큼 떨어졌네."라는 상투적인 표현은 꽤나 직설적인 표현이 되어버리며, 따라서 더 이상 "만큼(若)"이란 말이 어울리지 않게 된다. 이 시에서 드러난 이별이 매우 오랫동안 함께 해온 사람들 사이의 것이라는 점도 역시 이릉과 소무의 경우와는 맞지 않는다. 화자는 그리고는 《시경(詩經)》의 〈녹명(鹿鳴)〉, 즉 연회로 손님을 맞아들이는 유명한 시를 인용하면서 마치 학교에서 배운 것을 그대로 반복하는 것처럼 들리는 형식을 통하여 표준적인 해석을 보여주고 있다. 화자는 다시 자기가 원하는 부분만을 취하는 단장취의(斷章取義)를 하고 있는데, "더불어 한 몸"인 짝을 지칭하기에는 온당하지는 않은 "손님"을 언급하고 있다. 마지막으로 화자는 길손에게 마시고 좀 더 머무르기를 권하고 있다.

비록 이 유명한 시는 그 부분 부분을 기억할 만하지만, 수사적인 모호함을 불러일으킨다는 의혹을 벗어나기는 힘들다. 이릉과 소무의 이별을 역사적인 사례로 두고 있는 작별이나 작별연의 일반적인 관념에 비춰보았을 때, 이 시는 모호하게 해석된다. 처음에 인용했던 시가 매우 일반적인 것과는 대조적으로, 이 시에서는 여러 가지 특징들이 작용하여 모호하게 이런저런 방향을 가리키고 있는 것이다.

*

첫 번째 장에서 보았듯이, 이별시들을 이릉에게 귀속시키고 〈원시(怨詩)〉를 반첩여에게 귀속시킨 오래된 귀속은 건안 시기 이전 오언시의 역사상에 큰 공백을 만들었다. 이러한 공백은 시의 형식에 대해 설명하려던 몇몇 비평가들에게 골칫거리였다. 공백은 채워질 수 있었고, 6세기 초 그 빈 공간을 채우기 위해 시들이 나타나기 시작했다. 이 시들을 동한(東漢)에 귀속시키는 것을 회의적으로 보아야 할 근거들이 있는데, 이 시들의 대부분은 그 출처들에 충실했는지가 의심스러운 선집인 《옥대신영(玉臺新詠)》에서 온 것이다.

《옥대신영》에는 진가(秦嘉)의 시 네 수와 그의 아내 서숙(徐淑)이 그에게 화답한 시 한 수가 실려 있다. 종영(鍾嶸)은 《시품(詩品)》의 서문에서, 반첩여와 건안 시기 사이의 곤란한 공백 속에서 반고(班固)의 〈영사(詠史)〉만을 언급했다. 그러나 본문에서는 외견상으로는 진가와 서숙을 '중(中)'으로 분류해둔 듯하다. "외견상"이라고 말하는 이유는 종영의 주석들이 모호하며, 서숙에게만 적용되는 것일 수 있기 때문이다.[49] 종영의 주석은 아래와 같다.

> 夫妻事旣可傷, 文亦悽怨. 二漢爲五言者, 不過數家, 而婦人居二. 徐淑敘別之作, 亞於團扇矣.
>
> 남편과 아내 사이의 관계에 고통이 생기면, 글 또한 슬프고 원망스러워진다. 한대(漢代)에 오언시를 쓴 사람은 몇몇에 지나지 않는데, 부인이 그 중 둘을 차지한다. 서숙의 이별에 대한 시는 [반첩여의] 단선(團扇)시에는 미치지 못한다.

종영의 주석을 말 그대로 해석하면, 오직 서숙에 대해서만 썼음이 분명해 보인다. 그러나 《옥대신영》의 네 수의 시 중 진가의 이름 아래 놓여 있는 세 수의 시는 오언시이며, 이는 본질적으로는 사언시인데 여기에 혜(兮)를 세 번째 글자에 배치하고 있는 서숙의 시보다 훨씬 매력적이다. 그러므로 독자들은 종영의 주석을 진가'와' 그의 아내를 지칭하는 것으로 해석하는 경향

49 현재의 버전에서 제목인 〈한상계진가가처서숙시(漢上計秦嘉嘉妻徐淑詩)〉는 "가(嘉)"를 두 번 써서 진가와 그의 아내를 모두 지칭했다. 그러나 만일 하나의 "가(嘉)"만 있다면, 분명 단지 서숙에만 해당될 듯하다. 글자를 중복한 것은 텍스트에서 만들어질 수 있는 가장 쉬운 변화 중 하나이고, 의심컨대 진가의 시들이 떠돌아다니게 되자 "명료함"을 위해서 이렇게 한 것이라 생각된다.

을 지니게 되었다.

사실 《수서(隋書)》 〈경적지(經籍志)〉에서는 서숙의 이름에만 귀속된 짧은 선집만을 언급하였다.[50] 이는 실제로는 종영이 이 사언시의 특유한 변주를, 오언시의 한대(漢代) 작가 논의에 있어 존재하는 공백을 채우기 위해서 포함시켰다는 사실을 암시하는 것처럼 보인다.

서숙(徐淑), 〈답진가시(答秦嘉詩)〉[51]

妾身兮不令　첩의 몸 좋지 못하여
嬰疾兮來歸　병에 걸려 돌아왔네.
沈滯兮家門　친정에 앓아누운 채
歷時兮不差　시간이 지나도 낫지 않는구나.
曠廢兮侍覲　무기력하게 그대 시중들고 뵙기를 폐하였으니
情敬兮有違　정과 공경을 놓쳤네.
君今兮奉命　그대 지금 명을 받들고
遠適兮京師　멀리 경사로 가는구나.
悠悠兮離別　이별이 오랠 것이니
無因兮敍懷　내 마음 설명할 길이 없네.
瞻望兮踴躍　멀리 바라보며 발을 구르고
佇立兮徘徊　우두커니 서서 배회하네.
思君兮感結　그대를 그리워함에 감정이 엉키고
夢想兮容輝　꿈에서 그대 얼굴의 광채를 상상하네.
君發兮引邁　그대 떠나 길에 오르니
去我兮日乖　나를 떠나 날로 멀어지네.
恨無兮羽翼　안타깝게도 날개가 없어

50 《수서》, 1059.

51 루친리, 188. 《옥대신영》 1.

高飛兮相追　높이 날아 좇아가지 못하네.
長吟兮永歎　길게 읊조리고 탄식하니
淚下兮霑衣　눈물 흘러 옷을 적시네.

이 시가 언제 지어졌는지는 알 수 없다. 심지어는 동한(東漢) 때에 지어진 것일 수도 있다. 그러나 이것이 종영이 《시품》의 서문에서 염두에 두었던 시라는 것은 어느 정도 확신할 수 있다. 또한 서문에서는 종영이 진가의 시들을 알지 못했던 것처럼 보이는데, 실로 그 시들은 아직 지어지지 않은 상태였을지도 모른다.

여기서 우리는 진가와 서숙 사이에서 주고받았던 것으로 추정되는 일련의 편지들을 주목해야 하는데, 이것들은 선집에서 인용되거나 돈황(敦煌)의 필사본에 남아서 보존되었다.[52] 그리고 이것들은 아마도 《수서》 〈경적지〉에서 서숙에게 귀속된 두루마기 하나의 내용 대부분을 차지하였을 것이다. 분명 서숙의 편지들이 중심이었고, 진가의 편지들은 소략했기 때문이다. 《문선》에 포함된 잘 알려진 이릉의 편지처럼, 이것들도 분명 페르소나 작품이다. 여기서도 이릉과 소무처럼 이별 장면을 볼 수 있는데, 여기에는 편지와 시들이 제공된다. 그러나 이릉의 사례와는 달리, 이 경우에는 스토리에 대한 역사적 출처를 찾을 수 없다. 진가는 《후한서(後漢書)》에서 언급되지 않았는데, 5세기 중반에 진가와 서숙의 답신과 시들이 널리 돌아다니고 있었다면 어째서 범엽(范曄)이 이들을 언급하지 않았는지를 추측하기 어렵다.[53] 편지들은 〈합환시(合歡詩)〉의 첫 두 수에서 언급되는데, 이는 초기 동진(東晋)의 양방(楊方)에게 귀속되어 있다. 그러나 이것들은 또한 《옥대신영》에 실려있는 시들이기도 하다.[54] 강엄(江淹)이 5세기 후반에 의작시(擬作詩)들

52　엄가균, 《전상고삼대진한삼국륙조문》 66. 2b-3a, 96.8b-10a.

53　범엽은 특히 이러한 비극적 사건들을 특히 선호했다.

54　루친리, 860. 《옥대신영》 3. 《악부시집》 76. 어떤 이는 다른 곳에서는 입증되지 않

을 지었을 때, 그가 모방한 것은 진가도 서숙도 아니었다. 서숙의 시는 진정한 오언시가 아니었으므로, 강엄이 어째서 이를 의작하지 않았는지는 이해할 수 있다. 그러나 강엄이 이 시들을 알고 있었다면, 그는 분명 진가의 시만큼은 모방했을 것이다. 그러므로 이 자료의 핵심부분은 적어도 5세기 후반부 이후에나 생산되었을 것이며, 진가의 시들은 양(梁) 초기 이후에나 생산되었을 것이라는 것을 의심해볼 수 있다.

위의 서숙에게 귀속된 시가 종영에게 알려진 것이었다면, 우리는 다음의 몇 가지 사실을 알아낼 수 있다. 6세기 초 무렵 진가가 농서군(隴西郡)의 상계리(上計吏)로 복무했다는 것과 그의 아내가 친정에서 앓아누워 그를 만나러 갈 기회가 없었다는 사실이 알려져 있었다는 점이다. 이러한 점들은 서숙의 편지와 시로부터 알 수 있는 것들이다. 서숙의 작품은 답하는 시이다. 즉 화답이 되는 서숙의 시들을 필요로 했던 것이다.[55] 이는 분명 6세기 전반기에 발견되거나 보충되었을 것이며, 이 시기에 오언구로 된 동한(東漢)의 시는 크게 증가했다.

진가(秦嘉) (추정), 〈증부시 3수(贈婦詩三首)〉[56]

진가는 상계리(上計掾)의 일을 맡았다. 아내 서숙이 깊은 병으로 친정에 돌아갔기에 얼굴을 보고 이별할 수 없었다. 진가는 아내에게 이 시들을 주었다.

은 《옥대신영》의 귀속에 대해 통틀어서 의심하는 것을 주저하지만, 페르소나로부터 저자로 옮겨진 페르소나 시들은 정확히 우리가 고찰하고 있는 문제에 해당한다.

55 이릉의 작품군 가운데 몇몇 시를 소무에게 귀속한 것을 볼 때, 시의 수답을 구성하는 데에 관심이 있었다는 사실에 주목해볼 수 있다.

56 루친리, 186. 《옥대신영》 1.

1.

人生譬朝露　인생은 아침 이슬과 같은데
居世多屯蹇　세상에 머묾에는 역경이 가득하네.
憂艱常早至　근심과 역경은 항상 너무 빨리 이르고
懽會常苦晚　기쁜 만남은 항상 너무 늦다네.
念當奉時役　당장의 일을 받들어야 함을 생각하고
去爾日遙遠　날로 그대와 멀어지네.
遣車迎子還　그대 데려오려 마차를 보내니
空往復空返　빈 채로 갔다 다시 빈 채로 돌아왔네.
省書情悽愴　편지를 살펴보니 마음이 서글퍼서
臨食不能飯　음식을 두고도 먹지 못하네.
獨坐空房中　홀로 빈 방에 앉으니
誰與相勸勉　격려해 줄 이 아무도 없네.
長夜不能眠　긴 밤 잠들지 못해
伏枕獨展轉　베개를 베고 홀로 뒤척이네.
憂來如循環　근심은 고리와 같이 찾아오니
匪席不可卷　[내 마음] "자리가 아니라 말 수 없네."[57]

2.

皇靈無私親　황령(皇靈)은 사사로이 친함이 없어서
爲善荷天祿　선(善)을 행하면 하늘의 복록을 받네.
傷我與爾身　그러나 내 그대와 고통을 받으니
少小罹煢獨　어려서부터 고독하였네.
既得結大義　그대와 대의(大義)[58]를 맺을 수 있었지만
懽樂若不足　기쁨과 즐거움은 괴로이도 부족하였네.

---

57 《시경》〈백주(栢舟)〉에서 온 구절이다.

58 결혼을 뜻한다.

念當遠離別　그대와 멀리 이별할 것 생각하니
思念敍款曲　마음 속 이야기를 털어놓고자 하네.
河廣無舟梁　하수는 넓은데 배나 다리 없으니
道近隔邱陸　길은 짧아도 구릉으로 막혔네.
臨陸懷惆悵　길 떠나 절망하니
中駕正躑躅　중도에서 머뭇거리네.
浮雲起高山　뜬 구름은 높은 산에 일어나고
悲風激深穀　슬픈 바람 깊은 골짜기를 휘도네.
良馬不回鞍　좋은 말은 안장을 지닌 채 돌아오지 않고
輕車不轉轂　가벼운 마차는 바퀴를 굴리지 않네.
針藥可屢進　침과 약은 자주 쓸 수 있지만
愁思難爲數　슬픈 생각들은 셀 수가 없네.
貞士篤終始　올곧은 선비는 끝까지 성실하니
恩義不可屬　우리의 사랑이 이어지지 않을 수 있겠는가?

3.

肅肅僕夫征　빠르게 마부가 나아가고
鏘鏘揚和鈴　쟁쟁하게 조화로운 종소리 울리네.
清晨當引邁　맑은 새벽 떠나야 하니
束帶待鷄鳴　띠를 묶고 닭 울음소리 기다리네.
顧看空室中　빈 방을 돌아보고
髣髴想姿形　희미하게 그대 모습을 상상하네.
一別懷萬恨　이별하자 온갖 회한이 밀려와
起坐爲不寧　일어났다 앉았다 편안하지 못하네.
何用敍我心　어떻게 내 마음 설명하리
遺思致款誠　그리움을 보내고 진심을 표현하네.
寶釵可耀首　보배로운 비녀가 머리에서 반짝이고
明鏡可鑒形　맑은 거울 모습을 비춰주네.

芳香去垢穢　향기가 악취를 없애고

素琴有輕聲　금(琴)이 고운 소리를 내네.

詩人感木瓜　시인은 목과(木瓜)에 감격하여

乃欲荅瑤瓊　요경(瑤瓊)으로 보답하고자 하네.[59]

媿彼贈我厚　그대가 나에게 준 후함에 부끄럽고

慙此往物輕　내가 보낸 것의 박함에 부끄럽네.

雖知未足報　보답에 부족한 줄 알지만

貴用敘我情　내 마음 표현하기에 귀하다네.

첫 시를 보면, 이 시가 지어지기 전에 적어도 서숙의 편지 중 하나가 이미 존재하였다는 사실을 알 수 있다. 그보다 더 흥미로운 질문은, 과연 진가의 서숙에게 보내는 두 번째 편지가 이미 지어졌고 그것이 선집에 포함되었는가의 여부이다. 그 편지가 선집의 일부라면, 시인은 세 번째 시에서 그 중 일부를 운문으로 만든 것일 뿐일 터이다.

여기에서 저자와 페르소나에 대한 좋은 사례를 볼 수 있는데, 이는 오로지 고의로 속이고자 어물쩍 위조되어 겹쳐진 것일 수 있다. 그러나 중국어 "보(補)"는 "간극을 메우다."라는 뜻을 가지고 있고, 이 간극이란 서숙의 답을 불러일으킨 시들 사이에서의 간극이며, 좀 더 보편적으로는 오언구로 된 동한(東漢) 시들의 부재에서 비롯된 간극이다. 이는 진행 중인 과정이었던 것으로 보인다. 《옥대신영》에는 서숙의 또 다른 시가 포함되어 있는데, 이는 사언시이다. 다른 자료에서는 사언구와 다른 불규칙구로 된 결혼에 대한 두 짧은 시들을 볼 수 있다. 이것들이 진가의 페르소나로 지어진 것인지 아니면 결혼에 대한 시의 "작자"로서 그에게 귀속된 것인지는 알 수 없다. 제량의 문학가들은 초기 시들의 텍스트 잔해들을 조직하고 설명하면서, 그들

59　이와 아래구들은 《시경》 〈목과(木瓜)〉 에서 온 것이다.

눈에 불완전해보였던 많은 부분들을 복구하고 그 간극들을 채워 넣었을 것이다.

*

지금까지 특정한 화자가 놓인 특정한 환경과 관련해서 지어진 시들과, 특정하기 어려운 시들을 해석하기 위한 방법으로 화자를 저자로 전가하는 경우들을 살펴보았다. 이제는 저자의 귀속이 시를 읽는 데에 있어서 깊이를 더해주는 사례를 살펴볼 것이다. 비록 저자가 이전 시들에서처럼 무조건 "화자"가 되는 것은 아니지만 말이다.

488년 《송서(宋書)》의 발간 이후, 육궐(陸厥, 472-99)은 심약(沈約)의 성조(聲調)의 역사에 대한 설명에 이의를 제기했고, 논의 과정에서 반고(班固, A.D.32-92)에게 귀속된 〈영사(詠史)〉를 언급했다. 반고는 종영의 《시품》에서 가장 낮은 등급을 차지하고 있으며, 종영은 이를 "탄식을 일으키는 구절들을 가지고 있다.(有感歎之詞)"라고 특징지었다. 《북당서초(北堂書鈔)》와 《태평어람(太平御覽)》에도 〈영사(詠史)〉처럼 보이는 다른 시의 부분들이 있기는 하지만, 완벽한 〈영사〉는 오직 《문선(文選)》에 대한 이선의 주석과 장수절(張守節)의 《사기정의(史記正義)》에서만 찾아볼 수 있는데, 이 또한 당(唐)대에 만들어진 것이다. 이 시가 매우 오래되었을 뿐만 아니라 시의 저자가 유명함에도 불구하고 이 시가 양(梁)의 선집이나 수(隋)와 당(唐)의 전서에서 제외되었다는 사실은 가히 충격적이다.

이 시는 제(齊)나라의 곡물 창고 관리지기인 순우의(淳于意)의 딸 제영(緹縈)의 이야기를 다시금 말해주고 있다. 한 문제(漢文帝) 시절, 순우의는 매우 중한 죄목을 받았고 형벌을 받기 위해 체포되었다. 체포되어 가면서 그는 딸들에게 자신을 도와주러 올 아들이 없다고 한탄했다. 그리고 그의 가장 막내딸인 제영은 수도까지 아버지를 따라가 황제에게 편지를 올려 아버지 대신 자신이 죽게 해달라고 하였다. 문제(文帝)는 이 편지를 읽고 감동을 받아 순우의를 풀어주게 하였다.

반고(班固), 〈영사(詠史)〉[60]

三王德彌薄　세 왕의 덕이 점점 엷어져
惟後用肉刑　살을 도려내는 형벌만 내려졌네.
太蒼今有罪　태창의 관리자가 죄목을 받아
就遞長安城　장안에서 체포되었네.
自恨身無子　그는 아들이 없다는 것에 비통했고
因急獨煢煢　급박한 심정으로 아무것도 할 수 없어 외로워했네.
小女痛父言　막내딸이 아버지의 말에 괴로워하였으니
死者不可生　죽은 사람은 돌아오지 않는다는 것이었네.
上書詣闕下　그녀는 궁궐 문으로 가서 임금에게 글을 올리고
思古歌雞鳴　옛날을 생각하며, 〈계명(鷄鳴)〉[61]을 노래했네.
憂心摧折裂　걱정하는 마음은 찢어지는 것 같았고
晨風揚激聲　〈신풍(晨風)〉[62]을 물결치듯 격한 소리로 불렀네.
聖漢孝文帝　현명한 한나라의 문제가
惻然感至情　그녀의 간절한 마음에 연민을 느꼈네.
百男何憒憒　백 명의 남아들도 혼란스러워만 했을 것이니
不如一緹縈　한명의 제영(緹縈)만 못하다고 하였네.

---

60 루친리, 170. 홀즈만, 〈초기 중국 오언시〉, 88-92.

61 《시경》에 실린 〈계명(鷄鳴)〉이라는 노래에는 "창승(蒼蠅)"에 대한 언급이 많이 나온다. 이 창승(蒼蠅)은 옳은 것을 그르다하는, 즉 중상모략하는 사람을 상징한다. 이것은 곧 그녀의 아버지가 억울하게 누명을 썼음을 말하는 것이다.

62 모시(毛詩) 버전 《시경》에 실린 〈신풍(晨風)〉이다. 〈신풍〉은 진(秦)나라의 강공(康公)이 덕 있는 관리들을 거부한 것을 비판하는 의도에서 쓰인 것이다. 시경의 "삼가(三家)"(역자주: 《노시(魯詩)》·《제시(齊詩)》·《한시(韓詩)》)들도 모두 동의하고 있는 것처럼 보인다.

첫 연구(聯句)에서는 이야기가 발생한 역사적 순간을 밝힌 반면, 마지막 연구에서는 제영(緹縈)의 덕을 칭송하고 있다. 그 사이의 연구들은 직접적인 요약 방식을 통해 이야기하는데, 《시경》의 원용을 통하여 적당한 수준의 학식을 보여준다. 특히 판단을 보여주는 마지막 연구는 옛 이야기들에 대한 시적인 서술이 지니는 특징에 해당된다. 이러한 특징은 영사시(詠史詩)와 악부에서 모두 나타난다.

반고가 이 시를 썼을 가능성이 아예 없는 것은 아니다. 하지만 이러한 형식의 시의 신뢰할만한 첫 버전은 3세기 초 이전에는 나오지 않았는데, 이 3세기 초에 와서야 저자 귀속에 확신이 생겨나기 시작했다. 만일 이 시가 나중에 반고의 것으로 귀속되었다는 가정을 해본다면, 어찌하여 그럴만한 인물이 아닌 것 같아 보이는 반고가 선택된 것인지에 대해 의문을 가지게 될 것이다.

해답은 반고의 전기에서 얻을 수 있다. 반고는 옥에서 죽었고 궁에는 그의 누이가 있었다. 이러한 맥락에서 부유하는 필사 전통에서 살아남은 특별할 것 없던 이 운문 작품이, 우회적으로 그 자신의 처지를 애통하게 드러냈던 반고와 역사적인 대칭을 이루면서 관심을 얻게 된 것이다. "저자"를 얻게 됨으로써 이 시는 중국의 시적 전통에서 가장 보편적인 가치를 얻게 된다. 그것은 바로 저자 개인적인 문제를 역사적으로 있었던 사건을 통해 서술하는 것이다. 이런 맥락에서 이해해야만 이 시가 "탄식을 일으키는 구절들"을 가지고 있다는 평가를 받게 된 이유를 알 수 있다.

*

저자가 단순히 이야기를 하는 것이라 해도, 만일 그 이야기가 반고의 경우처럼 저자에게 있었던 일을 반영한다면 이는 시를 읽는 데 있어서 중요한 부분이 된다.

조식(曹植), 〈야전황작행(野田黃雀行)〉[63]

高樹多悲風　높은 나무에 슬픈 바람이 많이 불고
海水揚其波　바닷물이 파도를 일으키네.
利劍不在掌　만일 네 손에 날카로운 검이 없다면
結友何須多　어찌 많은 친구들을 사귈 것이 있겠는가.
不見籬間雀　울타리에 앉은 참새를 보지 못하였나?
見鷂自投羅　매를 보고 그물에 몸을 던졌네.
羅家得雀喜　새잡이꾼은 참새를 잡아 기뻐하는데,
少年見雀悲　젊은이가 참새를 보고 슬퍼했네.
拔劍捎羅網　그는 칼을 뽑아 그물을 베었고
黃雀得飛飛　황색 참새는 날아갈 수 있게 되었네.
飛飛摩蒼天　하늘에 닿을 때까지 높이 날아올랐다가
來下謝少年　내려와 젊은이에게 감사했네.

여기에서 조식이 과연 이 유명한 시의 저자인지에 대해서 논쟁하고 싶지는 않다. 그렇지만 이 시의 선행하는 일차적 출처가 《악부시집(樂府詩集)》이라는 점은 짚고 넘어가야 할 것이며, 또 같은 악부 제목이 《송서(宋書)》의 다른 시에서도 나타난다. 이 악부는 조식의 "전집"의 현재 버전에 포함되어 있다. 하지만 이 "전집"이라는 것은 전적으로 시선집과 인용구들을 모아서 편집한 것이다. 따라서 이 시는 거의 확실히 《악부시집》에서 가져온 것이라 할 수 있을 것이다. 이 시는 더 이전에는 선집에 실리지 않았었고, 다른 당(唐)의 전집에서 인용되지도 않았으며, 이선(李善)의 주석에서 언급되지도 않았다. 곽무천(郭茂倩)이 이 시를 조식의 "전집" 옛날 버전에서 발견했을 가능성도 있는데, 그가 어디서 그 옛날 버전을 발견했는지는 알 수 없다. 굳

63 루친리, 425. 《악부시집》 39. 황지에, 《조자건시주》, 98-99. 니에원위, 《조식시해역》, 79-83. 자오요우원, 《조식집주교》, 206-7.

이 다시 지적할 필요는 없겠지만, 조식은 232년에 죽었고 이 시는 12세기가 되어서야 세상에 나타나게 되었다. 조식의 시 대부분이 《악부시집》에 처음으로 완전한 형태로 나타나는 것에 대해서는 이미 선행연구에서 언급하였기에 여기서는 다루지 않는다.

주제 자체는 오래된 것으로, 이를 서한(西漢)의 《초씨역림(焦氏易林)》에서도 발견하게 된다.[64]

雀行求粒	참새가 먹을 것을 구하러 갔다가
誤入網罠	실수로 촘촘한 그물에 들어가 버렸네.
賴仁君子	어진 군자의 덕으로
復脫歸室	참새는 탈출하여 집으로 돌아갔네.

악부에서 이 핵심 모티프는 더 복잡해지고 더 극적이게 되었는데, 상용구를 도입부에 넣음으로써 이 우화에 한층 복잡함을 더하게 되면서 그렇게 된 것이다.

이 시는 왕부지(王夫之)가 그의 책인 《고시평선(古詩評選)》에 싣기 전까지는 주목받지 못하였다. 왕부지는 이 시를 읽을 만한 가치가 있는 조식의 악부 두 편 중 하나라고 칭하였다.[65] 후에 청대(淸代)에 와서 이 시는 더 많은 주목을 받았는데, 그로부터 얼마 뒤 진조명(陳祚明)은 그의 《채숙당고시선(采菽堂古詩選)》(1706)에서 조식이 그 자신을 참새에 비유한 것이라고 말하였다.[66] 이 시의 해석내용이 본질적으로 변화하게 된 것은 주건(朱乾)의 《악부정의(樂府正義)》라는 책에서인데, 여기에서는 "화자가 곤경에 빠진 그의 친구를 도울 만한 힘이 없어 슬퍼하고 있다.(自悲友朋在難, 無力援救.)"라고

64 천량윈, 《초씨역림시학천석》, 248.

65 《삼조자료휘편(三曹資料彙編)》, 166.

66 앞의 책, 188.

해석하고 있다.[67] 이러한 해석을 통해서 이 시는 시의 세부사항들이 저자의 상황에 대한 이야기와 관련되는 가장 알맞은 예가 되게 된다. 장옥곡(張玉穀)은 《고시상석(古詩賞析)》에서, 이 시의 화자가 자신에게 기대를 걸었던 친구를 힘이 부족하여 실망시켜야만 했던 상황에 대해 말하고 있는 것이라 덧붙였다.[68] 조비가 왕좌에 오른 이후 조식의 많은 친구들이 조식과의 친분 때문에 사형을 당했기 때문에, 그러한 추정을 해볼 수 있는 세부사항들은 이미 잘 알려져 있는 것들이다.

조식의 친구인 정의(丁儀)는 조식을 조조의 계승자로서 왕좌에 올리기를 바랐고, 조조가 이것을 실행에 옮기려고 했을 때 이를 지지했다. 그러다가 조식의 형제인 조비가 왕좌를 차지하자, 조비는 정의에게 자살을 권했다. 정의는 그렇게 할 수 없어 결국 감옥에 갇혔고 처형되고 만다. 이 맥락을 조식의 시각에서 읽어보면, 이 시는 매우 강렬하게 다가온다. 시에는 인물의 무력함을 비참하게 인지하는 모습이 나타난다. 만일 어떤 사람이 친구가 도움이 필요한 때에 그 친구를 돕지 못한다면, 그 인물은 친구를 만들어선 안 된다는 것이 그것이다. 무력함에 대한 인식은 그물에 갇힌 새를 구할 칼을 지니고 있는 젊은이에 대한 우화를 통해 해결된다. 그는 공개적으로 정의와 그의 형제 정익(丁翼)이 처형된 것에 대해 비판할 수 없었기 때문에, 비유적으로 말하였던 것이다. 시에는 몇몇 해석의 여지가 있는 부분이 존재한다. 과연 "매"가 의미하는 것은 무엇인가? 그럼에도 불구하고 시가 일단 시의 저자와 저자가 놓였던 상황들과 연관을 맺고서 생동감을 가지게 되면, 그러한 틀이 이 시를 이해하는 데 있어 너무나도 중요해져서 아예 시 텍스트의 한 부분으로 자리하게 된다. 중국 고전시들이 대부분 그 시와 관련된 주석과 함께 존재해왔기 때문이다. 이제 선집에 실린 시는 〈야전황작행(野田黃

67 앞의 책, 198.

68 앞의 책, 210.

雀行)〉이라고 보아야 하지, 《송서》와 《문선》에 실린 같은 제목의 긴 연회시가 아닌 것이다.

이 시가 의심스러운 귀속들로 가득 찬 전집의 저자 이름 아래에 놓인 채 매우 늦은 시기에야 문헌에 실리게 되었다고 하더라도, 더 이상 큰 문제는 되지 않는다. 만약 이 시의 저자 귀속을 받아들인다면, 조식의 삶의 어느 때에 이 시가 지어졌는지를 모르더라도 문제될 것이 없다. 이 시는 거대한 문화적 흐름 속에 자리 잡게 된 것이다.

6장

의(擬)

대개 "의작(imitation)"이라 번역되는 "의(擬)"라는 용어는 3세기 중반전까지 문학적 의미로는 등장하지 않았다.[1] 이는 부현(傅玄, 217-78)의 몇몇 작품들에서 처음으로 등장하고 다음 세대에 보다 널리 퍼지게 되는데, 가장 유명한 예로 육기(陸機)의 "고시(古詩)"에 대한 의작들이 있다.[2] 3세기의 이 경우와 또한 5세기 내내 "의"는 저자에 대한 의작보다는 특정 작품에 대한 의작을 지칭했다.[3] 이 시기 대부분의 문학 작품이 공유된 자료들을 재구성하거나 이전의 텍스트들을 본받는 것에 기반하기에, 우리는 어떤 구체적인 특징이 의작을 "의"로 만드는지에 대해 묻게 된다. 즉, 우리가 현대적인 광

1 작품의 한 부분이 《예문유취》에 실려 있는 반고의 〈의연주(擬連珠)〉는 분명한 예외에 해당한다. 이 제목이 본래의 것일지라도, 이는 명백하게 이전 텍스트의 "문학적인 의작"이 아니다. "연주(連珠)"는 아직 장르가 되기 전이었으며, 따라서 이 제목은 아마 "연주와 닮은" 일련의 주옥 같은 격언들을 직접적으로 비유하는 것이었을 것이다. 반고를 첫 저자라 한 부현의 〈연주서(連珠序)〉를 참조하라. 《예문유취》 57.

2 시의 제목들이 자유롭게 바뀌기는 했을지라도, 한 시기에 각기 다른 문헌들에 남아 있는 다양한 저자들의 많은 시들의 출현은 이 용어의 보편적인 사용이 특정 시기에 시작되었음을 알려준다.

3 앞서 언급했듯이, 제목들은 특히 변주가 자유로웠다. 제목 앞에 "의"를 언급한 3세기 악부들의 몇몇 사례가 있기는 하지만, 아무리 빨라도 5세기가 되기 전까지는 악부 제목 앞에 "의"의 사용이 보편적인 단계에 접어들지 않았던 것으로 보인다.

의에서 "의작"이란 용어를 사용한다면, 어째서 어떤 의작들은 "의"이고 다른 것들은 "의"가 아닌가?

일반적인 용어인 "의고(擬古)"는 아마 4세기 후반이나 늦어도 6세기부터는 사용되었다.[4] 그 외에, 이 용어는 5세기에 걸쳐 지속적으로 개별 작품제목만을 "의"하는 데에 사용되어 왔다.[5] 5세기 말이 되면, 이런 제목들을 가지고 있는 선행하는 시들이 실제로 존재했던 것인지 아니면 그저 의저자가 유형화된 제목을 선택한 것인지를 확신할 수가 없다.[6] 게다가 문학사에 대한 의식이 성장하고 각 시대와 저자의 스타일을 정교하게 위치짓게 되는 5세기 말 이전까지는 이전의 시를 "의"한다는 것은 그 시의 스타일을 모작하는 것을 의미하지는 않았다. 반소(班昭)는 완적 〈영회시(詠懷詩)〉의 첫 수를 5세기 중반에 의작하면서 기존 텍스트를 좀 더 고상한 격조로 한 줄씩 다시 쓰는 더 오래된 관습을 여전히 따르고 있다. 예컨대 완적의 "밤중에 잠들지 못하네.[夜中不能寢]"은 "물시계가 정각이 되었는데 쉬지 못하네.[漏分不能臥]"가 되었다. 그러다가 강엄(江淹)이 5세기 말에 시인들을 의작했을 때,

---

4 "시(詩)"라는 용어가 일반적으로 시의 제목에 덧붙여지기 때문에, 우리는 의고시라는 제목을 어떻게 해석하면 좋을지 알 수가 없다. "고(古)를 의작한 시"인지 "고시(古詩)를 의작함"인지 해석의 여지가 있기 때문이다. 동진의 관습을 미루어 볼 때, 특히 도잠의 의고시는 제량 시기에 이해되었던 것처럼 특정 저자미상의 "고시"를 지칭하는 것 같지는 않다. 그러나 이 제목은 "의"의 의미가 보편화된 이후에 후대의 편집자가 도잠의 제목 없는 시들 일부 작품들에 붙인 것일 가능성도 있다.

5 이에 대한 예외는 사령운의 〈의업중집(擬鄴中集)〉으로, 이것은 한 묶음의 시들을 의작한 것처럼 보이지만 의작의 대상이 된 시들이 현전하는지 알 수 없다. 다른 "의"와는 대조적으로 저자만 제시될 뿐, 시의 개별적 제목이 명시되어 있지 않다. (다만 이 의작들 속에서 잘 알려진 시의 부분들이 보이기는 한다.) 업중집(鄴中集)에 있는 의작과 페르소나 시에 대한 좀 더 많은 논의를 보기 위해서는 메이지아링, 《한·위·육조 문학신론: 의작·대작 및 증답 작품들》, 5-92를 보라. 여기서 우리는 "의"가 오직 특정한 구절들에 대한 의작과 함께 확장되기 시작했음을 알 수 있다.

6 강엄(江淹)이 쓰고 있는 제목은 범주를 가리키는 것으로 보인다. 다만, 그가 알려진 특정 시들을 의작한 사례가 몇가지 있기는 하다. 어떤 사람의 "체(體)"를 의작하는 경우는 일반적으로 5세기 중반부터 발견되는데, 이 경우 "학(學)"과 "효(效)" 같은 용어가 사용된다.

분명 그는 시대의 스타일과 저자의 스타일을 모두 포착하고자 했다. 동시에, 그는 한 줄씩 모방하는 기존의 관습을 더 이상 따르지 않았다.

"의"의 3세기 관습을 "주제상의 모작"이라고 할 수 있겠지만, 현존하는 몇 안 되는 의작들과 "원작"을 밀접하게 비교해보면 "의"가 그 이상이었음을 알 수 있다. 대부분의 경우, 의작은 본래의 시를 더 수준 높은 격조로 다시 쓰는 것을 의미하기 때문이다. 즉, 의는 공유되는 시적 소재들을 재창조하는 다양한 형식 중 한 전문화된 버전인 것이다. 그리고 이는 특별히 원전비평적인 방식으로, '고정된 선행 텍스트'로 가정되는 것에 반응하는 방식이다. 의는 또한 이전의 시적 소재들을 사용하면서도 동시에 그것의 원래 텍스트와 '다를 것'을 지속적으로 요구하는 유일한 형식이다. 주요한 규칙들 중 하나는, 원 구절에 있는 중요한 어휘들의 반복을 피하는 것이다.

그러므로 의는 이전 시학을 정형화하면서 확장하는 것으로 간주할 수 있다. 이전 시학에서는 화제들은 대부분 결정된 시퀀스에 배열되어 있으면서, 동시에 공유된 주제를 중심으로 자유롭게 재창조될 수 있었다. 이 관습적인 화제들은 다양하게 발화될 수 있었지만, 이러한 발화들은 대개 상당히 비슷하거나 때로는 동일했다. 3세기 후반에 의가 나타나면서, 화제들과 그 순서는 몇몇 특정한 선행 텍스트 속에 고정되었고, 모든 주요 단어와 구절을 다르게 변주할 것이 요구되었다. 게다가 이 변주는 후대의 것이 언제나 "더 높은" 격조를 가질 수 있도록, 격조의 위계를 보여주어야 했다. 시의 "사회적 유동성"은 오언구로 된 시가 문학적 정통성을 갈망하는 것에 달려있었다.

"의"는 동한부터 진대까지 문학적인 용어 이외에도 다양한 방식으로 사용되었다. 이러한 사용 방식 중 가장 흔한 것 중 하나가 "자취를 따른다"는 뜻의 의적(擬跡)이다. 이 용법은 특별히 구체적으로 지시적인데, "의작"이라는 것이 모호하고 전반적인 수준으로 이루어진 것이 아니라, 특정한 "자취"를 좇았음을 알려준다. 앞선 텍스트를 구마다 의작하는 것은 사실 선행 텍스트의 "자취를 따라가는 것"이다. 이러한 종류의 의작은 대개 5세기 초 내

내 계속되었기 때문에, 이러한 작품들은 그들이 좇고 있던 보다 오래된 텍스트들에 대해 많은 것을 알려줄 수 있다. 구체적으로, 이러한 "의작"으로부터 우리는 그들이 좇은 텍스트가 현전하는 텍스트와 어떤 점에서 닮거나 다른지를 알 수 있다.

3세기부터 살아남아 온전한 형태로 전하는 의작은 그 수가 적다. 부현이 《초사》에 실려있는 〈천문(天問)〉과 〈초혼(招魂)〉을 의작한 것의 일부분이 남아있다. 부현이 장형의 〈사수시(四愁詩)〉를 의작한 것을 보면, 다음 세대에 장재가 쓴 연작에서처럼 매 행마다 모방이 이루어지고 있다.(루친리, 742) 반악(潘岳)이 조비의 〈과부부(寡婦賦)〉를 "의작"했다고 알려져 있기는 하지만, 그렇게 긴 작품이 조비의 작품을 행마다 모방한 것이라고 보기는 힘들다. 그러나 만약 그렇다면, 조비의 원작은 일부분만 현전하는 것이다.

"의작"의 가장 중요한 사례들은 육기의 "고시" 의작에서 발견된다.(소통의 〈고시십구수〉에는 포함되지 않는 하나의 "고시" 의작을 포함해서)[7] 이러한 의작 중 열세 편이 있는데, 이중 열한 편은 원작을 연구 단위로 재구성하여, 보다 높은 시적 격조를 이루어내고 있다.[8] 이 열한 편 중 일부에서, 우리는 저자 미상의 원작이나 의작에서 나타나는 추가적인 연구를 발견하게 된다. 두 편에서 연구들의 순서는 뒤바뀐 것으로 보인다. 여기서 제기할 수 있는 흥미로운 질문은, 이러한 차이점을 어떻게 해석할 것인가이다. 의(擬)를 광의로 해석하면 의저자가 원작을 다룰 때 어느 정도 자유로움을 부여받게 된다.

---

7 이 시들에 대한 최근의 논의를 보려면 《중세 초기 중국 문학과 문화사: 리차드 메이더와 도날드 홀즈만을 기리며》 117-48쪽에 실린 라이츄미의 〈창조적 의작의 기술: 한나라 고시에 대한 육기의 의작들〉을 보라.

8 우리는 부현이 장행의 사수시를 의작한 것의 서문으로부터, 의작이 원작보다 높은 격조를 지님을 의미했다고 추정할 수 있다. 이 서문에서 부현은 장행을 다음과 같이 서술한다. "사수시의 체는 작고 속되다.[體小而俗]" 여기서 "俗"은 노골적으로 비꼬는 용어이며 모방될만한 것이 아니다. 俗의 반대는, "우아한" 정도의 뜻으로 이해될 수 있는 雅로, 보다 높은 격조를 가장 잘 특징짓는 용어일 것이다.

다른 대안적인 가설은 육기가 6세기 초의 필사전통 속에서 살아남아 전해지는 "고시"의 버전과는 조금 다른 버전을 사용하고 있었다는 것이다.

이 두 번째 가설은 아직 증명은 되지 않았지만, 적어도 〈고시십구수〉 중 열한 수의 시들의 유사한 버전들이 그것들의 현전하는 형태와 대단히 비슷한 형태로 3세기 말에 유통되었다는 것에 대해서는 어느 정도 신빙성 있는 설명이 제시된다. 그러나 한편으로 이 가설은 육기가 〈고시십구수〉 제9수의 전혀 다른 버전을 알고 있었고, 〈고시십구수〉 중 가장 유명한 제1수의 상당히 다른 버전을 가지고 있었다는 결론으로 우리를 이끈다. 여기서 육기가 현전하는 〈고시십구수〉 텍스트와 조금이든 상당히든 다른 버전을 갖고 있었다 해도, 현전하는 버전들이 반드시 더 후대의 것이라고 단정될 수는 없다는 점을 잊지 말아야 한다. 후대의 필사 전통 속에서 보존된 증거들로부터, 어느 정도의 텍스트 변경은 일반적인 것이었음을 알 수 있으며, 이러한 인기 있는 저자미상의 시들이 순환되는 과정에서 끊임없이 바뀌고 있었다고 논리적으로 추론할 수 있다. 육기의 "의작"은 "고시"의 경우에 있어서는 적어도, 변경의 정도가 이미 제한되었음을 보여준다.[9]

많은 경우, 육기의 의작은 3세기 말의 시쓰기에서 보이는 우아한 변용의 작은 "교과서"적 예시를 제공한다. 간혹 우리는 육기가 마치 원래의 시와 의작이 대구를 이루는 것처럼 기존의 시행에 완벽한 대구법으로 응답하는 것을 보기까지 한다. "회오리바람 땅을 흔들며 이는데.[迴風動地起]"(〈고시십구수〉 제12수)에 육기는 "떨어지는 이슬 하늘을 채우며 내리네.[零露彌天墜]"라고 답한다. 일반적인 복합어인 "바람과 이슬"을 이용하여 "바람[風]"의 대(對)로 "이슬[露]"이 제시되었다. "하늘"은 "땅"과 대구를 이루며, "내리네"는 "일어나네"에 대응한다.

9 물론, "고시"의 텍스트들이 유명한 의작들에 의해 어느 정도까지 안정화되었는지도 고려해야 한다.

어디에서나 우리는 격조의 "상승"을 목격한다. 고시에 "사계절[四時]"(제12수)이 있다면, 육기는 환유인 "더위와 추위[寒暑]"를 제시한다. 고시에서 사계절이 단순히 "거듭 변화[更變化]"한다면, 육기의 바뀌는 기온은 "서로 이어[相因襲]"진다. 여성이 음악을 연주하는 소리를 들으며, "고시"의 화자는 다소 노골적으로 "한 쌍의 기러기가 되었으면[願爲雙鴻鵠]" 하고 바라지만, 육기는 외려 "돌아가는 기러기의 날개를 타기를 생각[思駕歸鴻羽]"한다.

육기의 "의작"이 우리에게 주는 것, 곧 〈고시십구수〉 일부에 대한 3세기 말의 매우 날카로운 독해는 매우 값지다. 제12수부터 시작해보자.

〈고시십구수〉 제12수[10]

東城高且長 동쪽 성은 높고도 길어,
逶迤自相屬 잇닿아 구불구불 뻗었네.
迴風動地起 회오리바람 땅을 흔들며 이는데,
秋草萋已綠 가을 풀은 우거지고 푸르구나.
四時更變化 사계절은 거듭 변하니,
歲暮一何速 세모는 어찌나 빨리 오는지.
晨風懷苦心 신풍은 괴로운 마음을 품었고,
蟋蟀傷局促 귀뚜라미는 급박함을 슬퍼하네.[11]
蕩滌放情志 씻어내어 마음과 뜻을 자유로이 두게.
何爲自結束 어찌 스스로를 얽매겠는가?
燕趙多佳人 연과 조에는 가인이 많으니,

---

10 루친리332. 《문선》 29. 《옥대신영》 1(매승의 작품으로 되어있음). 쉐이슈선, 《고시십구수집석》 18-19. 디에니, 《고시십구수》, 30-31, 117-25.

11 이 행들은 일반적으로 각각 《시경》 132편 〈신풍(晨風)〉과 114편 〈실솔(蟋蟀)〉을 가리키는 것으로 이해된다. 위 시행들의 해석은 이 시들에 대한 모시(毛詩)의 이해에 부합되도록 변형되었다. 부록 F를 보라.

美者顏如玉 아름다운 자들은 안색이 옥과 같네.
被服羅裳衣 비단 저고리 치마 입고서,
當戶理淸曲 문가에서 맑은 곡조 연주하네.
音響一何悲 음악의 여운은 얼마나 슬픈가,
弦急知柱促 현 소리 급하니 기러기발 바투 놓임을 알겠네.
馳情整巾帶 치닫는 격정에 수건과 띠를 정돈하고는
沈吟聊躑躅 생각에 잠겨 잠시 머뭇대노라.
思爲雙飛燕 우리 한 쌍의 날아가는 제비 되어,
銜泥巢君屋 진흙 머금고 그대 처마에 둥지 지었으면.

이 시에 관한 청과 현대의 학문적 쟁점은 주로 이 시의 통일성에 있다. 이 시는 일관성에 있어서는 심각한 문제가 없지만, 학자들은 10행과 11행 사이에서 단절을 발견했다. 단절되었다는 감각은 초기 시에의 오랜 경험에서 비롯한다. 9행과 10행은 결구(結句)의 일반적 형태인데, 또 11행은 전형적인 도입부(오언구의 세 번째 자리에 '多'자를 놓으며 "X에는 Y가 많다네"라고 하는 틀)이다. 청대의 학자 장봉익(張鳳翼)은 이 시가 사실은 운이 같다는 이유로 잘못 합쳐진 두 개의 시라는 추측을 처음으로 제시했다.[12] 기윤(紀昀)은 이에 대응하고자 육기의 의고시를 이용했는데, 육기가 이것을 하나의 단일한 시로 다룬 것에 주목했다. 디에니는 가장 정확해 보이는 제안을 내놓았다. 즉 이 시는 우리가 악부에서 볼 수 있듯이 부분들을 조합했다는 것이다.[13]

다음은 육기의 의작으로, 그 아래는 원시와 육기의 의작을 나란히 놓은

12 쉐이슈선, 《고시십구수집석》 18에 인용되어있음.

13 장 피에르 디네니, 《고시십구수》 123. 디에니가 합당한 결론을 이끌어내기는 하지만, 이런 통찰을 이끌어낸 논리, 곧 이 시의 저자가 악부에서 보이는 전이를 "모방"한다는 것은 반대해야만 한다. 그런 이해는 역사적 순서를 가정한다. 디에니는 여기 보이는 전이를 〈고시십구수〉의 셋째 수와 비교한다. 그러나, 제3수의 구절들이 《북당서초(北堂書鈔)》에는 "고악부"로 인용되어 있음은 주목해봄직하다.

것이다.

육기(陸機), 〈의동성일하고(擬東城一何高)〉[14]

西山何其峻　서산은 얼마나 험한가,
層曲鬱崔嵬　층층 굽이에 우뚝 솟은 봉우리.
零露彌天墜　떨어지는 이슬은 하늘을 채우며,
蕙葉憑林衰　혜초는 숲가에서 시드네.
寒暑相因襲　추위와 더위 서로 이어지니,
時逝忽如頹　시절은 굴러 떨어지듯 쉬이 간다네.
三閭結飛轡　삼려대부는 날리는 고삐를 매고,[15]
大耋嗟落暉　원로들은 지는 석양에 한숨짓누나.
曷爲牽世務　어찌하여 세무에 끌려다니는가?
中心若有違　마음 속엔 무언가 잃은 것이 있는 듯.
京洛多妖麗　낙양에는 매력있는 미인이 많으니,
玉顏侔瓊蕤　옥같은 얼굴은 피어나는 경옥같아라.
閑夜撫鳴琴　조용한 밤이면 금을 타니,
惠音清且悲　그 부드러운 음은 맑고도 슬프구나.
長歌赴促節　긴 노래는 급한 가락으로 옮겨가니,
哀響逐高徽　슬픈 여운이 높은 현을 따라 울리는구나.
一唱萬夫歎　한 번 노래하면 만인이 탄식하고,
再唱梁塵飛　다시금 노래하면 들보의 먼지가 날리네.[16]
思爲河曲鳥　생각건대 강굽이의 새들이 되어

14 루친리 688. 《문선》 30. 《옥대신영》 3. 하오리취엔, 《육사형시주》(베이징: 인민문학출판사, 1958) 48.

15 초나라의 세 귀족 집안을 다스리는 벼슬인 "삼려대부"였던 굴원을 가리킨다. 이선은 이것이 〈이소(離騷)〉의 "부상에 말고삐 모아 묶는다(總余轡乎扶桑)"를 가리킨다고 보았다. 그러므로 이 행은 일출을, 이어지는 행은 일몰을 뜻할 것이다.

16 이는 인기 있고도 뛰어난 음악에 대한 관용구이다.

雙遊灃水湄　풍수 물가에서 짝지어 헤엄치고 싶구나.

東城高且長	西山何其峻
逶迤自相屬	層曲鬱崔嵬
回風動地起	零露彌天墜
秋草萋已綠	蕙葉憑林衰
四時更變化	寒暑相因襲
歲暮一何速	時逝忽如頹
晨風懷苦心	三閭結飛轡
蟋蟀傷局促	大耋嗟落暉
盪滌放情志	曷爲牽世務
何爲自結束	中心若有違
燕趙多佳人	京洛多妖麗
美者顏如玉	玉顏侔瓊蕤
被服羅裳衣	閒夜撫鳴琴
當戶理清曲	惠音清且悲
音響一何悲	長歌赴促節
弦急知柱促	哀響逐高徽
馳情整中帶	一唱萬夫歎
沈吟聊躑躅	再唱梁塵飛
思爲雙飛燕	思爲河曲鳥
銜泥巢君屋	雙遊灃水湄

우선 육기가 다른 "제목"을 사용하고 있음에 주목해야 하는데, 곧 위에 제시한《문선》버전과 첫 줄이 다르다는 것이다.[17] 이것은 우연히 그렇게 된

17 《옥대신영》은 제목/첫 행을 〈고시십구수〉의 현전하는 버전에 실린 대로 싣고 있다. 다만《옥대신영》은 후대에 매우 심하게 손댄 텍스트이므로 원래 무엇이라고 쓰여

것이 아니다. 도입부의 시구가 의작한 대상이 현행 버전이 아닌바, 육기가 그의 의고시의 원작의 제목으로 제시한 것이기 때문이다. 이는 우리에게 경각심을 불러일으킨다. 현재 전해지는 텍스트가 대략 육기가 사용한 것과 같을지 몰라도, 행의 특정한 표현에는 여전히 다양한 차이가 있을 가능성이 있다.[18]

육기의 "의작" 행위는 원시에서 모호하거나 문제적인 부분을 명확하게 만들곤 한다. 주석가들은 4행인 "가을 풀 우거지고도 푸르구나"를 설명하기 위해 상당한 분량을 할애했다. 이 묘사는 가을의 식물을 묘사하는 데는 부적절해 보인다. 주석가들이 이것이 실로 적절하다는 것을 보이기 위해 대단한 분량을 할애한 것은 오히려 이 부분이 문제적임을 증언한다. 여기서 '萋(凄로 적혀있음)'는 '시들어가는'을 의미할 수도 있지만, '푸름'과 함께 쓰인다면 이는 우거진 풀을 묘사하는 것이다. 디에니는 육기와 동시대인이었던 장협(張協)의 잡체시 중 첫 수의 한 구절을 인용한다. "뜰의 화초는 우거지고 푸르구나.[庭草萋以綠]"(루친리, 745) 이것도 역시 가을 시이며, 여기 이 시구는 바로 이 "고시"에 대한 텍스트적 흔적일 수 있다. 이는 육기가 현전하는대로 해당 행을 의작했으리라는 추측에 좀 더 확신을 준다. 그렇지만 육기는 가을 식물에 대한 좀 더 전통적인 이미지를 만들기 위해 해당 구를 이렇게 개조했다. "혜초 잎은 숲에서 시드네.[蕙葉憑林衰]"(높은 격조의 위치동사인 '憑'을 사용함)

제 3연은 의작의 본보기적인 사례로, 여기서 각 행의 구는 모두 동의어나 더 높은 격조의 어휘로 재구성된 것이다. 제 4연에 보이는 자연의 생물들은

있었는지는 말하기 어렵다.

18 우리는 심지어 3세기의 "의저자"에게 어느 정도의 자율성을 허락해야만 한다. 그렇긴 해도, 고시의 제 2행이 "길이"를 수식하고 있다는 것은 언급하지 않을 수 없다. 이 요소는 육기가 원시로 제시한 버전에서는 빠진 것이다. 추정해보자면, 육기가 알았던 버전의 "고시"에서는 두 번째 행이 이와 달리 높이를 강조한 것이었을 것이다.

채염을 포함한 인물들로 대체되었다. 여기서 수사적 움직임은 어휘의 격조가 상승하는 것에 상응한다. 곧, "비천한" 생물들은 그 인품(채염)에 의해서나 나이 때문에 고상한 지위를 차지하는 인물들로 대체되었다.

첫 단락의 다섯 번째와 마지막 연구에서 육기는 순서를 바꾸고 종결부를 나타내는 표지를 제거했다. 다수의 청대 학자들을 불편하게 만들었던 전환은 여기서 더 부드러워졌다. 다만 육기는 다음 연에서 틀을 유지하기는 한다. 어휘상의 격조 상승은 흔히, 좀 더 명확하게 엘리트적 의식과 동반된다. 고시의 화자가 느끼는 방해는 일반적인 것이다. "어찌 스스로를 묶는가?[何爲自結束]" 육기가 느끼는 제약은 명확하게 공무에 관한 것이다. "어찌 시대의 임무에 끌려다니리?[曷爲牽世務]"(일반적인 의문사인 '何'를 고풍스러운 의문사인 '曷'로 대체하였는데, '曷'은 3세기에 음성학적으로 '何'와 구별되었다.)

두 번째 부분은 현전하는 "고시"를 거의 그대로 따르는데, 끝에서 마지막에서 두 번째 연구는 예외다. 아마도 육기가 보기에 과하게 격정적이었던 것 같다.

馳情整巾帶　치닫는 격정에 수건과 띠를 정돈하고는
沈吟聊躑躅　생각에 잠겨 잠시 머뭇대노라.

육기는 대신에 음악의 모티프를 이어나가는데, 다만 청자에의 강력한 영향만을 암시하였다.

一唱萬夫歎　한 번 노래하면 만인이 탄식하고,
再唱梁塵飛　다시금 노래하면 들보의 먼지가 날리네.

레퍼토리 관습보다는 의작 대상 텍스트로부터 영향을 받아, 육기는 마침내 한 쌍의 새가 되고 싶은 소망에 다다른다. "雙"에 가해진 개작은 주목할 만하다. 고시 작법 레퍼토리에 속하는 현전 사례를 보면, "한 쌍(雙)"은 직접적으로 새를 수식해야 했다. 육기는 "雙"을 빼어서 이어지는 행에 옮겨놓았다.(정확히 같은 방식의 옮겨놓기가 〈고시십구수〉 제5수에 대한 육기의 의작에 나타난다.)

육기가 "의작"하는 방식은 명확하고도 상대적으로 일관적이다. 이는 격조의 차이를 표시하는 것이 무엇이었는지를 명확하게 보여주고, 여기에서 우리는 "고시"와 의작을 비교할 수 있다. 어떤 "고시"의 현전하는 버전이 육기가 알았던 바로 그 텍스트인지는 확신할 수 없지만, 대부분의 경우 육기의 "원시"가 현전하는 텍스트와 본질적으로 같은지 다른지는 상대적으로 분명하다.

*

〈고시십구수〉의 제2수는 훌륭한 의작 사례로, 현전하는 텍스트가 육기가 가지고 있던 것과 같은 버전임을 확인시켜준다.

〈고시십구수〉 제2수[19]

青青河畔草　푸르고 푸른 것은 강가의 풀이요,
鬱鬱園中柳　빽빽한 것은 정원의 버드나무네.
盈盈樓上女　사랑스럽네 누 위의 소녀,
皎皎當窗牖　환하게 창가에 서 있도다.
娥娥紅粉妝　어여쁘네 붉은 화장,
纖纖出素手　가냘프게 흰 손 내미네.
昔爲倡家女　옛적에는 가수 집안의 딸이더니,

19　루친리, 329. 《문선》 29. 《옥대신영》 1(매승의 작품으로). 《예문유취》 32. 《초학기》 19. 쉐이슈선, 《고시십구수집석》 3-4. 디에니, 《고시십구수》 10-11, 59-62.

今爲蕩子婦　지금은 탕자의 아내로다.

蕩子行不歸　탕자는 떠돌며 돌아오지 않으니,

空床難獨守　빈 침대는 홀로 지키기가 어렵네.

육기, 〈의청청하반초(擬靑靑河畔草)〉[20]

靡靡江蘺草　살랑이는 강가의 풀들,

熠熠生河側　싱싱히 빛나며 강가에서 자라네.

皎皎彼姝女　환하구나 저 아름다운 아가씨,

阿那當軒織　나긋나긋하고 우아하게 난간에서 베를 짜네.

粲粲妖容姿　반짝이도다, 고운 모습,

灼灼華美色　찬란하구나, 사랑스러운 얼굴빛.

良人遊不歸　그녀의 남편은 떠돌아다니며 돌아오지 않아,

偏棲獨只翼　홀로 잠자리에 드네, 외짝 날개로.

空房來悲風　그녀의 빈 방에는 우울한 바람이 불어오고,

中夜起歎息　밤중에 그녀는 일어나 한숨을 쉬네.

육기는 첫 여섯 행에 나타나는 서술적 복합어의 순서를 유지하였는데, 이 부분은 시에서 정형성이 두드러지는 부분이며 이 시의 텍스트적 안정성을 이끈다. 그런데 "고시"가 같은 음절을 반복하는 서술적 복합어만을 사용하는데 반해, 육기는 여기서 운이 같지만 음이 완전히 같지는 않은 두 글자를 나란히 놓는 첩운을 사용하고 있다. 마찬가지로 그는 첫 번째 행에 나타난 문법을 반복하지 않기 위해 두 번째 행의 패턴을 변주시켰다. 우리는 단조로움을 피하기 위한 변주가 높은 시적 격조의 한 부분을 이미 이루고 있었음을 추정해볼 수 있다. 어떻게 보면 의작은 변주를 실현하는 기본적인 방

20 루친리, 687, 《문선》 30. 《옥대신영》 3. 《예문유취》 32. 하오리취엔, 《육사형시주》 45.

법이었다.

육기가 "고시"에 대해 "격조의 상승"을 해내는 두 번째 방식은, 불분명한 도덕성을 고치는 것이다. "고시"에 나오는 여성은 화장을 하고 있는데, 이는 남편이 어딘가에 가있는 여성에게는 분명히 부적합한 행동이다. 심지어 그녀는 남들이 그녀를 볼 수 있는 창가에서 화장을 하고 있다. 육기의 의작에서도 이 여성은 눈에 뜨일 곳에 있긴 하지만, 그녀가 하는 행동은 보다 상황에 어울리게 베를 짜는 것으로 되어있다. 이 의작에서 여성은 그녀의 손을 뻗지 않는다. "고시"의 여성은 미심쩍은 사회적 배경인 "가수 집안" 출신이다. 그리고 그녀의 남편은 탕자이거나, 보다 좋게 쳐준다고 해도 자신이 집에 있어야할 때조차 집에 있지 않는 인물이다. 육기의 의작에서 이 남자는 '양인(良人)', 즉 그녀의 남편 혹은 글자 그대로 "좋은 사람"이라고 언급되며 보다 긍정적으로 나타난다. 끝으로, "고시"의 아내는 독수공방하는데 어려움을 겪는다. 육기의 의작에서 아내는 '빈 방'에서 슬픔에 젖어 깨어나지만 어디까지나 고상한 고독감에 한숨을 쉰다. 육기는 조식의 〈미녀편(美女篇)〉의 시집가지 않은 여성과 같은 인물을 생각하고 있다.[21]

佳人慕高義 가인이 높은 덕 갖춘 이를 사모하나
求賢良獨難 좋은 남자 찾기는 유독 어렵네.
衆人徒嗷嗷 뭇 사람들 공연히 떠들어대지만
安知彼所觀 그녀가 보는 바를 어찌 알리오?
盛年處房室 인생의 전성기에 방에만 머무니
中夜起長歎 한밤중에 일어나 긴 한숨 쉬네.[22]

제량 시대에 모습을 갖추게 된 문학사의 관점에서, 서진에서 등장한 보다

---

21 루친리, 431.

22 위의 책, 431-32.

높은 시적 격조는 도덕적으로 의심스러운 경박한 시적 수사의 시작으로 간주되곤 하였다. 그러나 서진 당시에는 이와 달리 보다 높은 격조가 계층 차이를 부각시키는 기능을 한 것으로 보이는데, 이는 지도층의 교양 뿐 아니라 그들의 도덕 가치와도 연결되는 것이었다.

육기의 시각에서의 의작과 5세기의 보다 폭넓은 차원의 의작이 갖는 차이를 유송의 왕자 유삭(劉鑠, 431-53)의 버전을 통해 알 수 있다.[23] 그는 원본의 주제와 10행의 길이를 유지하고 있지만, 연구는 더 이상 육기의 의작처럼 원본과 밀접하게 대응하지 않는다. 게다가 시적 수사 패턴이 반복되는 것을 피하는 것은 이제 너무나도 일상적인 것이 되어서 유삭은 여섯 개의 서술적 복합어를 연달아 사용할 수 없었던 것으로 보인다.

유삭, 〈의청청하반초(擬青青河畔草)〉[24]

凄凄含露臺　선선한 함로대,
肅肅迎風館　쓸쓸한 영풍관.[25]
思女御櫺軒　그리워하는 여인은 격자 난간에서 일을 하니,
哀心徹雲漢　슬픈 마음은 은하수를 관통하네.
端撫悲絃泣　부러 슬픈 현 어루만지며 흐느끼고,
獨對明燈歎　홀로 밝은 초 바라보며 한숨짓네.
良人久徭役　남편은 부역지고 떠난지 오래고,
耿介終昏旦　꿋꿋하게 그녀는 저녁부터 아침까지 새우네.
楚楚秋水歌　슬프구나, 가을물의 노래여,

---

23 《남사(南史)》에 따르면 유삭은 삼십 편 이상의 초기 시 의작을 지었다고 한다. 《南史》, 395.

24 루친리, 1215. 《옥대신영》 3.

25 이것들이 마치 특정 이름인 것처럼 제시되고 있긴 하지만, 그러한지는 분명하게 확인되지 않았다. 물론 한무제가 영풍관을 짓긴 했지만 말이다.

依依採菱彈　깊은 그리움으로 가득 찬, 마름줍는 짤막한 노래여.[26]

육기는 시 속 여성의 지위를 가수에서 보다 존경할 만한 지위로 높였다. 유삭은 이 여성을 궁궐에 두어 그 지위를 한 층 더 높게 올린다. 여성을 건물의 눈에 띄는 곳에 배치하는 두 번째 연구에서, 육기는 원본에서 장소를 직접적으로 알려주는 문법 요소인 '당(當)'을 반복하게 되었다. 유삭은 높은 격조에서 "-에 기대다"라는 뜻을 가지는 표현을 사용하지 않고도 격조를 높이려고 하는데, 이는 현대의 맥락에서는 볼품없게 직역을 한 것으로 보일 수 있다. 그는 "일하다"라는 뜻의 다소 과한 표현인 '어(御)'를 사용한다. 그녀가 여전히 너무 평범하게 보이는 것을 막기 위해서, 그녀의 불행함은 은하수까지 올라간다. 원본의 세 번째 연구는 여성이 화장을 하고 손을 뻗는 내용을 담고 있다. 육기는 이미 내용을 그녀가 아내답게 베를 짜는 것으로 바꾸었고, 이 연구는 단순히 그녀의 아름다움을 드러내기 위해 사용한다. 유삭은 더 귀족적으로 표현하려는 목적에서 여성의 손을 활용하고 있는데, 금의 현을 어루만지는 장면이 바로 그것이다. 비록 저자미상의 원본들에서 노래와 공연의 주제를 볼 수 있기는 하지만, 이 주제는 특히 5세기부터 6세기 초까지의 시인들에게 매력적으로 다가왔다. 남편이 부재한 상태로 그려지는 네 번째 연구 이후, 유삭은 음악의 종류와 정서를 읊는 대칭 연구로 시를 끝낸다. 다른 어느 것보다도, 이 시에서는 육기의 의작에 보이는 슬픔으로 끝맺는 서술이 부재하며 이는 5세기를 특징짓는다. 밤에 일어나 한숨 쉬는 여성을 넣는 대신, 시인은 노래의 서로 다른 곡조들을 제시하여 이것을 통해 그녀의 감정을 우회적으로 말할 뿐이다. 유삭과 거의 같은 시기에, 포조의 여동생인 포령휘는 10행의 길이는 유지하면서도, 유삭과 유사한 자유로움을 보여준다.

26　이것은 남조의 노래 유형이었다.

포령휘, 〈의청청하반초(擬青青河畔草)〉[27]

裊裊臨窗竹　우아하게 흔들리네, 창가의 대나무여,
藹藹垂門桐　그림자 드리우네, 관문의 구석에 자라는 동나무의 그림자가.
灼灼青軒女　빛나도다 푸른 창가의 소녀,
泠泠高臺中　시원하도다 높은 대에서.
明志逸秋霜　밝은 뜻은 가을 서리보다 빼어나고,
玉顏豔春紅　옥같은 얼굴은 봄의 붉은빛으로 아름답네.
人生誰不別　인생에서 뉘라서 이별을 모르리오마는
恨君早從戎　그가 그토록 일찍 수자리 살러 감을 한스러워하네.
鳴弦慙夜月　노래하는 현들은 밤의 달 앞에서 부끄러워하고,
紺黛羞春風　붉고 검은 눈썹은 봄바람에 부끄러워하네.[28]

아마도 포령휘가 유삭의 버전을 알았거나, 반대로 유삭이 포령휘의 버전을 알았을 것으로 보인다.(아니면, 이와 같은 의작이 또 있었는데 더 이상 전하지 않는지도 모른다.) 유삭의 "슬픈 마음은 은하수를 관통하네"는 포령휘의 "밝은 뜻은 가을 서리보다 빼어나고"와 대응한다. 그리고 이 중 어느 것도 저자미상의 버전이나 육기의 의작에서 전례를 찾을 수 없다. 마찬가지로, 포령휘는 음악 모티프를 마지막 연구에 사용한다. 후대의 의작은 원본의 텍스트를 추적하는 데 있어서 덜 유용한데, 이는 이러한 의작들이 그들만의 고유한 전통을 만들고, 서로 영향을 받았기 때문이다.

여기서 다시, 이러한 의작들이 주석과 전서들에서 우연히 살아남아 전해지기보다는, 주로 《문선》과 《옥대신영》을 통해 전해졌다는 점을 기억해야만 한다. 6세기 초는 저자미상의 "고시"를 정전화 했던 시대였다. 육기의 "의작"이 정전화 과정에 기여했다고 한다면, 뒤이어 나타난 의작들을 선집

27　루친리, 1313. 《옥대신영》 4.

28　붉은색은 눈썹을 칠할 때에 검은 색 만큼이나 자주 사용되었다.

화하는 작업은 이 정전화 과정을 공고히 했다. 마찬가지로 《문선》은 건안이라는 "시점"을 정전화 하는 데 기여한 보조 자료들을 상당수 포함하고 있었다. 셀 수 없이 많은 부(賦)가 간과되었으나, 소통은 건안칠자를 중점적으로 다룬 조비의 《전론(典論)》에서 가져온 〈논문(論文)〉장에서 그의 시모음집을 싣고 있다.[29] 소통은 사령운의 몇몇 뛰어난 산수시들은 제외하고, 사령운의 〈의위태자업중집시(擬魏太子鄴中集詩)〉을 포함시켰다. 그런데 〈의위태자업중집시〉는 건안 시기에 대한 모작으로서만 가치가 있는 것이었다. 당 이전의 문학을 읽을 때 우리가 "고시"와 건안시기로 계속해서 돌아온다면, 그것은 3세기부터 5세기까지 이어지는(혹은 부활된) 관심의 결과물일 것이다. 그러나 이러한 현상은 부분적으로는 작품들의 중요도를 정리한 6세기의 선집자들의 의도이기도 하다.

5세기 초 의저자들은 화제를 다양하게 변주하는 자유로움을 종종 보였지만, 행수는 대개 유지하였다. 따라서 육기가 그의 의작을 원시와 행수를 같게 했을 경우, 때때로 의저자들이 "고시"를 의작한 것인지 아니면 육기의 것을 의작한 것인지가 불분명해진다. 육기의 의작시가 원시와 행수가 다를 경우에 우리는 단서를 얻을 수 있다. 〈고시십구수〉 제3수의 경우, 원시에 한 연구를 더한 육기의 의작본과 "고시"와 연구 수를 똑같이 한 포조의 의작본이 전한다. 원본과 밀접한 관계를 갖는 두 의작은 포조와 육기가 같은 "고시"를 의작했음을 보여준다. 다만 육기의 버전은 연구가 하나 더 추가되었다.[30] 그러나 포조는 의작에 있어서 자유로움을 보인다. 그는 도시에 대한 감탄을 그리는 데에는 관심이 없었고 대신 아름다운 여자들을 찾아다니는

29 엄가균(嚴可均)이 보존한 부분을 보면, 원래의 버전이 한나라 저자들을 좀 더 포함하고 있었음을 추측할 수 있다.

30 포조의 시대에는 사령운의 시선집이 이미 유통되었을 것이다. 현전하는 "고시"버전이 이렇게 폭넓게 유통되던 시선집으로부터 왔다는 것은 입증할 수 없는 추측이기는 하다.

것을 그렸다.

〈고시십구수〉 제3수[31]

青青陵上柏 푸르고 푸른 언덕 위 잣나무,
磊磊澗中石 흩어진 것은 계곡 속 돌.[32]
人生天地間 사람은 하늘과 땅 사이에 태어나,
忽如遠行客 순식간에 가네, 집에서 멀리 떠난 나그네처럼.
斗酒相娛樂 한 말의 술로 즐기리니,
聊厚不爲薄 진한 술로하세, 옅은 것 말고.[33]
驅車策駑馬 수레의 속도를 높여라, 말에 채찍질을 해서,
游戲宛與洛 완(宛)과 낙(洛)에서 즐겁게 놀기 위해.
洛中何鬱鬱 어찌나 낙양은 사람들로 북적이는지,[34]
冠帶自相索 관과 띠를 두른 사람들은 서로를 찾네.
長衢羅夾巷 좁은 골목의 긴 거리,
王候多第宅 왕후들의 자택들이 많이 있는.
兩宮遙相望 두 궁전은 멀리서 서로 마주하고 있네
雙闕百餘尺 백리도 더 되게 올라간 쌍둥이 탑을 두고.
極宴娛心意 연회를 계속하고 마음을 즐겁게 할지니,
戚戚何所迫 어찌 복잡한 생각들로 근심하는가.[35]

---

31 루친리, 329.《문선》29. 쉐이슈선,《고시십구수집석》4-5. 디에니,《고시십구수》12-13, 62-70.

32 "磊磊"는 하천 바닥에서 발견되는, 작은 돌들로 뒤덮인 지질을 이야기한다. 영어로는 불행히도 "stony" 또는 "rocky"외에는 달리 적당히 표현할 방법이 없다.

33 이 행은 해석의 여지가 다양하다. "厚"와 "薄"은 술에서도 그렇지만 사람관계에서의 깊이를 나타낼 수도 있다.

34 "鬱鬱"은 빽빽하게 가득 찬 것을 묘사할 때 쓴다. (표현되지 않은 감정이나, 버드나무 잎 등에) 나는 바로 뒤에 나오는 문장 때문에 "사람들로"라는 말을 추가했는데, 거대한 도시의 건물들이 붐비는 것을 지칭하는 것으로 볼 수도 있다.

35 이것이 단순히 걱정하지 말라는 말인지 아니면 사실 화자가 문제에 빠져 있음을 암

육기, 〈의청청육상백(擬青青陸上柏)〉[36]

冉冉高陵蘋　풍성하게 자라네, 부평초가 높은 언덕에,
習習隨風翰　날개가 잔잔한 바람에 움직이네.
人生當幾時　사람의 명은 얼마나 되나?
譬彼濁水瀾　흙탕물의 작은 물결에 비할 수 있네.
戚戚多滯念　서글프게 여러 근심 가시질 않으나,
置酒宴所歡　술을 차리고 사랑하는 이들과 연회를 즐기네.
方駕振飛轡　수레를 나란히, 날리는 고삐는 흔들리네.
遠遊入長安　멀리 여행하여 장안에 들어가네.
名都一何綺　저 이름난 큰 도시는 어찌나 정교하게 지어져 있는지,
城闕鬱盤桓　성곽은 장엄하게 솟아있네!
飛閣纓虹帶　날아오른 누각은 무지개 띠를 두르고
層臺冒雲冠　층층 대는 구름 관을 이고있네.
高門羅北闕　높은 문은 북쪽 탑으로 둘러싸여 있고,
甲第椒與蘭　으뜸가는 저택은 산초와 난초 속에 있네.[37]
俠客控絕景　협객은 빛보다 빠른 말에 고삐를 매고,
都人驂玉軒　도시 사람들은 옥마차에 올라타네.
遨遊放情願　노닐며 기분과 소원을 마음껏 좇네.
慷慨為誰歎　감정에 압도되니, 누구를 위하여 탄식하는가?

포조(鮑照), 〈의청청육상백 (擬青青陸上柏)〉[38]

涓涓亂江泉　졸졸 흐르는 샘물, 강의 지류를 어지럽히는데,

시하는 것인지는 불분명하다.

36 루친리, 688. 《문선》 30. 하오리취엔, 《육사형시주》 47.

37 산초와 난초는 〈이소〉에서 온 것으로, 황제가 신임하는 관료들을 상징한다.

38 루친리, 1298. 황지에(黃節), 《포참군시주》(베이징: 중화서국, 1972), 132-33.

綿綿橫海煙　계속하여, 안개가 바다를 가로지르네.
浮生旅昭世　이 방랑하는 인생은 태평성대의 객 같으니,
空事嘆華年　헛되이 빛났던 시절을 생각하며 한숨 쉬네.
書翰幸閒暇　다행히도 책과 붓 쥘 여유가 있으니,
我酌子縈紘　나는 술을 따르고, 그대는 줄을 튕기세.[39]
飛鑣出荊路　날아가는 말 고삐는 형로를 출발하여,
鶩服指秦川　오른쪽으로 달려가는 말은 진천을 향하네.
渭濱富皇居　위나라의 물가에는 황실의 거주지가 많으니,
鱗館匝河山　비늘 같은 집들이 강과 언덕을 뒤덮었네.
輿童唱秉椒　마차에 탄 아이들은 손에 산초를 든 것에 대해 노래하고[40]
櫂女歌採蓮　배에 탄 소녀들은 수련을 따는 것에 대해 노래 부르네.
孚愉鸞閣上　난각(鸞閣) 위에 즐거움이 있으니,
窈窕鳳楹前　숨겨진 아름다움이 봉황 기둥 앞에 있네.
娛生信非謬　이 생을 즐거워하는 것은 진실로 잘못이 아니니,
安用求多賢　아주 어질게 되기를 구함이 무슨 쓸모 있으리오.

<table>
<tr><td>青青陵上柏</td><td>冉冉高陵蘋</td><td>涓涓亂江泉</td></tr>
<tr><td>磊磊澗中石</td><td>習習隨風翰</td><td>綿綿橫海煙</td></tr>
<tr><td>人生天地間</td><td>人生當幾時</td><td>浮生旅昭世</td></tr>
<tr><td>忽如遠行客</td><td>譬彼濁水瀾</td><td>空事嘆華年</td></tr>
<tr><td>鬥酒相娛樂</td><td>戚戚多滯念</td><td>書翰幸閒暇</td></tr>
<tr><td>聊厚不爲薄</td><td>置酒宴所歡</td><td>我酌子縈紘</td></tr>
<tr><td>驅車策駑馬</td><td>方駕振飛轡</td><td>飛鑣出荊路</td></tr>
<tr><td>遊戲宛與洛</td><td>遠遊入長安</td><td>鶩服指秦川</td></tr>
</table>

39 '縈紘' 은 금의 줄을 고르는 것만을 의미하지 연주하는 것이 아니다. 이러한 행위를 악기를 연주하기 전에 음을 조율하는 것으로 볼 수 있다. 앞으로 하려는 여행에 대한 준비 중에 있기는 하지만 말이다.

40 사랑하는 사람을 위한 선물로 들고 있는 것이다.

洛中何鬱鬱	名都一何綺	渭濱富皇居
冠帶自相索	城闕鬱盤桓	鱗館匝河山
長衢羅夾巷	飛閣纓虹帶	[輿童唱秉椒]
王侯多第宅	層臺冒雲冠	[櫂女歌採蓮]
兩宮遙相望	高門羅北闕	[孚愉鸞閣上]
雙闕百餘尺	甲第椒與蘭	[窈窕鳳楹前]
	俠客控絕景	
	都人驂玉軒	
極宴娛心意	遨遊放情願	娛生信非謬
戚戚何所迫	慷慨爲誰歎	安用求多賢

육기가 만들어놓은 분명한 변주들을 포조가 피한 것은, 그가 "고시"와 육기의 버전을 모두 알고 있었다는 사실을 보여주며, 또한 변주의 원칙이 원작은 물론이고 그 원작에 대한 보다 이른 시기의 의작에도 적용된다는 것 역시 보여준다.

육기는 자신의 우수한 수사적 능력을 보여주는 것을 즐긴 것이 분명하나, 어떤 면에서 그는 여전히 "고시"의 세계에 매우 가까웠다. 화려한 수사는 포조에게 즐거움도 어려움도 아니었던 듯하다. 5세기에 화려한 표현은 흔히 사용되는 것이었는데, 포조의 의작은 그의 여러 시들과는 대조적으로 평범하다. 여전히 육기보다는 "(격조가) 상승"되어 있기는 하지만 말이다. 사실 포조의 두드러지는 특징 중 하나가 "대중적인" 시와 시적 과거에 대한 관심을 보여주는 것인데, 이 관심은 5세기 말에 여러 면에서 보다 직설적인 초기의 시들을 감상하는 기반을 마련하였다.

포조는 물의 흐름과 물 위에 맴도는 안개의 이미지로 시를 화려하게 시작하는데, 이는 두 원작 연구에서 다루는 덧없는 삶의 모티프에 녹아든다. 그러나 우리는 고시의 화자나 육기와는 매우 다른 세계에 살고 있다. 삶은 여전히 덧없는 것이지만, 포조가 그리는 덧없는 삶은 "성세"를 배경으로 하고 있으며 이는 그에게 여가가 있다는 말이다. 초기 시에서는 화자가 누려야만 했던 기쁨의 순간이 포조에게는 행운으로 그려지는 것이다. 그는 글을 쓸 수 있는 여가, 곧 "책과 붓[書翰]"이 있었다. 여기서 우리는 뒤따르는 즐거움이 결코 글 쓰는 것과는 무관하다는 점을 고려해야 한다. 그러나 글쓰기는 즐거움의 배경이었을 것인데, 묘사된 최고의 즐거움은 오로지 텍스트 상에서만, 또한 2,3세기 전의 시를 의작하는 것을 통해서만 이루어질 수 있었기 때문이다.

아마도 포조와 보다 이른 시기의 시들 사이의 가장 중대한 차이가 드러나는 부분은 종결부일 것이다. 고시에서 화자나 청자는 우울함과 절망에 빠져들 위험에 놓여있다. 그 순간을 즐기는 것은 하나의 대안으로, 절망을 차단하는 방법이다. 그러나 포조의 경우는 즐기는 것의 다른 대안이 "어질게 되기를 구하는 것"이다. 유송(劉宋) 시기는 매우 불안한 시대였다. 포조 본인도 군사 반란이 일어나자 살해되었다. 그러나 여기에서 당시에 질서 잡힌 세계에 대한 환상이 있었음을 볼 수 있다. 세 번째 행의 "태평성대"는 단순히 격식을 차린 표현이지만, 보다 이른 시기의 시에서 나타나는 절망이 여기서 보이지 않는다는 것은 보다 중대한 의미가 있다. 이 작품의 근저에 흐르는 안보에 대한 5세기의 감각은(비록 근거가 없는 것이지만), 파괴된 사회와 유랑의 이미지와 함께 초기 시로의 향수적 귀환을 위한 전제 조건이었는지도 모른다.

*

〈고시십구수〉 제6수와 저자미상의 〈난약생춘양(蘭若生春陽)〉 또한 육기의 의작들과 매 구마다 짝을 이룬다. 그러나 대부분의 경우에는 〈고시십구수〉의 제5수와 같이 현재의 버전과 육기의 의작 사이에 약간의 차이가 존재한다. 이것은 육기가 조금 다른 버전을 알고 있었다는 사실을 추측케 한다.

〈고시십구수〉 제5수[41]

西北有高樓　북서쪽을 향해 높은 누대 서있는데,
上與浮雲齊　꼭대기는 떠다니는 구름과 나란하네.
交疏結綺窗　탑의 창문들은 격자로 그물이 쳐있고
阿閣三重階　사방 처마에, 세 층의 계단.
上有絃歌聲　위에서 노래와 현소리가 들려오는데
音響一何悲　더할 수 없이 구슬프네.
誰能爲此曲　누가 이렇게 노래를 할 수 있을까?
無乃杞梁妻　기량의 신부 같은 사람이 분명하네.
淸商隨風發　맑은 상음이 바람에 따라오고,
中曲正徘徊　곡 중반에 곧 흔들리네.
一彈再三歎　한번 연주하자, 다시금 한탄하고,
慷慨有餘哀　강개하여 슬픔에 차 있네.
不惜歌者苦　노래하는 사람이 괴로워함은 상관없지만,
但傷和音稀　이 소리를 이해하는 이 적음이 슬프네.
願爲雙鴻鵠　우리 한 쌍의 기러기 되어
奮翅起高飛　웅장한 날갯짓으로 높고 멀리 날아갔으면 좋겠네.

육기(陸機), 〈의서북유고루(擬西北有高樓)〉[42]

高樓一何峻　저 높은 누대 얼마나 높은지!
迢迢峻而安　아득하게 높고도 평안하네.
綺窗出塵冥　그물 친 창문이 어두운 먼지 속에 드러나고,
飛階躡雲端　나는 듯한 계단은 구름 가에 오르네.

41　루친리, 330. 《문선》 29. 《옥대신영》 1(매승의 것으로 되어 있음). 쉐이슈선, 《고시십구수집석》 7-9. 디에니, 《고시십구수》 16-17, 78-86.

42　루친리, 688. 《문선》 30. 《옥대신영》 3. 하오리취엔, 《육사형시주》 49.

佳人撫琴瑟 아름다운 여인 금슬을 어루만지는데,
纖手淸且閑 섬세한 손은 맑고도 한아하네.
芳氣隨風結 향기로운 기운 바람으로 끝맺고,
哀響馥若蘭 슬픈 여향은 난초 같은 향기가 나네.
玉容誰能顧 옥같은 얼굴 누가 돌아볼 수 있으리
傾城在一彈 성(城)도 무너뜨릴 자태가 한번 금슬을 탐에 있네.
佇立望日昃 오랫동안 서서 지는 해를 보며
躑躅再三歎 머뭇거리며 계속하여 한숨을 쉬네.
不怨佇立久 오래 서 있던 것을 후회하지 않으니,
但願歌者歡 다만 노래 부르던 사람이 기쁘기를 바랄 뿐.
思駕歸鴻羽 돌아가는 기러기의 날개를 타고
比翼雙飛翰 날개를 나란히 한 채 짝이 되어 날았으면.

西北有高樓 高樓一何峻
上與浮雲齊 迢迢峻而安
交疏結綺窗 綺窗出塵冥
阿閣三重階 飛階躡雲端
上有絃歌聲 佳人撫琴瑟
音響一何悲 纖手淸且閑
誰能爲此曲
無乃杞梁妻
淸商隨風發 芳氣隨風結
中曲正徘徊 哀響馥若蘭
一彈再三歎 玉容誰能顧
慷慨有餘哀 傾城在一彈
佇立望日昃
躑躅再三歎
不惜歌者苦 不怨佇立久

但傷和音稀　　但願歌者歡
願爲雙鴻鵠　　思駕歸鴻羽
奮翅起高飛　　比翼雙飛翰

육기는 네 번째 연구를 모방하지 않고 새로운 연구를 원작의 여섯 번째 연구 뒤에 더해놓았다. 네 번째 연구는 그러한 음악을 연주할 수 있는 사람이 어떤 사람인지 이리저리 생각해보는 내용을 담고 있는데, 이는 사실 저자미상의 많은 고시들에서 이례적인 것이다. 앞에서 살폈듯이 이러한 이례적인 변화는 초기의 시에서 흔한 것이 아니다. 게다가 이는 음악에 대한 묘사의 흐름을 끊어버린다. 반면 육기의 의작에서는 이러한 묘사가 잘 연결되어 나타나고 있다. 흥미로운 것은 육기의 의작에는 이러한 연구가 없었을 가능성이 있다는 점이다. 이러한 연구를 제외하고 살펴보면, 이 "고시"에는 이방인과 여성이 등장하고, 여성의 음악은 정의할 수 없는 슬픔을 표현한다. 이방인은 그녀와 함께 날아가고 싶다는 것으로 결말을 맺는다. 부가적인 연구에 의문을 품고 지나치게 파고들어서는 안 되지만, 기량의 아내는 남편의 부음을 접하자마자 금(琴)으로 연주할 곡을 짓고는 자살해버렸다. 표면적으로 해석해보자면 이것은 위기에 처한 윤리적 주제를 시 속에서 다루고 있는 것이다. 마치 〈고시십구수〉 제2수에 등장하는 윤리적 주제가 당시 매우 중요한 관심사였던 것처럼 말이다. 다시 말해서, 육기의 의작 버전보다는 분명하지 않지만, 우리가 가지고 있는 "원작"의 현재 버전의 연구는 이 시에서 윤리적인 격조를 "높이고" 있다는 것이다.

육기가 추가한 연구는 또한, 이 시가 모방한 원래 시의 여섯 번째 연구 첫 번째 행의 일부분, 즉 "일탄재삼탄(一彈再三彈)"을 그대로 사용하고 있다는 점에서 흥미롭다. "고시"에서는 한숨을 짓고 고통을 느끼는 사람이 여자인지 아니면 지나가는 사람인지가 불명확하다. 육기의 의작은 이러한 애매함을 명확하게 한다.

육기는 또한, 원작 속의 연구 중 가장 인상 깊고 문제가 될 만한 연구를 "더 좋게 고치고" 있다.

不惜歌者苦 노래하는 사람이 괴로워함은 상관없지만,
但傷和音稀 이 소리를 이해하는 이 적음이 슬프네.

육기는 수사적인 대조는 유지하길 원했고, 나아가 화자가 덜 불편해할 수 있는 내용을 찾아 첫행에 넣고 있다.

不怨佇立久 오래 서 있던 것을 후회하지 않으니,
但願歌者歡 다만 노래 부르던 사람이 기쁘기를 바랄 뿐.

한 쌍의 새가 되고 싶다는 열망을 담은 결말부는 높은 격조로 바뀌었다.

*

육기의 의작의 흔적은 초기의 "고시"를 이해하는 데 있어 귀중한 역할을 했다. 그러나 그 흔적은 종종 모호하고 몹시 다른 해석들의 가능성이 열려 있었다. 〈고시십구수〉의 제7수 〈명월교야광(明月皎夜光)〉에 대한 의작에서 육기는 원작보다 한 연구를 더 만들었다.

〈고시십구수〉 제7수[43]

明月皎夜光 밝은 달빛 빛나는데,
促織鳴東壁 귀뚜라미 동벽에서 우네.
玉衡指孟冬 옥형은 이른 겨울을 가리키는데,

43 루친리, 330. 《문선》 29. 쉐이슈선, 《고시십구수집석》 10-11. 디에니, 《고시십구수》 20-21, 90-96.

衆星何曆曆　별들은 어찌나 역력한지.

白露沾野草　흰 이슬 들풀을 적시고,

時節忽復易　시절은 갑자기 계속해서 바뀌네.

秋蟬鳴樹間　가을 매미는 나무 사이에서 우는데,

玄鳥逝安適　제비는 어디로 가는가.

昔我同門友　옛날 동문이었던 친구들이

高舉振六翮　높이 올라 여섯 겹 날개를 떨치네.

不念攜手好　손을 잡던 우호를 생각지 않고,

棄我如遺跡　남겨진 자취처럼 나를 버렸네.

南箕北有斗　남기(南箕) 북쪽에는 두우성이 있는데,

牽牛不負軛　견우는 멍에를 지지 않네.[44]

良無盤石固　진실로 반석의 견고함이 없으니,

虛名復何益　헛된 명성으로 무엇을 얻으리오.

육기(陸機), 〈의명월교야광(擬明月皎夜光)〉[45]

歲暮涼風發　세모에 차가운 바람 일어나는데,

昊天肅明明　넓은 하늘은 밝고도 엄숙하네.

招搖西北指　초요성은 서북쪽을 가리키고,[46]

天漢東南傾　천한은 동남쪽으로 기울었네.

朗月照閑房　밝은 달은 고요한 방에서 빛나고,

蟋蟀吟戶庭　귀뚜라미는 뜰 안에서 읊조리네.

翩翩歸鴈集　날갯짓하며 돌아가는 기러기들 모이고,

44 이 연구는 이름의 역할을 다하지 못하는 별자리에 관한 《시경》 203, 〈대동(大東)〉으로부터 이미지를 차용하였다. 그러므로 이것은 "실질[實]"이 없는 "명성[名]"을 상징하는 것이다.

45 루친리, 689. 《문선》 30. 하오리취엔, 《육사형시주》, 50.

46 북두칠성으로, 여기서는 아마도 북두성 전체를 지칭한 것일 것이다.

嘒嘒寒蟬鳴　지저귀며 추운 날씨 매미는 우네.
疇昔同宴友　옛적에 연회를 함께하던 벗들이
翰飛戾高冥　높이, 어두운 하늘에 날아올랐네.
服美改聲聽　좋은 옷 입고서 들은 것을 바꾸었고,
居愉遺舊情　좋은 곳에 살고서 옛 정을 버렸네.
織女無機杼　직녀는 베나 북이 없고,
大梁不架楹　큰 동량에 시렁이 없네.[47]

明月皎夜光	歲暮涼風發
促織鳴東壁	昊天肅明明
玉衡指孟冬	招搖西北指
衆星何曆曆	天漢東南傾
白露霑野草	
時節忽復易	
朗月照閒房	
蟋蟀吟戶庭	
秋蟬鳴樹間	翻翻歸鴈集
玄鳥逝安適	嘒嘒寒蟬鳴
昔我同門友	疇昔同宴友
高擧振六翮	翰飛戾高冥
不念攜手好	服美改聲聽
棄我如遺跡	居愉遺舊情
南箕北有斗	織女無機杼
牽牛不負軛	大梁不架楹
良無盤石固	
虛名復何益	

47　각주44 참조.

"고시"의 주석가들은 옥형(玉衡) 별의 명백한 천문학적 오류에 대해 많은 지적을 하였다. 분명하게 밝은 달과 별을 포함하는 가을을 배경으로 하고 있는 이 시 속에서, 옥형이 겨울의 첫 번째 달을 가리키고 있기 때문이다. 그러나 봄새들이 남쪽으로 날아가고 해가 달과 함께 차고 기울게 하는 시쓰기를 고려하면, 이러한 부정확함에 대해 개의치 말아야 할 것이다. 분명 우리는 고대의 역법에 이의를 제기할 필요가 없다. 이는 지시적 시쓰기가 아니었고, 3세기와 그 이전의 맥락에서(《문선》의 텍스트적 권위와는 반대로) 문제가 되는 별의 배열은 암송자의 감정에 따라 바뀔 수 있었다. 우리가 현재의 구절을 접하게 된 것은 우연이었을지 모른다.[48]

가을 장면은 기러기의 출발을 야기하고, 이는 더 높은 곳으로 "날아올라 버려" 더 이상 화자를 생각하지 않는 이전의 친구들로 옮겨가게 하였다. 여기에서 화자는 《시경》의 〈대동(大東)〉으로부터 별의 이미지를 재사용하고 있는데, 이는 명실이 상부하지 않는 것의 전통적 이미지를 뜻한다. 이는 그의 "친구들"이 더 이상 친구답게 행동하지 않는 것과 같다.

육기의 의작에는 몇 가지 특이한 점들이 있다. 대부분의 연구들은 매우 밀접하게 원작과 짝지어진다. 육기의 제목은 현전하는 버전의 도입구를 수정하여 보여주기에, 우리는 따라서 우리는 현전하는 버전의 첫 연구가 그가 알았던 버전과 같았음을 추측할 수 있다. 그의 의작은 보편적인 변이의 범위 내에서 이루어지고 있으며, 겨울 도입부로 넘어가는 늦가을의 정경을 묘사한다. 두 번째 연구는 심지어 더욱 정확하게 원래의 작품을 재창조하였고 정확한 별의 배열을 보여준다.

48 혹자는 비학술적으로 보이는 것을 감수하고라도 이러한 구절에 대한 논쟁의 역사를 정리하지 않는다. 그럼에도 불구하고 여기에서의 지시적 문제에 주어진 엄청난 관심은 〈고시십구수〉의 정전화의 기능이기도하다. 당시 다른 시들에서의 지시적 불일치는 무시된다. 다른 시들은 서투른 것이 허용되었거나 전승 과정에서 혼동되었을 수 있다. 정전의 자격은 강압적이었고, 더 많은 주목을 감당할 것을 요구하였다.

그러나 세 번째 연구에서 육기는 이슬과 변화하는 계절에 대한 원래의 연구를, 원래의 버전의 도입 연구와 정확히 짝을 이루는 화제인 달빛과 곤충의 울음에 대한 연구로 바꾸었다. 여기에 대해서는 몇 가지 해석이 가능하다. 첫 번째 해석은 그가 격조를 끌어올리는 동시에 원작의 배치도 "교정"하고 있다는 것이다. 도입부에서 하늘(달)과 땅(귀뚜라미)로 시작하여 하늘로 갔다가 다시 땅으로 이동하는 대신에, 그는 하늘에서 시작하고는 세 번째 연구에서 아래 땅으로 초점을 가져온 것이다. 남조 후기와 당대(唐代)의 시학에서는 원작의 순서가 더 올바른 것이었을 수 있다. 두 번째 연이 첫 번째 구를 발전시키고 세 번째 연이 두 번째 구를 더 발전시키는 형식이기 때문이다. 그러나 진(晉)의 시적 수사법에서는 아직 그렇지 않았다. 물론 육기가 가지고 있었던 원작의 세 번째 연구가 또 다른 "달빛과 곤충의 울음"에 대한 것이었을 수도 있다. 어떻게 설명하든, 원작의 압력은 의작이 아니었다면 육기가 회피했을 무언가로 그를 이끌었다. 곧, 그는 곤충의 울음에 관한 연구 두 개를 연달아 배열했다.

시의 나머지 부분은 원작을 잘 따르고 있으며, 지속적으로 격조를 높였다. 그러나 육기의 버전에는 원작의 마지막 연구와 짝을 이루는 연구가 없는데, 이는 별들의 이름으로부터 명확한 교훈을 끌어내는 부분이다. 육기의 결말부는 서진(西晉)의 상층의 시학에서 볼 때 무척 특이하다. 그리고 이것을 육기의 특별히 대담한 조치라고 여기지 않는 한, 그가 알고 있었던 버전 역시 갑자기 끝나버렸다고 결론을 내려야 할 것이다. 놀라울 것은 없다. 이러한 저자미상의 운문들이 호평을 받았음이 분명할수록 이들은 어느 정도의 유동적이었을 것이며, 이 유동성은 특정 연행이나 텍스트에서 확장과 축소를 허용하였을 것이다. 저자미상의 악부인 〈보출하문행(步出夏門行)〉의 현재 버전도 그저 아래와 같이 대구를 이루는 연구로 성급하게 끝나버린다.

天上何所有　하늘 위에는 무엇이 있을까?

歷歷種白楡　흰 느릅나무가 깔끔히 정렬되어 심어져 있네.
桂樹夾道生　계수나무는 길에 줄지어 자라고
青龍對伏趺　청룡은 나무들 맞은편에서 엎드려있네.

〈농서행(隴西行)〉의 경우, 위와 같은 구들로 시작되어 이를 이어간다. 이러한 결말이 "완전한" 버전이 아니라는 것은 누구라도 인식할 것이지만, 운문은 일부분만으로 공연되거나 기록될 수 있었다.

〈고시십구수〉의 제7수에 있어서는, 다른 버전이나 후대의 암송자 혹은 필사자가 마지막 연구를 추가하여 적합한 교훈을 이끌어내었다고 보는 것이 훨씬 자연스러울지 모른다.

유령을 추적하다: 〈고시십구수〉 제1수

우리가 앞서 확인하였듯이, 육기의 열세 편 의작 중 열한 편은 현전하는 버전의 〈고시십구수〉와 완전히 같거나 대부분 일치한다. 따라서 현전하는 버전과 일치하지 않는 두 편의 경우, 육기가 현전하는 버전과 상당히 다른 텍스트를 가지고 의작을 했을 것이라는 통계적 추측을 강하게 갖게한다. 잘 알려진 원작을 연구마다 의작한 5세기 중반의 다른 사례들을 추가적으로 고려해본다면, 그 가능성은 더욱 커진다. 한편 위의 두 사례를 설명할 때, 육기가 그저 "창작상의 자유"을 드러내고 있는 것이라는 가능성도 제기할 수 있을 것이다. 이것은 증명될 수도 반박될 수도 없는 주장이다. 육기의 "창작상의 자유"를 주장하는 사람들 역시 3세기 후반에, 6세기 초 선집자들이 사용한 버전과는 제법 다른 "고시" 버전들이 있었음을 인정해야 할 것이다.

서로 다른 시들이 같은 첫 구를 가지고 있는 것은 드문 일이 아니었다. 따라서 육기가 의작한 〈고시십구수〉 제9수 〈정중유기수(庭中有奇樹)〉를 저자미상 버전의 고시과 비교해보면 이 둘이 매우 다른 것을 알 수 있는데, 이는 결코 놀라운 것이 아니다. 육기는 동일한 도입구를 사용한 다른 "원작"을 읽고 있었을 것이다.

〈고시십구수〉 제1수의 경우 문제는 더 복잡하다. 첫 번째 행(당연하지만), 중간에 나오는 "동물 연구", 그리고 마지막 부분이 서로 같다. 또한 여기에도 맞고 저기에도 맞는 구절들이 존재한다. 그러나 전반적으로 보았을 때, 육기의 의작은 현전하는 저자미상의 "고시"와는 일치하지 않는다.[49] 육기가 의작한 "원작"을 복원해보려는 것은 어리석으며 헛된 계획일 것이다. 하지만, 원작을 복원'하려는 듯이' 호응되는 부분과, 화제의 시퀀스를 찾아보려는 시도는 우리에게 "고시"의 시학에 대한 통찰을 제공한다. 현전하는 〈고시십구수〉 제1수에 대응되는 3세기 텍스트를 논의 대상에 더해보면, 우리는 연결, 주제, 그리고 변주의 복잡성에 대한 보다 전반적인 인식을 얻게 된다.

초기 고전 시 중 가장 유명한 작품인, 〈고시십구수〉 제1수의 현전하는 버전을 먼저 살펴보고자 한다.

〈고시십구수〉 제1수[50]

行行重行行　가고 가고 또 가서,

49　저자미상의 〈고보출하문행(古步出夏門行)〉이라는 이름으로 인용되고 제목과 같은 첫 구로 시작하여 "밝은 태양이 서산에 지네[白日薄西山]"로 이어지는 것이 있다. (루친리, 290.) 동일한 텍스트들이 악부나 "고시"로 흔히 인용되었으며, 이 시는 또 다른 "고시" 버전일 수 있다. 그러나 두 번째 행은 현전하는 "고시"나 육기의 의작 어느 것에도 일치하지 않는다. 유삭의 시는 〈고시십구수〉 제1수에 대한 의작이라고 《옥대신영》에 실려 있는데, 《문선》에는 단순히 '의고(擬古)'라고 제시되어 있다. 이 시는 저자미상의 시보다 두 연구가 길며 전반적으로는 육기의 버전이나 저자미상의 버전 어떤 것과도 같지 않다.

50　루친리, 329. 《문선》 29. 《옥대신영》 1(매승의 작품으로). 《예문유취》 29. 쉐이슈선, 《고시십구수집석》 1-3. 디에니, 《고시십구수》 8-9, 49-59.

與君生別離　당신과 산채로 이별하네.
相去萬餘里　서로 만 여리를 떨어져
各在天一涯　각자 하늘 한편에 있다네.
道路阻且長　길은 험하고도 머니
會面安可知　어떻게 다시 만날 수 있으리오.
胡馬依北風　오랑캐 말이 북풍에 기대고,
越鳥巢南枝　월나라 새는 남쪽 가지들에 둥지를 트네.
相去日已遠　나날이 서로 멀어지니
衣帶日已緩　내 띠는 날로 헐거워지네.
浮雲蔽白日　떠도는 구름은 밝은 태양을 막고,
遊子不顧返　객은 돌아오려 하지 않네.
思君令人老　그대를 그리워함이 나를 늙게 하고,
歲月忽已晚　해와 달은 갑자기 저무네.
棄捐勿復道　두어라! 더는 말하지 말라!
努力加餐飯　더 먹기위해 노력하라.

육기, 〈의행행중행행(擬行行重行行)〉[51]

悠悠行邁遠　유유하게 멀리 떠나니
戚戚憂思深　울적하게, 근심스런 생각 더욱 심해지네.
此思亦何思　이 생각은 또 무슨 생각인가?
思君徽與音　그대의 뛰어남과 명성을 생각하네.
音徽日夜離　그대의 뛰어남과 명성으로부터 밤낮으로 떨어져 있고,
緬邈若飛沈　산산이 흩어짐이 마치 하나는 날고 하나는 물 아래 있는 듯.
王鮪懷河岫　왕유 물고기는 강가의 작은 동굴을 그리워하고[52]

51　루친리, 685.《문선》30. 하오리취엔,《육사형시주》42.

52　전설에 따르면 왕유 물고기가 남쪽의 강과 호수를 연결하는 동굴을 통해 황하에 이르렀다고 한다. 데이비드 넥게스,《문선, 혹은 문학 선집》(프린스턴: 프린스턴대학

晨風思北林	신풍 새매는 북쪽 숲을 생각하네.
遊子眇天末	객은 지평선 끝에서 흐릿하고,
還期不可尋	돌아올 날은 알 길이 없네.
驚飆褰反信	급작스러운 돌풍이 돌아가는 심부름꾼을 붙잡고,[53]
歸雲難寄音	돌아가는 구름에 소식을 전할 길이 없네.
佇立想萬裏	오래도록 서서 수 천리 떨어진 곳을 그리워하니,
沈憂萃我心	근심이 내 마음에 쌓이네.
攬衣有餘帶	옷을 만져보니 허리띠가 남고,
循形不盈衿	모습을 확인하니 옷깃을 미처 채우지 못하네.
去去遺情累	떠나고 떠나며 얽힌 정을 두고가네
安處撫清琴	편안히 거처하며 맑은 금을 어루만지며.

行行重行行	悠悠行邁遠
與君生別離	[戚戚憂思深]
相去萬餘里	[此思亦何思]
各在天一涯	[思君徽與音]
道路阻且長	[音徽日夜離]
會面安可知	[緬邈若飛沈]
胡馬依北風	王鮪懷河岫
越鳥巢南枝	晨風思北林
相去日已遠	
	遊子眇天末
	還期不可尋
	驚飆褰反信

출판사, 1982) 1권 252-53쪽을 보라. 여기서 주목할 것은 한때 황하에 있던 왕유가 그것이 원래 있던 자리로부터 남쪽까지 이르게 하는 동굴을 그리워한다는 것이다.

53 이 시기에 "信"은 소식을 전하는 사람을 의미할 것이다. 아마도 이는 다음 행에 나오는 구름을 비유적으로 가리키는 것이거나 혹은 새를 가리키는 것일 듯하다.

	歸雲難寄音
	佇立想萬裏
	沈憂萃我心
衣帶日已緩	攬衣有餘帶
	循形不盈衿
浮雲蔽白日	
遊子不顧返	
思君令人老	
歲月忽已晚	
棄捐勿復道	去去遺情累
努力加餐飯	安處撫清琴

명성과 정전의 지위는 무게를 지닌다. 이 무게를 가볍게 하기 위해 우리는, 이 시가 《문선》의 선별과 배치과정에서 〈고시십구수〉의 "제1수"가 된 것 뿐임을 잊지 말아야 한다. 소통은 원작을 배치하는데 있어서 육기의 의작들의 시퀀스를 따른 듯 하지만, 《문선》에 실린 육기의 다른 의작들은 소통이 나열한 저자미상 원작들의 시퀀스를 따르지 않는다.

〈행행중행행〉으로 시작하는 시 중, 현전하는 버전과 일부 구절을 공유하지만 포함된 요소와 배치는 다른 시를 육기가 의작했다고 가정 해보자. 저자미상의 시(현전하는 버전과 육기가 의작한 버전 모두가 해당되는)를 생산해낸 시작 관습은 고정된 주제와 연결되는 일반적인 화제를 재결합하고 재구성하는 작업을 수반했다. 이는 이러한 시적 전통의 일부로부터 육기가 접한 버전의 일부를 찾을 수 있다는 희망을 준다.

우리가 〈고시십구수〉의 제1수로서 알고 있는 〈행행중행행〉의 버전은 완벽한 작품이며 정전으로서의 지위를 온전히 누릴 만하다. 그러나 이 시가 고정된 텍스트인가를 생각해 볼 때 이 시는 "한대(漢代)"대의 시로 생각되지 않는다. 비록 이 시를 구성하는 부분들이 동한에서 유래한 듯 보인다고 해도 말이다. 시의 측면에서 볼 때 이 작품은 일반적인 주제의 우연한, 혹은 재능있는 구현된 것이다.

만일 우리가 육기의 시를 〈고시십구수〉 제1수에 대한 의작으로 보지 않고 그저 그가 의작한 텍스트가 무엇인지를 찾고자 한다면, 도입부의 출처가 된 시를 찾는 것이 전혀 어렵지 않을 것이다. 먼저 해당 시 전체를 제시한 후, 육기의 도입부와 비교하겠다.

[채옹], 〈음마장성굴행(飮馬長城窟行)〉[54]

靑靑河畔草	푸르고 푸른 강가의 풀들,
綿綿思遠道	면면히 먼 길에 있는 이를 그리워하네.
遠道不可思	먼 길에 있는 이 그리워할 수 없지만,
宿昔夢見之	어제 밤에 그를 꿈에서 보았네.
夢見在我旁	꿈에서 볼 때는 내 곁에 있었는데
忽覺在他鄕	문득 잠을 깨니 낯선 땅에 있네.
他鄕各異縣	낯선 땅에서 각기 다른 고을에 있어,
展轉不相見	뒤척이며 그를 보지 못하네.
枯桑知天風	말라버린 뽕나무는 천풍을 알고
海水知天寒	바닷물은 천한을 아네.[55]
入門各自媚	문을 들어서는 이 모두 절로 곰살맞으나,
誰肯相爲言	누구도 나와는 말을 하려하지 않네.
客從遠方來	나그네 먼 곳에서 와서,
遺我雙鯉魚	내게 한 쌍의 잉어를 주었네.[56]
呼兒烹鯉魚	아이를 불러 잉어를 삶게 하니,

54 루친리 192. 《문선》 27("고사"로). 《옥대신영》 1. 《예문유취》 41. 《악부시집》 38.

55 참고) 태평어람에 인용된 저자미상의 한 악부에도 같은 패턴이 나타난다. "天寒知被薄, 憂思知夜長."(루친리, 294)

56 이것은 물고기 모양의 편지함을 말한다.

中有尺素書　안에는 편지가 들어있네.

長跪讀素書　꿇어앉아 편지를 읽으니,

書中意何如　편지에는 무슨 말이 쓰여 있었을까?

上言加餐飯　처음에는 더 많이 먹으라하고,

下言長相憶　그리고는 언제나 사랑한다고.

青青河畔草	悠悠行邁遠
綿綿思遠道	戚戚憂思深
遠道不可思	此思亦何思
宿昔夢見之	思君徽與音
夢見在我傍	音徽日夜離
忽覺在他鄉	緬邈若飛沈
他鄉各異縣	
展轉不相見	
枯桑知天風	王鮪懷河岫
海水知天寒	晨風思北林
入門各自媚	
誰肯相爲言	

현전하는 "고시"의 첫 번째 행을 재구성한 육기의 첫 번째 행을 제외하고는, 〈음마장성굴행〉의 두 번째 행부터 여섯 번째 행을 육기에 의해 높은 격조로 재작업된 대상 "원작"으로 볼 수 있다. 현전하는 〈고시십구수〉 제1수 도입구는 육기의 구절과 일치하지 않는다. 육기는 심지어 〈음마장성굴행〉에서 행들을 연결시키는 반복 구조까지도 유지하고 있는데, 이는 진나라의 상층의 시학에서는 부적절한 것이며 저자미상의 악부와 고시에서 흔히 볼 수 없는 것이다.[57] 이 연결된 구절들의 비교적 긴 시리즈는 〈음마장성굴행〉을 특징지으며, 마찬가지로 〈음마장성굴행〉의 도입구와 같은 구로 시작되

는 〈고시십구수〉 제2수 도입부의 긴 서술복합어 시리즈도 해당 시를 분명하게 특징짓는다.[58]

〈음마장성굴행〉은 또 다른 《문선》 텍스트이며, 〈행행중행행〉만큼이나 정전의 위치에 있다. 도입부를 살펴보기에 앞서서 시를 해체해볼 필요가 있다. 이 버전의 〈음마장성굴행〉은 복합악부인데, 두 단락의 시작은 각각 우연히도 〈고시십구수〉 중 하나의 도입행과 같다. 첫 번째 단락인 "푸르고 푸른 강가의 풀들"은 앞에서 다룬 〈고시십구수〉 제2수의 도입구와 근본적으로 같은 도입부이다. 〈고시십구수〉 제2수에서는 부재하는 연인을 그리워하고(그러면서도 객을 자신의 침실에 들이는 것처럼 보인다), "푸르고 푸른 강가의 풀들"에서도 부재하는 연인을 그리워하는 여인이 등장한다. 두 번째 단락의 도입부인 "먼 곳에서 온 객"은 여인이 연인으로부터 연락을 받는 내용인 〈고시십구수〉 제18수의 도입부와 같다. 같은 주제는 〈고시십구수〉 제17수의 단락에서도 나타나는데, 여기서는 〈음마장성굴행〉의 단락과 더욱 유사한 형태로 나타난다. 〈고시십구수〉 제12수처럼, 〈음마장성굴행〉은 첫 번째 주제가 두 번째 주제로 부드럽게 연결되어 하나의 이어지는 시를 구성하는 단락결합의 완벽한 사례이다.

〈음마장성굴행〉의 두 번째 행부터 여섯 번째 행까지를 이와 대응되는 〈행행중행행〉 해당 행들과 합침으로써 육기가 의작한 도입구를 만들고 싶은 욕구가 들 수도 있을 것이다. 주제적인 측면에서는 이것이 전혀 문제가 되지 않는다. 하지만 운율의 차원에 있어서는 문제가 발생한다. 〈음마장성굴행〉은 세 "연구 내부의 운"(AA, BB, CC구조의)으로 시작하는 반면, 〈행행

57 부현의 〈음마장성굴행〉 버전을 참고.(루친리, 556) 이 작품은 현전하는 버전의 일부를 의작한 것이 분명하나, 그와는 다른 방향으로 진행된다. 육기는 반복들을 그대로 옮기지는 않은 채 반복의 패턴만을 모방하는데, 이는 그가 〈고시십구수〉의 제2수를 의작할 때에 했던 방식과 같다.

58 이는 "절"(또는 한 세트의 시)들을 연결시켜주는 반복되는 구절들과는 구별되어야 한다. 조식의 〈증백마왕표(贈白馬王彪)〉가 그 예시다.

중행행〉은 "연구들 사이의 운"(AB, CB, DB구조의)을 사용한다.[59] 여기서 덧붙일 말은, 〈행행중행행〉이 연구들 사이의 운을 사용하고 있기는 해도 중간에 운율을 바꾸어 버린다는 것이다. 상층의 관습에 따라, 육기의 의작은 연구 내부의 운을 사용하면서도 전체 시는 단일한 운으로 진행된다. 여기서 우리는 육기가 운율 관습의 측면에서 원작을 '업그레이드'시키고 있다는 타당한 추측을 해볼 수 있다. 그러나 그가 사용한 원작이 연구 내부의 운을 사용했는지, 아니면 연구들 사이의 운을 사용하는 형태를 가진 단락을 취했는지는 알 수는 없다.

한 가지 분명한 것은 "행(行)"이 "도(道)"와 운이 맞지 않는다는 것이다. 만일 〈음마장성굴행〉이 도입부의 분명한 모델이고 원작의 첫 번째 행이 "행행중행행(行行重行行)"이어야 한다면, 두 번째 행의 마지막 단어가 "행"과 운율을 이루든지, 아니면 네 번째 행의 마지막 단어가 연구들 사이의 운을 이루기 위해 바뀌어야 한다.[60]

다른 경우의 수도 있겠지만, 일단 육기가 알던 〈행행중행행〉의 버전은 〈음마장성굴행〉의 도입부에 쓰인 것의 변주로 시작되었으며, 그 내용은 여인이 부재하는 연인을 그리워하는 것이었다는 가정을 해보자. 육기의 의작 속 "왕유 물고기"와 "신풍 새매"가 나오는 연구를 고려해볼 때, 그가 의작한 "원작"은 현전하는 버전의 〈고시십구수〉 제1수처럼 "오랑캐 말"와 "월나라 새"의 이미지로 이어졌을 가능성이 있다. 그렇다면 나머지 부분은 어떻게 설명할 것인가?

육기의 다섯 번째 연구는 현전하는 버전과 대응되는 듯하다.

59 〈음마장성굴행〉 또한 후반부에 가서는 연구들이 이루는 운율을 사용한다.

60 "行"은 흔하게 쓰이는 운이며 실제로 〈음마장성굴행〉 두 번째 단락 5,6구에서 사용되었다. 나는 "行"을 행보다는 항으로 읽는데, 3세기 시에서는 "行"이 항이라는 음으로 대부분 사용되었기 때문이다.

遊子眇天末　나그네는 하늘 끝에서 흐릿해지고,
還期不可尋　돌아올 날은 알 수 없네.

여기서, 아마도 〈음마장성굴행〉은 어떤 아이디어를 줄 수 있다. 육기가 알던 버전은 연구 내부의 운을 사용했을 가능성이 있다. 현전하는 버전의 첫 번째 부분에서 두 운구 시퀀스를 뽑아내어 대응시켜 볼 수 있다.

各在天一涯　각자 하늘의 한 끝에 있으니,
會面安可知　얼굴맞대고 만날 줄 어찌 알리오?

이 부분이 정확히 육기가 의작한 자료라고 말할 수는 없지만, 우리가 가정한 원작과 육기의 구절을 대응시킴으로써 육기의 의작 과정과 완벽하게 일치하는 부분을 발견할 수 있다. (앞서 살펴본 연구의 두 번째 행에서처럼, 일상적인 단어를 행의 같은 위치에 그대로 두는 것을 포함해서 말이다.)

各在天一涯	遊子眇天末
會面安可知	還期不可尋

뒤이어 나오는, 구름에 소식을 전하려는 시도가 실패하는 내용의 육기의 연구는 〈음마장성굴행〉에서 편지가 가지는 중심적인 역할을 떠올리게 한다. 현전하는 〈행행중행행〉의 버전에서도 해를 가리는 구름이 등장하기는 하나, 이 버전에서는 육기의 연구와 대응되는 부분이 없다.

소식을 전하는 것은 이별의 주제 속의 매우 흔한 화제다. 비록 그러한 소식 전하기가 현전하는 〈행행중행행〉 버전에서는 등장하지 않더라도 말이다. 작품에는 핵심적으로 세 개의 "소식 전하기"와 관련된 시적 상황이 등장한다. 그 세 가지 중 첫 번째는 "보낼 선물이나 소식"으로, 여성이 꺾어 사랑하는 이에게 보낸 풀포기나 잔가지 등이다.(〈고시십구수〉 제6수, 제9수) 두 번째 상황은 "전달받을 소식"으로, 그러한 소식은 〈음마장성굴행〉에서 나타난 상황(혹은 〈고시십구수〉 제17수와 18수)과 비슷하게 "먼 곳에서 온 객[客從遠方來]"을 통해 대개 전달된다. 마지막 세 번째 상황은 "보낸 소식이 전달되지 못하는(혹은 그 소식의 전달 여부가 불분명한)" 것이다. 이것은 육기의 의작에서 분명하게 나타난 상황이며 아마도 그가 의작한 원작에서도 그러한 상황이 나타났을 것이다. 전달되지 못한 소식은 구름이나 편지를 전하는 새를 통해 전달되는데, 이는 건안 시기의 시들과 이릉 작품군의 시 한 편에서 처음 확인되었다.

이릉(李陵)[61]

有鳥西南飛 새가 서남으로 날아가니,
熠熠似蒼鷹 밝게 빛나 매와 같네.
朝發天北隅 아침 일찍 하늘 북쪽에서 떠나
暮聞日南陵 저녁에 해 남쪽 언덕에서 들려오네.[62]
欲寄一言去 말을 전달하고자 하여,
託之牋綵繒 무늬 비단 쪽지에 적어두었네.
因風附輕翼 바람 통해 날개에 붙여,
以遺心蘊蒸 가슴에 맺힌 말 전하였네.
鳥辭路悠長 새는 작별하였는데 길이 멀어
羽翼不能勝 날개가 감당할 수 없었네.
意欲從鳥逝 새를 따라가고 싶지만,
駑馬不可乘 노둔한 말이라 탈 수가 없네.

61 루친리, 339.《고문원》4.

62 본문에서 '해 남쪽'으로 풀이한 "일남(日南)"은 한나라의 군 이름이기도 했다.

아마도 소식을 전하지 못한 새의 가장 유명한 사례는 조식의 〈잡시(雜詩)〉 제1수의 마지막 부분일 것이다.[63]

孤鴈飛南遊　외로운 기러기 남쪽에서 날며 노니는데,
過庭長哀吟　뜰을 지나며 길게 슬피 우네.
翹思慕遠人　나의 생각 멀리 있는 사랑하는 이 그리며 날아
願欲託遺音　(기러기에) 말을 전하고자 하네.
形影忽不見　갑자기 형체가 보이지 않으니,
翩翩傷我心　날갯짓 내 마음을 상하게 하네.

육기의 의작에서의 소식 전달 매개체인 구름은 조비의 〈연가행(燕歌行)〉 제2수에 나타난다.[64]

鬱陶思君未敢言　울울하여 그대 그리며 감히 말도 못하니,
寄書浮雲往不還　뜬구름에 말 전하자 가서는 오지 않네.

그러므로 육기가 알고 있었던 〈행행중행행〉의 버전에서 과연 소식이 보내졌을지를 의심해볼 수 있다.

육기의 의작 중 아래의 연구는 그리움과 절망에 대한 언급이다. 이 화제들의 시퀀스를 낮은 격조의 시 사이에 놓기는 어렵겠지만, 언급자체는 충분히 보편적이다.

佇立想萬里　우두커니 서서 만 리를 상상해보니,
沈憂萃我心　가라앉은 근심이 마음에 모이네.

63　루친리, 456. 《문선》 29.

64　루친리, 394. 《송서》. 《옥대신영》 9. 《악부시집》 32.

결말부는 아니지만 마치 결말구처럼 보인다. 그러나 화제들의 시퀀스는 친숙해지기 시작한다. 〈고시십구수〉 중 가장 무난한 한 수를 살펴보자.

〈고시십구수〉 제6수[65]

涉江採芙蓉 강 건너 부용을 따니,
蘭澤多芳草 향기로운 풀들 난초 숲에 많네.
採之欲遺誰 따서 누구에게 보내리
所思在遠道 그리워하는 이 멀리 있네.
還顧望舊鄉 돌아서 고향을 바라보니,
長路漫浩浩 길고 긴 길 아득히 뻗어있네.
同心而離居 한 마음으로 떨어져 사니
憂傷以終老 근심과 슬픔으로 늙어가네.

여기서 우리는 사랑을 담은 선물이나 소식, 바라봄, 쌓여가는 근심, 그리고 늙어감을 볼 수 있다. 〈행행중행행〉에 대한 육기의 의작에서도 소식, 바라봄, 쌓여가는 근심을 보았다. 〈행행중행행〉의 현재 저자미상 버전에는 바라봄(부정형으로는, "객은 돌아보지 않네.")과 늙음에 대한 언급이 나타난다. 초기 시들에서 종종 발견되듯이 반복되는 단어(또는 유의어)들의 시퀀스가 되풀이되며 심지어는 이 단어들로 만들어진 진술이 변화할 때조차 그러하다.

육기 의작의 마지막 부분은 현재의 버전과 일치를 이룬다. 육기의 의작에서 띠가 느슨해지는 것에 대한 연구는 저자미상의 시구와 일치하며, 육기의 결론은 "고시"의 결말부를 전형적으로 변형시킨 것이다.

이 모든 것들이 너무 복잡하다면, 하나의 스토리로 줄여보자. 순서를 재배열하고 성별을 바꾸며 대체항들을 선택할 수 있다고 가정하자. 한 남자와

65 루친리, 330. 《문선》 29. 《옥대신영》 1(매승의 작품으로). 《예문유취》 29.

여자가 이별하였다. 그들은 서로를 그리워함에도 불구하고, 그들의 관계는 확정되지 않았다. 그들은 중국의 지형 상 어떤 지명에도 존재하지 않는다. 그들을 갈라놓는 추상적인 이차원의 지형 속에 존재하는 것이다. 우리는 왜 객이 여행하는지를 알 수 없으며, 단지 그가 필요에 의해 여행한다는 것과 가능하다면 집에 돌아갈 것임을 알고 있다. 서로의 관점에서, 상대방은 지평선 너머에 있는 것이다.

여자는 남자와의 하룻밤을 꿈꾼다. 혹은 후에 보겠지만 그저 남자의 형체를 상상한다. 잠에서 깨어나면 그녀는 자신이 홀로임을 깨닫는다. 혹은 아마도 강렬한 그리움 때문에 "밤에도 잠 못 이룬다." 그녀는 남자에게 보내기 위해 식물을 꺾는다. 남자는 새나 구름을 통해 소식을 전하고자 하지만, 결국 실패한다. 그는 그저 고향을 바라보았는데, 시야가 구름에 가려졌을 것이다. 아니면 그의 고향으로 가는 객이 지나갔는데, 사랑하는 이에게 보내는 편지를 주었을 것이다. 그는 그리움에 점점 야위어가고, 옷은 헐렁해진다. 그는 그녀도 자신과 같을 것임을 알고 있다. 그리움은 사람을 늙게 만든다. 편지에서나 혹은 그저 결말부에서 암시된 메시지에서 그는 말할 것이다. "나는 그대를 항상 그리워하니, 잘 챙겨 드시오."[66]

*

이 내러티브에 해당되는 일부분들은 육기의 의작에서, 현전하는 저자미상 버전의 〈행행중행행〉에서, 그리고 〈음마장성굴행〉에서 찾아볼 수 있다. 이들 중 어느 것도 내러티브의 모든 변이와 부분들을 전부 포함하지는 않지만, 이들을 함께 놓고 이별에 대한 다른 시들을 덧붙여본다면 시퀀스는 자

66 이 시의 주석가들은 〈행행중행행〉의 현재 버전의 결말부를 화자 스스로가 밥을 잘 먹고 그리움을 지우려는 것으로 해석하고자 한다. 이 역시 가능할 것이지만, 그가 돌아갈 희망이 적다고 하더라도 다소 이는 어색해 보인다. "잘 드시오"는 사랑하는 이에게 보내는 말로 적합해 보인다.

명하며 자주 반복된다는 것을 알 수 있다. 만일 육기가 현재 버전과는 다른 어떤 한 버전을 "의작"한 것이라면, 현재의 버전은 3세기 전반부에 귀속된 일련의 시들 도처에 흩어져 있었다는 사실을 알 수 있다.[67] 서간(徐幹)의 〈실사(室思)〉 제1수를 보라.[68]

沉陰結愁憂 그늘에 가라앉아 어려움과 슬픔 맺히니,
愁憂爲誰興 누구 때문에 근심과 슬픔 일어나는가.
念與君生別 그대와 생이별함을 생각하니,
各在天一方 각기 하늘 한쪽에 있구나.
良會未有期 좋은 만남은 기약이 없으니,
中心摧且傷 내 마음 무너지고 상하네.
不聊憂湌食 무기력해 먹을 걱정할 겨를도 없으니,
慊慊常飢空 만족스럽지 못하고 늘 굶주리네.
端坐而無爲 단정히 앉아 아무 일도 하지 않고
髣髴君容光 희미하게 그대 밝은 얼굴을 바라보네.

수사적인 첫 번째 연구는 제치고 또 마지막 연구는 후의 논의를 위해 잠시 미뤄두고보면, 이 시의 중간 연구들은 사실상 현재 〈고시십구수〉 제1수의 요약이다. 몇몇 화제들이 빠질 경우, 제2수의 도입구들이 이를 채워준다.[69]

峩峩高山首 높고 높은 높은 산의 정상
悠悠萬裏道 유유한 만 리 길.

67 《옥대신영》에 선집된 시들의 텍스트가 온전한 것인가에 대해 나는 확신할 수 없지만, 독자는 이것이 일반적으로 인정되는 〈고시십구수〉 제1수 버전이 3세기 초반에 존재했음에 대한 증거라고 여기고자 하였다.

68 루친리, 376. 《옥대신영》 1. 한거핑, 《건안칠자시문집교주역석》 351-52.

69 루친리, 376. 《옥대신영》 1. 한거핑, 《건안칠자시문집교주역석》 351-52.

君去日已遠　그대 날로 멀리 떠나니,
鬱結令人老　맺힌 마음 사람을 늙게 만드네.

제3수는 위에 언급된 것처럼 소식을 전달하지 못한 구름을 추가하였다.[70]

浮雲何洋洋　뜬구름 얼마나 자욱한지!
願因通我辭　이를 통해 내 말을 전하고 싶네.
飄颻不可寄　표표히 일어나 전할 수 없으니,
徙倚徒相思　배회하며 그저 그대를 그리워하네.
人離皆復會　사람들은 헤어지면 항상 다시 만나건만,
君獨無返期　그대 홀로 돌아올 기약이 없네.

물론 불쌍한 여인은 사랑하는 이를 너무나도 그리워하여 잠들지 못하고 이는 이 연작시를 제4수로 이끄는바, 이러한 내용은 불면에 대한 시들을 다루며 앞서 논의했던 것이다.[71]

그러나 특별히 흥미로운 것은 제1수의 결말부이다. "단정히 앉아 아무 일도 하지 않고 희미하게 그대 밝은 얼굴을 바라보네." 서간의 작품이 꿈에 비해 깨어있는 상상이기는 하지만,("밝은 얼굴[容光]"은 물리적인 모습에 대한 전형적인 격조 높은 표현에 해당된다.) 이 버전은 그리움의 결과로서의 사랑하는 이의 모습을 〈음마장성굴행〉과 공유하고 있다.

青青河畔草　푸르고 푸른 강가의 풀들,
綿綿思遠道　면면히 먼 길에 있는 이를 그리워하네.
遠道不可思　먼 길에 있는 이 그리워할 수 없지만,

70　루친리, 376.《옥대신영》1. 한거핑,《건안칠자시문집교주역석》351-52.
71　77-91쪽 참조.

宿昔夢見之　어제 밤에 그를 꿈에서 보았네.
夢見在我旁　꿈에서 볼 때는 내 곁에 있었는데
忽覺在他鄕　문득 잠을 깨니 낯선 땅에 있네.

육기가 〈행행중행행〉의 다른 버전을 보고 작업했을수도 있지만, 넓은 의미에서 이는 여전히 "하나의 시"이다.

*

육기가 그가 접했던 원작들에 가한 변형들을 살펴보면, 그가 따라걸었던 "자취"로서 현전하는 "원작"들을 헤아려볼 수 있다.("의적(擬迹)") 이렇게 함으로써 이러한 "고시들"이 3세기 후반에 다소 안정적인 상태가 되었음을 알 수 있다. 그러나 어디까지나 "다소" 그랬을 뿐이다. 또한 육기가 접했던 〈행행중행행〉의 버전이 제량시대에 전해졌던 것과는 다른 것이었음을 강하게 의심해보아야 한다. 현전하는 버전은 그자체로 오래된 것이면서 주목할 만한 작품이다. 심지어 육기가 접했던 버전보다도 현재의 버전이 전해졌음을 다행이라고 말할 수 있을 것이다. 육기의 의작과 현재의 버전 사이에 상상의 공간을 만듦으로써 우리는 어떻게 낮은 격조의 텍스트들이 3세기 후반에 여전히 형태를 바꾸고 있었는지를 알 수 있다. 육기가 의작한 시를 찾지 못할지라도, 모방되었을 모든 부분들과 각각의 부분들을 연결하는 시퀀스는 찾아낼 수 있다.

부록 A

일반적 용어로서의 악부

여기서 '악부'라는 단어를 주로 관청이라는 의미보다 일종의 운문이라는 뜻으로 사용했던 근거에 대해서 살펴볼 것이다. 당(唐)나라 이전 시대에는 악부는 주로 관청으로서의 뜻으로 쓰였는데, 이러한 음악관청은 서한(西漢) 시대의 "악부(樂府)", 나아가 더 후대의 궁정음악 관청과도 연관지어볼 수 있다.

많은 학자들(스즈키 슈우지, 마스다 키요히데, 조셉 알렌)은 4세기로 접어들 무렵에 쓰인 지우(摯虞)의 《문장유별론(文章流別論)》에 악부라는 단어가 등장한 것에 주목한다. 이것이 5세기 중반 이전에 '악부'라는 단어를 오언시와 연관하여서 쓴 유일무이한 사례이기 때문에, 《문장유별론》에 발췌된 텍스트들이 가지는 특정한 형식에 대해 언급하지 않을 수 없다. 우리는 우선 현존하는 지우의 시평이 엄가균(嚴可均)이 쓴 《전상고삼대진한삼국육조문(全上古三代秦漢三國六朝文)》 텍스트를 기초로 한 것임을 알아야한다. 엄가균의 인용문이 《문장유별론》에 기반을 두고 있기는 하지만, 사실 그것은 《문장유별론》과 《태평어람(太平御覽)》의 인용문을 혼합해놓은 것이다. 《태평어람》을 인용하며 이는 바로 오언시와 악부를 인용한 경우이다. 제대로 된 버전들은 덩궈광(登國光)의 《지우연구(摯虞研究)》에서 찾아볼 수 있다.[1]

《문장유별론》의 인용은(덩궈광은 이것을 "문장에 대한 종합적인 논의(文章總

論)"라고 정의하고 있다.) 시에 대한 종합적인 논의를 보여주는데, 《시경(詩經)》에 보이는 서로 다른 길이의 행들을 예로 들었다. 《태평어람》의 인용은 (덩귀광은 이것을 "문체에 대한 개별 논의(分論文體)"라고 정의하고 있다.) 《시경》에서 언급한 문장을 사용하여 완전히 똑같은 표현을 보여주고 있지만, 동시에 이러한 것들이 후대의 시 어느 부분에 쓰였는지에 대한 언급도 더 하고 있다. 첫 번째로 가져봐야 하는 의문은 이것들이 실제로 《문장유별론》의 다른 두 부분인지, 아니면 (1) 《예문유취》가 전체 텍스트의 압축된 버전을 제공한 것인지, 아니면 (2) 《태평어람》이 주 텍스트에 이른 시기의 주석들을 추가해서 마치 그 추가한 부분까지 주 텍스트처럼 보이게 했는지 하는 것이다.

《태평어람》의 인용문을 의심해보아야 하는 데에는 이유가 있다. 첫 번째 이유로 여기에서 "《시경》의 사언구(古詩之四言者)"를 말하면서 사언구 하나를 실제로 인용하고 있는데, 그 시구가 사실은 잘못 인용되었다는 사실을 들 수 있다. 그 시구는 사실 삼언구이고, 《예문유취》 버전에서 그렇게 인용 및 정의하고 있기도 하다. 이 시가 후에 어떻게 사용되었는지에 대한 부가적인 설명은 다음과 같다. "이 시는 한(漢)나라 교외 지역의 제사 및 조상과 관련된 제단에서 많이 사용되었다.(漢郊廟歌多用之)" 그러나 이러한 노래들은 삼언구과 사언구를 모두 가지고 있으므로, 우리에게 큰 도움을 주지는 못한다.

다음으로 오언, 육언, 칠언구를 살펴보자. 여기서는 《태평어람》의 인용을 엄가균의 버전과 나란히 배치해보고자 한다. 《시경》 구절은 빼고 인용하도록 하겠다.

1 불행히도 덩귀광의 12번째 장의 14번째 주석은 사라진 상태인데, 이 사라진 부분이 바로 그가 옛 버전과 현재 버전의 극명한 차이를 설명하였을 것이라고 기대되는 부분이다. 덩귀광, 《지우연구》, 홍콩: 학형출판사, 1990, 185.

《태평어람》	엄가균
五言者, 樂府亦用之	于俳諧倡樂多用之
六言者, 樂府亦用之	樂府亦用之
七言者, 於俳諧倡樂世用之	于俳諧倡樂世用之

각각의 버전에는 한 구절이 반복되고 있다. 그리고 '역(亦)'자의 사용이 《태평어람》의 버전에 더 힘을 주고 있는 듯하다. 요점만을 말하면, 《태평어람》 버전에서는 오언구의 시가 악부에서 쓰였다고 하였고, 반면 엄가균의 버전에서는 전문적인 가객들의 연행에서 쓰였다고 하였다.

짐작컨대 알렌이 "악부"라는 용어를 사용하는 문맥을 보면 "악부가 지칭하는 것은 '민간가요' 타입의 문학이지, '송가(頌歌)' 타입의 문학이 아니"라고 했을 때에, 《태평어람》 버전을 언급한 것으로 보인다.[2] 만일 그렇다면, 육언구는 "송가" 타입의 문학임이 분명하다. 물론 어떤 종류의 송가인지는 불확실하더라도 말이다. 그러나 그렇다면 왜 지우가 삼언구, 혹은 사언구를 특별하게 악부라고 하지 않고 "교외 지역의 제사 및 조상과 관련된 제단에서 부르는 노래"라고 굳이 언급했겠는가? 이러한 노래들은 한나라의 악부라는 기관과 분명하게 연결된 시 중에서도 매우 완벽한 사례에 속하는데 말이다. 굳이 이렇게 언급한 것은 더욱 주목함직한데, 이외의 경우에는 악부라는 용어가 한나라이든 한을 모델로 한 것이든 간에 음악 관청을 지칭하는 데에만 사용되기 때문이다. 앞보다 더 제기해야 할 질문은 과연 "악부"가 장르, 즉 운문의 일종을 일컫는 것인지, 아니면 관청을 일컫는 것인지 하는 것이다.

이처럼 텍스트 상의 문제에 부딪히게 되었을 때에는, 악부라는 단어 사용

2 조셉 알렌, 《다른 이의 목소리를 통해서: 중국 악부시》, 앤아버: 미시간대학교 중국학 센터(University of Michigan Center for Chinese Studies), 1992, 48-49.

의 역사를 추적하기 위해서 출전을 살펴야만 한다. 동시에, 4세기로 접어들 무렵 오언구의 시를 가리키는데 쓰인 용어를 추적하는 과정에서 문학사적 내러티브를 기반으로 삼아서는 안 된다. 이것은 다른 것들과는 독립된 하나의 사례이며, 텍스트 상으로 매우 복잡한 사례이기도 하다.

*

악부라는 용어가 분명하게 일종의 시를 가리키는 데에 쓰인 첫 사례는 지우로부터 한 세기 반이 지나서 나왔다. 포조(鮑照, ?-466)는 '악부시(樂府詩)'라는 용어를 부현(傅玄, 217-78)의 시 〈귀학편(龜鶴篇)〉을 지칭하기 위해 사용하였다.[3] 포조는 〈송백편(松栢篇)〉을 의작(擬作)하였다. 이 악부시라는 단어가 포조 이전 부현의 필사 문집에 들어갔던 한 범주인 어떤 작품에 대한 포조 나름의 지칭인지, 아니면 부현이 본래 사용했던 범주인지는 알 수 없다. 제목이 편(篇)이라는 글자로 끝나는 시들을 《문선(文選)》에서 "악부시"라고 분류했던 것에 주목해야한다.[4]

'의(擬)'라는 글자가 제목에 사용될 때는, 그 뒤에 항상 의작한 원시(原詩)의 제목이 따라붙는다. 포조의 산만한 서문에서는 이러한 감각이 느슨했던 것으로 보이는데, 이는 그의 시가 그가 "의작"했을만한 시의 제목을 그대로 따르고 있지 않기 때문이다. 의(擬)를 사용하는 일반적인 규칙에 따라, 부현의 지금은 사라진 원작이 포조의 시처럼 오언구들로 이루어졌으며 포조의

3 루친리, 1264-65. 부현(傅玄)의 작품으로는 현존하는 〈방가행(放歌行)〉(루친리, 557)이 있다. 이것은 "신성한 거북(靈龜)"에 대한 언급으로 시작하는데, 이 글에선 학에 대한 언급은 전혀 보이지 않는다. 그렇다고 포조(鮑照)의 시 중 이와 비슷한 내용의 시가 있는 것도 아니다.

4 3세기 들어서도, 편(篇)이라는 글자는 대나무로 꿴 책이라는 고대의 의미를 어느 정도 유지하고 있었던 것처럼 보인다. 이 단어가 일종의 "장"을 의미하는 것으로 전이된 것은 납득이 간다. 언제 그리고 어떻게 이 "편(篇)"이라는 글자가 짧은 시들을 지칭하는 단어로 쓰이게 되었는지는 더 연구를 해보아야 하는 부분이다.

시와 같은 길이였을 것임을 추측해볼 수 있다. 그러나 여기서 '의(擬)'의 의미가 엄격하게 적용되고 있지 않다는 점을 생각하면, 꼭 그렇다고 보장할 수는 없다. 포조의 시는 지금 "악부"라고 분류된 그의 다른 시들과 사뭇 다르다. 그리고 부현의 원작에서 등장하는 "거북과 학"은 상서로운 동물로, 장수(長壽)와 연관되어 있다. 확실히 의례적인 악부는 아닌 포조의 의작을 제쳐놓고 생각해본다면, 부현의 지금은 사라진 악부 자체는 의례적인 악부였으리라 추측할 수 있다. 즉, 일종의 시를 가리키는 '악부'라는 단어가 처음 분명하게 사용된 것은 다른 유명한 저자의 작품을 의작한 유명한 저자에게서 나왔다. 게다가 이들이 의작한 주제와 제목은 후대에 악부로 분류된 시와는 사뭇 다른 것이었다. 하지만 어쨌든 이 악부라는 단어가 적어도 5세기 중반부터 일종의 시를 가리키는 뜻으로 쓰였다고 볼 수 있다.

그 다음으로 악부라는 용어가 명백하게 일반적인 명칭으로 사용된 사례는 안느 비렐에 의해서 주목을 받게 되었는데, 여기서 심약(沈約)은 심량(沈亮)의 작품들 중 일부를 서술하며 '악부'라고 칭했다.[5] 여기서도 '악부'는 시와는 아주 별개로 두 개의 의례용의 장르 사이에 나열되어있다. 이는 이 용어가 일반적인 의미로 쓰였음에도 불구하고 여전히 일종의 의례용 송가를 뜻하는 것임을 강하게 암시한다. 잘 알려져 있듯이, 심약은 '악부'라는 용어를 《송서(宋書)》〈악지(樂志)〉에서는 사용하지 않았다.

처음으로 악부를 하나의 독립된 카테고리로 광범위하게 논의한 첫 번째 사례는 6세기 초 《문심조룡(文心雕龍)》에서 처음으로 찾아볼 수 있다. 여기서 유협(劉勰)은 하나의 장 전체를 악부에 할애하는데, 악부를 음악과 연관된 시라는 넓은 의미로 보고 있다. 그는 이 용어를 '시'에 상대되는 것으로 사용했지만, 크게 보았을 때 다른 것으로 다루었다. 유협은 명백하게 의례

---

5 안느 비렐, 《한(漢)나라의 유행 노래와 서정시》, 런던: 언윈 하이만, 1988, 7. 《송서》, 2452.

음악이야말로 악부의 표준적인 형식이라고 여기긴 했으나, 그의 버전은 분명 "문학적인 악부"를 포함할 뿐 아니라, 그가 직접 명확하게 이러한 자료들을 지칭한 적은 없지만 현재 "한(漢)나라의 악부"로 간주되는 저자미상의 운문들을 포함할 수 있을 정도로 범범했다. 6세기에 들어서 악부라는 용어는 상당히 흔하게 쓰이게 되었고 우리가 지금 초기 악부라고 분류하는 운문들을 모두 포함할 정도로 넓은 의미로 쓰이게 되었다. 임방(任昉)의 《문장연기(文章緣起)》라는 책에서 악부는 다음과 같은 용어로 기술되어 있다. "그것들은 고시이다.(古詩也)"[6] 이것은 아마도 악부가 《시경》의 전통에 속한다는 뜻일 수도 있다. 물론 임방이 악부를 저자미상의 "고시"들과 동일시하고 있었을 가능성을 배제할 수는 없다. 그러나 악부는 장르들에 대한 임방의 긴 목록 중간에, 곧 장르 목록의 첫머리에 놓인 "시"의 여러 형식들과는 먼 곳에 놓여 있다. 종영(鍾嶸)은 《시품(詩品)》의 어디에서도 악부를 논하지 않았지만, 그가 모두 음악적 전통에서 나온 조조(曹操)의 작품들을 포함했다는 것은 종영이 문학적 악부를 최소한 시학의 부분집합으로는 보았음을 보여준다.

여기서 의문인 것은, 과연 당시에 악부를 포함하는 넓은 개념의 "시"가 있었던 것인지, 아니면 "시"와 악부는 별개의 것으로 여겨졌던 것인지에 관한 것이다. 증거에 따르면 저자미상의 노래들, 곧 초기의 것들과 그보다 후대의 남조(南朝)의 노래들 모두는 문학 학자들이 악부를 문학 장르로 생각하게 하는데 있어 처음부터 중요하게 여겨지지는 않았다. 저명한 저자들의 악부를 지칭하기 위해 "악부시(樂府詩)"라는 합성어를 쓴 것이 아마도 최초의 용례일 것이다. "악부"라는 용어는 단독으로는 아마도 의례상의 노래들을 가리키는 용어였다가, 유협에 이르러 일반적인 개념의 "노래"로 확장되었을 것이다. 《문선》에서 저자미상의 노래들이 "문학(文學)" 범주에 들어가

6 임방, 《문장연기주》(재판), 타이베이: 광문서국, 1970, 37.

는 최초의 사례를 볼 수 있다. 소통(蕭統)은 저자미상의 노래들 중에서 아주 소수만을 이러한 문학의 범주에 포함시키고 있는데, 그 이유는 아마도 "고시"가 가지는 저자미상이라는 케케묵어 보이는 특징 때문으로 보인다. 소통은 분명하게 이러한 노래들을 "시"의 부분집합으로 간주하고 있으며, 그는 그가 가지고 있는 저자미상의 작품 세 편을 알려진 저자들이 지은 "악부"의 연대기적 배열 첫 부분에 배치하였다. 마치 그가 〈고시십구수(古詩十九首)〉를 "잡시(雜詩)"의 연대기적 순서의 도입부에 실었듯이 말이다. 이 말은 저자미상의 악부가, "고시"로 확립된 형태를 기반으로 하는 문학적 형식의 기원으로 여겨지고 있었다는 것이다. 여기서 우리는 저자미상의 악부가 6세기 비평가들에 의해 문학적인 연대기에서 과거의 문학을 이해하는 데에 사용되는 것을 최초로 보게 된다.

이러한 움직임은 저자미상의 "악부"들이 "시"의 넓은 범주 안에 포함되는 데에 물꼬를 튼 것처럼 보인다. 물론 이와는 별개로 음악분야의 전문가들이 서지학적인 측면에서 악부를 연구하는 노력도 이어지긴 했지만 말이다. 현전하는 《옥대신영(玉臺新詠)》이 그것의 6세기 때의 모습과 일치하는지를 확신할 수는 없지만, 이 텍스트, 즉 "노래(詠)"를 전문적으로 다루는 모음집에서는 악부와 "시"가 나란히 등장한다. 도입부에서는 저자미상의 "고시"에 뒤이어 저자미상의 악부가 나온다. 《문선》 속 세부 분류는 이제 사라지고, 두 개의 집단이 고전시의 "시작(始作)"을 대표하게 되는 것이다.

여기에서 유협이 "고시"를 칭찬하면서 쓴 말을 떠올려 볼 수 있을 것이다. 그 고시들은 "조야하지 않게 직설적이다.(直而不野)"라는 말이 그것이다. 텍스트들에서 살펴보았듯이, 저자미상의 악부들은 대부분 조야하다. '옥대(玉臺)'라는 이름에 걸맞기 위해서는, 그러한 "조야한" 구절들은 좀 다듬을 필요가 있었다.

*

우리는 넓은 범주의 악부에 너무나 익숙해져 있는데, 여기서는 이것의 외연이 한때는 훨씬 작고 전문적이었음을 상기할 필요가 있다. 《수서(隋書)》〈경적지(經籍志)〉는 음악적인 운문 모음집의 제목들을 나열하고 있는데, 이들 중 다수는 명백하게 의례용 음악이거나 궁중연회를 위한 노래들이다. "악부"라는 용어는 그러한 것들을 가리키는 보편적인 용어이긴 하지만, 이 작품들 중 대부분은 연대를 추정할 수 없다. 남아있는 것은 "악부"가 반드시 이런 범주의 모음집을 지칭하는 용어는 아니었음을 증명해주는 불완전하고 부정적인 증거들뿐이다. 다시 말해서, 6세기 이전 인물이 이러한 모음집을 만들었을 경우에 이 갈래의 모음집은 "악부"라는 용어를 쓰지 않았다.

그러나 《수서》〈경적지〉는 흥미롭고도 논쟁을 불러일으키는 하나의 예외적인 사례를 포함하고 있다. "노랫말과 춤에 대한 기록(歌辭舞錄)" 범주의 목록에서 여러 종류의 음악을 볼 수 있는데, 이 중의 많은 것들이 지금은 악부의 하위범주에 속한다. 그런데 이 목록의 세 번째에 악부라고 이름 붙은 갈래가 등장한다. 목록은 다음과 같다. "고취, 청상, 악부, 연악, 고매, 비, 탁 등의 노랫말과 춤의 기록, 모두 열 부문. (鼓吹, 淸商, 樂府, 讌樂, 高禖, 鞞, 鐸等歌辭舞錄. 凡十部.)" 이 목록의 기원은 알 수 없지만, 그럼에도 이 목록의 존재는 이러한 용어들이 지금은 우리가 더 이상 이해할 수 없는 산재하는 내력을 지닌다는 사실을 다시금 상기시킨다.

"악부"가 서한 시대의 특정한 궁중 음악 기관을 가리키며, 궁중음악, 그 중에서도 의례적인 음악을 담당한 기관을 가리키게 되었다는 것은 알려진 사실이다. 그러한 맥락에서 악부는 음악의 부분집합인 가사를 지칭하게 되었는데, 이러한 가사들은 필사 문화의 전통아래 보다 광범위하게 보존되었으며 독특한 종류의 자료로 인식되었지만 일반적으로 '악부'라고 알려지진 않았다. 그러나 아마도 5세기 후반의 언젠가에 "악부"라는 용어는 점차적으로 그 외연이 넓어져 음악적 전통을 가지는 운문 모두를 포함하게 되었을 것이다. 유협은 바로 이러한 의미에서 이 악부라는 용어를 사용하였다. 음악적 전통을 가지는 운문은 언제나 시와 중첩되었기에, 악부는 이러한 시를 가리키는 용어가 되었다. 일반적인 범주는 유동적이었다. 6세기 초에 문학 기록들이 재고되고 분류되는 과정에서 악부는 시적 텍스트들을 통틀어 이르는 용어로 사용되게 되었고, 그 범주는 현재 일반적인 용법의 범주의 대부분을 포함했다. 악부는 또한 노래 자료들 모음집의 제목에도 일반적으로 쓰이는 용어가 되었다. 그러나 7세기에서 8세기 초의 주석 자료와 전서에서 단락들이 인용되는 방식을 살펴볼 때, 악부가 당시에는 아직 시와 특정 텍스트를 구분하는 의미에서건 음악과 연관된 텍스트를 지칭하기 위해서건, 안정된 일반 용어는 아니었음을 알 수 있다.

부록 B

음악적 전통

나는 "당나라 음악" 음반을 여러 개 가지고 있다. 나는 이 노래들이 실제로 당나라 왕조와 약간이라도 연관이 되어 있기는 힘들다고 생각하면서 이 노래들을 감상한다. 나는 피크엔스(Pickens)의 당나라 음악 복원 음반을 가지고 있다. 그런데 이 음반은 일본 궁중음악을 멜로디의 기반으로 삼으면서도 마치 아라비안나이트 영화의 주제곡과 같은 느낌을 준다. 나는 당나라의 음악이 이것과 흡사했을 가능성이 아예 없는 건 아니라고 생각하지만, 그렇다고 해서 이것이 "당나라 음악"이라고는 생각하지 않는다.

*

초창기 고전시를 연구하는 학문 중에서, 곡의 제목과 그것들의 다양한 범주들이 전파된 악부 계보를 정리하는 것만큼이나 복잡하고 부담스러운 학문도 없다. 이러한 악부 계보 정리는 초기 음악 관련 자료들에서 나타나는 《악부시집(樂府詩集)》의 주석과 《송서(宋書)》 〈악지(樂志)〉, 그리고 그 외의 다양한 자료들을 통해 이루어진다. 이 학문은 소심한 이들에게는 맞지 않는 학문이다. 내가 만일 이 학문에 관한 내용을 이 부록에서 제대로 풀어보았다면, 이 부록은 이 책 전체의 분량보다 몇 배는 길어졌을 것이다. 용기 있는 학자들, 예를 들어 스즈키 슈우지, 마스다 키요히데, 그리고 왕원시 같은 사람들이 철저하게 원전들을 캐내었다. 여기서 그들의 작업을 다시 논하려 시도하는 것은 그저 요약을 하게 되는 데에 불과할 것이다. 나는 1차 자료들, 그리고 이러한 자료들을 바탕으로 한 학자들의 논쟁과 씨름하면서도 정작 내가 원하던 정보는 찾을 수 없었다. 이것이 바로 이 자료들이 학자들로 하여금 그 자체의 디테일과 끝없는 문제점들에만 집중하게 만들어서, 결국 학자들의 시선을 가장 중요하고 기본적인 문제에서 돌려버리게 만드는 대표적인 사례이다.

우리가 초기 음악시, 즉 악부의 역사를 재구성하기 위해 사용한 당(唐) 이전 자료들은 제목, 분류학 그리고 추측컨대 노래의 전통에 중점을 둔 것이었다. 우리는 어떤 악기들이 궁중에서 특정 시기에 유행했을지 추측해볼 수 있다. 하지만 매우 중요한 다른 사실들은 알지 못한다. 노래 가사가 글로써 어느 정도까지 기록되었는지 알지 못하며, 언제 노래가 글로써 기록되었는지 역시 알지 못한다. 학자들은 초기 자료에서 특정 제목의 시나 그 시의 한 구절에 대한 언급을 발견하면 마치 그것이 후대에 등장하는 같은 제목의 시와 반드시 연결성을 갖는다고 믿는 경향이 있다. 그렇지만 실제 전통의 양상은 옛 제목만 따와서 내용은 완전히 새롭게 쓰는 것, 가사를 새로 쓰는 것, 첫 구절을 재사용하는 것, 그리고 이전 시에서 빠진 것을 '채우는' 것이었다. 우리는 어떻게 자료가 지금 우리의 손에 들어오게 되었는지 알고자 한다. 텍스트가 6세기 초기의 《송서》에 보이든, 12세기 초의 《악부시집》에 등장하든지 말이다. 〈백두음(白頭吟)〉의 첫 구절은, 아마도 그것의 제목과 첫 구 때문에 4세기 초에 서한 시대의 것으로 여겨지게 되었을 것이다. 그리고 만일 이 첫 구절이 그렇다고 믿는다면, 아마도 첫 네 개의 구절도 그렇다고 믿을 수 있는 것이다. 이미 우리는 위에서 "아마도", "추측컨대" 등의 표현을 빈번하게 사용하였다. 그러나 디에니도 보여주었듯, 이 글에서는 다른 방식의 설명을 시도할 것인데, 즉 《송서》에 실린 더 긴 분량의 시가 서로 다른 부분들의 합성물임을 밝힐 것이다. 무슨 이유로 우리는 요소들의 특정한 합성물이 한나라 시대의 것이라고 믿어야만 하는가? 만일 노래 가사를 포함하는 텍스트가 분명하게 존재했다면, 그렇다고 믿을 수도 있을 것이다. 그러나 음악가들과 음악을 연구하는 학자들이 끊임없이 재작업을 해왔다는 사실을 명심해야 한다. 우리는 제목과 첫 구절의 관습을 알고 있지만 이마저도 4세기 초 이후의 것이며, 언제 그리고 어떻게 현존하는 텍스트를 가지게 되었는지는 알지 못한다. 어쩌면 현전하는 텍스트는 실제로 서한(西漢) 텍스트의 혼합물인지도 모른다. 또는 5세기 텍스트가 공연되었던 방식 그대로일지도 모른다. 어느 쪽이든, 다양한 주제의 전환을 보여주는 현전 텍스트의 미학적 논의와는 상관이 없다. 그러나 이 텍스트를 가지고 악부의 역사를 논할 수 있는 것은 아니다. 비록 심약이 이러한 텍스트를 정확히 한나라의 민간노래라고 칭하고 있다고 해도 말이다. 그가 텍스트 원전에 대해 가지고 있었던 지식은 우리가 알고 있는 것보다 그래봐야 조금 더 나은 수준이었을 것이다.

우리는 작품이 구전이 아니라 텍스트로서 전파된 계보를 찾고 있다. 〈청상삼조가시(淸商三調歌詩)〉의 주를 보면, 심약은 구체적으로 기록하기를 "이것들은 순욱이 수집하고 사용한 옛 가사들이다.(荀勖撰舊詞施用者)"라고 하고 있다. 여기에서 '찬(撰)'이 뜻하는 것이 무엇일까? 순욱이 이 가사들을 '받아 적었다'는 것일 수도 있고, 그가 시들을 '선별하였다(選)'는 뜻일 수도 있다. 여기에서 주목할 점은 고사(古詞)라는 표현 대신, 구사(舊詞)라는 표현이 쓰였다는 것이다. 이 글들은 상대적으로 고사들보다는 최근의 것인 것이다. 순욱(荀勖)은 서진(西秦)의 음악 기관에서 핵심적이었던 인물로, 《수서(隋書)》〈경적지(經籍志)〉의 작품 계보에서는 '진나라의 연회 음악 가사(晉讌樂歌辭)'라는 작품으로 인정받고 있는 인물이다. 제목이 이러한 것은 매우 다행인데, 이 제목이 '가사(歌辭)'를 구체화하고 있기 때문이다. 우리는 이것들이 텍스트라고 추정하지만 어떤 텍스트인지는 모른다. 이것이 심약이 이 부분의 가사에 대한 텍스트 자료를 가지고 있었다는 뜻일까? 만일 그렇다면 따로 설명이 되어 있지 않은 나머지 부분들은 어떻게 보아야 할까?

"가사(歌辭)"를 구체적으로 드러내는 책 제목이 흔히 선호되는 그 이유는 음악시의 전통에 따라 대부분의 작품들이 록(錄), 즉 "기록(技錄)"으로 불리고 있기 때문이다. 상대적으로 긴 작품, 예를 들어 6세기 지장(智匠)의 《고금악록(古今樂錄)》 같은 작품에 실제 텍스트는 물론이고 분류학적 논의와 전통이 실려 있었을 것이라 추측된다. 그러나 5세기에 중반 장영(張永)과 왕승건(王僧虔)에 의해 지어진 소위 "기록"이라 불리는 중요한 작품들은 그저 제목이나, 분류학적 논의 혹은 어떤 경우에는 첫 구절에 관한 언급에 불과했을지도 모른다. 참고로 왕승건의 기록은 단 한 개의 두루마리 분량으로, 이 글은 《고금악록》을 통해 《악부시집》에 인용된 부분에서 볼 수 있는바, 이는 대부분 혹은 전부가 제목과 분류학에 대한 단순한 "기록"이다.

한문은 불명확성 그 자체이다. 《고금악록》에서는 왕승건의 문장을 인용할 때에 자주 "지금은 전해지지 않는다.(今不傳)" 혹은 "지금은 노래로 불리지 않는다.(今不歌)"와 같은 구절로 끝을 맺었다. 이것이 5세기 중반 왕승건을 인용한 것 중 일부인지, 혹은 6세기 중반의 지장의 주석인지는 알 수 없다. 한 예로 스즈키는 이를 지장이 단 주석이라고 이해하지만, 이것은 추측일 뿐이다. 만일 심약의 시대에 그 텍스트들이 있었다면 왜 그가 그 텍스트들을 포함시키지 않았겠는가? "지금은 전해지지 않는다."라는 표현은 그들이 말로든 음악으로든 어떤 것도 가지고 있지 않음을 분명하게 드러내는 것이다. "지금은 노래로 불리지 않는다."라는 표현은 말로는 존재하지만 음악으로는 존재하지 않는다는 것이다. 혹은 이 표현 역시 "지금은 전해지지 않는다."와 사실상 같은 뜻일 수도 있다. 여기서, 현재 전해지지 않는 작품들이 특정 음악 제목 아래 속했던 작품 집합들에 포함되었다는 것에 주목해야 한다. 그리고 또한 이러한 묶음들 중 일부 버전들은 지금까지 전해져오고 있다는 사실에도 주목해야 한다. 과연 이것이 초기의 음악 전문가들이 일부 가사는 베껴놓았지만 나머지는 그렇게 하지 않았다는 사실을 의미하는가?

음악 전통 분야의 학자들이 완전함에 대해 보이는 집착을 고려할 때, 이는 납득하기 어려운 것이다. 명백한 결론은 바로 앞서 가정했던 것을 확실하게 만들어준다. 곧, 이러한 음악 작품들이 제목의 목록과 구전으로만 전해졌을 뿐, 텍스트는 없었다는 것이다.

그렇다면 대체 어디에서 이 텍스트들이 온 것일까? 음악 전문가가 어떤 노래를 "지금은 전해지지 않음"이라고 주석을 달았다면, 그는 작품 제목 목록을 다른 자료에서 온 텍스트들과 대조하여 그러한 결론을 낸 것일지도 모른다. 혹은 아예 텍스트를 갖고 있지 않으면서 작품 제목 목록을 당시 공연의 레퍼토리에 포함되어 있던 작품들과 대조한 것일 수도 있다. 우리는 정말 많은 정보를 가지고 있다. 다만 단 한번이라도 그 음악 전문가들이 그들이 말하는 텍스트가 어디에서 온 건지 알려주었다면 좋았을 것이다.

음악 자체에 관해 따져보면 우리는 더 아는 것이 없다. 소위 "음악 전문가들"이라고 부르는 학자들이, 음악 자체의 중요한 요소라고 여겨지는 것에 관해 연구를 한다는 말은 거의 들어보지 못했다. 악기를 다루는 법을 제외하고 말이다. 그들의 관심은 텍스트의 구전과 전통이다. 어떤 작품이 "현재는 불리지 않음"라고 주석이 붙은 것을 보며, 일부 작품들은 계속 불려 왔음을 추론할 수 있다. 하지만 3세기의 연주와 5세기 중반 연주 간의 실제 음악적 관계는 추측할 수 있는 범위 너머에 있다. 당시에도 음악 표기 체계가 있었지만 그러한 체계가 얼마나 광범위하게 사용되었는지, 그리고 그 체계가 전문적인 연주자들을 제외하고서 얼마나 널리 이해되었는지는 알 수 없다. 근 4세기 동안 쓰이고 있는 서구식 음악 표기법 이전의 음악 표기 체계는 선생이 없이는 작품 연주에 대한 충분한 정보를 얻을 수 없을 정도로 어려웠다. 최선의 추측은 3세기와 5세기 중반 사이에 상당히 큰 음악적 변혁이 있었다는 것이다. 인간의 한정된 기억, 그리고 인간의 기억이 가지는 변동성이라는 특징에 의해 제한을 받아온 소위 "음악 문헌 전문가들"은 그보다도 두 세기나 더 앞서 지어진 노래들이 얼마나 정확하게 보존되었는지 알 수 없었을 것이다.

음악과 텍스트간의 관계는 규정하기 매우 힘들기로 악명 높다. 설사 우리가 안정적인 텍스트와 상대적으로 정확한 음악 표기내용을 가지고 있다 해도 말이다. 어디서부터 이 질문을 시작해야 할지 알 수가 없다. 우리는 다음과 같은 더 쉽고 기본적인 질문에조차도 답할 수 없다. '어떤 환경에서 어떤 노래가 언제 불렸는가?'라는 질문 말이다. 궁중 전통이 계속 이어져왔거나, 혹은 연속성을 지향했다고 가정해볼 수 있다. 물론 계속 이어져왔다고 해서 음악이 안정적으로 이어졌다는 말은 아니지만 말이다. 그나마 최대로 말할 수 있는 것은, 지금은 악부라고 불리는 텍스트의 특정 부분이 음악적 개념과 연관되어 있었고, 그러한 연관성이 공연의 가능성을 넓게 열어주었다는 것이다. 우리는 조조(曹操)의 노래들이 3세기로 넘어가는 시점에, 그의 궁정에서 음악으로 연주되었을 것으로 추정해볼 수 있다. 이러한 전통들이 알 수 없는 기간 동안 계속해서 전문가들에 의해 궁정의 특정 장소에서 행해져 왔을 것이라 생각해볼 수 있다. 조조의 노래가 6세기 초까지도 연주되었을지 어떨지는 몰라도, 오락용으로는 그보다 더 최근 노래인 "오성(吳聲)"을 지역 소녀들이 부르는 것이 더 선호되었음이 분명해 보인다.

부록 C

선집과 오언시

우리는 소급적으로 오언구의 시라면 당연히 중요성을 가진다고 생각하는 경향이 있지만, 5세기 초에 접어들기 전까지는 오언구의 시가 그러한 중요성을 가지지 않았을 수도 있다. "시(詩)"라는 범주는 분명 그만의 고전적인 무게를 가지고 있었다. 그러나 여기서 과거 5세기 그리고 6세기의 시를 의작했던 시인들, 주석을 단 비평가들, 그리고 오언구의 초기 시들의 선집을 만든 선집가들의 취향을 생각해볼 필요가 있다. 그렇게 그들의 취향을 생각함으로써 우리는 5세기 초까지만 해도 시는 그렇게 큰 흥미를 끄는 대상이 아니었다는 것을 알 수 있으며, 사언구로 쓰인 시가 오언구로 쓰인 시와 맞먹는, 때로는 그를 능가하는 인기를 누렸다는 것을 알 수 있다. 오언구로 시를 쓰는 관습은 조씨(曹氏) 가문 및 궁정과 밀접한 연관이 있어 보인다. 이러한 양식은 진나라까지 이어졌지만 사언구로 집단적 시짓기를 하는 양식이 더불어 새로운 인기를 누렸다.

분명 오언구의 시들은 개개인의 문집 작업을 통해 보존되었다. 그러나 선집이나 전서 자료를 가지고 재구성한 것이 아닌 3세기의 두 문집인 혜강(嵇康)과 육운(陸雲)의 문집을 보면,(완적의 문집은 지금 논의에서는 제외하기로 한다.) 사언시와 오언시가 실린 비율이 다른 책들에서 보이는 비율과 극명한 차이를 보임을 알 수 있다. 혜강의 문집에 실린 시들 절반가량은 사언시이고, 육운의 문집 대부분은 사언시들로 이루어져있다. 이는 부분적으로는 특정 시인들의 독특한 취향의 결과일 수도 있을 것이다. 하지만 그보다 이 사실은, 현재 우리가 시에 대해 가지는 일반적인 인상이 실은 당대가 아닌 후대의 취향으로부터 어느 정도 영향을 받은 것이라는 사실을 상기시킨다. 방대한 《문관사림(文館詞林)》 중 현재 남아있는 일부분은 공교롭게도 사언시를 아우르는 권(卷)을 포함하고 있다. 그곳에 남아있는 작품들은 얼마나 많은 것들이 현재 오언시로 알려진 시인들에게서 간과되었는지를 일깨워준다. 1장에서 다루었듯이, 《세설신어(世說新語)》라는 책의 "문학(文學)"장에 등장하는 104개의 항목 중 오직 네 개 항목만이 오언시에 대해 오직 간략하게만 언급하고 있다. 그보다는 부(賦)와 산문이 훨씬 많이 다루어졌다. 이러한 사실은 오언시가 4세기와 5세기 초의 문학 생활에서 작은 역할에 불과했다는 것을 암시한다. 네 개의 항목 중 오직 두 개의 항목, 즉 조식(曹植)의 유명한 〈칠보시(七步詩)〉와 함께 나오는 항목과 "고시(古詩)"들에 관한 항목만이 후대에 고전의 일부분으로 인정받는 시들을 다루고 있다.

여기에서 오언구의 시를 선집으로 만드는 것에 대해 더 자세히 이야기 해 보고자 한다. 소실된 책들의 명단을 보면, 이를 통해 가지게 되는 거대한 불확실성에도 불구하고 몇 가지 유용한 사실들을 알 수 있다. 《수서(隋書)》의 〈경적지(經籍志)〉는 양(梁)의 문헌 목록과 후대의 작품들을 뒤죽박죽 섞어놓았다는 점에서 논란이 되는 자료이다. 〈경적지〉는 범주에 따라 작품들을 묶었고, 그 범주 내에서는 연대기적으로 작품들을 배열하려고 한 듯하다. 위징(魏徵, 580-643)이 일부 작품들의 작자나 연대를 몰랐을 수도 있지만, 대체적으로 자신이 보유했던 자료들의 순서를 따랐다고 추측된다.

때로 사람들은 지금은 사라진 당나라 이전의 선집들의 풍부함에 대해 이야기를 한다. 많은 것이 일실된 것이 사실이지만, 이러한 "풍부함"의 일부는 환상에 불과할 수도 있다. 특히 5세기 후반 이전에는 말이다. 다시 말하건대, 알지 못하는 것이 많기는 하지만, 필사 문화가 갖는 불안정성에 대한 약간의 실마리를 우리는 가지고 있다. 비록 상대적으로 짧은 시기에 걸친 것이지만 말이다.

순작(荀綽)이 지었다고 하는 오언구의 시를 모은 선집인 두루마기 다섯 권의 《고금오언시미문(古今五言詩美文)》은 매우 골치 아픈 사례이다. 순작이라는 인물은 유명한 순욱(荀勖)라는 사람의 손자로 그 스스로 진(晉)의 저명한 지식인이 되었다. 이 순작은 4세기 초에 죽었다. 사령운(謝靈運)의 선집과는 달리, 순작의 선집은 다른 곳에서는 그 존재가 증명되어 있지 않다. 이 시선집은 목록에서 사령운의 시선집 바로 뒤에 이름이 실려 있을 뿐 아니라, 저자미상의 《이진잡시(二晉雜詩)》이라 불리는 시선집 바로 뒤에도 그 이름이 실려 있다. 이 저자미상의 시선집이 순작의 것으로 보이게 하려고 하였던 것인가는 알 수 없다. 만일 그렇다면 연대를 심각하게 잘못 기술한 것이 되는데, 그 이유는 순작이 동진(東晋)이 건립되기 이전인 영가(永嘉) 시절 사망했기 때문이다. 이러한 사실이 더욱 흥미로운 이유는, 순작이 쓴 역사적 작품이 동진과 그 후대의 이야기를 담고 있기 때문이다. 순작이라는 인물이 두 명이었는지도 모른다. 더 이른 시대에 더 잘 알려진 순작과, 앞의 사람과 동일인물로 오해받은 후대의 불분명한 인물 말이다. 〈경적지〉는 연대기적 배열을 선호하는 경향이 있고, 이러한 배열은 문헌의 유형과 그 유형 안의 세부 유형 안에서 이루어진다. 그런데 이 작품들의 유형이 일단 확립되면, 지속적인 계보를 가지게 되는 것이다. 만일 《고금오언시미문》이 4세기로 넘어가는 시기의 시선집이라면, 그 시선집은 오언구의 시를 포함하는 다음 시선집보다 무려 한 세기나 앞서는 독보적인 위치에 서게 되는 것이다. 이 작품이 이보다는 늦은 시기에 쓰였을지 모른다고 의심해보지 않을 수는 없으나, 여전히 이 작품이 오언구의 시를 모은 첫 시선집이며, 초기 시 연구에 있어 중요한 자료일 가능성은 배제할 수 없다.

유명한 시인인 사령운(謝靈運, 385-433)은 흔히 두루마리 50권의 《시집(詩集)》으로 알려진 시선집으로도 유명하다. 그 후 5세기에 이것의 확장판으로 100권의 두루마리가 등장하고, 안준(顏峻)의 또 다른 두루마리 100권의 작품이 같은 제목으로 나왔으며, 같은 제목으로 40권의 두루마리에 적힌 송 명제(宋明帝, 재위 465-72)의 작품이 나왔다. 이 시선집들이 다 다른 내용을 지녔을 가능성도 있다. 하지만 사령운이 지은 두루마리 열 권으로 구성된 짧은 시선집인 《시집초(詩集鈔)》, 그리고 이와 같은 내용이지만 제목만 《잡시초(雜詩鈔)》인 두루마리 열 권짜리를 보면 이러한 가능성을 일축하게 된다. 그리고 이 외에 또 두루마리 열 권 분량의 《시초(詩鈔)》라는 작품이 있는데, 편집자도 적혀있지 않으며 "일실"이라고 기록되어 있다. 그 다음으로는 또 사령운의 두루마리 아홉 권 분량의 시선집인 《시영(詩英)》이 있다. 소통(蕭統)의 《문장영화(文章英華)》가 이 《시영》의 바로 뒤에 부속 항목으로서 이어진다는 점에서, 우리는 이 두루마리 삼십 권짜리 작품이 사령운의 《시영》의 확장판이라고 추측할 수 있다. 즉, 포괄적인 느낌을 주는 제목에도 불구하고 《문장영화》는 시선집 목록에 실려 있는 것이다. 그러나 몇 개의 항목을 더 내려가 보면, 소통의 《고금시원영화(古今詩苑英華)》라는 두루마리 열아홉 권짜리 선집을 보게 된다.

위의 사실과 그 이외의 증거들로부터, 많은 시선집들이 사라졌고 그것은 당연히 진실이라고 결론내릴 수 있다. 그러나 시처럼 인기 있던 자료들을 다루었던 원고들이 글을 베껴오는 과정에서 글을 보충하거나 내용을 인용해오면서 그 분량이 자주 바뀌었을 것이라고 결론을 내릴 수도 있을 것이다. 많은 사례들을 보면 작품들이 공식적인 "제목"을 가지고 있었던 것 같지는 않지만, 전반적인 내용을 요약한 형태를 가지고 있다. 사령운이 네 개의 분량과 제목이 각기 다른 시선집들을 모아 편찬해냈을 가능성도 있겠지만, 그보다는 사령운의 시선집이 다른 제목과 다른 분량으로, 심지어는 편찬자까지 사령운이 아니라 다른 사람으로 유통되었을 가능성이 훨씬 높다. 사령운의 시선집이 확장될 때 다른 편찬자가 그 시선집의 저작권을 주장했을 가능성이 있는 것이다. 그 말은, 〈경적지〉라고 보이는 것이 사실은 완벽하게 똑같은 내용은 없는 원고들을 모아놓은 도서관의 "도서목록"일 수 있다는 것이다.

문학 선집들은 그것의 시초가 되는 작품을 분명 가지고 있으며, 그 시초는 초사(楚辭)와는 별도로 시초로서의 명망을 《수서》 〈경적지〉에서 얻게 된다. 이것이 바로 우리가 1장에서 다루었던, 4세기로 넘어가는 시기에 만들어진 《문장유별(文章流別)》이다. 거의 비슷한 시기에 또 다른 선집들이 있었지만 지우(摯虞)의 것이 가장 영향력 있는 작품이었다. 이 책을 보면, 이충(李充, 4세기 중반)의 작품 〈한림(翰林)〉의 일부분에 응거(應璩, 190-252)의 오언시를 칭찬하는 글이 있다는 내용이 인용되고 있다. 그리고 〈경적지〉는 응거에 대한 진나라 시대 응정(應貞)의 논평으로 추정되는 내용을 싣고 있는데, 이러한 행위는 가문의 자부심을 높이기 위한 행동으로 추정된다. 이외에도 《문선》 이전에 나온 널리 알려진 선집들이 있고, 이러한 것을 고려할 때 오언구로 쓰인 시가 이전보다 점차 더 중요해지게 되었다고 추측해볼 수 있다.

특별히 시만을 모아 놓은 선집들로 시선을 돌려본다면, 사령운의 선집 이전에는 오직 두 개의 선집만을 찾을 수 있다. 연대 불명의 두루마리 다섯 권짜리 《집아편(集雅篇)》과 진나라 때 쓰인 두루마리 하나 길이의 《정공당송(靖恭堂頌)》이 그것이다. 이 이전에는 어떠하였는지 모르지만, '아(雅)'라는 단어는 오언구의 시를 모은 초기 선집에서는 쓰이지 않았을 것이라고 추정된다. 《정공당송》은 "송(頌)"에 중점을 두어 편찬한 것으로 보이는데, 그렇게 추정하는 이유는 여러 개의 다른 송가 작품들이 이 책에 첨부되어 있기 때문이다. 송(頌)이라는 것은 당시에 사언구였다.

사령운의 선집의 이본들이 존재한다는 사실은 5세기 그의 시선집이 누렸던 인기를 반영한다. 순전히 추측일 뿐이지만, 사령운은 왕실도서관에서 일하는 두 번째 기간 동안, 유유(劉裕)가 북벌 전쟁에서 되찾아온 소중한 필사본들의 보고(寶庫)를 접할 수 있었을 것이다. 그리고 이것은 남쪽에서 접할 수 있었던 초기 시 작품군의 외연을 상당히 넓히는데 도움을 주었을 것이다. 그렇다면 사령운의 선집은 이 자료들이 확산된 데에 책임이 있었을 수 있다. 우리는 실제로 5세기 중반 초기의 시에 대한 관심과 의작이 눈에 띄게 증가한 것을 확인한 바 있다.

《시품(詩品)》의 서문(序文)에 보이는 사령운의 선집에 대한 종영(鍾嶸)의 중요하면서도 비판적인 주석이 있다. "사령운의 선집의 경우에는, 맞닥뜨린 시마다 취하였다.[至於謝客集詩, 逢詩輒取.]"라는 말이 그것이다. 예민한 식별력이 없다는 것은 제량(齊梁)의 비평가들에게서 보이는 흔한 불평이었지만, 이러한 비판을 미적인 차원에서만 이해해서는 안 되며, 작품의 진위와 관련된 측면으로도 이해해야 할 것이다. 마치 저자미상의 고시들의 전집을 '총잡(總雜)'이라고 했던 종영의 비판처럼 말이다. 그리고 살펴보겠지만, 이 용어는 거짓된 저자 귀속에 대한 판단과 연결되어 있다. 사령운의 방대한 선집은 필사과정에서 분량이 커졌다가 줄어들기를 반복하면서 5세기 초 돌아다니던 필사원고들을 무비판적으로 수용한 것에 불과한지도 모른다.

사령운의 원래의 선집에 하위 항목으로 부기된 일련의 선집들에 이어, 관심을 끄는 제목을 가진 선집을 볼 수 있는데, 그것은 바로 편찬자 불명의 두루마리 9권짜리 《고시집(古詩集)》이다. 이것을 절대 저자미상의 "고시"들의 범주에만 제한되는 것으로 이해해서는 안 된다. "오래된"이라는 단어의 범주는, 이 작품의 경우 한(漢) 나라 이후까지를 포함한다.

우리는 3세기의 "고시들"이 어떻게 5세기 후반과 6세기 초반의 문인들에게 전해졌는지에 대한 서지학적 과정을 추적해낼 수가 없다. 《세설신어》의 일화를 보면, 저자미상의 고시들은 5세기 초 교양인 사이에 널리 알려진 지식이었다. 하지만 그것은 5세기 중반 무분별한 의작(擬作)이 있기 전의 유일한 증거이다. 초기 동진(東晋)의 왕실도서관의 크기는 위(魏)나라 때의 왕실도서관 규모보다 훨씬 줄어든 것임은 잘 알려져 있다. 그러한 줄어든 규모는 사적소유의 자료들로 점차 보충되었음이 틀림없다. 따라서 사령운의 선집이 초기 시들을 퍼뜨리는데 중요한 역할을 했음을 논리적으로 추리해낼 수 있다. 그리고 그의 건안칠자(建安七子)에 대한 관심을 고려할 때, 그들의 시들은 아마도 그의 선집에 포함되었을 것이다.

본문에서 언급하였듯이, 〈경적지〉에 있어서 가장 중요한 사실은 시 선집들과 음악을 위한 가사 모음집을 분명하게 나누었다는 것이다. 여기서 두루마리 8권짜리 《고악부(古樂府)》는 이러한 논의에서 제외하기로 한다. 비록 의례용 선집에 치우쳐 있긴 하지만, 음악적 전통과 관련된 선집들의 작품군이 상당히 광범위하게 존재했다. 옛 음악을 공부하는 것은 음악의 전통을 공부한다는 것과 같은 말로서, 《송서(宋書)》 〈악지(樂志)〉의 서문에서도 볼 수 있듯이 분명 명망 있는 작업이었다. 이러한 선집들의 수를 고려할 때, 두 개의 사실에 대해 생각해 보아야 할 것이다. 첫 번째는 종영(鍾嶸)이 저자미상의 악부를 《시품》에 포함시키지 않았다는 사실이다. 두 번째는, 유협(劉勰)이 의례용 작품과 저자가 알려진 악부들을 실을 장을 따로 마련하였으나 저자미상의 "고악부"들에 대해서는 명확하게 언급하지 않았다는 점이다. 유협은 인기를 누렸던 노래들에 대한 큰 반감을 표현하는데, 이러한 인기를 누린 노래 중에는 오래된 악부도 있을 것이다. 그러나 이러한 그의 행위는 많은 저명한 학자들에 의해 정말 세심하게 보관되어진 텍스트들에 대해 너무 가혹한 행위로 보인다.

부록 D

"진나라 음악가들이 연주한 버전(晉樂所奏)"

〈곽무천에 반론함: 한(漢)나라와 위(魏)나라 특정 시들의 두 가지 버전에 대하여〉에서 장 피에르 디에니(Jean-Pierre Diény)는 악부의 두 가지 버전, 곧 《악부시집(樂府詩集)》에 제시된 "원래의 가사(本辭)"와 "진나라 음악가들이 연주한 버전(晉樂所奏)"을 철저하게 비교했다.[1] 그는 왜 《송서(宋書)》 버전이 더 오래된 텍스트인지를 설명하는 길고 설득력 있는 논의를 펼쳤다. 나는 그의 주장에 전적으로 동의하며, 이제 아래에서 그의 주장을 보충하고 강화해보고자 한다. 먼저 필사 문화에서 나타나는 변이에 대해 간략히 살핀 후, 그가 논의 대상으로 삼고 있는 텍스트 중 하나인 〈만가행(滿歌行)〉으로 돌아가 그가 제기한 몇가지 문제들을 복합 악부의 맥락에서 살펴볼 것이다.

문제는 다음과 같다. 《송서》에 실린 많은 악부들은 《악부시집》에 다양한 버전으로 제시되어 있다. 이에 곽무천(郭茂倩)은 《송서》 버전을 "진나라 음악가들이 연주했던 것(晉樂所奏)"으로, 그리고 또 다른 버전을 "원래의 가사(本辭)"로 제시했다. 《송서》 버전에는 자주 어울리지 않는 단락들, 불규칙한 행들, 자리바꿈들, 가차(假借)자들이 보이기 때문에, "원래의 가사"가 음악가들에 의해 바뀌었다는 확신이 널리 받아들여졌다. 곧, 온전한 문식력을

---

1 《T'oung Pao》 85, nos. 1-3, 1999, 65-113.

갖추지도 않았거니와 옮겨 적을 때에도 다소 부주의했던 음악가들이 "원래의 가사"를 음악적 필요에 의해 바꾸었다는 것이다. 《송서》 〈악지(樂志)〉의 가사들이 몇 세기의 오랜 필사 전통을 지켜온 최고의 학자들의 보존에 대한 노력을 대변하고 있다는 사실은 고려되어야만 할 것이다.

이것을 필사 전통의 측면에서 살펴본다면, 《송서》 버전에 실린 것은 6세기 초부터 전해온 것으로 믿을만한 텍스트인 셈인데, 이 텍스트는 왕조의 역사로 여겨졌기 때문에 신경 써서 보존되었다. 다른 곳에서 이미 다루었듯, 이 텍스트는 전해진 그대로 보존하기 위해 최선을 다했던 음악 학문의 보수적 성향을 보여주는 사례다. 《악부시집》의 내용은 600년 뒤의 것이다. 이 책의 편찬자인 곽무천은 출처와 전승 경로가 불분명한 음악적 시, 즉 악부와 관련된 방대한 자료들을 접할 수 있었다. "원래의 가사"와 "진나라 음악가들이 연주한 버전"을 최초로 구별한 사람이 누구인지 알 수 없지만, 분명한 것은 이러한 구별은 학자들이 여러 버전들을 모으고 비교하면서야 비로소 생겨났다는 점이다. 이러한 판단은 역사적인 것이라기보다는 이데올로기적 판단인데, 이로써 《송서》 자료에 등장하는 텍스트들이 난잡하고 일관성이 결여된 것을 설명하고자 하는 것이다.

여기서는 저자미상의 악부 가운데 덜 유명한 작품 하나를 살펴볼 것이다. 이를 통해 두 버전간의 차이는, 소위 "원래의 가사"라는 것을 사용해 《송서》 버전에 실린 텍스트를 정형화하고 고치고 일관성을 부여하기 위한 불완전한 시도라는 측면에서만 존재한다는 것을 보일 것이다.

이러한 주장은 이 글의 본문 부분에서 더 충분히 논의되었으며, 이 분야의 많은 학자들이 공유하는 하나의 전제에 기반을 두고 있다. 곧, 당시의 공연과 작곡 관행에서 독립적인 부분들을 합쳐 하나의 "완전한 작품"으로 만드는 일이 일반적이었다는 것이 그 전제이다. 어떤 때에는 이 부분들은 서로 잘 맞아 떨어지기도 했고, 가끔은 서로 충분히 비슷해서 주석가들이 그것들을 합치는데 어려움이 없었으며, 또한 어떤 때에는 이러한 부분들은 서로 뜻이 이어지지 않았다.

아래에서 〈만가행滿歌行〉에 대해 논의해보고자 한다. 우선 두 가지 버전을 먼저 제시하고, 그 뒤에 《송서》 버전의 번역을 제시할 것이다.

《송서》	《악부시집》 "원래의 가사"
爲樂未幾時	爲樂未幾時
遭**世**險巇	遭時險巇
逢此百離	逢此百罹
零丁荼毒	零丁荼毒
愁懣難支	愁**苦**難**爲**
遙望辰極	遙望**極辰**
天曉月移	天曉月移
憂來闐心	憂來塡心
誰當我知	誰當我知
戚戚多思慮	戚戚多思慮
耿耿不寧	耿耿**殊**不寧
禍福無形	禍福無形
惟念古人	惟念古人
遜位躬耕	遜位躬耕
遂我所願	遂我所願
以茲自寧	以自寧
自鄙山棲	自鄙**棲**棲
守此一榮	守此**末**榮
莫秋洌風起	暮秋烈風

西蹈滄海	**昔**蹈滄海
心不能安	心不能安
攬衣起瞻夜	攬衣瞻夜
北斗闌干	北斗闌干
星漢照我	星漢照我
去去自無他	去自無他
奉事二親	奉事二親
勞心可言	勞心可言
窮達天所爲	窮達天爲
智者不愁	智者不愁
多爲少憂	多爲少憂
安貧樂正道	安貧樂道
師彼莊周	師彼莊周
遺名者貴	遺名者貴
子熙同巇	子**遐**同**遊**
往者二賢	往者二賢
名垂千秋	名垂千秋
飮酒歌舞	飮酒歌舞
不樂何須	樂復何須
善哉照觀日月	照視日月
日月馳驅	日月馳驅
轗軻世間	轗軻人間
何有何無	何有何無
貪財惜費	貪財惜費
此何一愚	此一何愚
命如鑿石見火	鑿石見火

居世竟能幾時?　　居代幾時
但當歡樂自娛　　爲當懽樂
盡心極所嬉怡　　心得所喜
安善養君德性　　安神養性
百年保此期頤　　得保遐期

〈만가행(滿歌行)〉[2·3]

爲樂未幾時　즐기는 것은 오래가지 못하니[4]
遭世嶮巇　위험한 시대를 만났었노라.
逢此百離　온갖 어려움을 만나
零丁荼毒　외롭고 지극히 고통스러우니
愁懣難支　이 슬픈 번민은 견디기 어려워라.
遙望辰極　멀리 북극성 바라보니
天曉月移　하늘은 새벽 밝아오고 달은 옮겨가네.
優來闐心　근심이 와서 마음을 채우니
誰當我知　뉘라서 나를 이해하리오.

戚戚多思慮　우울하고도 걱정이 많으니,
耿耿不寧　근심하며 편안치 못했네.
禍福無刑　화복의 징조가 모두 없네.[5]

2　(역자주) 이하의 논의는 《송서》와 《악부시집》의 버전을 비교하는 것이므로, 각주의 내용 또한 두 버전 모두를 참고하여 독해하기를 바란다.

3　《악부정의(樂府正義)》에서, 주건(朱乾)은 '만(滿)'을 "근심하는"이라는 뜻의 '만(懣)'으로 해석하였다. 그럴 수도 있겠으나, 이러한 해석은 시의 어조에 제목을 끼워 맞추려는 시도로 보인다.

4　황지에(黃節)의 주석은 상용구 하나를 인용한다. 곧, "즐기려거든 응당 때를 잡아야 하리"라는 구절이 그것인데, 아마도 본문의 시구는 이 용법을 의도했을 것이다.

5　이 구절은 《송서》 버전에는 있으나 《악부시집》 버전에는 들어있지 않다. 나는 형(刑)을 형(形), 곧 앞으로 닥쳐올 무언가를 암시하는 상징으로 보았다.

唯念古人　옛 사람을 생각하노라[6]
遜位躬耕　지위를 사양하고 몸소 밭을 간 이를.
遂我所願　내 바라는 바를 이루어
以茲自寧　이로써 스스로 편안케 하리라.
自鄙山棲　산에 거하는 것을 내 싫어하여[7]
守此一榮　이 보잘것없는 영화에 골몰하도다.[8]

莫秋洌風起　늦가을 매서운 바람 일어나고
西蹈滄海　서쪽의 어두운 바다를 향해 떠났으니
心不能安　내 마음은 쉴 수 없구나.
攬衣起瞻夜　나는 옷을 들고, 일어나 밤하늘을 보네
北斗闌干　북두칠성이 하늘에 뻗어 있구나.

星漢照我　은하수 내 머리 위에서 빛나는데
去去自無他　나 홀로 훌훌히 떠나네, 아무도 없이.
奉事二親　양쪽 부모를 보살피면서
勞心可言　마음 씀을 굳이 말하여 무엇할까.

窮達天所爲　흥과 망은 하늘이 정하는 것이고
智者不愁　지혜로운 자는 슬퍼하지 않는 법인데
多爲少憂　적은 것들에 걱정을 많이 하네.
安貧樂正道　가난함 속에서도 편안해하고 바른 길을 가는 것을 즐겨야 한다네.

6　이는 은자 허유(許由)를 가리키는데, 그는 요임금이 왕위를 물려주려하자 도망쳤다.

7　《악부시집》에서는 산서(山棲)를 서서(棲棲)로 새겨 “내 불안함을 스스로 싫어하니”로 읽었는데, 매우 다른 의미가 되었다.

8　정원(鄭文)은 “보잘것없는 영화”가 ‘박봉’을 의미한다는 괜찮은 해석을 제시하였다.

師彼莊周	나는 장주를 내 스승으로 모시겠네.
遺名者貴	이름을 남기고 떠나는 그는 귀한 사람이고
子熙同遊	자희와 함께 노니는 자이다.[9]
往者二賢	지나간 시간 속의 저 두 현인은
名垂千秋	그들의 이름은 천 년간 기억될 것이다

飮酒歌舞	술을 마시고 노래를 하고 춤을 추며
不樂何須	어찌 즐거움을 위해 더 이상 기다리고 있나?
善哉照觀日月	좋구나! 해와 달이 빛나는 것을 보아라
日月馳驅	해와 달이 빠르게 지나는 것을.
轗軻世間	인간의 세상에서 열심히 싸워가며
何有何無	무엇이든 가지고 있으면 무엇이든 부족한 것이다
貪財惜費	재물을 탐내고 쓰는 것을 아까워하는 것은
此何一遇	어찌 바보 같은 일이 아니겠는가!
命如鑿石見火	운명은 넓적한 돌에서 불꽃이 튀는 것을 보는 것과 같네.

居世竟能幾時	그보다도 얼마나 오래 우리가 세상에서 살 수 있을까
但當歡樂自娛	우리는 그저 기쁨을 누리고 행복을 만들기만 해야 하네.
盡心極所熙怡	가슴이 좋아하는 것을 완전히 즐기게 내버려 두어라
安善養君德性	선함 안에서 쉬고, 너의 덕성을 키워라
百年保此期頤	이 수백 년 간의 시간을 보존해라.

두 개의 버전은 사실 놀라울 정도로 비슷하다. 가장 분명한 차이는《송서》버전의 불규칙한 구절들이 다른 버전에서는 정형적인 구절로 바뀌어

9 자희(子熙)는 신원불명의 인물이다. 다른 버전에서는 이것을 자하(子遐)라고 읽는데, 이 인물 역시 누구인지 알려진 바가 없다. 나는 텍스트에서《악부시집》에서 유(遊)라고 읽는 것을 유지했다.

있다는 점이다. "원래의 가사"였다면 이런 정형적인 구절로 적혀있었을 가능성이 충분히 있다. 그 하나의 예로 사언구가 두 번째 단락, 둘째 행에서 그 길이가 늘어난 것을 들 수 있는데, 길이가 늘어난 이유는 오언구와 균형을 맞추기 위해서이다. 오언구를 사언구로 줄이기는 쉽지 않았기 때문이다. 사실 첫 번째 단락의 첫 번째 행과 두 번째 단락의 첫 번째 행에서 나타나는 오언구도 모두 유지되고 있는데, 이는 이를 줄이는 것이 어려웠기 때문이다. 네 번째 단락의 일곱 번째 행에서 떨어졌던 운율은 수정되었고, 이에 따라 다섯 번째 단락의 여덟 번째 행에서 글자들의 위치 변환도 함께 이루어졌다. 이 밖에도 곳곳에서 작은 어구의 변화가 이루어졌는데, "원래의 가사"에 더 어울리도록 한 것이다.

불행히도 시는 전반적으로 보았을 때 그리 말이 되지 않는다. 시를 보면 불평을 하다가 도교 사상가를 따르겠다고 하고, 빈곤 속에 살려 하다가 술을 마시려 하고 즐거움을 찾으려 하고 가진 모든 것을 쓰겠다고 하는 등 산만하게 여러 주제를 오락가락하기 때문이다. 게다가 시에서 나타나는 곳곳의 당시로서는 사소했을 단어 변화는, 후대 독자들에게는 매우 크나큰 의미의 차이로 다가오고 있다. 그 예로 《송서》 버전에는 마지막 2행 연구가 이렇게 적혀있다.

安善養君德性	선함 안에서 쉬고, 너의 덕성을 키워라
百年保此期頤	이 수백 년 간의 시간을 보존해라.

"원래의 가사"에서는 이 2행 연구가 다음과 같이 바뀐다.

安神養性	정신에 안식을 주고 성품을 키우면
得保遐期	원대한 수명을 보존하리라

"선함(善)"이라는 단어는 음운적으로 "영혼(神)"과 비슷하다. "덕(德)"은 구절의 글자수를 줄이기 위해 삭제되었다. "백년의" 수명은 길긴 하지만 평범하고 유한적인 삶을 뜻하나, "원대한 수명"이라는 단어 "하기(遐期)"는 불멸이라는 뜻을 분명히 품고 있다. 《송서》 버전에서 텍스트가 전하는 메시지는 다음과 같다. '인생을 즐기고, 선한 사람이 되어 주어진 유한적인 삶을 끝마쳐라.' 다른 버전의 메시지는 도교의 자급자족 원칙을 실천하면 영생의 삶을 누리게 될 것이라는 것이다.[10]

《송서》 버전은 다른 무언가를 가지고 있다. "원래의 가사"와는 다르게, 《송서》 버전은 절(節)로 쪼개지며 마지막 절을 "추(趨)"라고 지칭하고 있는데 이는 바로 "종결부"를 뜻한다. 즉, 이 마지막 부분은 "제대로 된" 노래가 아니라, 나중에 추가된 것이다. 《송서》 버전의 가사를 보면 많은 종결부들이, 주제적인 측면에서 따져보았을 때 독립적인 것을 확인할 수 있다. 그렇다면 《송서》 버전의 마지막 구를 따로 떼어볼 수도 있을 것이다.

飮酒歌舞	술을 마시고 노래를 하고 춤을 추며
不樂何須	어찌 즐거움을 위해 더 이상 기다리고 있나?
善哉照觀日月	좋구나! 해와 달이 빛나는 것을 보아라
日月馳驅	해와 달이 빠르게 지나는 것을.
轗軻世間	인간의 세상에서 열심히 싸워가며
何有何無	무엇이든 가지고 있으면 무엇이든 부족한 것이다
貪財惜費	재물을 탐내고 쓰는 것을 아까워하는 것은
此何一遇	어찌 바보 같은 일이 아니겠는가!
命如鑿石見火	운명은 넓적한 돌에서 불꽃이 튀는 것을 보는 것과 같네.

10 영생과 "백년을 사는 것"이 명백히 상반되는 것이라는 것을 확인하려면, 조비(曹丕)의 〈부용지작(芙蓉池作)〉의 마지막 구절을 읽어보라. (루친리, 400.)

居世竟能幾時	그보다도 얼마나 오래 우리가 세상에서 살 수 있을까
但當歡樂自娛	우리는 그저 기쁨을 누리고 행복을 만들기만 해야 하네.
盡心極所熙怡	가슴이 좋아하는 것을 완전히 즐기게 내버려 두어라
安善養君德性	선함 안에서 쉬고, 너의 덕성을 키워라
百年保此期頤	이 수백 년 간의 시간을 보존해라.

이 버전은 매우 친숙한 노래의 형식인 축시(祝詩)의 형식을 취하고 있는데, 전혀 어색하거나 조잡한 부분이 보이지 않는다.[11] 게다가 이 부분이 없어지면 노래의 핵심부분은 내용이 잘 이어지게 되는데, 그 내용은 세태에 슬퍼하며 도교의 수용적인 태도, 즉 부의 지속과 영생에 대해 탐구하려는 기미조차 없는 태도를 취하는 것이다. 이러한 부분들이 합쳐지면서 이 텍스트는 만족스러운 시퀀스를 취하게 된다. 여기서 개인적인 슬픔과 금욕적인 결심은 공동체의 목소리의 응답을 받는데, 이 응답은 청자가 스스로의 삶을 즐길 것을 요구한다. 이와 유사한 장면을 조조(曹操)의 〈추호행(秋胡行)〉 제2수에서 찾아 볼 수 있는데, 영생에 관한 의문을 연회를 폐회하는 구절을 통해 풀어주는 내용이다.

이러한 시점에서 보았을 때, 마지막 구절들은 "종결부(趨)"여야만 말이 되는 것이다. 종결부는 노래의 주된 부분과 이어질 필요가 없으며 대치되기도 하기 때문이다. "원래의 가사"에서, 이러한 독립적인 부분을 더 정형화하여 하나의 "독립된 시"로 보이게 하려는 시도를 확인할 수 있다. 이 독립된 부분에서 결말부는 도교적 색채를 내기 위해 핵심 구절을 변형하고 있다. 위와 같은 과정을 너무나 또렷하게 확인할 수 있는데, 이토록 그 과정이 확실한 이유는 하나의 "독립된 시"를 만드는 작업이 완전히 실패로 끝났기 때문이다.

11 참고. 스즈키 슈우지, 《한위시 연구》, 408.

이와 같은 과정을 《송서》에 실린 다른 텍스트들 중, 다른 출처에 다른 버전이 남아있는 경우에서도 볼 수 있는데, 특히 《옥대신영(玉臺新詠)》에 보관된 것들이 그러하다. 《송서》에는 실리지 않은 다른 악부시들을 보면, 위의 텍스트들과는 달리 그 전개가 매끄러워 그 악부시들의 원본 자료가 어떠한 모습이었을지 궁금해질 정도이다.

부록 E

"인생은 짧다"라는 화제의 사례들

이 목록은 스즈키 슈우지의 《한위시 연구》, 364-72쪽에서 가져온 것이다.

人生要死, 何爲苦心.	〈여왕서가(厲王胥歌)〉, 《한서(漢書)》열전
人生行樂耳, 須當貴何時.	양휘(楊煇), 〈부부가(拊缶歌)〉
人生天地間, 忽如遠行客.	〈고시십구수(古詩十九首)〉 제3수
人生寄一世, 奄忽若飆塵.	〈고시십구수(古詩十九首)〉 제4수
人生非金石, 豈能長壽考.	〈고시십구수(古詩十九首)〉 제11수
人生忽如寄, 壽無金石固.	〈고시십구수(古詩十九首)〉 제13수
人生無幾時, 顚沛在其間.	〈고시(古詩)〉, 《옥대신영》
人生一世間, 貴與願同俱.	〈이릉〉
人生不滿百, 常懷千歲憂.	〈서문행(西門行)〉
人生譬朝露, 居世多屯蹇.	진가(秦嘉), 〈증부시(贈婦詩)〉 제1수
人生幾何時, 懷憂終年歲.	채염(蔡琰), 〈비분시(非憤詩)〉
人生有何常, 但患年歲暮.	공융(孔融), 〈잡시(雜詩)〉 제1수
人生圖孛息, 爾死我念追.	공융(孔融), 〈잡시(雜詩)〉 제2수
人生自有命, 但恨生日希.	공융(孔融), 〈잡시(雜詩)〉 제2수
對酒當歌, 人生幾何, 譬如朝露, 去日苦多.	조조(曹操), 〈단가행(短歌行)〉

人生欲寄, 多憂何爲.	조비(曹丕), 〈선재행(善哉行)〉
人生居天壤間, 忽如飛鳥棲枯枝.	조비(曹丕), 〈대장상호행(大牆上蒿行)〉
人生各有志, 終不爲此移.	왕찬(王粲), 〈영사시(詠史詩)〉
人生實難, 願其弗與.	왕찬(王粲), 〈증채자독시(贈蔡子篤詩)〉
人生一世間, 忽若莫春草.	서간(徐幹), 〈실사(室思)〉
人生處一世, 去若朝露晞.	조식(曹植), 〈증백마왕표(贈白馬王彪)〉 제5수
俯觀五嶽間, 人生如寄居.	조식(曹植), 〈선인편(仙人篇)〉
人生不滿百, 歲歲少歡娛.	조식(曹植), 〈유선(遊僊)〉
日月不恆處, 人生忽若遇.	조식(曹植), 〈부평편(浮萍篇)〉
人生有所貴尙, 出門各異情.	조식(曹植), 〈당사군행(當事君行)〉

"人生…"이라는 구절이 없는 경우

生年不滿百, 常懷千歲憂.	〈고시십구수(古詩十九首)〉 제15수
人壽非金石, 年命安何期.	〈서문행(西門行)〉
天德悠且長, 人命一何促.	
百年未幾時, 奄若風吹燭	〈원시행(怨詩行)〉
鑿石見火, 居代幾詩.	〈만가행(滿歌行)〉
天地何長久, 人道居之短.	조조(曹操), 〈추호행(秋胡行)〉
騁哉日月逝, 年命將西傾.	진림(陳琳), 〈유람시(遊覽詩)〉 제2수
天地無期竟, 民生甚局促.	
爲稱百年壽, 誰能應此錄.	유정(劉楨), 〈시(詩)〉
民生受天命, 漂若河中塵.	
雖稱百齡壽, 孰能應此身.	완우(阮瑀), 〈원시(怨詩)〉
天地無終極, 人命若朝露.	조식(曹植), 〈송응씨시(送應氏詩)〉 제2수
天地無窮極, 陰陽轉相因.	
人居一世間, 忽若風吹塵.	조식(曹植), 〈해로편(薤露篇)〉
天地無窮, 人命有終.	조예(曹叡), 〈월중륜행(月重輪行)〉

스즈키 슈우지의 예들은 모두 한나라와 위나라 시대의 작품에서 뽑은 것이다. 이러한 오래된 화제들은 동진과 그 후대에 전해지면서 더욱 확장되었다. 그러한 사례 중 대표적인 것이 도잠(陶潛)의 첫 〈잡시(雜詩)〉의 서두에 보인다. 여기에서는 "인생은……"의 부분 중 서술부를 살짝 변형하여서, 인생의 '유한함'을 '어찌할 수 없음'으로 바꾸었다.

人生無根蒂　인생은 뿌리나 줄기를 가지고 있지 않으니
飄如陌上塵　길가의 먼지처럼 바람에 떠다니네.
分散逐風轉　바람과 굴러다니며 흩어지니
此已非常身　영원하지 않을 이 몸.

비록 4세기 후반과 5세기 초의 시 작품에서 자주 쓰였던 보다 높은 격조의 어휘를 사용하는 태도를 피하고 있긴 하지만, 위 시는 후대의 전통에서 나타나는 수사적 풍성함의 특징을 보인다. 도잠 시의 경우에 인생에 관한 화제가 하는 기능적 역할은 더 이른 시기의 "고시"와 악부에서 인생이라는 화제가 했던 역할과 같지만, 더 많은 "공간"을 차지하고 있다.

부록 F

"고시" 안에 보이는 《시경》의 영향: 하나의 사례

〈고시십구수(古詩十九首)〉 제12수에서 다음과 같은 연구(聯句)를 발견할 수 있다.

晨風懷苦心　신풍은 괴로운 마음을 품고
蟋蟀傷局促　귀뚜라미들은 힘겨움에 서글퍼하네

이 구절은 《시경(詩經)》의 시들 중 〈신풍(晨風)〉과 〈실솔(蟋蟀)〉 이 두 개의 작품을 지칭하는 것으로 일반적으로 이해되어 왔다. 이 연구(聯句)의 성격을 살펴봄으로써, "고시"에서 《시경》 작품들의 활용에 관해 의문을 제기할 수 있다. 이 의문들에 대해 명확하게 답을 제시할 수는 없지만, 답을 탐구하는 과정 역시 유익할 것이다.

우선 이 탐구에 있어서 어느 정도의 척도를 설정하고 나서 시작하기로 하자. 첫 번째로, 우리는 어떠한 "고시"들은 분명하게 《시경》의 작품과 관련된 언급을 하고 있다는 것을 알고 있다. 〈고시십구수〉 제7수를 예로 들어 보자면 다음과 같다.

不念攜手好　손을 잡던 우호를 생각지 않고,

棄我如遺跡　남겨진 자취처럼 나를 버렸네.
南箕北有斗　남기(南箕)에 북쪽에는 두우성이 있는데,
牽牛不負軛　견우는 멍에를 지지 않네.
良無盤石固　진실로 반석의 견고함이 없으니,
虛名復何益　헛된 명성으로 무엇을 얻으리오.

위의 인용문에서 중간의 연구는, 별자리가 제 이름값을 하지 못하는 상황을 다룬 〈대동(大東)〉의 이미지를 재구성하고 있다. 따라서 이 함께 조합된 세 개의 연구(聯句)는 거의 "응용(application)"의 학술 관습과도 가깝게 기능한다. 여기에는 현재 상황, 《시경》 구절의 인용 혹은 재작업, 그리고 일반화가 있다. 일반화는 《시경》의 구절을 작품 속 상황에 적용하여 해석하는 방식이다. 이러한 학술적인 용법은, 《시경》이 이릉(李陵)의 작품군에서 활용되었던 사례를 연상시킨다.

鹿鳴思野草　"사슴은 우네," 들풀을 생각하며[1]
可以喻嘉賓　이는 아름다운 손님을 빗댈만하네.

이와 비슷하게 〈대동〉에 나오는, 별과 관련된 일련의 이미지들의 반향을 〈고시십구수〉 제10수[2]에서 볼 수 있다.

迢迢牽牛星　멀고 먼 견우성
皎皎河漢女　밝게 빛나는 하한의 여인.
纖纖擢素手　그녀는 섬섬옥수를 들어올리며

1　《시경》 161.
2　루친리, 331. 《문선》 29. 《옥대신영》 1(매승이 지은 것으로 되어 있음). 《예문유취》 4. 《초학기》 4.

札札弄機杼　달칵 베틀의 실을 감네.
終日不成章　종일토록 한 장을 이루지 못하니
泣涕零如雨　눈물이 비처럼 떨어지네.
河漢淸且淺　하한은 맑고도 깨끗한데
相去復幾許　그들은 얼마나 떨어져 있는 것인가.
盈盈一水間　물이 가득한 시내를 건너
脈脈不得語　간절히 바라봄에 말은 나오지 않네.

지금 의문을 제기하고 있는 이 구절은 세 개의 별로 이루어진 별자리를 묘사하고 있다. 그 별자리는 위의 시에서 등장하는 직녀성인데, 그녀는 자신의 연인인 견우성과 일 년에 한번만 만날 수 있다. 〈고시십구수〉 제10수에서 주제가 되는 이 전설은 〈대동〉에는 들어가 있지 않다. 다음은 5연의 마지막 구절과 6연의 첫 번째 구절이다.

跂彼織女　뻗어선 저 직녀[3]
終日七襄　종일 일곱 번 자리를 옮기네.[4]

雖則七襄　비록 일곱 번 건넜다고 해도
不成報章　완전한 장 하나도 이루지 못했네.[5]

〈대동〉에서 나타난 맥락을 따져보면, 이 구절은 〈고시십구수〉 제7수에 나오는 체, 국자 그리고 황소 별자리(견우성)와 정확히 같은 기능을 하고 있다. 그 기능은 바로 별들의 이름이 "허명"일 뿐이어서, 그들이 수행해야 할

3　"기(跂)"는 뻗은 다리를 묘사하는 것으로, 세 별자리의 배열을 묘사하는 것이다.

4　하늘의 일곱 자리(七星)

5　직녀라는 그녀의 이름에 맞춘 언어유희로, 그녀가 옷감을 하나도 완성하지 못한다는 것을 의미한다.

일들을 하지 않는다는 것을 의미하는 것이다. 비록 〈고시십구수〉 제10수에서는 직녀가 그녀의 본업을 다하고 있지 않지만, 여기에서 그녀가 일을 하지 않는 이유는 "허명"의 문제가 아니라, 견우성에 대한 그리움으로 인하여 마음이 안정되지 않기 때문이다. 이것은 즉, 《시경》의 시를 학문적인 용도로 쓰지 않고 "인용구"로써 사용하고 있는 것이다. 여기에서 이 구절은 보편적 시의 해석과는 분리되어 있다. 비록 이 구절 역시 시의 기본적인 정보에 기초하여 해석되기는 하지만 말이다. 만일 독자가 《시경》의 본래 맥락을, 이 〈고시십구수〉 구절에 표면적으로 적용한다면, 다시 말해 "허명"이라 비꼬아지는 맥락을 적용한다면 그것은 잘못된 해석이다.

《시경》 원전으로부터 의미가 보다 더 달라지는 사례를 살펴보면, 2장에서 살펴본 〈고시십구수〉 제1수에 나오는 "길은 험하고 머네(道路阻且長)"라는 표현을 들 수 있다. 이 "원전"은 〈겸가(蒹葭)〉의 "道阻且長"이다. 이 구절은 본래 《시경》의 구절로부터 확장된 것으로 보이나, 오언시 이곳저곳에서 시경에 대한 언급 없이 개별적으로 돌아다니고 있었다.

여기서 설정한 첫 번째 전제는, 일부 "고시"들이 《시경》에 관한 지식을 보여주기는 하지만, 그 사용되는 범위가 해석을 동반하는 시에 대한 학술적 언급에서부터 《시경》 원전과는 별도의 생명을 지닌 구절에 대한 언어적 흔적에 이르기까지 다양하다는 것이다. 이를 분명하기 위해, 시작할 때 언급했던 연구를 다시 인용해보자.

> 晨風懷苦心　신풍은 괴로운 마음을 품고
> 蟋蟀傷局促　귀뚜라미들은 힘겨움에 서글퍼하네

두 번째 전제는 이러한 생물들은 자연의 일부로서 위 시에서 묘사한 것과 일치된다는 것이다. 앞서 〈고시십구수〉 제7수에서는 《시경》에 관한 언급이 필요했지만, 여기서는 필요치 않다. 신풍과 귀뚜라미는 "고시"의 작품군 일부분에서 독립적으로 등장하는데, 이를 《시경》의 시들과 연관 지어 설명하고자 한다면 매우 어색할 것이다.

앞서 설정한 두 가지 척도를 참고해가며 연구(聯句)를 살펴보기에 앞서, 필수적인 조건을 하나 더 추가할 필요가 있다. "고시"의 작품군 전체가 공통된 시적요소를 가지고 있지만, 이것들이 전부 같은 시기에 쓰였거나, 혹은 시를 쓴 시인들, 그리고 작품의 모든 변이들에 책임이 있는 사람들까지 동등한 사회적 위치에 있거나 교육 수준이 같았다는 것을 충분히 추측할 수 있는 근거는 없다.

이선(李善)으로부터 현대에 이르기까지 중국의 비평가들은 그들이 연구하는 시인들이 학식과, 도서관과 공부를 여가로 삼는 문화를 보유하고 있었을 것이라고 일반적으로 추측해왔다. 이 비평가들은 만일 책에서 그들이 연구하는 글의 원천이 되었을 법한 무언가를 보았다면, 시인이 당시에 같은 책을 읽고 그것을 기억했을 것이라고 추정했다. 그렇지만 이는 언제나 적용되는 것은 아니다.

동한(東漢) 시대와 3세기에는 지금과 비슷하게, 고전을 공부한 수준이 저마다 다른 학자와 학생들에서부터 《시경》에 대해 조금밖에 모르는 사람들에 이르기까지, 《시경》에 대한 지식의 수준이 저마다 달랐다. 이것은 적당한 교육 수준을 가진 많은 사람들이 오로지 하나의 고전작품이나 다른 것 하나만을 전문적으로 알고 있고, 나머지 고전들에 대해서는 "일반적으로 알려진" 지식만을 가지고 있던 당시의 상황에서 특히 그러했다. 교육을 받은 누구라도 〈녹명(鹿鳴)〉이 연회에서 공연되는 작품이었다는 것을 알고 있었다. 〈대동(大東)〉에 등장하는 "허명"을 가진 별자리에 관한 글 역시 사람들에게 알려져 있었을 것이다. 이것은 당시의 모든 사람들이 《시경》에 나오는 모든 시들을 그들의 모시(毛詩)식, 혹은 삼가(三家)식 해석과 함께 알고 있었다는 말은 아니다. 여기서 또 다른 현상 하나를 집고 넘어가야 한다. 당(唐)나라를 관통하는 중세기에는 《시경》에 관해 "단순한" 방식으로 언급하는 글들이 흔했다. 다시 말해 글을 표면적인 차원에서 주로 이해했지, 모시식 혹은 그를 기초로 생겨난 학문적 전통의 방식으로 글을 해석하지는 않았다는 것이다. 고전에 관한 학문적 지식을 보여주는 《시경》에 대한 언급이 자주 보이지만, 《시경》의 작품 일부가 덜 유식한 방식으로 쓰인 것도 그만큼 자주 나타난다.

*

이제 처음 설정했던 전제, 이 연구(聯句)가 《시경》에 기반을 두었으리라 생각되는 방식을 살펴보자. 문제가 되는 두 시의 첫 연을 여기 적어보겠다.

《시경》 132

鴥彼晨風	빠르게 신풍이 나니
鬱彼北林	북쪽 숲은 깊기만 하구나.
未見君子	군자를 보지 못하였으니
憂心欽欽	근심스런 마음은 아프기만 하네.
如何如何	어째서인가 어째서인가
忘我實多	실로 그분은 나를 아예 잊었구나.

소서(小序)에 따르면 이 시는 진 강공(秦康公)이 덕목 있는 관리들을 내쫓은 것을 직접적으로 겨냥하고 있는 것이다.

《시경》 114

蟋蟀在堂	당 안의 귀뚜라미
歲聿其莫	해는 그 끝을 향해 가네.
今我不樂	만일 우리가 지금 즐기지 않는다면
日月其除	해와 달은 우리를 지나갈 것이니.

無已大康　기쁨이 너무 멀리 가게 하지는 말되
職思其居　너의 직책에만 집중해라.
好樂無荒　기쁨을 손에서 놓치면 안 되지만
良士瞿瞿　훌륭한 선비는 신중한 것이다.

소서(小序)에 따르면, 이것은 진 혜공(秦惠公)을 겨냥한 것으로 알려져 있다. 그는 지나치게 인색해서 올바른 예식을 거행하는데 실패하기에 이르렀다. 따라서 여기 제시된 진나라 때의 노래는 그에게 때에 맞게 알맞은 태도로 기쁨을 누릴 것을 촉구하고 있는 것이다.

*

학자들은 《시경》을 떠올리게 하는 시구가 정치적 비판의 뜻을 담고 있는 것에 대해 거의 의심하지 않는다. 그러나 언어적 측면에서 "고시"와 《시경》의 시가 두 가지 점에서 겹친다는 사실은, "고시"를 《시경》과 연관지어 읽어야 함을 보여준다. 신풍(晨風)은 알 수 없는 이유로 "괴로운 마음을 품고(懷苦心)" 있다. 〈신풍〉이라는 시에는 "근심스런 마음(憂心)"이 드러난다. 두 번째로, 〈고시십구수〉 제12수에서 인용된 연구 바로 앞에 등장하는 연구를 보면 다음과 같다.

四時更變化　사계절이 계속 바뀌니,
歲暮一何速　해의 끝이 어찌나 빨리 오는지.

이것은 〈실솔〉에서 "해는 그 끝을 향해 가네(歲聿其莫)"라는 구절과 일치한다. 그러나 이 두 번째 경우는 근거가 되기에는 다소 미약한데, 그 이유는 해의 끝을 언급하는 것은 상투적 표현이며 또한 자연스럽게 가을 귀뚜라미와 연관되어 묘사되어 왔기 때문이다.

*

초기의 시들에서 나타나는 증거들은 앞서 살펴본 이미지들이 《시경》을 굳이 참고하지 않고도 사용될 수 있었다는 사실을 강력하게 보여준다. 반고(班固)의 〈영사(詠史)〉를 보면 제영(緹縈)이 〈신풍〉 시를 한(漢)나라의 문제(文帝)에게 읊어주는 장면이 있는데, 여기서 새는 가을 풍경과 일반적으로 연관된다. 〈고시십구수〉 제16수(가을에 관한 시)의 화자가 말하기를[6]

亮無晨風翼　실로 신풍의 날개가 없으니
焉能淩風飛　어떻게 바람을 타고 날아오를 수 있겠는가.

우리는 이것을 《시경》의 시에서 나타난 신하가 주군을 그리는 마음과 연관 지을 수도 있을 것이다. 그러나 이 이미지는 이릉(李陵)의 글에서 나오는 이별시에서도 같은 역할을 한다.[7]

欲因晨風發　나는 신풍과 함께 높이 올라
送子以賤驅　몸소 그대 배웅코자 하네.[8]

누군가를 그린다는 것은 자주 시에서 나타나는데, 이릉의 작품군 중 다른 하나의 시에서도 역시 이런 것을 찾아볼 수 있다.[9]

晨風鳴北林　신풍은 북쪽 숲에서 울어대고
熠燿東南飛　밝게 번뜩이며 동남쪽으로 날아가네.

6　루친리, 333.

7　앞의 책, 337.

8　여기서는 번역과정에서 루친리의 "驅"를 "軀"로 수정했다.

9　루친리, 340.

願言所相思 내 그리워하는 사람을 원하니
日暮不垂帷 해질녘에도 침실 장막을 내리지 않았네.

그리고 마음의 고통은 자주 시에서 등장하는데, 이 연구에서도 그것을 확인할 수 있다[10]

寒風吹我骨 찬바람이 내 뼈 위에 불어오니
嚴霜切我肌 모진 서리가 내 살을 찢고 들어오네.
憂心常慘戚 근심스런 마음 항상 비참하니,
晨風爲我悲 신풍이 나를 위해 슬퍼해 주네.

조비(曹丕)의 작품에서 등장하는 신풍은 심지어 화자가 함께 짝이 되어 날아갈 상상을 하는 대상이 되기도 한다.[11]

心傷安所念 마음은 고통스러운데 무엇을 그리 생각하는가?
但願恩情深 다만 사랑이 깊기를 바랄 뿐이로다.
願爲晨風鳥 원컨대 우리 신풍이 되어
雙飛翔北林 쌍으로 날아올라 북쪽 숲을 날았으면.

완적(阮籍)의 〈영회(詠懷)〉 제68수에서는 기괴한 변형이 일어나는데, 여기서 신풍은 화자가 천국으로 날아갈 때 올라타고 갈 새가 된다.

이릉의 작품군에 등장하는 또 다른 시에서는, 신풍은 심지어 귀뚜라미와 대칭이 되는 존재로 등장한다. 여기서 이들은 가을의 정취를 상징하는 동물에서 그리움을 표현하는 동물로 변형된다.[12]

---

10 앞의 책, 341.

11 앞의 책, 402.

爍爍三星列 반짝이며 삼성이 줄지어 있는데
拳拳月初生 곡선을 이루며 초승달이 나타나네.
寒凉應節至 계절에 응하며 추위가 이르니
蟋蟀夜悲鳴 귀뚜라미들 밤에 구슬프게 우네.
晨風動喬木 신풍은 높은 나무를 휘젓고
枝葉日夜零 가지는 밤낮으로 잎을 흔들어 떨어뜨리네.
遊子暮思歸 여행자는 해질녘이 되자 집을 그리워하니
塞耳不能聽 귀를 막아 소리를 들을 수 없게 하네.

신풍의 이미지가 사용된 사례에서, 물론 이것이 사용되는 방식이 《시경》의 맥락과 관련이 있다고 결론을 내릴 수도 있을 것이다. 하지만 새라기보다는 《시경》의 시에서 쓰인 것처럼 새매가 사용된 반고(班固)의 시의 경우를 제외하면, 신풍의 이미지는 모시(毛詩)의 해석과 관계가 없다. 오히려 고통스러운 그리움이 신풍의 이미지에 연결되면서, 신풍이 다양한 이미지로 변형되어 시에서 사용되게끔 한 것으로 보아야 할 것이다.

귀뚜라미는 곤충에서 제목을 따오는 《시경》의 시에서 가을의 표지이며, 다른 《시경》의 시에서도 가을을 연상시키는 존재로 등장한다. 여기에서 문제는 귀뚜라미가 자연에서 가을을 알리는 분명한 표지이며, 이것은 굳이 고전에서 귀뚜라미가 사용된 용례를 따지지 않고서도 알 수 있는 것이다. 시작(詩作)에서도 이와 같이 활용되며, 때로는 다른 《시경》의 용례를 떠올리게도 하지만, 이는 다만 가을을 표시해줄 뿐이다. 이 연구에서는 한해가 저물어가고 있기에 귀뚜라미도 "초조해"하고 있지만, 그렇다고 해서 이를 진 혜공의 지나친 인색함이나 연회를 베푼 이들의 절제와 연결시키는 것은 지나친 해석일 것이다.

12 앞의 책, 339.

부록 G

의작, 재구성 그리고 연주

가끔씩 누군가의 주장이 동료 학자의 주장과 너무나도 대조적이어서, 다시 논거로 돌아가 세밀한 사항들을 고려해야만 하는 경우가 있다. 조셉 알렌은 〈성인에서 노래하는 소녀까지: 중국 문인시에서 나타나는 나부(羅敷) 서사의 재구성〉의 첫머리에서 저자미상의 〈맥상상(陌上桑)〉과 《악부시집(樂府詩集)》 28편에서 부현(傅玄)의 이름 아래 포함된 텍스트인 〈염가행(豔歌行)〉을 광범위하게 비교하였다.[1] 알렌은 그의 글에서, 부현의 버전이 민간에 유행하던 소재에 아주 의식적으로 보수적이고도 문학적인 변용을 가한 것이라고 논했다. 사실 이 시를 다룬 중국과 일본의 학자 대다수는 이 시를 "의작"으로 보고 있다.

이것은 재고해볼 필요가 있는 문제이다. 부현의 버전은 "원본" 가사의 특정 구절들은 빼버리고 다른 어떤 것들은 포함시키고는 있지만, 알렌 주장의 한 부분은 그것의 시작점부터 명확하게 짚고 넘어갈 필요가 있다. 알렌에 따르면, "부현의 시에서 가장 많이 삭제된 것은 나부가 그녀의 남편을 묘사한 유명한 부분으로, 원본 가사의 마지막 열여덟 구에 보인다."라고 하였다. 이것은 아마도 실로 중대한 삭제일 것이다. 그러나 여기에서 〈염가나부행

1 《Harvard Journal of Asiatic Studies》 40, 1989, 321-61.

(豔歌羅敷行)〉[2]이라고 이름 지어진 《송서(宋書)》 자료를 살펴볼 필요가 있다. 여기에서 작품은 세 개의 해(解)로 나누어지는데, 그 마지막 부분에는 다음과 같이 적혀있다. "앞에는 서곡이 있고, 뒤에 종결부가 나온다.[前有豔辭曲, 後有趨.]" 이 말은, 마지막 열여덟 구가 〈염가나부행〉 고유의 것이 아니라는 것이며 또한 이와 같은 악부에 보이는 비슷한 구절들 역시 후대에 추가된 것이라는 뜻이다. 열여덟 구는 그 구절에 나오는 태수에게 극적인 답변이 된다. 그러나 여기서 주목해야하는 것은, 나부의 이름이 반복적으로 첫 번째와 두 번째 마디에서 등장하는 것과는 대조적으로, 종결부에서는 나부의 이름이 단 한 번도 언급되고 있지 않다는 점이다. 이 구들이 나부의 앞선 말과 이어지는 것으로 상정되어 있기 때문에 이러한 현상은 이해가 가능하다. 하지만 여전히 마지막 부분이 후대에 추가되었을 것이라는 가능성, 나아가 다른 시가 〈염가나부행〉에 추가되었을 가능성을 생각해 볼 수 있다. 그리고 그것이 사실이라면, 부현의 〈염가행〉은 〈염가나부행〉을 재작업하면서 아무것도 빠뜨리지 않았던 것이다.

부현에 대한 의문도 제기해야 한다. 그가 지은 악부 중 선집에서 인용되는 어느 정도의 작품을 제외한 대부분의 악부는 《악부시집》에서 처음으로 등장한다. 선집에서 상당한 양의 인용이 완전한 시의 형태는 갖추지 않은 채로 존재하는 것을 볼 때, 곽무천(郭茂倩)이 부현의 문집의 축소된 버전을 보았거나, 혹은 부현의 작품을 상당히 많이 싣고 있는 악부 선집에서 이러한 내용들을 추출했다고 결론 내릴 수 있다.

이제 간단한 설정을 해보고자 한다. 부현이 "문학적 교양이 있는" 시인이었다는 점과 그의 이름이 〈염가행〉에 붙어있다는 점을 잊어보는 것이다. 선집에서는 보통 발췌해서 인용한다는 것도 잊어보도록 하자. 대신에 다수의 나부 이야기를 가지고 있으므로, 이것들을 나란히 배열해본다고 한번 가정

2 《송서악지교주》, 250.

해보자. 《옥대신영(玉臺新詠)》의 버전은 여기서 제외하였다. 이 버전은 《송서》 버전에 기초하고 있으며, 여기에서 나타나는 여러 변용들은 대부분 《예문유취(藝文類聚)》와 《초학기(初學記)》 버전에서도 보이기 때문이다.

《송서》	부현, 〈염가행〉	《예문유취》	《초학기》
日出東南隅	日出東南隅	日出東海隅	日出東南隅
照我秦氏樓	照我秦氏樓	照我秦氏樓	照我秦氏樓
秦氏有好女	秦氏有好女	秦氏有好女	秦氏有好女
自名爲羅敷	自字爲羅敷	自名爲羅敷	自言名羅敷
羅敷善蠶桑		羅敷喜蠶桑	羅敷善採桑
採桑城南隅		採桑城南隅	採桑城南隅
青絲爲籠系		青絲爲籠繩	青絲爲籠繩
桂枝爲籠鉤		桂枝爲籠鉤	桂枝爲籠鉤
頭上倭隋髻	首戴金翠飾	頭上綏墮髻	頭上髮墮髻
耳中明月珠	耳綴明月珠	耳中明月珠	耳中明月珠
緗綺爲下裙	白素爲下裾	緗綺爲下裾	緗綺爲下裾
紫綺爲上襦	丹霞爲上襦	紫綺爲上襦	紫綺爲上襦
行者見羅敷			觀者見羅敷
下擔捋髭須			下擔捋髭鬚
少年見羅敷			少年見羅敷
脫帽著帩頭			脫帽著幞頭
耕者忘其耕			耕者忘其犁
鋤者忘其鋤			鋤者忘其鋤
來歸相怒怨			來歸相喜怒
但坐觀羅敷			但坐觀羅敷
	一顧傾朝市		
	再顧國爲虛		

	問女居安在		
	堂在城南居		
	青樓臨大巷		
	幽門結重樞		
使君從南來	使君自南來	使君從南來	使君從南來
五馬立踟躕	駟馬立踟躕	五馬立踟躕	五馬立踟躕
使君遣吏往	[遣吏謝賢女]	使君遣吏往	
問是誰家姝		問是誰家姝	
奉氏有好女			
自名爲羅敷			
羅敷年幾何			
二十尙不足		二十尙未然	
十五頗有餘		十五頗有餘	
使君謝羅敷	遣吏謝賢女	使君謝羅敷	
寧可共載不	豈可同行車	寧可共載不	
羅敷前峙辭	斯女長跪對	羅敷前致詞	
使君一何愚	使君言何殊	使君一何愚	
使君自有婦	使君自有婦	使君自有婦	
羅敷自有夫	賤妾有鄙夫	羅敷自有夫	
	天地正厥位		
	願君改其圖		
東方千餘騎		東方千餘騎	
夫婿居上頭		夫婿居上頭	
何用識夫婿		何用識夫婿	
白馬終驪駒		白馬終驪駒	
青絲繫馬尾		青絲繫馬尾	

黃金絡馬頭	黃金絡馬頭	
腰中鹿盧劍	腰中鹿盧劍	
可値千萬餘	可値千萬餘	
十五府小史		十五府小史
二十朝大夫		二十朝大夫
三十侍中郎		三十侍中郎
四十專城居		四十專城居
爲人潔白晳		爲人潔白晳
鬑鬑頗有鬚		鬑鬑頗有鬚
盈盈公府步		盈盈公府步
冉冉府中趨		冉冉府中趨
坐中數千人		
皆言夫婿殊		

알렌은 부현의 버전에서는 삭제된 것과 대조적으로, "〈맥상상(陌上桑)〉에서는 그녀의 아름다움이 사실상 길을 가던 행인들을 붙잡는다.(II. 13-20)"(331)라는 내용이 있는 것에 주목한다. 그러나 부현의 버전에서 나타난 삭제는 《예문유취》 버전에서도 일어났다. 그리고 《옥대신영》과 《초학기》 버전에서도 그들은 "보고 있을 뿐(觀)"이지, "길을 걷고 있던 것(行)"이 아니다. 부현 버전은 "종결부"를 빼놓고 있는데, 이것은 《초학기》에서도 마찬가지이다. 가장 흥미로운 점은 바로 뽕 따기에 관한 내용을 삭제한 것인데, 사실 이것은 중요한 부분이다. 그녀의 집 문이 잠긴 것과 합쳐져, 이것은 3세기 상류층에서 존재하던 관습과 합치된다. 이러한 관습을 육기(陸機)에게서도 확인했는데, 그 관습은 바로 유혹적으로 노출된 여성을 보이지 않거나 집안 일을 하는 모습으로 바꾸어 묘사하는 것이다. 참고로 물론 이렇게 여성을 숨기는 관습은 높은 격조 뿐 아니라 낮은 격조의 시에서도 등장한다. 이러한 관습과 맥을 같이 하는 것으로는 자기 자신을 공손하게 언급하는 부분

(賤妾)이나 "훌륭한 여자(賢女)"와 같은 구절들도 해당이 된다. 알렌은 심지어 후대의 시에서도 그녀가 양잠하는 내용이 등장하는 것에 대해 놀라고 있는데, 위의 내용은 그의 그러한 놀라움을 해명할 수 있다. 부현보다 훨씬 "격조가 높았던" 후대 서쪽 왕조의 시들은 남자들의 시선에 노출된 여성들에 매료된 듯한 모습을 보이는데, 상층 지위에 미치지 못하는 여성들에 특히 관심을 가진 것으로 보인다.

이제 부현이 "추가한 것들"에 대해 살펴볼 것이다. 〈맥상상〉은 6세기 초에 "오래된 것"으로 지칭되며 처음으로 나타났다.[3] 부현의 시는 12세기가 시작되기 전까지 역사 속에서 등장하지 않는다. 하지만 그가 작가라는 것을 믿는다면, 그의 글은 3세기 중반에 등장한 것으로 볼 수 있게 된다. 이 이야기를 하는 이유는 부현의 시가 〈맥상상〉보다 먼저 나왔다는 것을 주장하려는 것이 아니다. 그렇지만 《송서》 버전과 《옥대신영》 버전에서 텍스트가 어느 정도 형태를 안정적으로 고정했음에도 불구하고 그 후에도 텍스트의 형태에 계속 변화가 있었다는 사실을 고려해본다면, 최소한 부현의 시대에는 텍스트가 《송서》 버전에 기록된 텍스트와는 다른 모습이었을 수 있다는 높은 가능성이 존재하게 된다. 부현의 시대와 《송서》의 시대 사이에 책과 전통에 많은 변화가 일어났다. 《송서》 버전에서 대응되는 구절을 찾을 수 없다면, 그 구절은 "추가된 것"이다. 만일 《송서》 버전을 고정된 기준으로 가정한다고 하면 말이다.

비록 부현의 것이 〈맥상상〉에 대한 "문학적인 개작"임을 보이기 위해 알렌이 제기한 많은 논점들에 대해 동의할 수는 없지만, 뽕을 따는 것을 삭제한 것과 몇몇 표현에서 드러나는 세부 사항들이 위(魏) 후기와 서진(西晉)의 감수성의 흔적들을 준다는 점에는 동의한다. 그러나 이러한 흔적들이 알렌

3 이 제목은 훨씬 이른 시기에 언급이 되고 있지만, 《송서》 텍스트가 그 이른 시기를 거쳐 오면서 이 노래와 얼마나 비슷해졌는지는 알 수가 없다.

이 주장보다는 훨씬 희미하다고 생각한다.

이 모든 논의는 우리를 핵심 사항으로 이끈다. 그것은 바로 '부현의 작품은 무엇인가?'이다. 텍스트가 "지적재산"인 출판문화의 학술문화에 기반을 둔 학술용어는 텍스트의 생산에 있어서 정확한 복제와 의작 혹은 변용을 구분한다. 이 책 전체에서 보았듯이, 그리고 루친리를 간략하게 살펴본 것을 통해 특히 확실시 되었듯이, 초기의 필사 문화에서 토씨 하나도 틀리지 않는 복제는, 완벽한 내용 복제를 요구하는 글인 예컨대 경전을 제외하고는 이루어지지 않았다. 그 이외의 다른 글들은 그 글이 덜 '진지한' 내용일수록 그 분량과 형태가 끊임없이 변형되어 왔다. 〈맥상상〉은 왕실의 음악 연주에 들어있었던 점과 역사의 일부분으로 인정되었던 점을 제외하면, 진지함과는 거리가 먼 작품이었다.

이 텍스트는 분명히 '의(擬)'라는 개념의 "의작"이 아니다. 의(擬)의 모든 규칙을 위반하고 있기 때문이다. 만일 《송서》 버전이 "원본" 가사라면, 부현 버전은 일부 구절을 삭제하고 일부 구절은 추가하지만, 원본의 절반 이상 되는 구절들을 완벽하게 혹은 거의 완벽하게 복사해놓고 있다. 그리고 오로지 두 구절. 즉 "豈可同行車"와 "斯女長跪對"에서만 우리가 미약하게나마 그 두 구절이 높은 격조로 다시 쓰인 것이라고 볼 수 있는 것이다. 만일 이것이 의작이 아니라면, 이것은 "주제 모방" 즉 같은 소재를 사용하여 자유롭게 문학적 재창조를 하는 것인 것인가? 이 역시 '아니다'라고 생각해야 한다. 부현이 재작업한 다른 훌륭한 사례들도 있지만, 이 시만큼 다른 버전과 같은 것도 없다.

나는 장 피에르 디에니의 주장이 진실에 더 가깝다고 생각하는데, 그의 주장은 부현이 의작을 한 것이 아니라 다시 쓰는 작업을 한 것으로 이를 통해 "불완전하다고 여겨진 노래를 제거했다"는 것이다.[4] 이 말은 그러나 〈맥

4 장 피에르 디에니, 《목동들과 누에치는 여성들: 중국 문학의 한 주제에 대한 소고》,

상상〉이 현전하는 텍스트의 형식과 완전히 똑같다는 것을 전제하고 있다. 이것은 불가능한 이야기는 아니지만 점검되어야 할 가정이다. 그러나 만일, 〈맥상상〉이 그것이 옮겨지는 동안 항상 변형되어 왔다면, 그것은 당시에 유명했던 필사자에 의해 옮겨졌을 것인데, 그렇다면 이렇게 옮겨진 버전은 필사자의 의도와는 어긋나는 버전이다. 이는 사실상 디에니의 해석이지만, 다른 가정을 바탕으로 내려진 결과인 것이다.

여기에서 이것이 나부 이야기에 대한 염가의 하나의 "버전"이며, 또 다른 "버전"은 《송서》에 들어갔다고 하는 것은 결코 억지 트집을 잡으려는 것이 아니다. 이 버전은 문인 시학의 발자취를 보여준다. 물론 이런 시 뿐 아니라 "저자미상", "고시"라고 불리며 보존된 수많은 텍스트들도 그런 발자취를 보여주지만 말이다. 《송서》 버전은 이에 비하면 그러한 발자취를 확인할 수 있는 것이 얼마 되지 않는다. 부현의 버전이 《송서》 버전에서 유래했다는 믿음은, 처음에는 순수한 "민간의 시"로 존재했던 글에 문인층이 수정을 가했다는 원칙에 근거한 추측인데, 이 역시 편향적인 추측이다. 부현이 〈맥상상〉이라는 투박한 이야기를 담고 있는 노래의 일부분에 대한 긴 버전을 썼는데, 그가 궁정음악기관에서 차지하고 있던 중요한 역할과 맞물려, 그의 버전이 궁정 음악의 일부가 되었을 수도 있다. 이를 통해 노래가 유명해졌고, 일부분이 가감되었을 수 있는데, 여기서 가장 중요한 것은 모음곡의 완성을 위해 필수적인 "종결부"의 존재이다. 작품의 유래에 관한 기존의 논의에 역행하는 의견을 지지하려는 것은 아니다. 다만 부현이 현존하는 텍스트를 "바꾼" 장본인일 수 있다는 것을 이야기하는 것이다. 그보다는 서로 다른 버전에 등장하는 노래 자료들에 관해 생각해 보는 것이 더 좋을 것이다. 이 노래 자료들은 그것들이 실린 각각의 버전에 어울리는 형태를 띠고 있다.

제네바: 드로 도서관(Librairie Droz), 1977, 113.

*

사실 작품을 더욱 "문학적"으로 변형시키는 부현의 수준을 살펴 볼 수 있는 더 좋은 사례가 있다. 대단히 세련된 〈맥상상〉의 문학적 수준 또한 그렇지만 말이다. 3세기 궁중 음악 기관의 일원이었으며, 부현보다 더 앞선 세대였던 좌연년(左延年)은 부현과 마찬가지로 음악기관에서 중요한 인물이 되었다. 연년(延年)이라는 이름은 전문적인 연주가를 가리킨다. 그의 이름 아래 《악부시집》에 대단한 텍스트가 실리게 되었다. 이것은 3세기 낮은 격조의 민요 스타일의 좋은 예로, 다른 작품들을 읽는데 있어 좋은 대조군이 된다. 아래에서의 비교를 통하여, "민가풍"이라고 여겨졌던 많은 텍스트들이 잘 다듬어진듯한 인상으로 새롭게 다가올 것이다.

좌연년(左延年, 3세기초-중반), 〈진녀휴행(秦女休行)〉[5]

始出上西門	처음 서쪽 위의 문으로 나갔을 때
遙望秦氏廬	나는 아득히 있는 진씨네 집을 바라보았지.[6]
秦氏有好子	진씨네 집안에는 사랑스러운 딸이 있었는데
自名爲女休	그녀는 자신을 처녀 휴라고 불렀네.
休年十四五	휴가 열네다섯 살이었을 때
爲宗行報讎	가족의 복수를 하기 위해 떠났네.[7]
左執白楊刃	그녀는 왼손에 백양 칼날을 쥐었고,
右據宛魯矛	오른손에 완로 창을 들었네.

5 루친리, 410. 《악부시집》 61. 황지에, 《한위악부풍전》, 191. 《북당서초》와 《태평어람》에 실린 단편들.

6 《태평어람》에서는 "廬"대신 "樓"라고 적혀있는데, 이렇게 적은 것이 운율상으로나 형식상으로나 더 낫다.

7 그녀는 가문의 원수를 갚으려고 하는 것이거나 아니면 그녀의 가계를 대신하여 복수를 행하는 것이다. 그녀의 복수가 그녀의 가문을 위한 것임에 주목하라.

讎家便東南　원수의 집은 동남쪽에 있었는데,
仆僵秦女休　그 원수는 진씨네 집안 처녀 휴 앞에 고꾸라졌네.

女休西上山　처녀 휴는 산의 서쪽으로 올라가
上山四五里　산을 4,5리쯤 올라갔네.
關吏呵問女休　관문의 관리가 소리를 지르고 처녀 휴에게 묻자,
女休前置辭　처녀 휴는 앞으로 나아가 사연을 이야기했네.
平生爲燕王婦　나는 연나라 왕자의 아내였으나
於今爲詔獄囚　지금은 명에 따라 감옥에 갇힌 신세네.
平生衣參差　나는 잘 물들인 옷들을 입곤 했는데
當今無領襦　지금은 저고리 하나 없구나.
明知殺人當死　살인을 저지르면 죽어야 한다는 것을 잘 알지만
兄言怏怏　오빠의 말을 들어보니 그는 걱정하고 있었고
弟言無道憂　동생은 내가 잘못 했다며 근심하고 있네.
女休堅詞爲宗報讎　처녀 휴는 완강하게 그녀가 가족을 위해 복수를 했다고 주장하였고
死不疑　망설임 없이 죽을 것이었네.
殺人都市中　시장 중앙에서 사람을 죽이기에,
徼我都巷西　나를 수도의 항로 서쪽으로 데려갔네.
丞卿羅東向坐　장관들과 귀족들이 동쪽을 향해 줄지어 앉아 있고,
女休悽悽曳梏前　가련한 처녀 휴는 쇠사슬을 질질 끌며 앞으로 나오네.
兩徒夾我　두 명의 사람이 양쪽에 하나씩 서서
持刀刀五尺餘　칼을 들고 있네, 오 척이 넘어 보이는 길이의 칼을.
刀末下　그러나 칼이 떨어지기 전
朣朧聲鼓淑書下　사면을 알리는 희미한 북소리가 들려오네.

비록 황지에가 시 마지막 부분의 운율을 설명하려고 시도하였기는 하지만, 마지막 부분은 마음대로 뜯어고친 듯한 느낌을 준다. 이 마지막 부분은

사람들에게 거의 기억되지 못한 민요를 마무리하려는 운율 없는 요약에 더 가깝다.

지금까지 계속해서 시가 어떻게 확장되고 줄어들 수 있었는지에 대해 논의해보았다. 제시한 서사는 그것의 완벽한 예로, 요약에 해당된다. 많은 부분들이 더 정교화 될 여지를 남겨두고 있으며, 어떤 부분은 정교화가 반드시 필요한 수준에 있다. 따라서 우리는 이 시를 보며 소리를 듣는 사람이 들리는 구절들을 받아 적어 내려간 듯한 인상을 받는다. 그것은 아마도 공연에서 들리는 구절일 것이다. 이 글의 도입부는 물론, 〈맥상상〉의 도입부와 기본적으로 같다.

부현의 시를 보면 그가 모든 방면에서 문학적 재창조를 해냈음을 확인할 수 있다. 그의 시는 좌연년의 버전과는 어떤 구절도 같지 않으며 예측 가능한 부분에서 수식을 더한다. 그의 시는 〈맥상상〉의 다른 버전과는 전혀 같지 않다. 그러나 그 누구도, 그의 시를 높은 격조의 시라고 말할 수는 없었다. 육기의 악부와 비교해보면 부현의 서술 방식이 얼마나 단조로운지를 알 수 있다.

부현(傅玄), 〈진녀휴행(秦女休行)〉[8]

龐氏有烈婦	방씨 집안에는 열부가 있었는데
義聲馳雍涼	그 덕에 관한 명성은 옹과 량에 널리 퍼졌네.
父母家有重怒	그녀의 부모는 노여움에 싸여 있었는데
仇人暴且彊	그들의 원수가 난폭하고 강해서였네.
雖有男兄弟	비록 남자 형제들이 있었지만,
志弱不能當	의지가 약했고 임무를 수행할 그릇이 아니었네.
烈女念此痛	이 열녀는 이러한 고통에 대해 곰곰이 생각했고

8 루친리, 563. 《악부시집》 61. 지안창춘, 《부현음갱시주》, 53.

丹心爲寸傷	그녀의 단심은 조금 상처를 입었네.
外若無意者	겉으로 아무 계획도 없는 듯이 보였으나
內潛思無方	그 숨겨진 속내에는 끝없는 생각이 담겨 있었네.
白日入都市	밝은 대낮에 시장 중앙으로 들어가니
怨家如平常	원수는 평소와 같이 있었네.
匿劍藏白刃	숨겨온 칼은 은색 칼날을 속에 품고 있었으니
一奮尋身殭	한번 내리치자 적의 몸은 땅에 고꾸라졌네.
身首爲之異處	그녀는 그의 몸과 머리를 다른 곳에 두었고
伏尸列肆旁	시체를 처형장에 두었네.
肉與土合成泥	살점과 흙은 합쳐져 진흙덩어리가 되었고
灑血濺飛梁	튄 피는 높게 솟은 서까래에 뿌려졌네.
猛氣上干雲霓	그녀의 맹렬한 기운은 구름과 무지개를 뚫고 올라갔네
仇黨失守爲披攘	원수의 무리가 실의하여 그녀에게 항복하는 동안.
一市稱烈義	시장 전체는 그녀의 정의로운 용기를 칭송하고
觀子收淚並慨慷	지켜본 사람들은 눈물을 거두고 매우 감격했네.
百男何當益	백 명의 남자가 있은들 뭐하겠는가
不如一女良	여성 한명의 뛰어남에 상대가 되지 않는다네.
烈女直造縣門	열녀는 곧바로 마을 관청 문 앞으로 가서
云父不幸遭禍殃	불행히도 그녀의 아버지가 화를 당하였다고 하였네.
今仇身以分裂	이제 원수 몸뚱아리는 조각조각 찢어졌으니
雖死情益揚	비록 아버지는 돌아가셨지만, 기분은 하늘로 날아갈 것 같으리라.
殺人當伏法	사람을 죽이면 법에 따라야만 하니
義不苟活隳舊章	의로운 일을 했다 해도 불법으로 살려둘 수는 없네, 이는 오랜 법을 무너뜨리는 것이니.
縣令解印綬	현령은 (사임하고자) 인장의 끈을 풀고는
令我傷心不忍聽	"나를 고통스럽게 하니 도저히 못 따르겠노라." 하였고
刑部垂頭塞耳	형부의 수장은 머리를 늘어뜨리고 그의 귀를 막아버리고는

令我史擧不能成	"나로 하여금 [그녀를] 집행할 수 없게 하도다." 하였네.
烈著希代之績	그녀의 열성은 세상에 드문 덕목을 보여주고
義立無窮之名	그녀의 옳은 행실은 끝없는 명성을 세웠네.
夫家同受其祚	시댁은 모두 그녀로부터 막대한 복을 받았고
子子孫孫咸享其榮	자식과 손자들은 모두 그 영광을 누렸네.
今我作歌詠高風	이제 나는 그녀의 고결한 풍모에 대해 노래하네,
激揚壯發悲且清	비장하고도 맑은 그녀의 모험을 널리 알리기 위해.[9]

진녀 휴의 이야기는 여기서 조아친(趙娥親)의 이야기와 연결이 되어 있는데, 이 여성은 방자하(龐子夏)에게 시집을 갔다. 그녀의 아버지는 그 지역 군벌인 이수(李壽)에게 죽임을 당했고, 그녀는 179년에 이수(李壽)를 암살했다. 그녀는 관가로 돌아가 사실을 알렸지만, 죄를 사면 받았다. 이 이야기의 자세한 내용은 민요와 어울리지 않는다.

9 지안창춘은 이 부분에서 "壯發"이 아니라 이마 위로 드리워진 머리카락을 의미하는 "壯髮"로 쓰여야 한다고 주장하였다.

참고문헌

(가나다 순으로)

본문 각주에서 쓰인 약어들은 아래와 같은 책을 지칭한다.

Ywlj Ouyang Xun, Yiwen leiju (藝文類聚예문유취)

Cxj Xu Jian, Chuxue ji (初學記초학기)

Yfsj Guo Maoqian, Yuefu shiji (樂府詩集악부시집)

Ytxy Xu Ling, Yutai xinyong (玉臺新詠옥대신영)

Tpyl Taiping yulan (太平御覽태평어람)[1]

갈홍, 《서경잡기전석》, 궤이양: 귀주인민출판사, 1993
葛洪, 《西京雜記全釋》, 贵陽: 贵州人民出版社, 1993

게리 셸튼 윌리엄스, 《한(漢)나라 악부의 구전성에 대한 연구》, 워싱턴대학교 박사논문, 1973,
Williams, Gary Shelton, "A Study of the Oral Nature of the Han Yūeh-fu." Ph.D. dissertation, University of Washington, 1973.

곽무천, 《악부시집》, 베이징: 중화서국, 1979
郭茂倩, 《樂府詩集》, 北京: 中華書局, 1979

구양수, 《구양수전집》, 타이베이: 세계서국, 1963
歐陽修, 《歐陽修全集》, 臺北: 世界書局, 1963

구양순. 《예문유취》, 타이베이: 원광도서유한공사, 1974.
歐陽詢, 《藝文類聚》, 臺北: 文光圖書有限公司, 1974.

나카츠하마 와타루, 《악부시집 연구》, 도쿄: 급고서원, 1970.
中津濱涉, 《樂府詩集の研究》, 東京: 汲古書院, 1970.

---

1 (역주) 저자 스티븐 오웬은 이러한 약어들을 본문 각주에서 사용하였으나, 번역시 전부 원래 책 제목으로 바꾸었으므로 삭제 가능.

니에원위, 《조식시해역》, 시닝: 청해인민출판사, 1985.
聶文鬱, 《曹植詩解譯》, 西寧: 青海人民出版社, 1985.

덩궈광, 《지우연구》, 홍콩: 학형출판사, 1990
鄧國光, 《摯虞研究》, 香港: 学衡出版社, 1990

데이비드 넥게스, 〈문선, 혹은 문학 선집〉 1권, 《도시와 수도에 대한 부(賦)》, 프린스턴: 프린스턴대학 출판사, 1982.
Knechtges, David, Wen xuan or Selections of Refined Literature, vol.1, Rhapsodies on Metropolises and Capitals. Princeton: Princeton University Press, 1982.

______, 〈잡초를 솎아내어 훌륭한 꽃들을 고르다: 중국 중세 초기의 선집〉, 스콧 피어스 엮음, 《200-600년 중국 영토의 재통일에서 나타나는 문화와 권력》, 케임브리지: 하버드대학교 아시아센터, 2001, 200-241.
______, "Culling the Weeds and selecting Prime Blossoms: The Anthology in Early Medieval China." In Scott Pearce et al., eds., Culture and Power in the Reconstitution of the Chinese Realm, 200-600. Cambridge: Harvard University Asia Center, 2001, 200-241.

______, 〈한 무제(漢武帝)의 부(賦)〉, 《제3회 국제사부학 학술연구회 논문집》, 1996년 12월, 1-14.
______, "Han Wudi de fu" (漢武帝的賦). Disanjie guoji cifuxue xueshuyantaohui lunwenji (第三屆國際辭賦學學術研討會論文集) (December 1996): 1-14.

도널드 홀츠만, 《시와 정치: 완적(阮籍)의 삶과 작품》, 케임브리지대학 출판사, 1976.
Holzman, Donald, Poetry and Politics: The Life and Works of Juan Chi (A.D. 210-263). Cambridge University Press, 1976.

______, 〈조식과 신선들〉, 《아시아 메이저》 1, no.1(1988): 15-57.
______, "Cao Zhi and the immortals." Asia Major 1, no.1(1988): 15-57.

______, 〈초기 중국 시에 나타나는 영생 추구〉, 윌리엄 피터슨, 앤드류 플랙스, 위잉슈(余英時) 엮음, 《문화의 힘: 중국 문화사에 대한 연구들》, 홍콩: 중문대학출판사, 1994, 103-18.
______, "Immortality-Seeking in Early Chinese Poetry." In Willard J, Peterson, Andrew Plaks, and Ying-shu Yü, eds., The Power of Culture: Studies in Chinese

Cultural History. Hong Kong: Chinese University Press, 1994, 103-18.

______, 〈초기 중국 오언시〉, 《뽈 드미비유에게 바치는 중국학 논문집》, 파리: 프랑스대학출판사, 1974, 77-116.

______, "Les premiers vers pentasyllabiques datés dans la poésie chinoise." Melanges de sinologie offerts à Monsieur Paul Demieville. Paris: Presses universitaires de France, 1974, 77-116.

디어테 폰 덴 슈타이넌, 〈조조의 시들〉, 《모뉴멘타 세리카》 4 (1939-1940): 125-81.

Steinen, Diether von den, "Poems of Cao Cao." Monumenta Serica 4 (1939-1940): 125-81.

라이츄미, 〈창조적 의작의 기술: 한나라 고시에 대한 육기의 의작들〉, 폴 크롤, 데이비드 넥게스 엮음, 《중세 초기 중국 문학과 문화사: 리차드 메이더와 도날드 홀즈만을 기리며》, 유타: 당(唐) 연구회, 2003, 117-48.

Chiu-Mi Lai, "The Craft of Original Imitation: Lu Ji's Imitations of the Han Old Poems." In Paul W. Kroll and David Knechtges, eds, Studies in Early Medieval Chinese Literature and Cultural History: In Honor of Richard B. Mather and Donald Holzman. Provo, Utah: T'ang Studies Society, 2003, 117-48.

로버트 조 커터, 〈조식의 연회시〉, 《CLEAR》 6, 1984, 1-32.

Cutter, Robert Joe, "Cao Zhi's(192-232) Symposium Poems." CLEAR 6 (1984): 1-32.

유의경 지음, 리처드 매더 옮김, 《세상 이야기에 대한 새로운 설명-세설신어》, 미니애폴리스: 미네소타대학 출판부, 1976

Liu Yiqing, A New Account of Tales of the World. Trans. Richard B. Mather. Minneapolis, University of Minnesota Press, 1976.

루오궈웨이 표점·교감, 《일본 소재 홍인본 문관사림 교증》, 베이징: 중화서국, 2001.

羅國威 点校, 《日藏弘仁本文館詞林校證》, 北京: 中華書局, 2001.

루친리, 《선진한위진남북조시》, 베이징: 중화서국, 1983.

逯欽立, 《先秦漢魏晉南北朝詩》, 北京: 中華書局, 1983.

______, 《한위육조문학론집》 (우원 엮음). 시안: 섬서인민출판사, 1984.

______, 《韓魏六朝文學論集》(吳雲 編). 西安: 陜西人民出版社, 1984.

리처드 매더, 〈시인 심약(441-513): 과묵한 후작〉, 프린스턴: 프린스턴대학 출판부, 1988.

Mather, Richard B., The Poet Shen Yüeh (441-513): The Reticent Marquis. Princeton: Princeton University Press, 1988.

마스다 키요히데, 《악부의 역사적연구》, 도쿄: 창문사, 1975.

增田清秀, 《樂府の歷史的硏究》, 東京: 創文社, 1975.

마이클 푸엣, 《양면적인 창조: 초기 중국의 혁신과 조작에 관련된 논의들》, 스탠포드: 스탠포드대학 출판사, 2001.

Puett, Michael, The Ambivalence of Creation: Debates Concerning Innovation and Artifice in Early China. Stanford: Stanford University Press, 2001.

메이지아링, 《한·위·육조 문학신론: 의작·대작 및 증답 작품들》, 타이베이: 리인서국, 1997.

梅家玲, 《漢魏六朝文學新論: 擬代與贈答篇》, 臺北: 里仁書局, 1997.

사우스 W. 코블린, 《동한(東漢) 음가 사전》, 홍콩: 중문대학출판사, 1993.

Coblin, W. South, A Handbook of Eastern Han Sound Glosses. Hong Kong: Chinese University Press, 1993.

서견, 《초학기》, 베이징: 중화서국, 1962.

徐堅, 《初學記》, 北京: 中華書局, 1962.

서릉, 《옥대신영》, 베이징: 중화서국, 1985.

徐陵, 《玉臺新詠》, 北京: 中華書局, 1985.

소통, 《문선》, 상하이: 상해고적출판사, 1986.

蕭統, 《文選》, 上海: 上海古籍出版社, 1986.

쉐이슈선, 《고시십구수집석》, 베이징: 중화서국, 1955.

隋樹森, 《古詩十九首集釋》, 北京: 中華書局, 1955

스즈키 슈우지, 《한·위시의 연구》, 도쿄: 대수관서점, 1967.

鈴木修次, 《漢魏詩の硏究》, 東京: 大修館書店, 1967.

스콧 피어스 외, 《중국 왕조 재건에서의 문화와 권력, 200-600년》, 케임브리지: 하버드대학교 아시아센터, 2001.

Pearce, Scott, et al., eds. Culture and Power in the Reconstitution of the Chinese

Realm, 200-600. Cambridge: Harvard University Asia Center, 2001.

쑤진런, 샤오롄즈, 《송서악지교주》, 지난: 제로서사, 1982
蘇晉仁, 蕭煉子, 《宋書樂志校注》, 濟南: 齊魯書社, 1982

야오다예, 《한악부소론》, 톈진: 백화문예출판사, 1984.
姚大業, 《漢樂府小論》, 天津: 百花文艺出版社, 1984.

안느 비렐, 《한(漢)나라의 유행 노래와 서정시》, 런던: 언윈 하이만, 1988
Birrel, Anne, Popular Songs and Ballads of Han China. London: Unwin Hyman, 1988.

엄가균, 《전상고삼대진한삼국륙조문》(재판). 베이징: 중화서국, 1965.
嚴可均, 《全上古三代秦漢三國六朝文》(Rpt.). 北京: 中華書局, 1965.

에티엔느 발라즈, 〈조조의 노래 두 수〉, 《모뉴멘타 세리카》 2, 1936-37. 410-20
Balazs, Etienne, "Ts'ao Ts'ao, zwei Lieder." Monumenta Serica 2 (1936-37): 410-20.

왕리치, 《신어교주》, 베이징: 중화서국, 1986.
王利器, 《新語校注》, 北京: 中華書局, 1986.

왕슈민, 〈종영시품전증고〉, 《중국문철전간》, 타이베이: 중앙연구원중국문철연구소, 1992.
王叔岷, 〈鍾嶸詩品箋證稿〉. 《中國文哲專刊》, 臺北: 中央研究院中國文哲研究所, 1992.

왕징셴, 《종과 북: 구술 전통의 공식 시학으로서의 시경》, 버클리: 캘리포니아대학 출판부, 1974.
Wang Ching-hsien(王靖獻). The Bell and the Drum: Shih Ching as Formulaic Poetry in the Oral Tradition. Berkeley: University of California Press, 1974.

우윈, 《건안칠자집교주》, 톈진: 천진고적출판사, 1991.
吳雲, 《建安七子集校註》, 天津: 天津古籍出版社, 1991.

우윈, 탕샤오종, 《왕찬집주》, 허난: 중주서화사, 1984.
吳雲, 唐紹忠, 《王粲集注》, 河南: 中州书画社, 1984.

원이둬, 《원이둬전집》 4. 베이징: 삼련서점, 1968.
聞一多, 《聞一多全集》 4. 北京: 三聯書店, 1968.

월터 J. 옹 지음 , 이기우옮김, 《구술문화와 문자문화》, 서울: 문예출판사, 1995

Ong, Walter J., Orality and Literacy: The Technologizing of the Word. London: Methuen, 1982.

위관잉, 〈악부가사의 합쳐짐과 나뉨〉, 위관잉 엮음, 《한위육조시론총》, 베이징: 중화서국, 1962, 26-38.
余冠英, 〈樂府歌辭的拼湊和分割〉, 余冠英 編, 《漢魏六朝詩論叢》, 北京: 中華書局, 1962, 26-38.

______, 《한위육조시선》, 베이징: 인민문학출판사, 1978.
______, 《漢魏六朝詩選》, 北京: 人民文學出版社, 1978.

위위엔, 장밍가오, 《위진남북조문론선》, 베이징: 인민문학출판사, 1996
郁沅, 張明高, 《魏晉南北朝文論選》, 北京: 人民文學出版社, 1996

위지아시, 《세설신어전소》, 상하이: 상해고적출판사, 1993
余嘉錫, 《世說新語箋疏》, 上海: 上海古籍出版社, 1993

육운 지음, 황퀘이 표점·교감, 《육운집》, 베이징: 중화서국, 1988.
陸雲, 黃葵 点校, 《陸雲集》, 北京: 中華書局, 1988.

이카이 토모요시, 〈문선만가시고〉, 《중국문학》 12(1960). 19-48
一海知義, 〈文選挽歌詩考〉, 《中國文學》 12(1960). 19-48

이토 마사후미, 〈왕찬시론고〉, 《중국문학》 20(1965). 28-67
伊藤正文, 〈王粲詩論考〉, 《中國文學》 20(1965). 28-67

임방, 《문장연기주》(재판). 타이베이: 광문서국, 1970.
任昉, 《文章緣起注》(Rpt). 臺北: 廣文書局, 1970.

자오요우원, 《조식집주교》, 베이징: 인민문학출판사, 1984
趙幼文, 《曹植集校注》, 北京: 人民文學出版社, 1984

잔잉, 《문심조룡의증》, 상하이: 상해고적출판사, 1989
詹鍈, 《文心雕龍義證》, 上海: 上海古籍出版社, 1989

장 피에르 디에니, 《고시십구수》, 파리: 프랑스대학출판사, 1963.
Diény, Jean-Pierre, Les dix-neuf poémes anciens. Paris: Presses universitaires de France, 1963.

______, 〈곽무천에 반론함: 한(漢)나라와 위(魏)나라 특정 시들의 두 가지 버전

에 대하여〉,《통파오》85, 1-3호(1999). 65-113
______, "Contre Guo Maoqian: à propos des deux versions de certains poéms des Han et des Wei." T'oung Pao 85, nos. 1-3 (1999): 65-113.

______,《목동들과 누에치는 여성들: 중국 문학의 한 주제에 대한 소고》, 제네바: 드로 도서관, 1977.
______, Pastourelles et magnarelles: essai sur un théme littéraire chinoise. Geneva: Librairie Droz, 1977.

______,《조조의 시들》, 파리: 콜레쥬 드 프랑스 고등 중국 연구원, 2000.
______, Les poémes de Cao Cao. Paris: Collége de France, Institut des hautes études chinoises, 2000.

______,《중국 고전시의 기원에 대하여: 한(漢)나라 시대의 악시에 대한 연구》, 라이덴: E. J. 브릴, 1968.
______, Aux origines de la poésie classique en Chine: étude sur la poésie lyrique à l' époque des Han. Leiden: E. J. Brill, 1968.

정원,《한시선전》, 샹하이: 상해고적출판사, 1986
鄭文,《漢詩選箋》, 上海: 上海古籍出版社, 1986

조셉 알렌,《다른 이의 목소리를 통해서: 중국 악부시》, 앤아버: 미시간대학교 중국학 센터, 1992.
Allen, Joseph, In the Voice of Others: Chinese Music Bureau Poetry. Ann Arbor: University of Michigan Center for Chinese Studies, 1992.

______,〈성인에서 노래하는 소녀까지: 중국 문인시에서 나타나는 나부(羅敷) 서사의 재구성〉,《하버드 아시아학 저널》40, 1989, 321-61.
______, "From Saint to Singing Girl: The Rewriting of the Lo-fu Narrative in Chinese Literati Poetry." Harvard Journal of Asiatic Studies 40 (1989), 321-61.

지안창춘, 왕훼이샤오, 위시엔지에,《부현음갱시주》, 란저우: 감숙인민출판사, 1987.
蹇長春, 王會紹, 余賢傑,《傅玄陰鏗詩注》, 蘭州: 甘肅人民出版社, 1987.

차오쉬,《시품집주》, 샹하이: 상해고적출판사, 1994
曹旭,《詩品集注》, 上海: 上海古籍出版社, 1994

찰스 이건, 〈악부는 과연 민간의 노래였던 적이 있었는가. 구술 이론과 서정시의 비유법 사이의 관계에 대한 재고찰〉, 《CLEAR》 22, 2000, 31-66.

Egan, Charles H., "Were Yüeh-fu Ever Folk Songs? Reconsidering the Relevance of Oral Theory and Balladry Analogies." CLEAR 22 (2000): 31-66.

천량윈, 《초씨역림시학천석》, 난창: 백화주문예출판사, 2000

陳良運, 《焦氏易林詩學闡釋》, 南昌: 百花洲文艺出版社, 2000

크리스토퍼 코너리 지음, 최정섭 옮김, 《텍스트의 제국: 초기 제국 중국에서의 글쓰기와 권위》, 소명출판, 2005.

Connery, Christopher, The Empire of the Text: Writing and Authority in Early Imperial China. Lanham, MD: Rowman & Littlefield, 1998.

페이전강, 후솽바오, 종밍화, 《전한부》, 베이징: 북경대학출판사, 1993

費振剛, 胡雙寶, 宗明華, 《全漢賦》 北京: 北京大学出版社, 1993

폴 크롤, 데이비드 넥게스, 《중세 초기 중국 문학과 문화사: 리차드 메이더와 도날드 홀츠만을 기리며》, 유타: 당(唐) 연구회, 2003.

Kroll, Paul W., and David R. Knechtges, Studies in Early Medieval Chinese Literature and Cultural History: In Honor of Richard B. Mather and Donald Holzman. Provo, Utah: T'ang Studies Society, 2003.

푸강, 《소명문선연구》, 베이징: 중국사회과학출판사, 2000

傅剛, 《昭明文選研究》, 北京: 中國社會科學出版社, 2000

푸잉지, 〈염가하상행을 통해 본 한(漢)·위(魏)·진(晉) 악부시의 몇 가지 문제〉, 《중국문화월간》 193(1995.11). 103-23.

朴英姬, 〈從豔歌何嘗行論漢魏晉樂府詩的幾個問題〉, 《中国文化月刊》 193(1995.11). 103-23.

하오리취엔, 《육사형시주》, 베이징: 인민문학출판사, 1958

郝立權, 《陸士衡詩注》, 北京: 人民文學出版社, 1958

한거핑, 《건안칠자시문집교주역석》, 창춘: 길림문사출판사, 1991

韓格平, 《建安七子詩文集校註譯析》, 長春: 吉林文史出版社, 1991

한스 프랑켈, 〈조식 작품들에서 진위성의 문제〉, 찬핑릉(陳炳良) 외 엮음, 《풍핑샨(馮平山) 도서관 설립 50주년을 기념하는 에세이》, 홍콩: 홍콩대학출판사, 1982, 183-201.
Frankel, Hans H., "The Problem of Authenticity in the Works of Cao Zhi." In Chan Ping-leung et al., eds., Essays in Commemoration of the Golden Jubilee of the Fung Bing Shan Library (1932-1982). Hong Kong: Hong Kong University Press, 1982, 183-201.

______, 〈채염과 그녀에게 귀속된 시들〉, 《CLEAR》 5, 1983, 133-56.
______, "Cai Yan and the Poems Attributed to Her." CLEAR 5 (1983): 133-56.

호지기, 《강문통집휘주》(1598). 베이징: 중화서국, 1984.
胡之驥, 《江文通集彙注》(1598). 北京: 中華書局, 1984.

황지에, 《완보병영회시주》, 베이징: 인민문학출판사, 1957.
黃節, 《阮步兵詠懷詩注》, 北京: 人民文學出版社, 1957.

______, 《위무제·문제·명제시주》, 베이징: 인민문학출판사, 1958.
______, 《魏武帝文帝明帝詩注》, 北京: 人民文學出版社, 1958.

______, 《조자건시주》, 베이징: 인민문학출판사, 1957.
______, 《曹子建詩注》, 北京: 人民文學出版社, 1957.

______, 《포참군시주》, 베이징: 중화서국, 1972.
______, 《鮑參君詩注》, 北京: 中華書局, 1972.

______, 《한위악부풍전》, 홍콩: 상무인서관. 1961.
______, 《漢魏樂府風箋》, 香港: 商務印書館. 1961.

후나츠 토모히코, 〈조식 유선시 논의 〉《동양문학연구》 13, 1965. 49-65.
船津富彦, 〈曹植の遊仙詩論〉, 《東洋文學研究》 13, 1965. 49-65.

《국어》, 상하이: 상해고적출판사, 1978
《國語》, 上海: 上海古籍出版社, 1978

《남사》, 베이징: 중화서국, 1975.
《南史》, 北京: 中華書局, 1975.

《삼조자료휘편》, 베이징: 중화서국, 1980.
《三曹資料彙編》, 北京: 中華書局, 1980.

《송서》, 베이징: 중화서국, 1974.
《宋書》, 北京: 中華書局, 1974

《수서》, 베이징: 중화서국, 1973
《隋書》, 北京: 中華書局, 1973

《진서》, 베이징: 중화서국, 1974.
《晉書》, 北京: 中華書局, 1974.

《태평어람》, 《사부총간》 3편(재판). 타이베이: 대만상무인서관, 1980.
《太平御覽》, 《四部叢刊》 3編(Rpt.). 臺北: 臺灣商務印書館, 1980.

《한서》, 베이징: 중화서국, 1962
《漢書》, 北京: 中華書局, 1962

《후한서(後漢書아》, 베이징: 중화서국, 1965.
《後漢書》, 北京: 中華書局, 1965.

찾아보기

— ㅅ

—— ㅊ

초기 중국 고전시의 형성

The Making of Early Chinese Classical Poetry

지은이 스티븐 오웬
옮긴이 허경진 · 김성은 · 김지인 · 부찬용 · 폴김
펴낸곳 연세대학교 대학출판문화원

주 소 서울시 서대문구 연세로 50
전 화 02) 2123-3380-2
팩 스 02) 2123-8673
ysup@yonsei.ac.kr
http://www.yonsei.ac.kr/press
등 록 1955년 10월 13일 제9-60호
인 쇄 (주)동국문화

2017년 7월 10일 1판 1쇄

ISBN 978-89-6850-187-6 (93820)

값 24,000원